船舶机电应用选粹

《航海技术》编辑部　编

图书在版编目(CIP)数据

船舶机电应用选粹/《航海技术》编辑部编. —上海：上海浦江教育出版社有限公司，2015.12
ISBN 978-7-81121-425-3

Ⅰ.①船… Ⅱ.①航… Ⅲ.①船舶机械—基本知识 ②船用电气设备—基本知识Ⅳ.①U664 ②U665

中国版本图书馆 CIP 数据核字(2015)第297120号

上海浦江教育出版社出版

社址：上海海港大道 1550 号上海海事大学校内　　邮政编码：201306

电话：(021)38284910(12)(发行)　38284923(总编室)　38284910(传真)

E-mail：cbs@shmtu.edu.cn　URL：http://www.pujiangpress.cn

上海盛通时代印刷有限公司印装　上海浦江教育出版社发行

幅面尺寸：170 mm×230 mm　印张：22　字数：460 千字

2015 年 12 月第 1 版　2015 年 12 月第 1 次印刷

责任编辑：楼进　薛树业　王露　封面设计：赵宏义

定价：100.00 元

目录 Contents

柴油机相关故障及处理

辅机故障及维护

轮机资源管理

柴油机相关故障及处理

MAN B&W 6L60MC 主机倒车启动故障实例

郑　坚

（上海远洋运输有限公司）

某 MAN B&W 6L60MC 主机，采用 NABACO 遥控操控系统。

1　故障

1.1　故障现象

某日进港：

（1）主机驾驶台遥控，正车换向启动正常，换向倒车后主启动阀不动作（无开启时的爆响），主机不转动，集控室指示灯显示换向不到位。

（2）转换到机旁操纵，正车换向启动正常，换向倒车后主启动阀开启（有开启时的爆响），但主机仍不转动；换向回正车后再回倒车启动，有时成功，有时失败。

（3）超过设定的启动时间后，启动失败报警。

1.2　初步检查

主机换向启动过程，第 1 步是启动空气分配器（下称分配器）换向和高压油泵换向（部分高压油泵滚轮不在鸡心凸轮凹处暂不换向）；第 2 步是开启主启动阀，开始空气启动（同时部分暂未换向的高压油泵递次完成换向）；第 3 步是燃油（或油气并进）启动——主机达到发火转速后燃油被喷入气缸燃烧，启动主机加速。

鉴于故障现象为“换向倒车后主启动阀开启（有开启时的爆响），但主机仍不转动”，初步判断故障范围在启动空气分配器。打开启动空气分配器凸轮轴盖板，发现分配器凸轮轴不在正常倒车位置，用长柄螺丝刀撬动该凸轮轴可强制其到正常位置。

1.3　应急措施

机旁操纵，以换向回正车后再回倒车启动、用长柄螺丝刀撬动空气分配器凸轮轴强制其达到正常位置等方法，维持主机运转至船靠妥泊位。

2　主机倒车换向—启动过程

主机操纵系统（相关部分）见图 1（图示阀件遥控正车工作位置），倒车换向—启动过程如下。

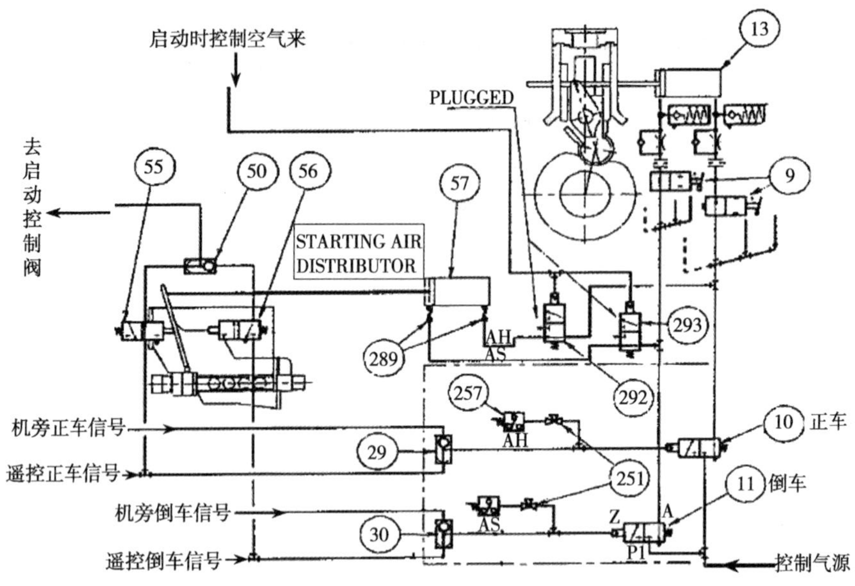

图 1　主机操纵系统(相关部分)

2.1　倒车换向

阀 11 受遥控或机旁操纵的倒车信号控制(阀 10 受遥控或机旁操纵的正车信号控制),从气源来的控制空气通过阀 11 和阀 293 进入分配器换向气缸活塞左侧(右侧经阀 10 和阀 292 泄放),活塞右行拉动拉杆驱动分配器凸轮轴到倒车位。

2.2　遥控启动

分配器换向活塞右行到位,拉动拉杆向右到位控制阀 56 左位工作,遥控倒车信号(压力空气)得以通过阀 56 和阀 50 去控制启动控制阀 37,并最终开启主启动阀启动主机。

遥控控制空气推动阀 292 和阀 293 上位工作,锁闭分配器换向气缸活塞两侧,使活塞不再运动,即不再拉动分配器凸轮轴。

2.3　机旁操纵启动

控制空气受启动操纵阀 101 控制,通过阀 31(阀 101 与阀 37 的"或门"阀)开启主启动阀启动主机(阀 101,阀 31,阀 37 等,图 1 未示出)。故机旁操纵启动不受分配器换向联锁限制。

3　故障原因分析

故障现象最关键的是"凸轮轴不在正常倒车位置",虽然机旁操纵开启启动阀 101,控制空气越过阀 37(不经分配器换向联锁阀 56)经阀 31 去开启主启动阀,但终因分配器凸轮轴不能驱动分配器各缸滑阀，主机仍不转动。可知，故障范围在分配器换向。

(1) 从故障现象“正车换向启动正常”可知故障点不在分配器换向的控制气路而在换向气缸。

(2) 从初步检查“用长柄螺丝刀撬动该凸轮轴可强制其到正常位置”可知控制气缸活塞运动阻滞。

4　分配器换向气缸和活塞

分配器换向气缸/活塞内部结构见图 2。

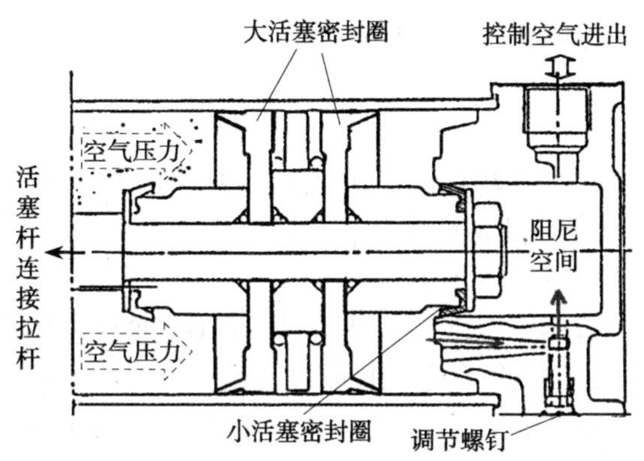

图 2　分配器换向气缸/活塞内部结构

由图 2 可知，气缸右侧(倒车方向)有 1 个阻尼空间，并有调节螺钉调节阻尼空间的压力，以防止活塞运动速度(即拉动拉杆驱动分配器凸轮轴的速度)过快而撞击气缸。

检查换向气缸，发现调节螺钉松动致开度过小，阻尼空间气体释放受阻而压力过高，活塞右行(倒车)不到位即分配器凸轮轴移动不到位，倒车启动主机不动。

处理方法：取下分配器凸轮箱的盖板，用螺丝刀将调节螺钉逆时针旋出1～2 圈，然后换向启动，只要换向启动成功，分配器凸轮轴移动速度不过快，且活塞不撞击气缸，即为成功；若有不妥，则继续调节调节螺钉，再试着换向启动直至满意，锁紧调节螺钉。

M 轮主机增压器排气泄漏的处置

陈　杰

(江苏远洋运输公司)

M 轮是带艉跳的汽车运输船,于 1998 年由日本某船厂制造,采用 UEC6L45MC 主机,主机额定功率为 5 295.591 kW,额定转速为 158 r/min。透平增压器型号为三菱 MET-53SC,最大转速为 17 200 r/min。

1　故障概要

M 轮某航次从南美某国到日本,起航不久发现机舱有较为浓烈的呛人废气。经检查,废气是从主机透平增压器的废气端泄漏出来的,进一步仔细检查发现,透平废气端的密封环失效,废气就是从此处泄漏的。

除经废气锅炉到烟囱后直排大气外,主机废气不允许在烟道以外的地方泄漏。一旦泄漏,不仅会污染机舱,还会恶化机舱设备运行环境及机舱人员的工作环境。本案例由于主机透平的吸气端靠近废气泄漏处,有部分废气被吸入增压器压气端,造成主机进气道脏污,对主机的正常运行造成损害。

2　三菱 MET-53SC 透平增压器简介

三菱 MET-53SC 透平增压器是三菱重工增压技术在 MET-SA 的基础上的一个重要改进,采用后弯叶轮,无水冷却;MET-53SC 透平增压器是 MET-SB 叶轮的改进型。

MET-53SC 透平增压器在结构上有 2 处气密措施:①对于沿涡轮盘流动的废气密封,在涡轮盘凸肩处设迷宫式密封装置,废气通过迷宫式密封装置的多次节流,压力下降、容积变大、密度减小,流过迷宫式密封装置的废气量很少,起到密封作用;②沿外侧气封环与废气壳体之间的间隙流动的废气通过该处的密封环进行气封。

对于在涡轮盘凸肩处的迷宫式密封装置,MET-53SC 在设计上还将压缩空气接入密封的腔室,对可能泄漏的废气进行气封。密封腔室的空气来自压气机的压缩空气,通过压气端的 M 孔经引气管到达密封腔室,向压气端方向阻止润滑油进入涡轮,防止润滑油泄漏污染涡轮叶片;向废气端方向顶住少量泄漏的废气进入轴承,防止废气泄漏污染润滑油。在正常情况下,密封腔室里起气封作用的压缩空气不直接排入大气。MET-53SC 透平增压器废气涡轮端及废气泄漏处置示意见图 1。

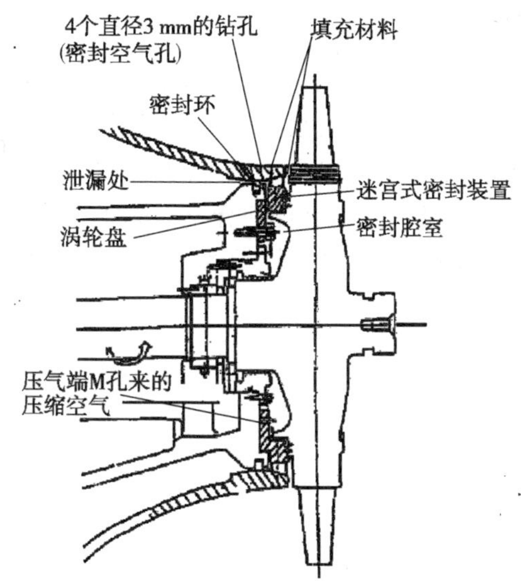

图 1 MET-53SC 透平增压器废气涡轮端及废气泄漏处置示意

3 处理方法

船舶抛锚后，机舱人员打开主机透平增压器的废气端，检查发现废气涡轮壳体与透平本体之间的密封环失去弹性，造成密封性能下降，废气从此处泄漏。

由于船上没有备件，尝试用之前检修更换下来的曲径迷宫式密封环，矫正后嵌入原先的密封环槽中，并在嵌入的密封环两侧嵌入部分阻燃的密封材料，同时充填部分耐高温密封胶。考虑到船上自做的密封装置在主机运行一段时间后，由于增压器的高温、振动等原因，密封胶会固化，与嵌入的密封材料一起失去密封作用。通过研究 MET-53SC 说明书，针对 MET-53SC 的结构特点，决定在涡轮盘凸肩的后部位置钻 4 个直径 3 mm 的孔（位置基本对称），通过引出密封腔室的部分增压空气，对可能泄漏的废气进行气封。经过处理后主机恢复运行，虽然还有非常细微的泄漏，但经检查证实为干净的增压空气，不是泄漏的废气。

4 密封失效分析

三菱 MET-53SC 透平增压器的特点之一是无水冷却。虽然采用非冷式进排气壳体，可以减少酸性腐蚀，但是其废气端的部件在主机正常负荷运行的大部分时间里都承受着 400 ℃左右的高温，对增压器部件的材料性能是一种严苛的考验，容易造成非运动部件高温咬死、材料失去弹性。若在之前的制造、安装和拆检过程中存在不符合规范的因素，则会加速密封环失效。

5 开航后的注意事项

为及时了解经过增压器的润滑油是否受到污染，大管轮在主机透平润滑油的出口管路的一端接入采样旋塞，每天 2 次采样后与主机滑油分油机出口的润滑油采样进行对照（滴到干净的白纸上），同时对主机透平润滑油的出口温度进行连续的观测记录，未发现透平润滑油的油质、油温有任何异常。船舶安全航行到日本后，厂家派人到船对增压器进行彻底拆检，并运到工厂做各方面试验，增压器恢复正常状态。

大型低速主机曲轴轴向减振器及其维护

李秉忠

(中远航运股份有限公司)

0 引言

随着节能减排的不断深入，能够达到更好节能减排效果的超长行程电喷船用主机的研发及其在船舶上的应用成为现实。此类主机特有的强烈振动对于其作为船舶推进主机存在严重的危害，为此各厂家设计出相适应的减振器。对减振器的维护管理成为轮机管理人员迫切需要面对的问题，而这是传统的轮机管理习惯和经验所缺少的。笔者结合2款典型船舶大型低速主机曲轴轴向减振器以及实际维护管理经验，探讨大型低速主机曲轴轴向减振器的维护管理。

1 轴向减振器的原理

船舶主机制造厂家为达到超长行程的设计需要(超长行程的设计理念在此不多赘述)，将曲轴的曲柄设计得很长，使得曲轴的轴向刚度减弱。当曲轴受到连杆的往复力作用而做回转运动时，其曲柄开挡张大和缩小的幅度增大，使曲轴轴向振动变得更加剧烈。厂家为提高燃油的经济性能，采用电喷设计使主机气缸的爆炸压力进一步提高，同时也增加曲轴轴向振动的激振力，进一步加大曲轴的轴向振动，使轴向振动成为大型船用主机的主要危害因素，也使船体其他设备和上层建筑的振动变得更加剧烈。

为尽可能减小主机的轴向振动，厂家通常设计安装液压阻尼式轴向减振器，见图1。一方面，吸收曲轴纵振的动能，减小振动的幅度；另一方面，限制曲轴自由端的无约束振动。从设计理论上提高整个轴系的纵振固有频率，避免船、机、轴纵向共振。

轴向减振器通常安装在曲轴自由端，减振器的减振活塞与曲轴自由端做成一体或固定在一起，类似推力环。轴向减振器原理见图2。减振器油缸固定在第一道主轴承座的机架横梁上，减振活塞和3道油封共同将减振油缸分隔成前、后2个密闭的油腔。MAN B&W ME主机的设计是使轴系系统润滑油分别通过2个独立的小管向前、后2个油腔连续补油的。补油的小管管径很小，当曲轴纵振时能起到节流作用，防止油缸油液大量回流。前、后油腔之间通过2个具有节流阻尼作用的旁通模块相通，当曲轴向一端纵振时，减振活塞随之运动，挤压这一端油腔内的油液，受压的油液通过这2个节流旁通模块向另一端油腔节流释放，达到阻尼缓冲减振的效果。

MITSUBISHI UEC 主机的设计不同之处是将 2 个单向阀安装在补油管路上，当曲轴纵振时能够完全阻止油液回流，效果更好。

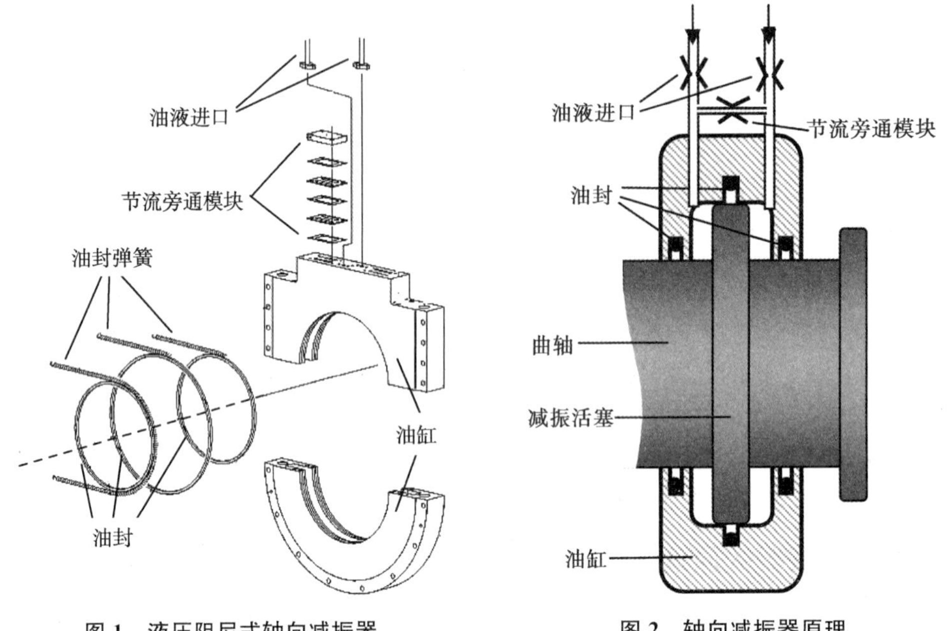

图 1　液压阻尼式轴向减振器　　图 2　轴向减振器原理

2　轴向减振器的维护

随着主机纵振越来越严重，轮机管理人员必须对轴向减振器精心维护管理，尽量减小或防止曲轴的异常纵振，避免纵振对主机本身和其他设备乃至船体造成危害。

对曲轴轴向减振器的日常检查维护必不可少。MAN B&W ME 电喷主机轴向减振器的每个节流旁通模块由 5 块垫板和 6 片 0.8 mm 厚度的调节片组成，节流通道的大小由这 6 片调节片的厚度决定。调节片越多，流通面积越大，节流阻尼作用越小。新建造的主机在运行初期，因为 3 道金属材质油封没有磨损，前、后油腔之间的润滑油互漏很少，所以使用 6 片调节片，其节流通道的流通面积为 6(片)×0.8(mm/片)×111(mm)(节流通道的宽度) = 532.8 mm^2。但油封使用一段时间后，无论是正常磨损还是异常损坏，前、后油腔之间的互漏变大，轴向振动监测器监测到曲轴的纵向振幅变大，需要逐步减少调节片的数量以调节节流通道的流通面积，补偿内漏的变大。曲轴频繁纵振，减振器油封难免磨损，在主机长时间使用后，油封磨损超过极限，只靠减少调节片无法补偿，必须更换新的油封。

轴向减振器油腔内气体的有效释放也是不容忽视的问题。当供油泵停止时，减振器油腔内的油液从轴封处慢慢流失，空气会慢慢进入油腔内。当油泵再次启动供油时，部分空气聚集在减振器2个油腔顶部，如果该气体无法释放，那么就形成弹性气容，减振效果完全丧失。因此，厂家在减振器油腔最高点处设计气体释放装置。MAN B&W公司的设计是在2个节流旁通模块的正上方各开一个直径1 mm的小孔用于气体自动释放。在主机使用过程中，该小孔容易被脏物堵塞，要定期用通针类工具检查清通，确保油腔内不会存留气体。MITSUBISHI公司的设计是在2个油腔的最高点处引出2根泄放管，在管路上安装2个独立的阀门用于手动释放气体。当系统停油后再次供油时，要求人工打开这2个阀门释放气体。

除对减振器的检查维护外，大型电喷主机气缸压缩压力和爆炸压力都可以控制和调节。如果轴向减振器的功能正常，而在正常航行时轴向振动监测器仍然监测到曲轴纵向振幅较大，那么需要测取PMI示功图，检测和调节各缸的热工工况，使各缸爆炸压力均匀且最高压力值不超过极限，在主机高负荷运转时更应注意。过高的爆炸压力对曲轴的振动影响较大，造成的损害也很大。

3 结束语

减小振动能延长船舶设备的使用寿命，节约昂贵的维修和备件成本。各类型主机轴向减振器的结构原理大同小异，并不复杂，但广大轮机管理者应重视轴向减振器的维护管理。

瓦锡兰 RT-flex 50B 柴油机异常降速故障实例

孙长飞　潘汝良　李　勇

（江苏海事职业技术学院）

0　引言

某船主机为瓦锡兰 RT-flex 50B 柴油机，2008 年 3 月在日本制造。额定转速为 99 r/min，额定功率为 7 980 kW，采用共轨电喷技术；整机控制采用 WECS9520 控制系统，各气缸有 FCM-20 模块控制燃油喷射、排气阀启闭、气缸注油、气缸启动阀启闭等，液压排气阀由各缸的 VCU 控制。

1　故障现象

2013 年 10 月，某船从上海港装大件到非洲，笔者在新加坡锚地上船接班。船舶离新加坡定速航行 40 min 后，主机突然自动降速，此时集控室监控电脑的 ON-LINE DOCTOR 显示“ME EXHAUST VALVE 2# FAIL”故障报警，且 2# 气缸排气温度异常偏低。主机停车后通过计算机控制系统操作，2# 气缸排气阀强开强关无效，经多次正倒车操作后主机故障现象消除。查阅轮机日志发现，此前该主机曾多次发生过同样的故障。

2　液压排气阀及其工作原理

瓦锡兰 RT-flex 50B 柴油机采用液压排气阀，排气阀由伺服油驱动开启，由空气弹簧关闭。排气阀的启闭由 WECS9520 控制，排气阀的运动通过 2 个行程传感器反馈给 WECS9520。WECS9520 的控制依赖曲轴转角传感器反馈的曲轴相位角；曲轴转角传感器安装在柴油机的自由端，时刻监测曲轴转角，并将其转换成电信号发送到 WECS9520；WECS9520 综合曲轴转角传感器和上止点位置传感器发来的信息，确定曲轴位置，发出指令，控制相关电磁阀动作启闭排气阀。排气阀工作原理见图 1。

当 WECS9520 发出排气阀开启信号时，共轨阀（Exhaust Rail Valve）上部线圈得电上位工作；伺服油（Servo Oil）推动控制阀（Exhaust Control Valve）上位工作，伺服油得以进入活塞（Partiton Device）下部空间，推动活塞上行，压缩缸内液压油，驱动排气阀开启。

当 WECS9520 发出排气阀关闭信号时，共轨阀下部线圈得电下位工作；伺服油推动滑动阀芯下位工作，滑动阀芯受弹簧弹力推动恢复下位工作，活塞下部空间液压油经滑动阀芯泄放至伺服油回油系统，排气阀在空气弹簧力作用下关闭。

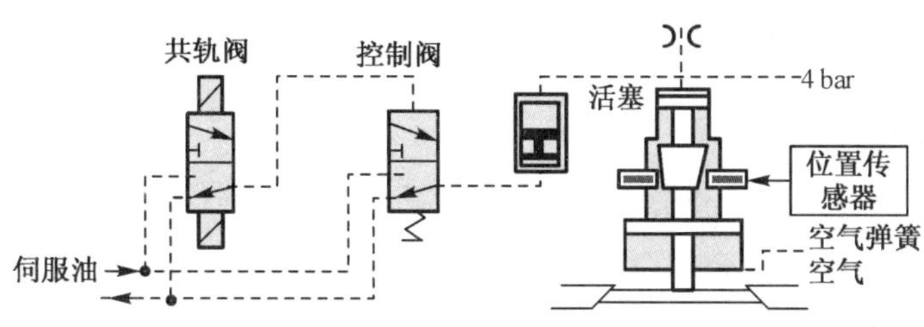

图 1　排气阀工作原理

这样,活塞上部与排气阀顶部驱动油缸之间形成 1 个液压空间。由于液压油理论上不可压缩,为避免液击和增加排气阀动作的柔性,排气阀驱动油缸接有 1 个节流阀(图 1 排气阀顶部位置),活塞上行时适当泄放部分液压油,以减缓压力冲击;相应地,活塞上部空间接有补油阀,在活塞下行时补偿节流阀泄放的液压油。

3　分析故障点

(1) 伺服油油压不足或脏堵。瓦锡兰 RT-flex 50B 柴油机伺服油的供给分为 2 路:一路是正常运行时由机带伺服泵供给,另一路由电动伺服泵供给。启动电动伺服泵,电脑显示伺服油油压为 90 bar,满足使用要求;在伺服油管路上,自动反冲洗滤器压差指示器显示压差在正常范围内,符合要求。故可排除此原因。

(2) 伺服油共轨阀卡阻。排气阀开启的液压油由共轨阀控制,而共轨阀的动作时间很短,只有 0.1 ms,集控室监控电脑的 ON-LINE DOCTOR 显示,共轨阀的动作时间为 0.1 ms,工作正常。故可排除此原因。

(3) 伺服油回油孔堵塞或未及时回油。补偿油量过多或回油节流孔(图 1 排气阀杆上方)堵塞,来不及泄放,即驱动排气阀的高压油不能及时泄压,阻碍排气阀关闭。拆检发现该节流孔畅通,故可排除此原因。

(4) 控制空气气压不足或脏堵。液压排气阀在液压油的作用下开阀,在压缩空气的作用下关阀,若控制空气压力不足,则会导致排气阀不能关闭或关闭不严。由于其他缸并未报警,故控制空气气源压力不足的原因可被排除。解体排气阀和空气弹簧止回阀(气源的止回阀),亦未见阀杆密封圈损坏和止回阀异常,故可排除因控制空气泄漏造成该缸空气弹簧气压不足的原因。

(5) 排气阀位置探头故障。在排气阀阀杆两侧有 2 个位置感应探头,理论上 2 个探头是冗余设计,一个损坏另一个还可维持柴油机正常运行。为排除 2 个感应探头同时故障,更换 2 个新的备件。

(6) 排气阀及内部驱动部件机械卡阻。在排气阀阀杆的端部有 2 个活塞——内活塞和外活塞,若内活塞和外活塞卡阻,则会影响排气阀的正常开关。

解体拆检该缸排气阀，发现阀杆及驱动部件无明显变形，但内、外活塞有轻微的划痕，换新后装复。将柴油机正倒车启动几次，报警消除，柴油机正常运行。

4 故障机理

该船主机总工作时间仅 10 000 h 左右，且自动反冲洗滤器压差指示器显示压差在正常范围内，油液也不太脏，不会有多大的机械磨损，需要查找出现划痕的原因。

调看 ON-LINE DOCTOR 的历史记录，发现 2# 气缸之前已有多次类似情况发生，每次正倒车启动几次，报警消除。通过询问，了解到该船前期抛锚 2 个多月，滑油分油机长期未使用，滑油反冲洗滤器也有 3 个多月未清洗。瓦锡兰 RT-flex 50B 柴油机伺服油采用主机系统油，经检查发现，系统油呈黑色，初步认定故障与系统油不清洁有关。

该船分油机为 Alfa Laval S825 全自动分油机。经拆检发现，分油机内部完全被油泥堵死，表面看分油机正常运行，实则未有任何作用。滑油反冲洗滤器为 Boll 6.33ND200 + SK451，拆洗滑油反冲洗滤器，发现排渣的滤筒已全部被污渣堵死，起不到润滑油过滤的作用。清洗滑油分油机、滑油反冲洗滤器及排气控制阀的滤器，然后在系统加入 800 L 新润滑油，低速运行 48 h 后，润滑油颜色变淡，柴油机逐渐恢复正常运行。由于该船排气阀故障一直显示 2# 气缸排气阀故障，导致笔者在判断故障时局限于机械故障，在一定程度上延误故障的排除。

5 结束语

瓦锡兰 RT-flex 系列柴油机是目前比较先进的柴油机，该机型通过电子计算机控制燃油喷射的定时、喷油量、喷油压力、喷射速率和排气阀定时，能有效实现柴油机在各种负荷下的性能最优化，从而在满足 Tier 2 排放标准的同时，提高柴油机的可靠性、经济性，延长柴油机的使用寿命。随着其装船量的增加和市场占有率的不断扩大，应加大对船员的培训和管理，严格按照说明书要求加强对柴油机的日常管理。

(1) 确保共轨系统伺服油清洁。共轨系统中某些液压部件对工作油的清洁度非常敏感，此次故障中的主机共轨系统伺服油为柴油机的系统油。在日常管理中，要特别注意对主机滑油系统中的滤器、分油机和共轨系统中自清洗精滤器的维护管理，定期检查清洗，保证润滑油的清洁。共轨伺服油系统压力较高，在运行中一定注意密封性是否良好。需要每天打开共轨箱上盖，检查伺服油泵和控制油泵、阀管接头是否泄漏。

(2) 确保共轨阀等电磁阀正常工作。瓦锡兰 RT-flex 50B 型柴油机的喷油定时和气阀定时都是通过电磁阀控制执行的。在共轨油压系统的控制单元中，共轨阀是个很重要也很容易损坏的元件。共轨阀阀芯动作行程非常快，动作时间很短，一般在 1 ms左右。为保证喷油定时和气阀定时的精确控制，应定期检查更换共轨阀，避免出现因伺服油洁净度不够，造成电磁阀的延迟、卡死或电磁阀磨损加剧，从而产生密封不好、定时不准等一系列问题。

（3）曲轴转角传感器和驱动系统。传感器是共轨柴油机控制系统的关键元件，必须保证其正常工作。曲轴转角传感器和驱动系统长期工作或安装不良，都会造成其齿形皮带的磨损度和松紧度、驱动齿轮与曲轴之间连接轴的紧固度等发生变化，导致曲轴转角传感器的输出信号与曲柄实际转角产生偏差，从而改变主机定时信号，影响主机的正常燃烧。曲轴转角传感器应至少有 1 个保持正常工作，否则会导致主机立刻停机。因此，必须定期检查曲轴转角传感器驱动、润滑状况，检测转角传感器信号与曲柄实际转角是否存在误差，驱动轮是否卡阻，皮带是否完好和皮带张紧力是否合适等；检查曲轴转角传感器探头与飞轮之间的间隙，二者间隙应保持在 4 mm。

（4）排气阀控制单元。安装在排气阀驱动油缸上的节流孔可在排气阀启闭时溢流泄压，减缓压力冲击。由于节流孔的孔径非常小需要经常对其清洁检查，防止脏堵。排气阀的 2 个行程传感器也应定期检查更换。

ALPHA 电控气缸油注油器系统常见故障诊断与排除

高　炳[1]　熊石锋[2]

（1. 广东交通职业技术学院；2. 广州远洋运输公司）

0　引言

船用低速二冲程十字头式柴油机(海船主机)机架上部置有横隔板和活塞杆填料函,将气缸与曲柄箱分隔开。该结构特征要求海船主机必须选用气缸油注油器系统进行强制气缸润滑。传统的机械式气缸油注油器通过链轮传动带动机械注油器的凸轮轴,其泵油频率与主机转速同步。

由于机械式气缸油注油器不能根据船舶柴油机运行工况的变化实现精准定时定量注油,电子控制式气缸油注油器系统应运而生,引起船舶柴油机制造商、研究机构和航运企业等关注。[1-4] ALPHA 电控气缸油注油器系统由电子控制并由液压驱动,能根据进入气缸的燃油含硫量和机器工况的变化实现精准定时定量注油,降低气缸润滑油的消耗量,提高船舶的可靠性和经济性,已经基本取代传统的机械式气缸油注油器。[5-9]

笔者根据长期的电控气缸油注油器系统研发和实船应用操作管理经验,总结分析 ALPHA 电控气缸油注油器系统的典型报警和故障诊断,供同人参考。

1　ALPHA 电控气缸油注油器系统构架和工作原理

1.1　系统构架

ALPHA 电控气缸油注油器系统构架见图 1,其主要部件包括油箱、泵站和启动屏、注油器单元、注油器控制单元(LCU)、各传感器、人机交互界面(HMI)、安全与报警系统、负荷传送器、曲轴转角编码器(触发器系统)以及备用转速传感器等。[2, 5]

(1) 泵站和启动屏。泵站为电控注油器提供 40～50 bar 的油压,包括 2 台单独运行的泵、加热线圈、滤器和油箱等。启动屏有 2 个单独的断路器,1 台泵 1 个断路器。某船 MAN B&W 6L60MC 主机采用的 ALPHA 电控气缸油注油器系统泵站的技术参数如下:工作压力为 4.0～5.0 MPa;工作温度为 30～60 ℃;低压力报警为 3.5 MPa,高压力报警为 6.0 MPa;流量为 400 L/h。

(2) 注油器单元。ALPHA 电控气缸油注油器系统注油器单元每缸 1 套,中小缸径的发动机每套有 1 个注油器,70～98 cm 缸径的发动机每套有 2 个注油器。注油器单元内侧有 1 个压力为 25～30 bar 的氮气蓄压器,外侧有 1 个压力为 1.5 bar

的氮气蓄压器。每台注油器管有 3～6 个注油点、1 个反馈探头和 1 个电磁阀。

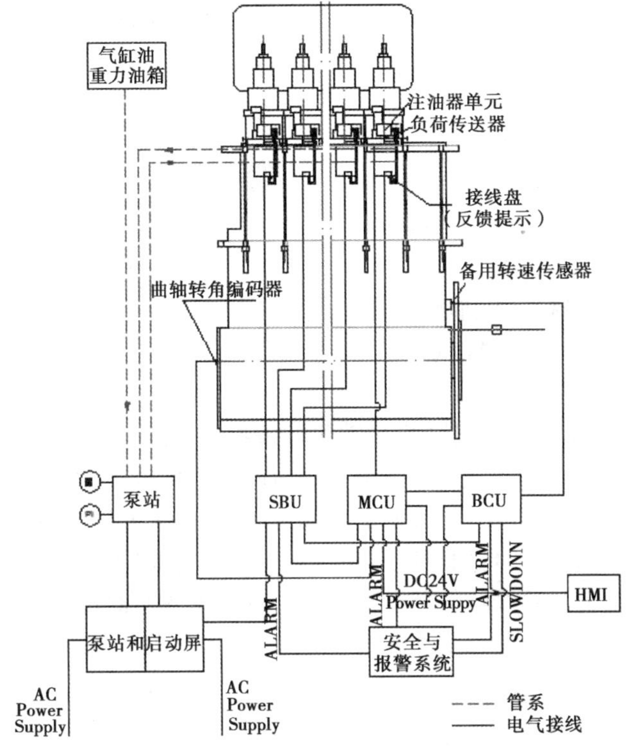

图 1 ALPHA 电控气缸油注油器系统构架

（3）注油器控制单元（LCU）。将控制气缸润滑油的 3 个主要电气部件设置在 1 个钢质箱子中，即 LCU。3 个电气部件分别为主控制单元（MCU）、备用控制单元（BCU）和开关板单元（SBU）等。3 个部件均安装在同一面板的 3 个铁盒里，1 个端子排提供到发动机的全部电气接口。2 个来自 UPS 单元的不同断路器的独立电源提供 DC 24 V。注油器控制单元（LCU）见图 2。

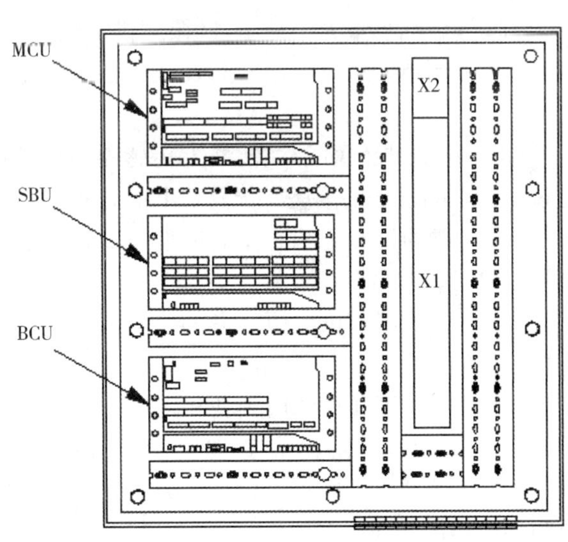

图 2 注油器控制单元（LCU）

（4）人机交互界面（HMI）。

人机交互界面(HMI)见图 3。在 HMI 上可以对各个气缸进行注油润滑调整,并显示各种数值和警报。在 HMI 上还可设置泵站的控制按钮,可以手动启动油泵进行气缸油预润滑等操作。HMI 面板一般安装在集控室里。

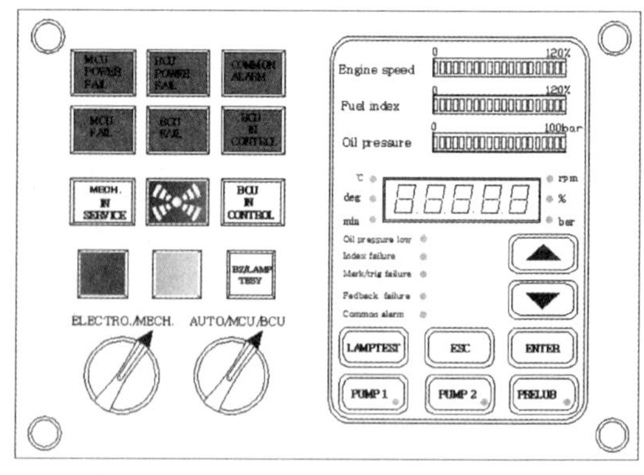

图 3 人机交互界面(HMI)

(5) 安全与警报系统。当检测到 SBU,MCU 和 BCU 的故障时发出警报,若注油器已处于 BCU 控制,则当检测到 BCU 故障时,安全与警报系统会发出信号,使主机降速。

(6) 负荷传送器。负荷传送器与燃油齿条相连,可连续向 MCU 发送油门刻度百分比。MCU 根据油门刻度百分比和所测得的主机转速,计算主机负荷。

(7) 曲轴转角编码器(触发器系统)。即各缸曲柄角度译码器,其安装在柴油机前端并与安装在飞轮端的备用转速传感器一起连接到 MCU。曲轴转角编码器接在曲轴自由端,信号通过接线箱传至计算机板。对于无法在曲轴自由端安装编码器的发动机,可在盘车轮旁安装触发环和测速探头。

(8) 备用转速传感器。备用转速传感器由 2 个传感器组成,其安装在飞轮旁的同 1 个盒内,将主机转速传给 BCU。备用转速传感器也同时与 MCU 相连,起监视作用。

1.2 工作原理

(1) 润滑油从重力柜流出,经泵站供给电控注油器 40～50 bar 的油压。

(2) 控制单元通过控制安装在相应注油器上的电磁阀开闭,实现气缸润滑油的注射。[2,4]

(3) 各缸电控气缸油注油器上传感器的反馈信号可监测注油动作是否已执行,通过每缸中间盒上的闪亮二极管(LED)显示。

(4) 基于曲轴转角编码器上传来的 2 个信号(1 号缸的上止点信号和曲轴位置传感器信号)给注油定时。

(5) 气缸润滑以供应恒定量的气缸油注射为基础,注油率由电控气缸油注油器注射频率的变化控制。

(6) 注射频率通过油门刻度和转速计算,通常与主机的平均有效压力成正比;也可采用功率(POWER)模式或转速(RPM)模式。[2,5,6]

(7) 在最大持续功率 MCR(100%)时计算气缸基本注油率,该注油率与注射次数和注油器柱塞冲程有关。

(8) 在人机交互面板上,注油率可在基本注油率的 60%～200%调整,系统默认为 100%。

(9) 当正常运行时整个系统由 MCU 控制,安全与报警系统一旦检测到控制单元出现故障就发出警报,并将详细警报参数显示到人机交互面板上。

(10) 若检测到 MCU 发生严重故障,则 BCU 自动接管(控制开关必须在“自动”挡),同时控制板上的“BCU in control”灯亮。

(11) BCU 基于随机定时和 RPM 模式。BCU 根据转速传感器采集到的转速信号计算注射频率,即可在 BCU 上调节注射频率,注射频率较大,以保证单缸循环所需的气缸油量,注射频率最小值一般设为基本注油率的 1.5 倍。

2 ALPHA 电控气缸油注油器系统常见故障诊断与排除

2.1 熔丝故障诊断

LCU 电源接口简图可在 ALPHA 电控气缸油注油器系统说明书中查看。由于熔丝对于注油器各控制单元非常重要,因此就各单元熔丝的典型故障诊断进行梳理。

1) MCU

MCU 有 2 种规格的熔丝:12 A 和 3 A。在非正常使用或意外时,熔丝可能会熔断。MCU 在滤器板上有 3 个熔丝:F1,F2 和 F3。

F1 为 12 A,是 MCU 的主熔丝,如果该熔丝熔断,那么可以排查接到相应插头上的电器负荷。拔掉 F1,检查有无短路:用万用表测量熔丝右座与相应端子负极之间的电阻,电阻值小于 10 Ω 定义为短路。测量显示短路,可逐一脱开相应插头并观察万用表读数。如果找出短路位置,那么可继续检查可疑位置;如果找不出短路原因,那么可怀疑是 MCU 内部故障。

F2 为 3 A,是 SBU(运行 MCU 模式)的主熔丝。当以 MCU 模式运行时,该熔丝通过 SBU 提供控制电源(泵运行信号)至泵站和反馈传感器。若该熔丝熔断,则可怀疑泵站线路或气缸中间箱接头故障。拔掉 F2,用万用表测量熔丝右座与端子 FJ1(右端子)之间的电阻,电阻值小于 10 Ω 为短路。测量显示短路,可脱开 MCU 滤器板上的插头 FJ5(泵站电源),查看万用表读数。如果仍显示短路,那么逐一脱开 SBU 的插头 L1~L14,直至找到短路位置。重新接好 SBU 的可疑插头并脱开中间箱的插头 J1,进一步查找问题,若问题消失,则确定短路位置。

F3 为 3 A,是轴编码器的主熔丝。如果该熔丝熔断,那么可排查编码器接头故障。

2) BCU

BCU 也有 2 种规格的熔丝:12 A 和 3 A。BCU 在滤器板上同样有 3 个熔丝:F1,F2 和 F3。

F1 为 12 A,是 BCU 单元的主熔丝。如果 F1 熔断,那么可怀疑连到相应插头上的电器超负荷。排查方法同 MCU 主熔丝 F1。

F2 为 3 A,是运行 BCU 模式时 SBU 的主熔丝。该熔丝在 BCU 模式下向反馈传感器和泵站供电。如果该熔丝熔断,那么可怀疑泵站线路或气缸中间箱接头有故障。拆下 F2,用万用表测量熔丝右座与相应端子负极(右端子)之间的电阻,电阻值小于 10 Ω 为短路。测量显示短路,可脱开 BCU 滤器板上的插头 FJ5(泵站电源),并注意万用表读数。若依然短路,则逐一脱开相应插头 L1～L14,直至找到短路位置。重新接好 SBU 的插头并脱开中间箱的插头 J1,继续查找问题。若问题消失,则可确定短路位置。

F3 为 3 A,是 BCU 探头的主熔丝。如果 F3 熔断,那么可排查 BCU 探头线路故障或 BCU 箱的接头故障。

2.2 外部报警信号

ALPHA 电控气缸油注油器系统外部报警信号包括报警系统信号、安全系统信号和状态指示信号等,其信号名称、触点描述以及故障诊断等见表 1。

表 1　ALPHA 电控气缸油注油器系统外部报警信号

信号名称		触点描述	故障诊断
报警系统信号	公共报警	常闭触点	若 MCU 系统检测到故障,则发出警报。有关警报原因的信息,可从 HMI 面板上读取
	MCU 电源故障	常闭触点	若至 MCU 系统的电源中断就发出警报,则从 UPS 箱的断路器和熔丝开始检查。如果 UPS 无问题,那么先检查 LCU 箱端子 X1PWR A 上的 24 V电压,再检查 MCU 滤器板上的熔丝 F2
	BCU 电源故障	常闭触点	若至 BCU 系统的电源中断就发出警报,则从 UPS 箱的断路器和熔丝开始检查。如果 UPS 无问题,那么先检查 LCU 箱端子 X1PWR B 上的24 V电压,再检查 BCU 滤器板上的熔丝 F2
	MCU 故障	常闭触点	BCU 系统检测到 MCU 系统程序执行有故障,从至 MCU 系统的电源是否正常开始检查。若电源正常,则将至 MCU 的电源中断 5 s,使 MCU 复位;若 MCU 故障依然发出警报,则可能 MCU 本身损坏,须更换。注意,如果至 BCU 的电源中断,那么即使 MCU 系统正常工作也将激发 MCU 故障报警
	BCU 故障	常闭触点	BCU 系统检测到内部有故障,检查 BCU 板上的发光二极管。BCU 没有连接到 HMI 面板上,因此不会显示来自 BCU 的警报
安全系统信号	降速	常开触点	如果 MCU 和 BCU 系统发生一缸或几缸润滑故障,那么将发出降速指令。检查 HMI 面板上的其他警报并按相应建议处理
状态指示信号	BCU 在控制	常闭触点	该输出指示 BCU 在控制润滑。如果 BCU 系统能重建润滑,那么注油器也会适当地工作,须到 MCU 系统中检查问题。检查其他警报并查看 HMI 面板上的报警编码,按相应建议处理

2.3 MCU 警报处理和故障诊断

(1) 反馈故障警报与诊断。MCU 检测到来自注油器不正常的反馈信号就会发出反馈警报，1 个公共警报将触发 AMS 系统（发动机警报和监控系统），并在 HMI 面板中储存警报编码。HMI 面板中的警报编码提供哪台注油器可能发生故障的信息，如警报编码 ALR2 表示 1 号缸的 2 号注油器有故障。建议用备件整台更换有故障的注油器，如果每缸只有 1 个注油器，那么必须立即更换有问题的单元。

如果出现反馈故障，那么首先检查中间箱的反馈指示器灯光：

① 如果反馈指示器灯光一直在亮，那么注油器可能被卡在反馈传感器一直发信号的位置。为验证注油器问题，需脱开注油器插头，同时观察中间箱的指示灯。如果插头脱开后指示灯熄灭，那么注油器有问题，须更换注油器并予以维修；如果脱开插头后指示灯还亮，那么故障就不在注油器，可检查从中间箱至注油器的电缆和插头有无短路或者中间箱 PCB 有无问题。

② 如果反馈指示器的灯光一直不亮，那么从注油器线圈插头里的红灯是否闪亮开始检查。线圈插头的红灯不闪亮，可从线圈上脱下插头，再次检查指示灯是否闪亮，若是，则可能线圈内部短路，可通过测量电阻确认；线圈插头的红灯闪亮，但看不到反馈信号，可检查注油器插头的连接、电缆的安装等有无松脱或短路，如果插头的连接无问题，那么必须将注油器更换并予以维修。

注油器里的指示灯按规定闪亮，说明注油器工作正常。如某船 6L60MC 主机所配的 ALPHA 电控气缸油注油器系统规定正常工作时设置每 10 个注油器行程亮 1 次，但 MCU 没有检测到反馈信号，必须更换中间箱 PCB（印刷电路板）。若故障仍然存在，则检查至 LCU 的电缆。

(2) 编码器标记信号故障警报与诊断。编码器标记信号故障警报，说明标记信号（每转 1 个脉冲）不正常，系统将变为根据余下正常的信号随机润滑。接到警报信号后，首先检查编码器接线箱的接头以及 LCU 控制箱的接头。如果线路和熔丝都无问题，那么更换编码器，如果所有的测速信号都有故障，那么按照没有外部信号的应急运行处理。

(3) BCU 探头故障警报与诊断。在发动机飞轮侧安装的 2 个标记探头每转发出 1 个脉冲，这些信号被用于 BCU 系统测定发动机转速，在信号故障的情况下也被 MCU 系统用于监控信号并发出警报。当 BCU 的 1 号或 2 号探头不正常时，会发送相对应的警报信号。

ALPHA 电控气缸油注油器系统由于 MCU 故障以 BCU 模式运行时，探头故障的警报可通过观察 BCU 的发光二极管发现。BCU 系统只靠 1 个探头提供的信号就能运行。

BCU 探头有内装指示灯，发动机每转 1 圈亮 1 次。如果观察到 1 个探头警报，首先检查探头里的指示灯闪不闪。如果不闪，检查 BCU 箱相应端子上的电压是否正常。如果相应端子上有电压，脱开探头接线连到 1 号或 2 号探头端子，观察指示灯是否闪亮。若指示灯闪，则为探头至 LCU 箱的接线短路；若指示灯不闪，则须更换探头。如果所有转速信号都出现故障,那么按照没有外部信号的应急运行处理。

(4) 发动机停车信号故障警报与诊断。如果 MCU 检测到不正常的发动机停车信号,那么将释放发动机停车信号故障警报。有 2 种情况将触发停车信号警报:①发动机转速在 8 r/min 以上且停车信号在 MCU 输入出现超过 20 min;②发动机停下(检测仅在停车 30 s 后激活),但在 MCU 输入中没有停车信号。接收到发动机停车信号故障警报后,须检查控制系统的停车信号线路。

(5) BCU 动作信号丢失警报与诊断。BCU 动作信号丢失警报,说明 MCU 检测到 BCU 不正常。从系统有无其他警报开始检查,BCU 电源故障将触发这个警报。如果没有发现其他问题,那么中断 BCU 电源 5 s,再重新测试;如果问题依然存在,那么 BCU 可能损坏,必须更换。发动机可以在 MCU 模式下运行,直至得到新的 BCU 板。

(6) 倒车信号不正常警报与诊断。若 MCU 检测到倒车信号一直接通超过24 h,则会发出倒车信号不正常警报。发动机可以在该警报出现的情况下运行,但气缸油量增加,须检查控制系统里的倒车信号线路。

(7) 预润滑信号不正常警报与诊断。当 MCU 检测到预润滑信号且指数高于 80%时,发出预润滑信号不正常警报。该故障不危险,接到该警报后,检查预润滑线路。

(8) 油温不正常警报与诊断。油温不正常警报,说明油温超过警报值。ALPHA 电控气缸油注油器系统会设置气缸润滑油正常运行温度指导值,如某船 6L60MC 主机所配的 ALPHA 电控气缸油注油器系统指导值为 30～60 ℃。如果接到该警报,检查油温传感器(PT100),测量其电阻。制造厂商给出不同温度下对应的电阻值,如果所测电阻值不符合厂家提供的参考值,那么是传感器损坏,须更换。

(9) 油压不正常警报与诊断。油压不正常警报,说明油压超出警报值。ALPHA 电控气缸油注油器系统会设置气缸润滑油正常运行压力指导值,如某船 6L60MC 主机所配的 ALPHA 电控气缸油注油器系统指导值为 40～50 bar。如果接到该警报,系统自动启动备用泵且触发公共警报和 HMI 面板上的警报。启动备用泵后油压建立,公共警报还将保持,直到手动停止备用泵。由于检测到故障,2 台泵将连续运行。该故障通过按 HMI 面板上的 PUMP 按钮予以消除。分别检查泵是否运行、高压供油管路有无泄漏,检查油压传感器,测量其电流并与压力值比较。如果电流和压力不符,那么必须更换传感器。

(10) 转速偏差警报与诊断。MCU 检测到 1 个或几个转速信号不正常,即会发出转速偏差警报。接警后,可检查 HMI 面板的报警清单,查看是 BCU 探头还是角度编码器中的探头不正常,并分别按相应探头故障诊断处理。

(11) 燃油指数发送器不正常警报与诊断。燃油指数发送器不正常警报,说明燃油指数水平与发动机转速不符。由于检测到该故障,燃油指数被内部设为 100%的固定值,该故障须激发发动机停车信号清除。检查指数发送器的调整是否准确,其本身也可能损坏。若指数发送器电缆中断或指数发送器损坏,则应纠正电缆故障或更换指数发送器;如果指数发送器被更换,那么必须进行重新调整。

(12) BCU 在控制警报与诊断。若出现 BCU 在控制报警,表明注油器正以 BCU 模式运行。首先检查模式选择开关是否在自动位置,然后查找转换为 BCU 模式的原因。如果 BCU 为自动转换且没有降速命令,说明 MCU 系统可能不正常。

(13) 电机超热负荷警报与诊断。电机因过热负荷跳闸,会发出电机超热负荷警报。首先检查泵站控制箱的热保护断路器,按热保护断路器上的复位按钮,重新启动电机,检查电流;然后检查三相电压是否正常,若不正常,则检查配电板上的熔丝;另外,通过测量电阻,确认电机的绕组是否正常。若查不出电气故障,则油泵有机械故障。

(14) MCU 参数清单没有加载警报与诊断。MCU 参数清单没有加载警报,表明 MCU 计算机里没有或丢失其配置文件,应通过模式选择开关强制采用 BCU 运行并更换 MCU。

(15) 角度偏差故障警报与诊断。角度偏差故障警报,表示来自角度编码器的上止点标记与来自 BCU 探头的上止点标记之间的角度差值超过警报水平。接警后检查角度编码器的初始调整,若有必要则须重新调整;同时检查发动机与编码器之间的挠性联轴器是否正常。

(16) 备用泵在运行警报与诊断。由于低压,备用泵启动,即发出备用泵在运行警报。诊断方法见(9)的油压不正常警报与诊断。

2.4 BCU 警报处理和故障诊断

(1) BCU 内部故障警报与诊断。该警报指示 BCU 内部故障,接警后首先检查 BCU 的相应小开关 SW3 是否在正常位置。可中断供电 5 s,重新引导 BCU 计算机。如果依然发出警报,那么可能是 BCU 损坏,必须进行更换。

(2) 发动机停车信号故障警报与诊断。在发动机运行时,发动机停车信号接通超过 20 min 便会发出发动机停车信号故障警报;发动机不运行,停车信号关断。接警后,检查停车信号线路有无问题以及发动机控制系统是否在正确位置。

(3) MCU 动作信号丢失警报与诊断。MCU 动作信号丢失警报,表明 BCU 检测到 MCU 不正常,在这种条件下 BCU 仍为完全运行。检查系统中有无其他警报,由 MCU 的电源故障给出该警报,同时发出公共警报。通常在这种状态下转换到 BCU 模式,然后检查 MCU 活动信号的接口相应端子接线是否正常。激活的信号是个脉冲信号,频率约为 0.5 Hz,测量该信号需要用振荡器。如果没有上述问题,那么中断 MCU 的电源 5 s,重新测试;如果问题依然出现,那么可能是 MCU 损坏,须进行更换。发动机可以在 BCU 模式下运行,直到更换好新的 MCU。

(4) 在 2 个注油器上没有反馈信号警报与诊断。如果来自注油器的反馈信号被

BCU 测为不正常，那么就会发出 1 个警报(BCU 故障警报)。如果系统因为 MCU 故障而以 BCU 模式运行，MCU 就可能不在 HMI 面板上指示任何警报编码。通过观察机旁中间箱的反馈指示灯查找有故障的注油器，该警报指示哪缸的润滑停止，并发出 1 个降速信号。

首先检查故障是否多于 1 个气缸。如果多于 1 个气缸，检查供油系统，可能油压低或来自重力油柜的供油停止；检查供油管路有没有泄漏。如果问题仅限于 1 个气缸，那么检查相关缸中间箱到控制箱 LCU 的反馈接线；中间箱 PCB(印刷电路板)本身也可能损坏。

为检查 BCU 是否损坏，可将相关气缸的插头从 BCU 上脱开，临时接上 1 个无问题的缸的插头，如果原来工作的缸仍然故障，说明 BCU 可能损坏。

(5) 1 个注油器没有反馈信号警报与诊断。BCU 测到 1 个注油器的反馈信号不正常，就发出 1 个警报(BCU 故障警报)。同样，如果系统因 MCU 故障以 BCU 模式运行，MCU 将不在 HMI 面板上显示警报编码。可通过观察机旁中间箱的反馈指示灯查找有故障的注油器，并用备件整套替换，如果每缸配置 1 个注油器，那么必须立即更换有故障的单元。

(6) BCU 没有转速标记信号。2 个标记探头安装在发动机盘车轮处，发动机每转发出 1 个脉冲。这些信号被 BCU 系统用于确定发动机转速，也被 MCU 系统用于监控信号并在信号故障的情况下发出警报。如果系统因 MCU 故障以 BCU 模式运行，MCU 将不在 HMI 面板上显示警报编码。在这种情况下，润滑停止并激发降速命令。这类故障通常由机械故障引起探头损坏或中断 BCU 探头的电源造成。应分别检查传感器和触发器支架有无机械损坏、探头间隙是否符合制造商的建议、BCU 接线箱相应端子上电压是否为 24 V。如果没有电压，那么检查 BCU 探头系统的接线在哪个位置短路。

2.5 没有外部信号的应急运行

当出现故障时，须尽一切努力修复触发器系统，只有在万不得已的情况下才使用应急运行模式。

当所有至气缸润滑系统的触发信号(角度编码器和 BCU 系统探头)都出现故障时，可通过 MCU 或 BCU 的内部行程发生器维持一定水平的润滑。该行程发生器每秒发射 1 个脉冲。[4-6] 为能以该应急模式运行，必须改变相应的电气接口，具体操作方法可参考制造商说明书。

当改变相应电气接口时，系统以应急模式运行，不管发动机是否运行，系统开始润滑并给出各种警报，且反馈警报能指出是否所有气缸都被润滑。当以该模式运行时，BCU 系统没有动作，MCU 降速功能仍然起作用。气缸润滑取决于转速，同时对个别气缸增加 25%的油量设定以确保气缸润滑安全。

3 结束语

简要介绍ALPHA电控气缸油注油器系统的构架和工作原理，总结分析ALPHA电控气缸油注油器系统的典型警报及其故障诊断处理，供同人参考。

参考文献

[1] MIKKELSEN U，ROLSTED H，JAKOBSEN S B. Cylinder condition of large two-stroke engines[C]//CIMAC paper 2001. Hamburg，2001：883-896.

[2] AABO K，LIDDY J P，LIM K C，et al. 2-Stroke crosshead engine cylinder lubrication-the future here today[C]//CIMAC paper 2001. Hamburg，2001：1251-1261.

[3] LEIF E. Developments in cylinder liner lubrication[C]//The Information Conference of 23rd paper 2003. Flensburg，2003.

[4] MASAKI T. Improved cylinder lubricator[J]. Journal of The Japan Institution of Marine Engineering，2002(2)：131-135.

[5] 高炳. ALPHA ACC气缸油控制技术及其应用[J]. 航海技术，2012(4)：48-51.

[6] 吕林，高炳. 电控气缸注油器注油调频控制机理分析[J]. 船海工程，2010，39(1)：78-79.

[7] 高炳，赵自奇. 船用气缸注油润滑技术发展动向与应用研究[J]. 交通节能与环保，2010(4)：9-12.

[8] 高炳，占嵩. 船用电控气缸注油系统仿真计算研究[J]. 南通航运职业技术学院学报，2010，9(4)：32-35.

[9] 贺玉海. 大型低速船用柴油机新型电控气缸注油润滑系统研究[J]. 内燃机工程，2010，31(4)：63-68.

某船主机遥控操纵故障分析及应急处理

黄建华

(香港明华船务有限公司)

某 SULZER 6RTA52 型主机，二冲程，可倒转，全制式液压调速器，可在机旁、集控室、驾驶台操纵。

1 故障现象

某航次抛锚装货 1 个多月后开航备车，集控室操车试验，空气启动能达到发火转速，但不供油发火(集控室负荷指示器一直显示为 0)；转至机旁操纵(手动调节油门)，正、倒车启动正常。

2 原因查找

机旁操纵(手动调节油门)，正、倒车启动正常，而遥控空气启动能达到发火转速而不供油发火，显然是启动供油控制气路故障。

2.1 启动供油控制气路

SULZER RTA 主机的操纵系统，比 MAN B&W MC 型复杂的多。图 1 是主机启动供油控制气路(省略多项保护功能，各部件标号按主机说明书操纵系统图)。

1) 阀 31HC(手动控制两位三通阀)

机旁操纵时，在机旁燃油操纵杆 3.12 插入油门杆系的连接销(变更为遥控时须拔出并保存在机旁操纵台的固定套内)连接于油门连杆(及与之相连的燃油调节杆系，下同)，为使机旁燃油操纵杆 3.12 能自如地带动燃油调节杆系，须解除调速器与油门连杆间的空气气缸 3.10 的刚性连接，并释放停油伺服器 6.03 的油门“0”位连锁。

阀 31HC 的功能是，机旁燃油操纵杆 3.12 离开“遥控”位置，阀 31HC 不受控(受弹簧力)上位工作，控制空气得以通过阀 31HC：一路经阀 9U 控制阀 53HC 泄放空气气缸 3.10 内的压力空气使其解除刚性连接；一路控制阀 24C 上位工作，阀 53HA 因控制空气(经阀 113HH 和阀 24C)泄放(受弹簧力)上位工作，控制空气得以进入停油伺服器 6.03 活塞的上部空间，释放油门“0”位连锁。

2) 停油伺服器 6.03

停油伺服器 6.03 的功能是，内部(活塞上方)获得控制空气时，活塞下移，活塞杆缩回本体，释放油门连杆(可向主机供燃油)；当需要时，泄放内部(活塞上方)控制空气(压力)，活塞受弹簧作用上移，活塞杆伸出顶住油门连杆在“0”位阻止向主机供燃油，同时泄放空气气缸 3.10 内的控制空气令空气气缸 3.10 失去刚性连接，以防止增加停油伺服器 6.03 停油动作的阻力(若调速器正在推动油门连杆为主机供油)。

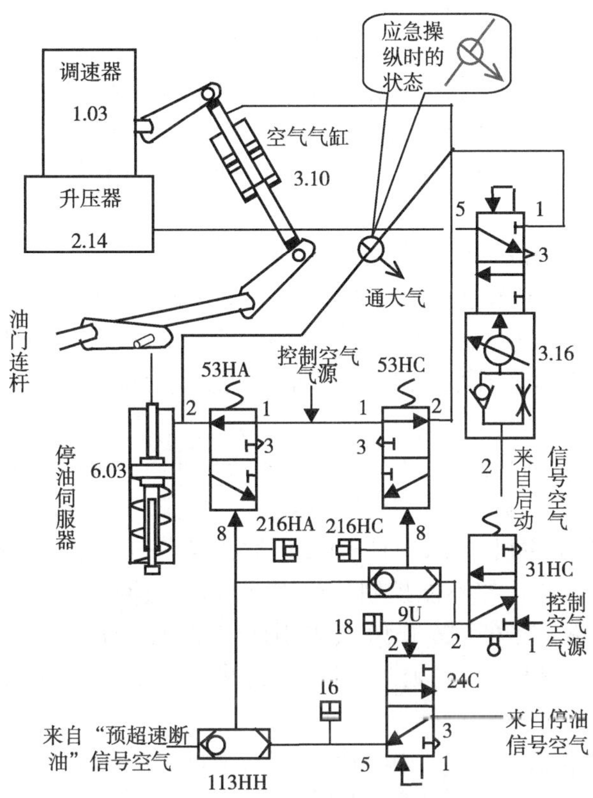

图 1　主机启动供油控制气路

停油伺服器 6.03 的控制空气，来自控制空气气源，受阀 53HA(配有压气到位指示器的气控两位三通阀)控制，而阀 53HA 受控于阀 113HH。

阀 113HH(双向止回阀，或门)，一路信号(压力空气)来自“预超速断油”信号，即驾控操纵送来的断油信号(按下驾驶台操纵台上的恶劣海况控制按钮，且主机转速达到设定的超速转速)；另一路信号(遥控操纵主机时)来自阀 24C(气控两位三通阀)供给端“3”的停油信号(压力空气)。两路中只要一路有控制空气，就推动阀 53HA 下位工作(泄放停油伺服器 6.03 内的压力空气)和推动阀 53HC 下位工作(泄放空气气缸 3.10 内的压力空气)。

阀 24C,遥控操纵主机时,机旁操纵杆 3.12 位于"遥控"位置,阀 31HC 下位工作,因而阀 24C 失控下位工作。此时,阀 24C 引导供给端"3"的停油信号(压力空气)(若有)经阀 113HH 分两路:一路控制阀 53HA,泄放停油伺服器 6.03 内的压力空气立即把调油杆系推到"0"位,主机不供油;另一路经阀 9U 控制阀 53HC,泄放空气气缸 3.10 内的压力空气使其失去刚性连接(防止调速器正在推动油门连杆为主机供油而增加停油伺服器 6.03 停油动作的阻力)。

阀 24C(气控两位三通阀)供给端"3"的停油信号(压力空气),包括:遥控停车指令;柴油机转向与转向安全保护装置 6.01(图 1 未示出)内的旋转阀给定的方向不一致(转向保护);燃油凸轮换向阀 5.02 位置与车令不一致(高压油泵换向保护);燃油凸轮换向伺服器 5.01 不在终端位置(高压油泵换向完成保护);主轴承润滑油低压(机械保护)。

3) 升压器 2.14 和空气气缸 3.10

升压器 2.14 的功能,是在柴油机启动阶段为调速器提供高压工作液压油使其能带动油门连杆向主机供燃油。因为液压全制式调速器必须由柴油机驱动,而启动阶段柴油机转速低,调速器油泵排出的油压难以推动伺服油缸内的动力活塞带动燃油调节杆系。

空气气缸 3.10 的功能,是快速离合调速器与油门连杆的连接:遥控操纵,主机启动和运行时,空气气缸 3.10 充满控制空气形成刚性连接,连接调速器输出轴与燃油调节杆系,控制主机转速;一旦有停油信号,空气气缸 3.10 内空气泄放(通大气)失去刚性连接(调速器不能控制油门连杆),且停油伺服器 6.03 动作断油,主机停车。机旁操纵,空气气缸 3.10 失去刚性连接(停油伺服器 6.03 释放燃油杆系),使机旁燃油操纵杆 3.12(通过连接销)能够灵活、快速、自由带动油门连杆(主机进燃油)。

升压器 2.14 和空气气缸 3.10 的控制空气来自控制空气气源,前者先后受控于阀 53HC 和阀 3.16,后者受控于阀 53HC。

阀 53HC,配有压气到位指示器的气控两位三通阀,功能是导通或切断控制空气气源至空气气缸 3.10 和阀 3.16 的通道。阀 53HC 受阀 9U 控制。

阀 9U 双向止回阀(或门),一路来自阀 113HH,"预超速断油"信号或阀 24C 输出的信号;另一路来自阀 31HC 的输出。这两路只要一路有控制空气,就推动阀 53HC下位工作,切断控制空气气源至空气气缸 3.10 和阀 3.16 的通道,则空气气缸 3.10 和升压器 2.14 退出工作。

阀 3.16,气控两位三通阀,拟下位工作由可调气室充气延时,拟上位工作节流延时泄放。

阀 3.16 的功能是控制升压器 2.14:当控制端 2 有启动信号(空气)时,可调气室充气,阀 3.16 延时下位工作,使升压器 2.14 投入工作;当控制端 2 启动信号(空气)

消失，控制空气经恒节流孔泄放，阀 3.16 延时复位（上位），升压器 2.14 压力空气泄放（停止工作）。

可调气室充气延时，是为转向安全保护装置 6.01 内旋转阀的转换留有时间，因为旋转阀的转换必须在柴油机开始转动后才能实现。

恒节流孔延时，是为了在启动信号消失（启动按钮释放）后的设定时间内调速器液压油仍保持足够压力以保证主机燃油供应不中断。

4）压气到位指示器 216HA，216HC，16 和 18

控制空气压力到位，指示器的红色指示杆伸出；控制空气压力不到位或无压力空气，红色指示杆缩进。

5）安全切断装置 6.04（图 1 中未标出）

安全切断（供油）装置，下列情况会抬起高压油泵吸入阀切断高压油泵的进油（不依赖燃油调节杆系）：手动按下应急停车按钮；某安保参数超出限定值（显示警报）；机旁（手动调节油门）操纵时，转向错误，换向杆 5.03 发出停车信号等。

充分理解上述各部（阀）件功能和它们的逻辑关系，从机旁启动供油正常与遥控启动供油不正常着手，借助各压气到位指示器，不难找出故障症结。

2.2 机旁操纵启动供油

机旁手动调节油门操纵（含启动），燃油操纵杆 3.12 插入连接套（图 1 中未示出）连接油门连杆，手动调节油门燃油调节杆系向主机供燃油，需停油伺服器 6.03 解除油门杆件的“0”位锁闭，和空气气缸失去刚性连接。

为此，当机旁操纵的燃油操纵杆 3.12 离开“遥控”位置，阀 31HC（不受控）上位工作，接通控制气源输出控制空气：一路控制阀 24C 使其上位工作（通大气），阀 53HA控制端无控制空气（不受控）上位工作，停油伺服器 6.03 与气源接通，解除油门连杆的“0”位锁闭；一路经阀 9U 控制阀 53HC 使其下位工作，则空气气缸 3.10 通大气而失去刚性连接。

有这两路控制空气，机旁燃油操纵杆 3.12 才能带动燃油调节杆系：启动时可置于启动油门位置（手动调节油门）；正倒车运转时，可置于车令相应要求的油门位置。需要注意，在启动过程中，只有主机实际转向与车令转向一致，安全切断装置 6.04 释放，燃油才能喷入气缸发火。

2.3 集控室控制台启动供油

集控室启动主机，机旁燃油操纵杆 3.12 在“遥控”位置令阀 31HC 下位工作而无控制空气通过，则阀 24C（不受控）下位工作。

当集控室换向手柄 5.04 在有车令、高压油泵换向成功、主机实际转向与车令转向一致、滑油压力正常等条件下，阀 24C 供给端“3”的停油信号（空气）消失。因没有“预超速断油信号空气”和“停油信号空气”：阀 53HA 不受控（受弹簧力）上位工作，停油伺服器 6.03 与气源接通，解除油门连杆的“0”位锁闭；同时，阀 53HC 不受控（受弹簧力）上位工作，空气气缸 3.10 与气源接通，调速器输出轴与油门连杆刚性连接。

当按下启动按钮，阀 3.16 接到启动信号空气，延时改为下位工作，接通阀 53HC 来（去空气气缸 3.10 一路）的控制空气至调速器的升压器 2.14，升压器 2.14 产生压力油并送入调速器，调速器按集控室调速手柄送来的气压信号输出相应启动油门，并拉动油门连杆使燃油喷入气缸。

气缸发火后，放开启动按钮，阀 3.16（因"来自启动信号空气"消失）经一段预定时间（这段时间足以使主机转速增加到调速器油泵排出压力能够推动油门杆件）恢复上位，则升压器 2.14 内控制空气泄放而复位（停止工作），但主机转速已升高到足以驱动调速器油泵产生足够油压拉动油门连杆为主机供燃油。

综上分析可知，集控室启动与机旁启动相同之处在于，燃油供给都需要停油伺服器 6.03 解除油门连杆的"0"位锁闭；不同之处在于，集控室启动需要空气气缸 3.10 刚性连接、控制空气通入升压器、调速器输出启动油门、阀 24C 供给端"3"无停油信号（空气）令停油伺服器 6.03 工作在运行位，而机旁启动需要空气气缸 3.10 失去刚性连接、阀 24C 上位工作（放大气）令停油伺服器 6.03 工作在运行位。

2.4 寻找故障点

按此思路，集控室启动主机试验重点检查停油伺服器 6.03 的状态、调速器的输出、空气气缸 3.10 刚性连接和控制空气通入升压器 2.14，发现：停油伺服器 6.03 工作在运行位（否则要从阀 24C 供给端"3"的停油信号方面查找原因）；调速器输出轴有转动（即有输出，表明调速器功能正常），触听升压器 2.14 无动感，空气气缸 3.10 不能形成刚性连接因而油门杆不动；压气到位指示器 216HA 和 216HC 均无压力指示。

进一步松开空气气缸 3.10 的进口空气管，无空气溢出，可知阀 53HC 无输出；而压气到位指示器 216HC 无压力指示，表明阀 53HC 控制端"上游"信号正常，故判断阀 53HC 卡死在下位工作状态。

机旁操纵启动，燃油由燃油操纵杆 3.12 控制而不由调速器输出；阀 53HC 卡死在下位，空气气缸泄气，调速器不能限制油门连杆，保证燃油操纵杆 3.12 可灵活操纵，所以主机仍能进油启动。

2.5 阀 53HC 阀芯卡死

阀 53HC 阀芯卡死的原因，是阀芯间隙存在大量的油垢和灰尘。

该船主机控制空气的气源，有主用和备用两路，都来自主空气瓶并经减压阀，并由压力高的一路供气。

由于备用气源减压阀工作不良，压力超过规定值而高于主用气源，且管理人员没有及时发现、调整，以致主机控制空气较长时间使用备用气源。而备用气源不经空气干燥器处理，含较多油和水，加上这次抛锚装货期间灰尘多，恶化阀 53HC 的工作条件，导致阀 53HC 卡死（该航次到港前主机启动正常）。

3 应急处理

拆下阀 53HC 并解体，因阀盖螺纹咬死造成阀本体（铝质材料）破裂。但船上无备件，且引航员即将上船，只好暂时闷住（隔离）阀 53HC 装配端各气道口，由机旁操纵离港。

机旁操纵，增加轮机员的劳动强度，且在风浪中航行操纵困难，迫切需要恢复主机遥控操纵。

通过前述分析可知：集控室操纵，阀 53HA 与阀 53HC 的控制信号相同，输出气源状态同步；机旁操纵手动调节油门，阀 31HC 上位工作，输出端的一路控制阀 24C 使阀 53HA 不受控，解除油门"0"位连锁；另一支路控制阀 53HC，隔离调速器输出。

因此，若阀 53HA 输出与阀 53HC 输出，在集控室操纵时能连接起来，而在机旁操纵时隔离并使空气气缸 3.10 及阀 3.16 供给端通大气，就可恢复主机操纵系统的全部功能。

于是，制作 1 块铜质覆板：平面钻孔与阀 53HA 装配面各孔的大小、位置相对应；侧面，钻孔攻丝（虚线）连接阀 53HA 的输出端口 2（见图 2）；厚 24 mm，以便在侧面钻孔攻丝；宽度，比阀 53HA 装配面多出至少 10 mm，以保证侧面钻孔攻丝的螺纹深度（17 mm）且能避开装配螺栓孔和气道孔 1。

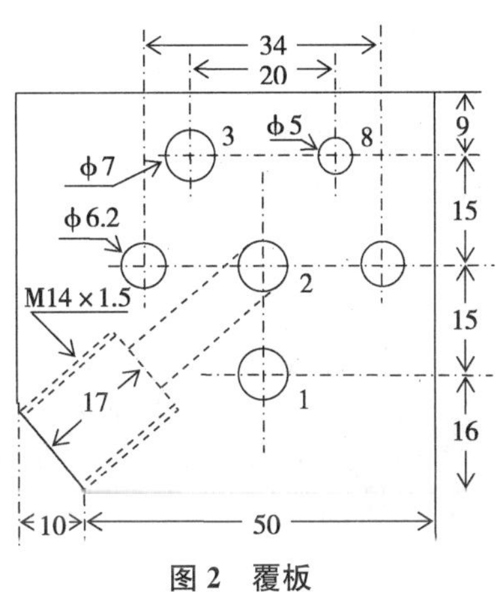

图 2 覆板

覆板加装在阀 53HA 的装配端，侧面螺孔与进空气气缸 3.10 和阀 3.16 的空气总管间安装铜管及三通阀（图 2 中虚线）。需要机旁操纵时，顺时针转动三通阀 90°，使空气气缸及阀 3.16 供给端 1 通大气，同时封闭阀 53HA 输出端的附加管。主机操纵系统功能试验，机旁、集控室、驾驶台操纵均正常。

4 防范措施

防范措施，可能包括以下几方面。

1）厂修加强监修力度

据最近 2 次保养完工单，每 5 年左右（2 次坞修）都全面维修主机操纵系统，更换阀 53HC 内部全部易损元件，但阀盖与本体结合处却无丝毫解体痕迹，可能维修人员见阀盖螺纹咬住，担心损坏阀体而没有拆检、清洁却谎报检修过，显然是监修疏失。所以，要加强监督厂修的力度，即使不能全程跟踪，至少要根据完工单逐项现场核对，以防遗漏。

2）做好日常维护

主机长时间停用时，主机控制系统该停的停，该关的关，该放残的放残，防止各气动元件遭受损害。控制空气系统，坚持使用干燥器，并定时泄放残水和残油。注重检查备用控制空气压力与主控制空气压力，及时发现变化，及时纠正。

3）精细备件管理

主机操纵系统中与阀 53HC 同型号的阀件有 11 个，本体为铝质材料，长期使用材质疲劳，解体过程中易造成损伤，而该船无一备件。

所以，平时应仔细清点备件，根据老旧船的特点和实际情况及时申请，处理故障时才不至于被动。

4）善于应变处理

海上航行不能及时得到岸上支持，应变处理尤其重要。

在深刻、正确理解主机操纵系统各元件的工作原理、结构特点和它们的逻辑关系的前提下，要善于应变处理。在某一元件损坏无备件的紧急情况下，应查找操纵系统是否有类似元件，并设法隔离、替换、改装，尽量使主机操纵系统恢复全部或部分功能，保证主机运行。例如，当阀 53HA 发生类似损坏，任何操纵方式都无法启动主机，这时可拆下阀 53HC 替换阀 53HA，再经过本例的改装处理，可恢复主机操纵系统的全部功能。

参考文献

[1] 李世臣，徐善林. 轮机自动化[M]. 大连：大连海事大学出版社，2008.

[2] 张兴芝，王忠忱. 轮机长业务[M]. 大连：大连海事大学出版社，2008.

[3] Description instruction for diesel engine SULZER RTA52.

[4] Schematic layout of diesel engine SULZER RTA52 control system.

柴油机排温异常故障诊断流程

梁大龙　赵俊豪　黄连忠

（大连海事大学）

0　引言

排气温度是反映柴油机燃油燃烧质量的重要参数。排温异常是船用柴油机常见故障，不仅影响营运，甚至可能造成船舶安全事故，须快速诊断、排除。但排温异常的原因多种多样，需要逻辑缜密的诊断流程。

在分析排温异常的各种原因的基础上，按排温故障范围是整机还是个别缸，并区分二、四冲程机型，综合归纳出排温异常故障诊断的4种流程，将有助于轮机员诊断排温异常故障。

1　排温异常

影响柴油机燃油燃烧质量的基本要素有：燃烧室压缩余隙和气密、燃油品质和雾化质量、缸内空气量和扰动程度、压缩终点温度等[1]。

排气温度异常，归根结底是燃烧室气密（运行中，不考虑压缩余隙）、燃油（品质和雾化）、空气（量、压力、扰动）等三者匹配不合理导致燃油燃烧不良。具体可归结为油的“质”“量”“时”和气的“质”“量”“时”以及燃烧室气密等7项中1项或多项不满足要求。

针对这7项，分别列出其影响的参数、常见现象、可能的原因，见表1[2][3]。

表1　影响燃烧7因素及其现象和故障可能原因

影响因素		影响参数	现　　象	故障可能原因
燃油	质	密度、黏度、雾化质量	A. 供油单元滤器脏堵； B. 进机黏度大；	1. 燃油品质不良； 2. 换油操作不当； 3. 分油机故障； 4. 进机油温不当；
			C. 喷油孔结炭； D. 高压油管脉动不彰	5. 高压油泵故障； 6. 喷油器故障
	量	供油量、喷油量	A. 爆压异常； B. 排温异常	1. 喷油泵（含驱动）故障； 2. 喷油器故障
	时	喷油提前角、喷油持续角	A. 提前角大——爆压高、敲缸、排温低； B. 提前角小——爆压低、冒黑烟、排温高； C. 持续角大——喷油孔堵塞、异常喷射	1. 喷油泵（含驱动）故障； 2. 喷油器故障

（续　表）

影响因素		影响参数	现　　象	故障可能原因
扫（进）气和排气	质	换气质量	A. 扫气口脏堵； B. 扫气含废气、油雾； C. 扫气箱着火	1. 气缸注油过多； 2. 放残不及时； 3. 燃烧室气密性差； 4. 排气不充分
	量	扫气压力、扫气温度	燃气窜气	活塞环损坏
			空冷器前后温度变化	空冷器故障
			增压器转速异常	增压器故障
			扫气压力下降/温度升高	环境（水、气温）变化
	时	气阀定时	气阀关不严	1. 气阀热隙过小； 2. 复位弹簧失效
			气阀撞击、磨损	气阀热隙过大
			气阀卡阻	1. 阀杆弯； 2. 导套积垢； 3. 润滑不良
			排气凸轮移位	1. 凸轮轴传动件磨损； 2. 凸轮或轴安装不当
			排气阀升程小	液压驱动系统漏泄
燃烧室	气密	压缩压力、压缩温度	A. 压缩压力小； B. 排温低； C. 扫气箱着火	1. 余隙容积过大； 2. 燃烧室部件损坏； 3. 排气阀密封不良

从表1可知，不同故障原因，故障现象可能相同或相似并互相影响，诊断难度高，但仍有规律可循。

四冲程柴油机和二冲程柴油机，排温异常的原因不同。排温异常的范围是整机还是个别缸，其原因也不同。确认排温异常的范围，就可排除某些原因，例如：燃油自身品质、净化质量、进机温度等外因（含凸轮轴传动缺陷），以及“气”系统（除排气阀定时外）缺陷，排温故障的范围肯定是整机而不是个别缸；而“油”系统缺陷和燃烧室气密不良，多导致个别缸排温故障。

基于此，按排温异常的故障范围是整机还是个别缸，并区分二、四冲程机型，给出故障诊断的4种流程。

2　整机排温异常诊断

2.1　二冲程整机排温异常诊断流程（见图1）

（1）检查“外因”，包括燃油品质（含换油时混油）、净化不良、进机温度（黏度）等。若不正常则及时纠正；若正常则进行下一步。

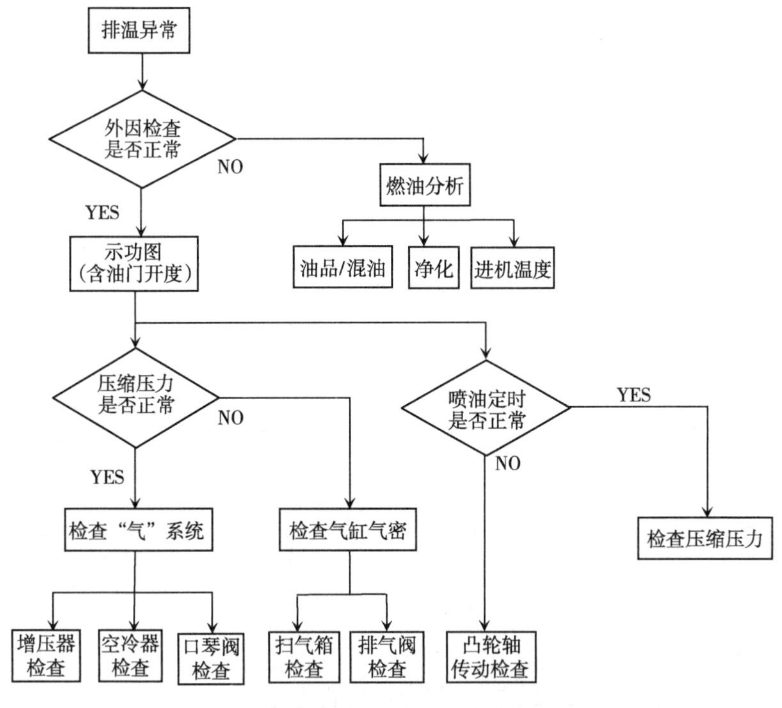

图 1　二冲程整机排温异常诊断流程

(2) 检查各缸油门开度是否都在正常范围内,消除调油传动机构故障[2]这种不常见成因。之后测各缸示功图得到最大爆发压力、压缩压力、发火点、喷油定时等参数,了解各缸喷油定时、喷油量、缸内燃烧和扫气过程,以便从喷油定时和压缩压力判断排温异常原因。

喷油定时,若各缸均不正常,则须进一步检查凸轮轴传动。

压缩压力:若正常,则排温异常为“气”系统故障所致,须检查“气”系统,包括增压器(转速、声音、叶轮脏污、轴承损坏、气封/油封失效),空冷器(增压空气进/出温度、冷却水进/出温度和流量),口琴阀(黏着、破损)等。若不正常则须检查排气阀气密(如破损、热隙和定时),气缸气密(如活塞环卡阻、断裂、变黑,缸套拉痕、异常磨损等),活塞与活塞环配合状态(如黏着、过松等),可能还须进一步检查扫气总管等。

电子示功器,如便携式 PMI 系统,不仅测取示功图准确、快速,还能以表格形式显示、对比各缸参数并提示调整建议。

2.2　四冲程整机排温异常诊断流程(见图 2)

与“二冲程整机排温异常原因诊断流程”相似。

(1) 先检查“外因”,若不正常则及时纠正;若正常则进行下一步。

(2) 若油门开度正常,则测各缸示功图,从喷油定时和压缩压力判断排温异常故障原因。

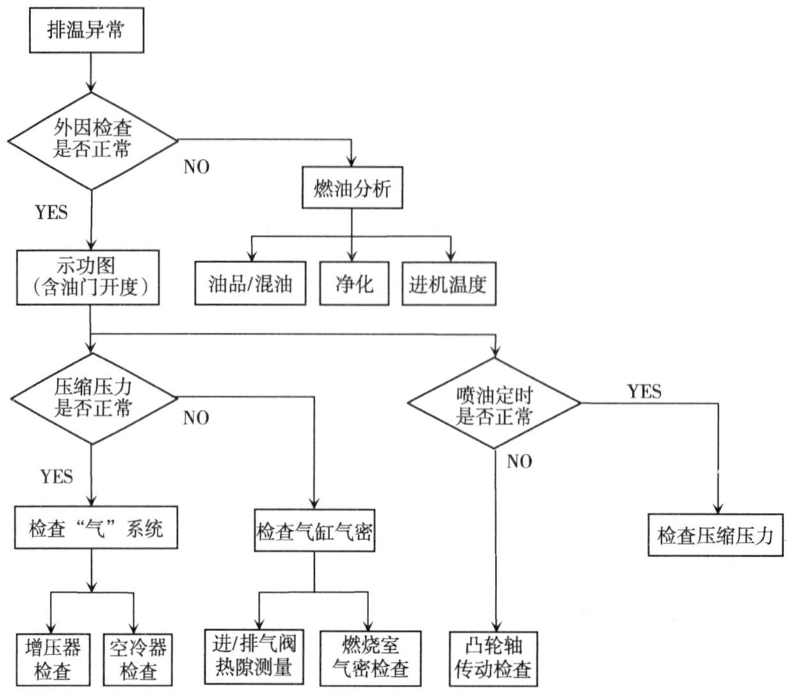

图2　四冲程整机排温异常诊断流程

喷油定时，若各缸均不正常，则须进一步检查凸轮轴传动。

压缩压力：若正常，则排温异常为“气”系统故障所致，须进一步检查“气”系统，包括增压器（转速、声音、叶轮脏污、轴承损坏、气封/油封失效），空冷器（增压空气进/出温度、冷却水进/出温度和流量等）等。若不正常，则须进一步检查进排气阀气密、气缸气密、活塞及活塞环配合状态等。

四冲程机，因转速较高，测取示功图较二冲程机困难，且并非所有机型都装有示功器。未安装示功器的四冲程机，可使用爆压表加气密检测器获知气缸重要参数的近似值。爆压表指示的最大爆压基本能反映喷油定时正确与否（恰当的喷油定时是最大爆压满足要求的重要保证）；气密检测器测取气缸特定压力降所需时间可代替压缩压力检查，满足规定则认为气密性良好。

3　个别缸排温异常

3.1　二冲程个别缸排温异常诊断流程（见图3）

个别缸排温异常，必为“内因”所致，不须检查“外因”（含凸轮轴传动故障），故直接读取油门开度，测取故障缸示功图，得到最大爆发压力、压缩压力、发火点、喷油定时等参数，了解该缸喷油以及缸内燃烧和扫气过程，以便从喷油定时、喷油量、压缩压力等判断排温异常的原因。

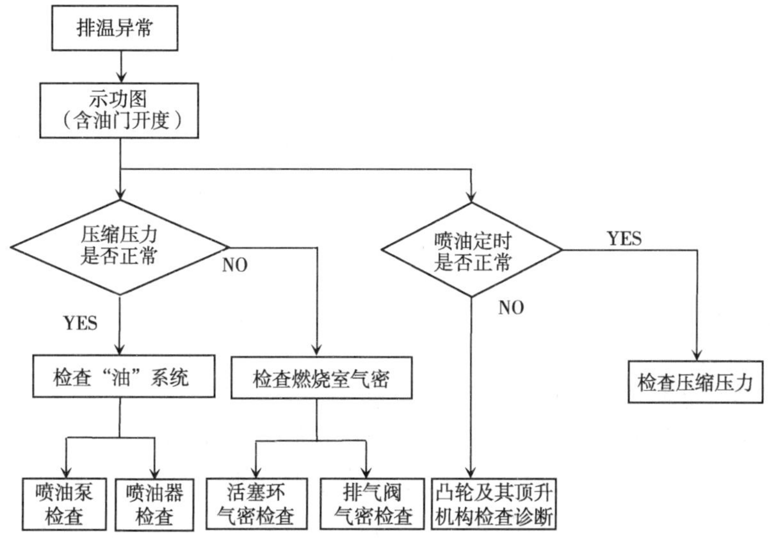

图 3　二冲程个别缸排温异常诊断流程

(1) 喷油定时，若不正常，则须进一步检查燃油凸轮和顶升机构。

(2) 压缩压力：若偏低，则须进一步检查燃烧室气密，包括气缸与活塞环气密、排气阀气密及其定时。检查排气阀，先提拉气阀传动机构顶部的检测杆验证排气阀动作是否灵活，确认后再检查排气阀状态如破损、热隙（机械式测量热隙，液压式检查气垫压力）。若正常，则须进一步检查“油”系统，包括喷油器（卡死、喷油孔脏堵/结炭、启阀压力不当等），高压油泵（含顶升机构，如卡死、柱塞套筒偶件拉痕和偏磨、出油阀偶件磨损等）。

例如，某 MAN B&W 6S35MC 型二冲程主机，变距桨，额定功率 4 440 kW，常用负荷 86%，常用转速 170 r/min。某航次 2# 缸排温高出其他缸约 50 ℃，见表 2。

表 2　主机排温调整前后对比

缸　号	1	2	3	4	5	6
调整前排温(85%负荷)/℃	375	417	370	374	368	369
调整后排温(87%负荷)/℃	378	380	374	376	373	373

此故障属二冲程个别缸排气高温，适用如图 3 所示排温异常诊断流程。由于故障缸油门开度值正常，故直接用电子示功器测取各缸示功图，得到最大爆发压力、压缩压力、发火点、喷油定时等参数。

(1) 喷油定时无异常，故不必检查燃油凸轮和顶升机构。

(2) 压缩压力，2# 缸压缩压力与其他缸基本相等，不必检查燃烧室气密和排气阀气密/定时(该缸上次吊缸后运行不足 2 个月,事后扫气口检查也证实活塞与活塞环正常)。故须进一步检查"油"系统(高压油泵和喷油器)。

高压油泵,已确认齿条刻度与其他缸相差不大,供油量正常;示功图中发火点位置正常,确认"油"定时准确,初步判断为喷油器故障。

喷油器:停机漂航,2# 缸的 2 个喷油器全部更换备件后,主机常用负荷时排温正常;拆下的 2 个喷油器泵压试验(启阀压力正常范围 330～380 bar[4]),左侧喷油器启阀压力 380 bar,右侧 260 bar。拆解右侧喷油器,见弹簧断裂(同批次喷油器备件弹簧质量都较差),证实诊断正确。

个别缸排温异常升高,有可能演变成整机排温升高,严重时扫气箱着火甚至爆炸,须及时消除。

3.2 四冲程个别缸排温异常诊断流程(见图 4)

与"3.1 二冲程个别缸排温异常诊断流程"相似,个别缸排温异常,必为"内因"所致,不须检查"外因"(含凸轮轴传动故障),只须直接读取油门开度、测取各缸示功图,得到最大爆发压力、压缩压力、发火点、喷油定时等参数,了解该缸喷油、缸内燃烧、扫气过程等,以便从喷油定时、喷油量、压缩压力等判断排温异常的原因。

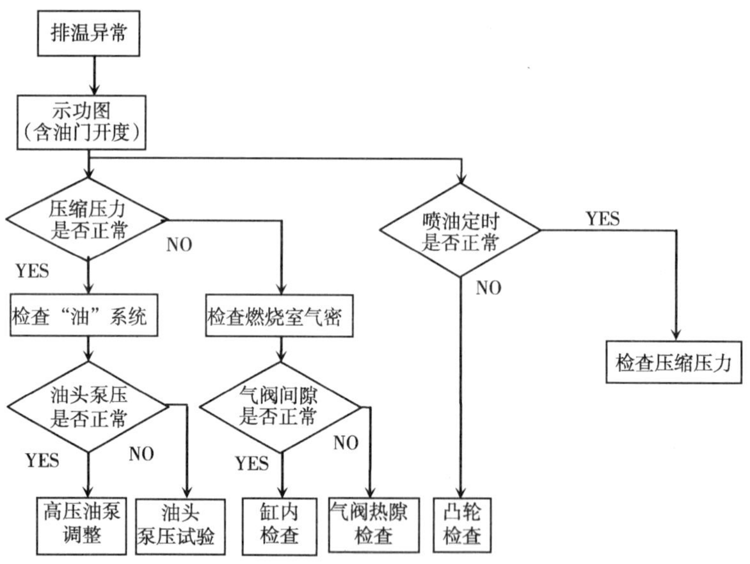

图 4　四冲程个别缸排温异常诊断流程

(1) 喷油定时,若不正常,则须进一步检查燃油凸轮和顶升机构。

(2) 压缩压力:若偏低,则须进一步检查燃烧室气密,包括:气缸与活塞环气密,须检查活塞环以及活塞及活塞环配合状态;进排气阀气密及其定时。若正常,则须进一步检查"油"系统,包括:喷油器(卡死、喷油孔脏堵/结炭、启阀压力不当等);高压油泵(含顶升机构)卡死、柱塞套筒偶件磨损(拉痕、偏磨)、出油阀偶件磨损等。

例如,某船 Wärtsilä 4L20 型副机 3 台,单机额定功率 545 kW,额定转速 1 000 r/min,无示功器。某段时间,1# 副机 2# 缸排气温度偏高于其他 3 缸,4 个缸的运行数据见表 3。

表 3　1# 副机排温异常排查数据汇总

缸　　号	1	2	3	4
排温(调整前负荷 289 kW)/℃	346	387	370	360
爆压/bar	104	107	105	107
压力降所用时间/s	16	14	13	16
进气阀间隙/mm	0.45	0.40	0.40	0.45
排气阀间隙/mm	0.80	0.85	0.85	0.85
油头压力/bar	455	400	440	450
排温(调整后负荷 295 kW)/℃	362	374	375	365

此情况适用于四冲程个别缸排温异常诊断流程。

(1) 读取油门开度,1# 缸稍低于平均值,2# 缸稍高于平均值。据说明书,各缸排温不均匀时,可适当调整喷油泵齿条格数,但各齿条之间的偏差不应超过 1 mm[5]。油泵齿条,1# 缸略调高,2# 缸略调低,排温异常并未消除,说明仍存在其他问题。

(2) 测取爆压,各缸爆压值相近,喷油定时应正常。

(3) 压缩压力,因该副机没有电子示功器,1# 副机停机,直接检查各缸气密:进排气阀,无漏气声音,4 个缸气阀的热隙均满足说明书要求(进气阀 0.4 mm,排气阀 0.8 mm),确认进排气阀气密正常;缸内空气压力,从 6 bar 降至 0.5 bar,气密检测器检测显示 4 个缸所用时间都符合要求(大于 10 s),确认气缸气密良好。

(4) "油"系统检查——拆检喷油器,泵压试验,2# 缸启阀压力 400 bar,未达到说明书规定的 440～460 bar,调节弹簧预紧力使启阀压力升至 450 bar,装复后启机试验,排温恢复均匀,故障排除。

参考文献

[1] 李斌. 船舶柴油机[M]. 大连:大连海事大学出版社,2008.

[2] 修安,思成. 船舶二冲程柴油主机排气温度过高原因分析[J]. 航海技术,2009(3):61-65.

[3] 尹自斌. 某轮 2 号副机排烟温度超高故障分析及综合治理[J]. 航海技术,2001(1):61-63.

[4] Instruction book for 6S35MC Engine, MAN B&W, 2006.

[5] Maintenance Manual for Auxiliary Generating Set, 520W 4L20, Wärtsilä.

SULZER 7RT-flex 60C 电控柴油主机故障 3 例

徐惠华[1]　杨成才[2]

(1. 浙江国际海运职业技术学院；2. 中波轮船股份公司)

0　引言

与 SULZER RTA 柴油机相比，SULZER 7RT-flex 60C 电控柴油机取消控制燃油喷射和排气的凸轮与凸轮轴装置以及启动空气分配器，增设燃油共轨系统、伺服油共轨系统、控制油系统等，采用 WECS9500 控制系统。

1）燃油共轨系统

燃油共轨系统，由供油单元、燃油共轨、喷射单元(ICU)等组成，均由 WECS9500 控制系统控制。

供油单元，燃油泵(变量柱塞泵)6 个(3×2 组)，向燃油共轨提供燃油，由主机曲轴输出端的齿轮组带动的三作用凸轮驱动，由受 WECS9500 控制系统控制的 2 个电动执行器分别拉动 3 个燃油柱塞泵的齿条调节排量，压力为 60～90 MPa。当柴油机处于停车和启动状态时，燃油泵执行器都将油泵的齿条拉到最大，一旦柴油机转动，即使是冲车，共轨压力也能很快达到要求的 70 MPa。

燃油共轨，装有 2 只压力传感器互为热备用，随时向 WECS9500 控制系统提供燃油共轨油压(如果 1 个压力传感器出现故障，只要拔掉故障传感器的插头，主机照样可以正常运行)；1 个超压调节阀调节燃油共轨的设定压力；1 个安全阀保证燃油共轨不超过最大允许压力。

喷射控制单元(ICU)，具有控制燃油的喷射时间、喷射油量、喷射油头个数(每缸 3 个油头，负荷较低时可 1 个或 2 个油头喷油，各油头轮流喷射)等功能，均由 WECS9500 控制 ICU 的高速电磁阀来实现。

2）伺服油共轨系统和控制油系统

电子控制系统输出的能量有限，不足以驱动排气阀、燃油控制阀等动作，不得不借助液压系统。

控制油系统，由 2 台电动油泵提供 20 MPa 的压力润滑油，用于燃油喷射。

伺服油共轨系统，由曲轴输出端的齿轮组带动的斜盘式柱塞泵，受 WECS9500 控制，为伺服油共轨系统提供 8～20 MPa 的润滑油，驱动排气阀动作。柴油机停车时,由控制油系统通过减压阀提供伺服油(8 MPa)。

伺服油共轨系统和控制油系统的润滑油,都来自主机的主滑油系统(经精细过滤)。

3) 控制系统

控制系统由转速控制器和 WECS9500 控制系统 2 部分组成。

转速控制器,功能是接受转速指令,采集主机实际转速,比较二者偏差;据此偏差,再根据主机当时的负荷,计算出需要的各缸燃油平均油量,并传送到 WECS9500 控制系统的整机控制单元 COM-EU 的主控模块 MCM。如果转速控制器出现故障,可在机旁用 BACK UP 模式手动调节小旋钮,控制燃油量信号,不过此时须防止主机超速。

WECS9500 控制系统,由曲柄角度传感器、整机控制单元 COM-EU、单缸控制单元 CYL-EU、辅助部分 WECS-assistant 等组成。

(1) 曲柄角度传感器,2 个(互为备用)都在曲轴自由端,分别由曲轴通过有啮合齿的皮带传动,测量曲柄(活塞)位置。另外,飞轮端还有 1 个活塞上止点(TDC)传感器,其读取的脉冲信号与 2 个曲柄角度传感器的读数相互验证。

(2) 整机控制单元 COM-EU,包括主控模块 MCM 和选择模块 ASM。

主控模块 MCM,功能是确定主机每转燃油喷油量(相当于决策层),并控制共轨油压、主启动阀启闭,以及通过 CAN 总线与其他单元通信(包括把转速控制器传来的燃油喷油量指令传给各缸的 CCM 模块)。

选择模块 ASM,功能是接收集控室选择开关的信号,确定哪个 MCM 处于工作状态,哪个处于热备用。

(3) 单缸控制单元 CYL-EU,包括气缸控制模块 CCM、阀件信号放大驱动模块 VDM、燃油喷射模块 ICU 等 3 部分。

CCM(每缸 1 个),功能是接收并根据 MCM 的指令,再根据本缸的活塞位置(来自曲柄角度传感器)和预设程序,形成喷油量、哪个油头喷油、1 次或几次喷射、何时喷射等燃油喷射方案的信号(此外还有气缸油注油量、排气阀定时等)。其中,喷油量、哪个油头喷油、1 次或几次喷射等的信号,经 VDM 放大传送到 ICU 执行;何时喷射信号待喷油前再发,也经 VDM 放大后传至 ICU 令其开始喷油。

VDM(每缸 1 个),放大 CCM 的信号,驱动执行机构动作,包括驱动 ICU 按 CCM 的指令喷油。

(4) 辅助控制单元 WECS-assistant,显示主机状态和报警信息,设定主机运转参数,“专家诊断”栏提示故障原因和处理建议。

该机型在中波公司的船上使用已超过 10 年,这里分析遇到的 3 起故障。

1 燃油泵电动执行器故障

燃油泵电动执行器的功能是拉动燃油柱塞泵齿条调节其排量(压力)以保持燃油共轨油压,由 WECS9500 控制系统根据燃油共轨的油压控制。

1.1 燃油共轨油压的控制

燃油共轨油压须保持稳定。按该机型设计，保持轨压稳定的措施，有供油泵快速响应、共轨容积缓冲、故障报警、调压阀和安全阀保护等 4 方面。

1）供油泵快速响应

供油单元的 6 个（变量）供油柱塞泵，由三作用凸轮驱动，主机每转燃油泵排油 3 次，能快速响应共轨压力的变化。

2）共轨容积缓冲（容积过大会降低轨压响应供油量变化的速度）

共轨本身容积较大，有蓄压作用，可消减燃油喷射导致的压力波动。设置中间储油器，作为缓冲腔缓冲油泵出口的压力波动。

3）故障报警

（1）燃油共轨压力超过 100 MPa 或者低于 50 MPa，辅助控制单元发出报警。

（2）燃油泵电动执行器故障报警。

（3）燃油共轨的 2 个压力传感器读数偏差大报警。

（4）燃油共轨泄漏报警。

4）调压阀和安全阀保护

轨压超过设定值，超压调节阀泄放，维持轨压在设定值；轨压达 1 250 bar，安全阀泄放保护燃油共轨。

超压调节阀，结构见图 1。右侧的调压旋钮通过改变右侧导阀弹簧预紧力设定超压调节阀的开启压力（出厂前已设定，一般不需要调节）：设定旋钮旋到底，开启压力 105 MPa；设定旋钮全部旋松，开启压力 50 MPa。

燃油轨压 50 MPa，主机仍可维持运转。

当燃油轨压达到超压调节阀的开启压力时：

（1）燃油压力克服导阀弹簧的预紧力打开导阀，泄放掉活塞上部润滑油（压力）。

（2）活塞上部的压力降低，活塞上行，针阀开启，泄放燃油共轨内的燃油，轨压降低。

（3）至轨压低于设定压力，

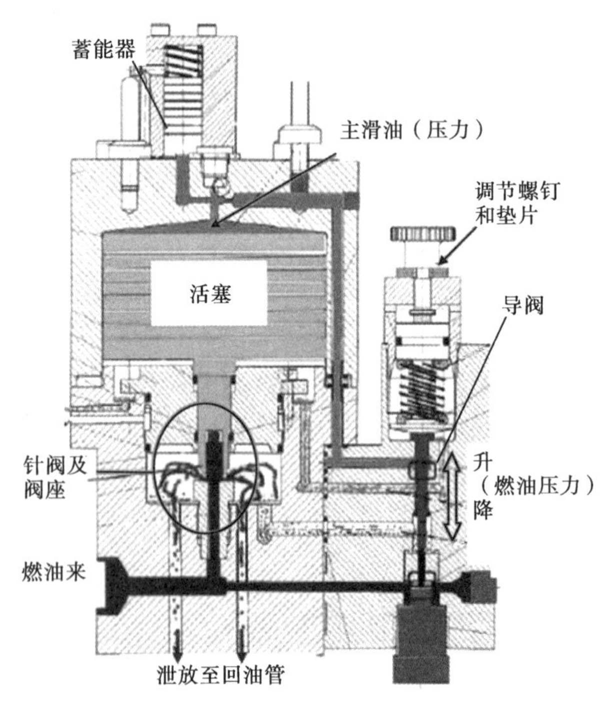

图 1　超压调节阀

导阀复位关闭活塞上部主润滑油的回油，活塞上部润滑油压力升高，推动活塞下行关闭针阀停止燃油回油，燃油轨压稳定在设定值(低于105 MPa)。

安全阀(在中间储油器处)，若超压调节阀失效，燃油压力升高到125 MPa时，安全阀开启，共轨燃油泄放到溢流柜，从而保护共轨的安全。

5) WECS9500控制系统控制燃油共轨油压

控制过程是：

(1) 主控模块MCM，接收主机负荷信号，同时从燃油共轨的2个压力传感器接收实时的共轨压力信号；通过内部程序运算处理，向燃油泵电动执行器输出控制信号。

(2) 电动执行器，按主控模块MCM来的控制信号，拉动燃油泵齿条调节燃油泵输出油量(压力60～90 MPa)，使其与当时的负荷相适应。

1.2 故障现象

主机正常运行中，燃油泵电动执行器故障报警，但没有燃油共轨高压报警。此时2只共轨压力传感器的读数为96 MPa。

检查发现：

(1) 1个执行器拉动燃油泵齿条活络，保持3个燃油泵受控于主控模块MCM(输出量可变)。

(2) 另一执行器卡死，它拉动的3个燃油泵齿条处于燃油泵输出最大位置(不再受控，定量输出)。

(3) 安全阀打开，并有较多的燃油由于来不及从溢流漏斗流入溢流柜而流到机舱。

1.3 故障处理

1) 根据故障现象诊断

(1) 据“另一执行器的输出在最大位置定量输出”，故障原因可能是该执行器拉动的3个燃油泵齿条卡死在燃油泵输出的最大位置，或电动燃油执行器故障。

(2) 故障时共轨压力为96 MPa，低于报警设定值100 MPa，认定为安全阀非正常打开，初步认定超压调节阀正常。

(3) 轨压超出正常使用值达到96 MPa是由于在主机减速时3个高压油泵仍在最大位置造成供油量大于消耗油量所致。

2) 故障处理

(1) 拆下故障的电动燃油执行器，手拉油泵齿条见其活络，确认电动执行器故障。

(2) 故障的电动燃油执行器换备，主机运行正常，故障排除。

(3) 调节超压调节阀的设定旋钮，轨压相应变化，确认超压调节阀正常。

后经生产厂家确认故障电动燃油执行器内部的集成电路板质量有待改进，且安全阀的开启压力设定偏低。

更换免费提供的故障集成电路板，重新调整安全阀启跳压力，故障排除。

2 喷油控制单元 ICU 的量油柱塞咬死在最大位置

2.1 喷油控制单元 ICU

如前所述,WECS9500 控制系统通过 ICU 控制各缸燃油的喷射时间、喷射油量、喷射油头个数等。

ICU 的结构见图 2。

当活塞到达喷射初始角的时刻,ICU 的共轨电磁阀被阀件信号放大驱动模块 VDM 放大的 CCM 的喷油指令驱动右移(左位工作),20 MPa 的控制油进入控制油活塞下方克服弹簧力顶起控制阀杆:常开滑阀上移关闭油路,停止向量油柱塞右侧供给共轨燃油;常闭滑阀上移打开蓄压腔至喷油器油路,共轨燃油进入喷油器,因燃油轨压 60～90 MPa 大于针阀弹簧预紧力 37.5 MPa,喷油器开始喷油;随着蓄压腔内压力降低,量油柱塞的左侧燃油轨压驱动其右移使其左侧燃油进入蓄压腔,保证整个喷油过程油压稳定。

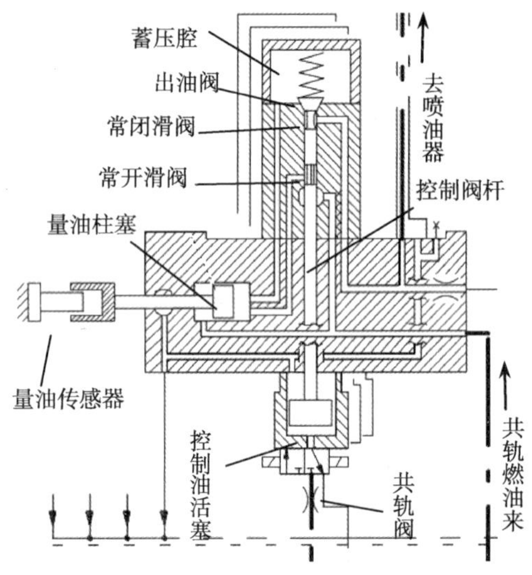

图 2 喷油控制单元 ICU

量油柱塞移动的距离,通过燃油油量传感器反馈给 CCM 并传输到主控模块 MCM,实现燃油量闭环控制;一旦检测到(量油柱塞)位移达到给定值,共轨电磁阀受(CCM-VDM)控左移(右位工作),伺服油活塞下方控制油泄压,控制阀杆回位,停止喷油。

此时的量油柱塞,因同时与共轨燃油相通而两侧的作用面积不等,在压差作用下回到原位,完成充油过程,为下次喷油作准备。

2.2 故障现象

某日,某缸排烟温度与其他缸偏差大:安全保护系统排烟温度偏差大报警,并自动单缸停油(触摸该缸高压油管已无脉动)致主机 SLOW DOWN,增压器喘振;辅助控制单元报警,显示该缸"ICU 的量油柱塞卡在最大位置"。

2.3 故障处理

喷油控制单元 ICU 的故障中,"ICU 的量油柱塞卡在最大位置"出现的频率最高。

辅助控制单元报警显示"ICU 的量油柱塞卡在最大位置",故障点所在范围很广,从 ICU 的工作过程分析,可能是量油柱塞机械卡阻,也可能是共轨电磁阀失灵、燃油油量传感器故障、相应控制模块接线断路或短路等，须按先易后难的原则逐项检查排除(不是每次都须解体 ICU)。

1) 检查接线和插脚

CCM,VDM,ICU 及其量油柱塞位移传感器和共轨电磁阀等的接线和插脚均未见松动和断路。

2) 检查共轨电磁阀

WECS-assistant 显示屏显示的数字不是红色，可排除相应的 VDM 板故障(共轨电磁阀的工作电流很大，50～60 A，考虑到电磁阀铁心的热负荷，其每次工作时间 on-time injection，以小于 1.5 ms 为佳，以 4.5 ms 为极限。若大于极限值，WECS-assistant 显示屏显示红色数字，则应考虑相应的 VDM 板故障)；短暂地泄掉燃油共轨油压(如强行打开应急停车电磁阀)，仍未消除此故障。

3) 检查燃油油量传感器

重点检测量油柱塞的小端轴位移。若量油柱塞小端的轴与 ICU 本体密封不良(如起密封作用的锁紧螺母松动、小端轴和套筒这对偶件磨损严重等)，则高压燃油就会漏进传感器内孔；一旦燃油因高温结炭，量油柱塞小端轴的移动就会受阻而输出错误信号导致上述故障现象。

拆下传感器检查内孔无积炭，锁紧螺母未松动，泄漏小孔也未堵塞，更换备用传感器故障仍未消除。

4) ICU 单元解体检查(见量油柱塞机械卡阻)

量油柱塞与其油缸可视为 1 对偶件。量油柱塞卡阻的原因，或者是燃油机械杂质多(净化处理不佳)，或者是热胀冷缩(油缸内外的温差大)，使得量油柱塞与油缸之间摩擦力过大导致其卡阻。

因此，防范措施是提高燃油净化质量，控制燃油温度和加热 ICU(控制油缸内外温差)。

3 曲柄角度传感器故障

1) 曲柄角度传感器

如前述，其功能是测量曲柄(活塞)位置(配置 2 个传感器互为备用是冗余设计)。

2 个曲柄角度传感器的读数信号先送入 CCM 比较；若偏差大于设定值，则再与飞轮端 TDC 传感器的信号比较、验证：与 TDC 传感器的信号偏差大的角度传感器，被定为有故障；若 2 个曲柄角度传感器的角度信号与飞轮端的 TDC 传感器的信号偏差都大于设定值，则 2 个零角度传感器都被认为有故障。

2) 故障现象

故障时只能看到 WECS-assistant 根据偏差值的大小触发普通故障(common failure)报警或危险故障(critical failure)报警，并指明故障的曲柄角度传感器号码；

危险故障(critical failure)警报,主机 SLOW DOWN 或自动停车。

3) 曲柄角度传感器报警的处理

报警复位,确认不是误报警;主机 SLOW DOWN,可不做处理,到港后检修;主机 SLOW DOWN,可拔掉故障传感器的插头维持运行;若危险故障(critical failure)警报,则是 2 个传感器都有故障,主机自动停车,须检修故障的曲柄角度传感器,必要时还须在辅助控制单元修正 TDC 传感器的补偿值。

故障的直接原因,通常是角度传感器的传动皮带松弛致其啮合齿错位,或者角度传感器的轴承损坏导致角度传感器咬死或传动皮带打滑。

故障的管理原因,可能是安装时传动皮带张紧力太大,或运行中轴承润滑不良。

检查方法是:盘车至第一缸活塞在上止点,检查角度传感器上和固定支架上的 2 条标志红线,若未对齐,表明传动皮带松弛致其啮合齿错位;角度传感器的轴承,只须打开角度传感器端盖即可看到是否损坏。

防范措施:安装角度传感器时,必须检查确认第一缸活塞在上止点、传动皮带拉紧力为 3.5~4.5 kg、2 条标记红线对齐,才可上紧角度传感器的固紧螺栓。运行中,定时检查角度传感器端盖外的滑油管是否发热,正常时主润滑油温度为 45 ℃,如果用手触摸管壁发凉,一定是润滑油管上的节流孔堵塞,须停车清通。定期打开角度传感器端盖检查内部,包括传动皮带张紧度和轴承润滑情况。

4 结束语

电控柴油机与传统柴油机有较大不同,轮机管理人员不仅必须了解其结构和原理方面的特点,而且要了解其控制系统,才能做好日常维修、运行管理,及时发现故障征兆,以防范故障;遇到故障时才能迅速、准确地找到原因,及时采取得当的应对措施。

参考文献

[1] Wartsila Switzerland Ltd. SULZER 7RT-flex 60C Operation instruction book [M]. Switzerland: Wartsila Switzerland Ltd, 2003,4003-1~4003-3.

[2] 黄加亮,蔡振雄,张天野. 电控共轨船用低速柴油机燃油系统的特点及管理[J]. 航海技术,2005(1):41-43 .

[3] 陈爱平. 主推进动力装置[M]. 大连:大连海事大学出版社,2012:605-608.

某主机高压油泵换向故障实例

倪志锋

(中远集装箱运输有限公司)

0 引言

某 3 500 TEU 集装箱船,1994 年建造,采用 MAN B&W 10L80MC 主机和常见的压缩空气控制系统(主启动空气减压至 0.7 MPa)。

随机提供的主机空气控制系统中高压油泵换向控制相关部分见图 1。

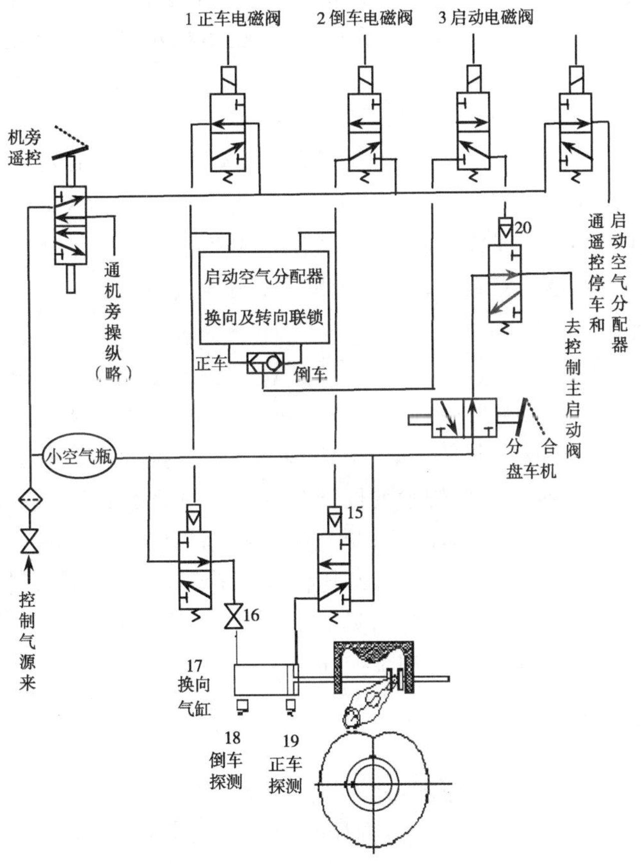

图 1　主机空气控制系统中高压油泵换向控制相关部分

1 故障现象

某次靠泊，主机正车后停车、完车，各缸正车指示灯亮，正常。

离港前，集控室遥控主机备车，发现：①正车冲车，正常。②正车试启动，正常。③换向倒车试启动，其他缸均已换向至倒车位，但 No. 9 缸和 No. 10 缸高压油泵倒车换向指示灯不亮并报警，两高压油泵机械换向指示器仍在正车位置，车钟一动(换向指令正车电磁阀动作)No. 10 缸换向控制阀“14”处漏气声音明显，换向控制空气压力降低明显。④再换向正车启动，No. 9 缸和 No. 10 缸高压油泵保持原正车位，车钟一动(换向指令正车电磁阀动作)No. 10 缸换向控制阀“15”处漏气声音明显，换向控制空气压力降低明显，另有 No. 8 缸高压油泵也保持原倒车位(未换向)。

2 高压油泵换向及其控制

高压油泵换向，由换向气缸/活塞驱动换向气缸活塞杆(拉杆)，拉动高压油泵导向机构中的 1 个摆杆改变滚轮与凸轮相对位置，还可显示高压油泵处于正车状态还是倒车状态。

高压油泵换向控制，就是控制换向活塞的位置。

正车，换向气缸“17”(图 1 所示)左侧，因正车换向阀“14”(遥控方式受控于正车电磁阀“1”)上位接通，由经球阀“16”来的小空气瓶“13”的控制空气；换向气缸“17”右侧，因倒车换向阀“15”(不受控，因遥控方式倒车电磁阀“2”失电)下位接通大气。换向活塞左右侧压力差推动其右移，并拉动高压油泵导向机构中的摆杆令高压油泵处于正车运转状态。

倒车，换向气缸“17”右侧，因倒车换向阀“15”(遥控方式受控于倒车电磁阀“2”)上位接通，由小空气瓶“13”来的控制空气；换向气缸“11”左侧，因正车换向阀“14”(不受控，因遥控方式正车电磁阀“1”失电)下位接通大气。换向活塞左右侧压力差推动其左移，并拉动高压油泵导向机构中的摆杆令高压油泵处于倒车运转状态。

高压油泵换向，不仅需要其控制系统完成控制，而且可能需要主机(凸轮)转动。因为该机型高压油泵凸轮是鸡心形的，高压油泵滚轮若不处于凸轮外圆的凹处，换向活塞可能拉不动受弹簧力较大的摆杆，只能蓄势待发，待凸轮转动，高压油泵滚轮处于凸轮外圆的凹处，才能完成高压油泵换向。

3 故障原因分析

按照高压油泵换向控制的原理，分析故障现象可得 2 点结论。

1) No. 8 缸、No. 9 缸和 No. 10 缸高压油泵换向活塞未动作

换向指示(灯)“18”和“19”，探测的是高压油泵换向活塞的动作。

“换向倒车试启动，其他缸均已换向至倒车位，No. 9 缸和 No. 10 缸高压油泵倒

车指示灯不亮并报警，两高压油泵机械换向指示器仍在正车位置”，以及“再换向正车启动，No. 9 缸和 No. 10 缸高压油泵保持原正车位”，都表明这 2 缸高压油泵换向活塞未动作。

“再换向正车启动，……No. 8 缸高压油泵也保持原倒车位（未换向）”，也表明 No. 8 缸高压油泵换向活塞未动作。

2）No. 10 缸换向活塞漏气严重

正车换向，“No. 10 缸换向控制阀 15 处漏气声音明显”和“换向控制空气压力降低明显”，都表明 No. 10 缸换向活塞漏气严重。

倒车换向，换向气缸“17”左方不接气源因而没有压力；阀“14”不受控处于下位，令高压油泵换向气缸“17”左方通大气。阀“14”处漏气声音明显，所漏的气只能来自换向气缸“17”右方，即小空气瓶“13”的控制空气→阀“15”（受倒车电磁阀控制，在上位）→换向气缸右部→活塞（密封不良处）→换向气缸左部→阀“14”漏泄。

正车换向，换向气缸“17”右方不接气源因而没有压力；阀“15”不受控处于下位，令高压油泵换向气缸右方通大气。阀“15”处漏气声音明显，所漏的气只能来自换向气缸左方，即小空气瓶“13”的控制空气→阀“14”（受正车电磁阀控制，在上位）→换向气缸左部→活塞（密封不良处）→换向气缸右部→阀“15”漏泄。

2 点结论之外还有 1 点推测：No. 8 缸和 No. 9 缸高压油泵换向活塞不动作，从其阀“14”和阀“15”没有明显漏气声音推测，很可能是“换向控制空气压力降低明显”所致，而不是其换向气缸及其活塞故障。

4 纠正

故障当时，引航员已登船，离泊在即，来不及消除故障。考虑临时关闭 No. 10 缸换向气缸球阀“16”不会影响主机安全和航行安全，遂关闭 No. 10 缸换向气缸球阀“16”，主机可换向、启动，换向控制空气压力降低正常，其他缸高压油泵都能正常换向。

No. 8 缸和 No. 9 缸高压油泵换向恢复正常，证明以上“No. 8 缸和 No. 9 缸高压油泵换向活塞不动作……是‘换向控制空气压力降低明显’所致的”的推测正确。

到开阔水域后，主机停车检修，解体 No. 10 缸高压油泵换向气缸发现，换向活塞与活塞杆的紧固螺母松脱且活塞杆已脱离活塞，换向活塞左右侧经活塞中心孔连通，控制空气大量泄漏，影响主机换向及启动。

重新装配该换向活塞与活塞杆，螺母紧固并加装锁紧片防松。装复该换向气缸和相关管路，开启其球阀“16”，主机反复换向/启动试验，故障现象消失，主机恢复正常运转。

1起主机遥控启动失败故障的分析和处置

单高永[1]　孙秀成[2]

(1. 中海集装箱运输有限公司；2. 上海海事大学)

某大型集装箱船舶，主机为 MAN B&W12K90MC-C 型，采用 AUTO CHIEF-Ⅳ型遥控系统，高压油泵采用气动停油阀停油机构，主机启动采用油气分进模式。

1　故障现象

某日开航，遥控备车不能启动主机，机旁操车正倒车正常，再转到遥控操纵也正常，检查发现控制空气质量良好；抵下一港口前主机试车正常，靠泊时用车也正常，但开航前备车又出现前一港相同情况。

机旁观察发现，遥控启动主机时(见图 1)：空气启动，主机能达到发火转速；遥控燃油启动时，停车电磁阀 84 和启动电磁阀 90 同时失电(可知该路电信号工作正常)；控制各缸高压油泵停油泄放的阀 124 无空气泄放声音。正常情况，当从阀 128 来的空气失压时，阀 124 至高压油泵段空气管中的压缩空气经图 1 虚线释放至大气并瞬间泄压，以保证气/油转换瞬间完成，此处应有明显的空气泄放声。

2　控制系统主机启/停工作过程(见图 1)

1) 遥控操纵(阀 100 在下位，遥控气路得气)

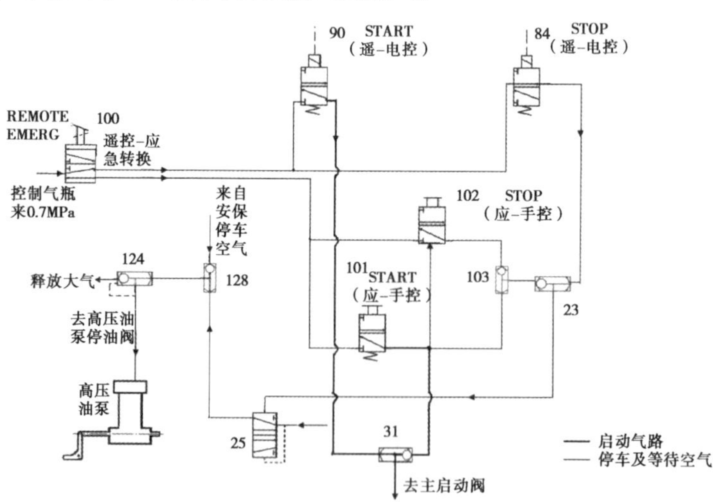

图 1　主机启动停车控制示意

遥控停车——车钟在停车位(动作见图2):

(1) 24 V电信号驱动停车电磁阀84上位工作,控制空气(气信号)先后从阀100经阀84和阀23驱动阀25上位工作(阀25不受控时,右侧等待中的控制空气的一路延图1中虚线推动阀上移工作在下位;当控制空气进入上方,因该阀上部受压面积远大于下部,虽然上下空气压力相同,该阀将下移在上位工作;而一旦上方控制空气释放,该阀又迅速恢复下位工作)。

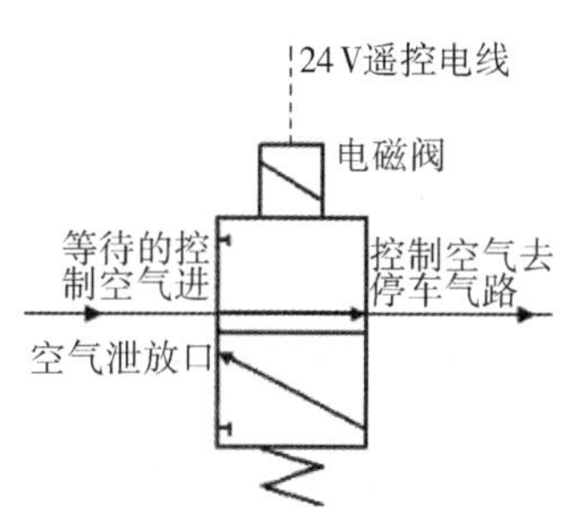

图2 停车电磁阀84示意

(2) 等待在阀25右侧的另一路从气源来的控制空气,经该阀上位导通到阀128和阀124到达高压油泵开启停油阀,供油停止。

遥控启动(油气分进)

遥控空气启动——车钟在正车微速(正车为例),操纵手柄置于"start"位置(一般仅需停顿约1 s主机转速即可超过发火转速10 r/min,以节省压缩空气和防止冷爆)电信号激活启动电磁阀90使之上位工作:① 一路经换向电磁阀86使主机换向(图1未示出);② 一路经双向止回阀31去打开主启动阀,压缩空气启动主机。

注意此时停车电磁阀84和启动电磁阀90都得电工作,阀25受控上位工作,使之右侧等待中的控制空气先后经阀25,阀128,阀124到达高压油泵开启其停油阀停止供油,实现单纯的空气启动。

遥控燃油启动——操纵手柄越过"start"位(打开油门),停车电磁阀84和启动电磁阀90同时失电:

(1) 启动电磁阀90失电恢复下位(泄放),阀31失压,主启动阀关闭,空气启动停止(油气分进)。

(2) 停车电磁阀84失电恢复下位(泄放),阀25恢复下位(泄放),阀25,阀128,阀124等因而失压,高压油泵停油阀因控制空气失压关闭,高压油泵得以喷油,主机启动进入燃油启动阶段。

2) 机旁操纵(阀100在上位,应急气路得气)

机旁停车——按下停车按钮使阀102导通(上位):①经阀100上位应急气路来的控制空气,依次通过阀102,阀103,阀23等,推动阀25上位工作;②阀25右侧等待的控制空气,经阀25,阀128,阀124等到高压油泵,开启其停油阀使其停油。

机旁启动(油气分进)

机旁空气启动——按下启动按钮使阀101上位导通,经阀100上位应急气路来的控制空气通过阀101:一路经阀31去打开主启动阀,启动动力空气得以推动主机转动;另一路控制空气,先后经阀103,阀23,阀25,阀128,阀124到达高压油泵开启其停油阀，使得高压油泵不供油以实现单纯的空气启动。

机旁燃油启动——当主机转速超过发火转速后，松开启动按钮，阀 101 复位下位工作，释放它后面的全部压力空气：阀 31 失压，则主启动阀关闭，结束空气启动；阀 103 和阀 23 失压，则阀 25 恢复下位工作，阀 124 和阀 128 失压，高压油泵停油阀关闭，高压油泵开始供油实现燃油启动。

3 故障原因分析

(1) 故障现象“遥控启动主机时已达到发火转速但未能启动成功”，以及“阀 124 未泄放”，可知遥控启动失败的原因是高压油泵未及时供油。

(2) 高压油泵不能供油有多种原因。

① 故障现象“遥控燃油启动时，停车电磁阀 84 和启动电磁阀 90 同时失电”，表明遥控启动时电信号正常，不是电信号错误导致阀 84 失电延迟，从而导致气/油转换不成功。结合故障现象“阀 124 未泄放声音”以及每次转到机旁启动都能成功，可见遥控停车回路上的空气没有及时释放，可判定故障点范围在阀 84，阀 25 或阀 124。

② 故障现象“遥控启动失败”和“机旁启动成功”，由前面“工作过程”的描述，可以判定故障点不在遥控和机旁 2 种操纵回路的共同部分。该“共同部分”就是阀 25 和阀 124，若这 2 只阀的 1 只故障，则机旁启动都会失败。

③ 排除阀 25 和阀 124 故障的可能，即可判定故障点在阀 84。由图 1 可看出，遥控启动，油门手柄越过“start”位置，阀 84 应失电恢复下位(泄放)。若其仍停留在上位，则无法泄放控制高压油泵停油阀的压力空气，高压油泵必然无法供油。

4 故障机理和临时处理

机旁备车成功后再遥控启动，连续多次启动成功表明阀 84 的故障(得电状态见图 2)不可能是内部泄漏，最大可能是卡阻。推测，很可能是阀 84 复位弹簧因使用时间长而弹力不足，被压缩的时间长则恢复所需时间也长。

在正常情况下，为节省压缩空气和防止冷爆，遥控备车启动操纵手柄在“start”位置一般仅需停顿约 1 s 主机转速即可超过发火转速(10 r/min)，阀 84 复位弹簧被压缩的时间短，恢复得快，所以操纵手柄越过“start”位置、主启动阀关闭(不再提供启动压缩空气)后，阀 84 很快复位，也就可以很快转入喷油启动阶段，转速上升启动成功。

离港前备车时，阀 84 因靠泊停车期间一直得电，其复位弹簧一直受压，即阀 84 复位弹簧被压缩的时间长，恢复得慢，所以操纵手柄越过“start”位置后，阀 84 不能在主机转速下降到最低发火转速之前复位释放停车控制空气，使得主机喷油启动失败。

机旁备车后转到遥控又可以启动成功，也是因为这期间阀 84 的复位弹簧被压缩的时间短。

在下一港口，拆检阀 84 发现其阀芯在弹簧的作用下复位较慢：弹簧受压的时间越长复位就越慢；受压时间短则能在 0.5 s 内复位，验证了推测。

当时船上没有阀 84 备件，临时应对措施是在阀 84 控制电路上加接 1 个常闭按钮，临备车先按下该按钮让该阀断一下电（到听到空气泄放声为此）令阀 84 先复位 1 次，然后再遥控备车，直至以备件更换故障阀件，每次都成功。这样做，第一次该阀（手动）断电到听见阀 25 和阀 124 的空气泄放声（表明阀 84 已复位）需 3～5 s；其后每次断电都能几乎立即听到阀 25 和阀 124 的空气泄放声，验证了推测——每次遥控备车首次启动，阀 84 从断电到复位需 3～5 s，而这期间主机转速已下降到发火转速以下，故启动失败。

验证阀 84 复位弹簧弹力不足的证据还有：该船更换阀 84 备件后故障消失；几艘姐妹船阀 84 也相继出现类似故障，有效措施也是更换阀 84 或其复位弹簧；咨询 AUTO CHIEF-Ⅳ型遥控系统生产厂家，厂家也认为阀 84 复位弹簧使用寿命较短。

1起主机停车困难故障分析

沈少力

(中波轮船股份公司)

某SULZER RTA62主机,电气部分是ABB公司的FAHM 200系统,气动部分是NEW SULZER DENIS-1系统;配备WOODWARD PGA-200全制式液压调速器附加气动切断装置;机旁应急操纵有经过调速器和不经调速器2种途径。

1 故障概况

1) 故障现象

坞修后首航次进港,换向、启动、调速均正常,但有时主机停车困难或者根本停不下来。在情况紧急下,立即转至机旁不经调速器(手轮直接用拉动高压油泵油门杆)应急操纵,船舶安全进港。

2) 试验

主机不能可靠停车是船舶航行的严重安全隐患,出港后在开阔水域反复试验,搜集故障现象以便分析。

驾驶台连续正、倒车试验,发现停车前主机转速越高越容易停车成功:车钟从HALF(转速55 r/min)及以上直接拉到STOP,主机大多数可以停止转动,但停车过程时间比正常时要长;车钟从SLOW(转速45 r/min)及以下拉到STOP,主机大多数会继续以30 r/min左右(低于最低稳定转速即DEAD SLOW转速35 r/min)不稳定运转,主机油门杆刻度在1.5格左右。查阅相关记录,没有发现类似故障。集控室遥控多次正、倒车试验,故障现象同驾驶台遥控。机旁操纵不经调速器直接用手轮拉杆拉动高压油泵油门杆正、倒车试验,每次都能成功停车。

2 查找故障点

2.1 停车断油信息传递流程

1) 主机控制系统转速控制(见图1)

左上部位是主机转速设定模块:输入2路气源(M1和M2,阀9A是双向止回阀)以及转速设定电信号,输出(M4)主机转速设定(空气压力信号);电/气转换装置11HA,将速度设定的电信号转换为气压信号;阀15HA(手动减压阀)为调速器设定主机转速;阀29C,转换遥控设定和手动设定;231HA和232HA,2个压力表。

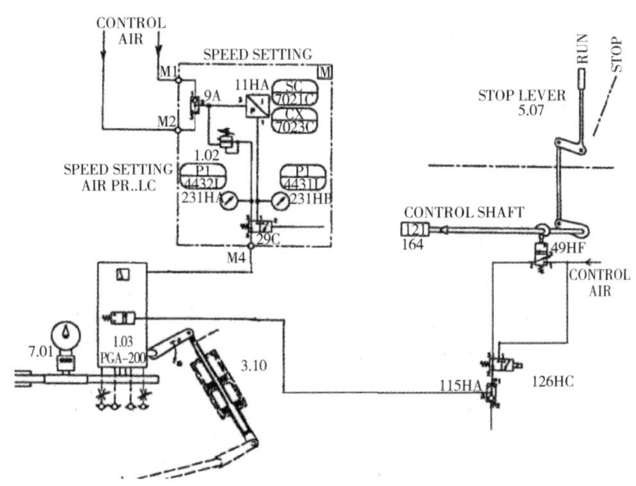

图 1　主机控制系统转速控制局部示意

左下部位是调速器：输出轴拉动弹性气缸 3.10，连接或断开调速器与高压油泵油门拉杆。

右下部位是 3 处所操纵的停车转换线路：阀 49HF，机械控制两位三通阀；阀 126HC，电磁两位三通阀；阀 115HA，双向止回阀。

右上部位是机旁操纵杆件（示意）。

2）3 处操纵的停车转换

机旁操纵，操纵手柄推动阀 49HF 下位工作，控制空气经阀 49HF 到达阀 126HC；阀 126HC（无驾驶台遥控停车电信号，线圈无电）弹簧推动其左位工作，控制空气经阀 126HC 进入阀 115HA。

集控室遥控或驾驶台遥控（都是纯电气控制，集控室只有电气车钟），驾驶台遥控停车电信号推动阀 126HC 右位工作，控制空气旁通阀 49HF 经阀 126HC 至阀 115HA；双向止回阀 115HA，控制空气从 G8 口通至图 2“气功切断装置 19”的“控制空气进口 13”，下面讨论。

2.2　判定故障点所在区域

从故障现象和上述 3 步试验得知：

航行中主机正常，故障点肯定不在主机（含高压油泵等相关部件）而在控制系统。

换向、启动、调速均正常，故障点肯定不在控制系统的换向、启动、调速等环节，而在停车环节。

遥控，加减速正常，故障点肯定不在遥控车钟接/发讯和电气信号处理部分（实际检查与停车相关的电/气转换装置 11HA，阀 126HC，机旁遥控转速设定空气压力表 231HB 等也证实遥控系统的电气部分正常），而在气动部分。

机旁应急操纵每次都能成功停车，而遥控不能停车，故障点肯定在遥控专用操纵部分。

遥控专用操纵部分，有油门杆各连接部分、调速器本身等，可能是阀件漏气或动作不到位、操作杆零位有误、油门杆卡阻、调速器失灵等 4 种情况。

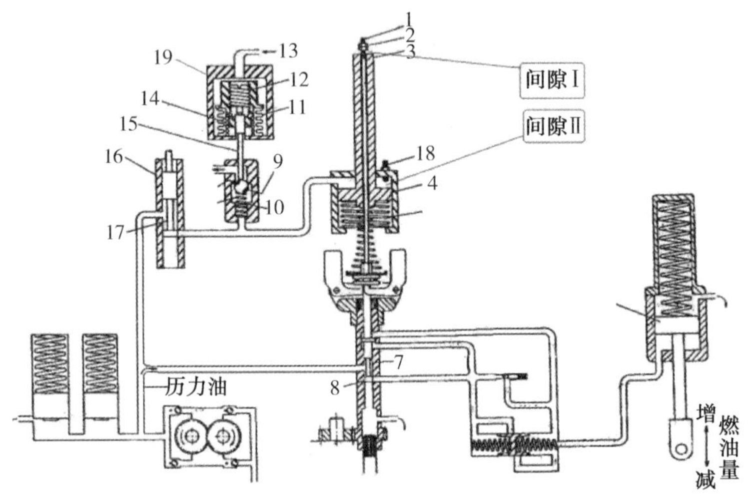

1—停车杆；2—停油螺母；3—活塞杆；4—转速设定伺服活塞；5—伺服活塞弹簧；6—动力活塞；7—滑阀柱塞；8—控制环带；9—单向球阀；10—下阀座；11—压缩波纹管；12—调节螺钉；13—控制空气进口；14—调节弹簧；15—切断装置顶杆；16—速度设定滑阀套筒；17—滑阀；18—活塞停止螺钉；19—气动切断装置

图 2　带启动停车装置的 PGA-200 调速器

2.3　逐一排查上述 4 种情况确定故障点

1）阀件漏气或动作不到位

鉴于遥控系统气动部分故障概率较高，按公司现行机务管理办法，该航次开始前的坞修已请 SULZER 认可的厂家拆检保养主机控制系统全部气动阀件，更换所有的易损活动件和橡皮密封圈，但此时仍再次拆检阀 126HC 和阀 115HA 等，装复后进行遥控操车试验，拆下进调速器的停车气管接头并装上压力表，从车钟拉到 STOP 位至气压稳定，粗测耗时 3.5 s，压力 7 bar，正常；多次试验显示，阀 115HA 停车信号正常（G8 口的到位指示器动作，红色指示点弹出），与停车前速度无关。但装复各阀试车故障依旧，表明不是气动部分的控制阀件动作异常引起故障。

2）操纵杆零位有误

主机停车后，手拉油门杆至绝对零位（正常停车时油门杆降至 0.4 格左右主机即停车，保持一段时间后自动回复至启动油门位置的 3.5 格左右），确认调速器零位与油门杆零位完全吻合，没有偏差。

3）油门杆卡阻

①每个连接处（销与布司）加牛油；②拆下 3.10 连接气缸，试验气密情况，更换 1 道密封圈，同时加油润滑其活动芯轴；③应急操纵杆连接油门杆活络多次，感觉整个油门杆阻力适中；④通过高压油泵开度窗口观察，见各高压油泵相应动作正常。

以上 3 步检查后试车，故障依然。

4）调速器失灵

上述 3 步未见异常，故障点很明显在 PGA-200 调速器及其执行机构。

该船调速器与一般全制式调速器的区别，在于应船舶所有人要求增配非标配的附件气动切断装置 19 以实现调速器停车（见图 2）。

该气动切断装置 19，不论驾驶台遥控、集控室遥控或机旁操纵，当有主机停车信号时：

(1) 控制空气由 115HA（见图 1）经由图 2 的控制空气进口 13 进入气功切断装置 19（Pressure actuated shutdown assembly）气缸的上部空间；

(2) 压缩波纹管 11 和顶杆（Shut down plunger rod），向下推开单向球阀 9，快速释放转速设定伺服活塞 4（Speed setting servo piston）上部油压（至油底壳）；

(3) 伺服活塞因此在伺服活塞弹簧 5 的作用下上行，带动活塞杆 3 向上超过间隙Ⅰ（活塞杆 3 的上边缘与停油螺母 2 下边缘之间距离），接触并推动停车杆 1 上端的停油螺母 2 的下螺母，提起停车杆 1 和调速器滑阀柱塞 7（Governor pilot valve plunger）；

(4) 控制环带 8（Control land）打开动力活塞 6（Power piston）下方的压力油泄放油底壳通道，动力活塞 6 下移，切断燃油供给实现停车。

为防止调速器蓄压器与动力活塞 6 的下部联通而干扰动力活塞 6 拉动油门杆，根据说明书，主机运行在设计的最低稳定转速也就是 DEAD SLOW 时：间隙Ⅰ应为 1.27 mm；间隙Ⅱ（转速设定伺服活塞 4 与活塞停止螺钉 18 之间距离）应为 2.38 mm。

据上述原理，主机运行中打开调速器上盖（调速器的液压系统是闭环负反馈系统，油底壳在下部，这样做不会有油溢出），多次执行停车动作，发现：

(1) 活塞杆 3 向上动作可及时响应停车信号，即气动切断装置 19 能及时地打开球阀 9，释放转速设定伺服活塞 4 上部油压使活塞杆 3 上行；

(2) 活塞杆 3 上行到最后，只能刚刚接触到停油螺母 2，不能继续推动气动切断装置 19 上行并提起滑阀 17；

(3) 每当主机停不下来时，试着手动提起停车杆 1，结果都能正常停车，多次任何转速停车试验皆如此。

计算可知，转速设定伺服活塞 4 上升到接触活塞停止螺钉 18，停车杆 1 被抬升

2.38 mm−1.27 mm=1.11 mm，即速度设定滑阀的控制环带 8 开启 1.11 mm，快速释放动力活塞 6 下的压力油至油底壳，动力活塞 6 才能充分下移切断燃油实现停车。

而实测，在主机运行在设计的最低稳定转速（即 DEAD SLOW 转速）时：

（1）间隙Ⅰ为 2.2 mm，比说明书要求的 1.27 mm 多 0.93 mm；

（2）间隙Ⅱ为 2.38 mm，与说明书要求一致。

至此，故障的根源终于找到：间隙Ⅱ正确；但间隙Ⅰ过大，停止杆 1 和调速器滑阀柱塞 7 上升不足，则控制环带 8 开度太小，动力活塞 6 下部压力油泄放（至油底壳）通道很小，导致动力活塞 6 下移不足，难以切断燃油供给实现停车。

纠正措施很简单，松开停油螺母 2 的并紧螺母，调整间隙Ⅰ至正常值。

调整后试验，故障现象消失。

3 解读主机能否成功停车与停车前转速的关系

该故障非常罕见，特别之处在于能否成功停车与停车前主机转速相关：车钟从 HALF（转速 55 r/min）及以上直接拉到 STOP，主机大多可以停止转动，但停车过程时间比正常时要长；车钟从 SLOW（转速 45 r/min）及以下拉到 STOP，主机大多会继续以 30 r/min 左右（低于最低稳定转速即 DEAD SLOW 转速 35 r/min）不稳定运转。

原因可能是转速设定伺服活塞 4 和活塞杆 3 的惯性。一方面，转速设定伺服活塞 4 上方充满液压油，设定转速越高，油压越高，且其高度越大，即转速设定伺服活塞 4 和活塞杆 3 上升距离越大；另一方面，故障时的间隙Ⅰ是 2.2 mm，停止杆 1 和调速器滑阀柱塞 7 上升仅 2.38 mm−2.2 mm=0.18 mm，致使速度设定滑阀的控制环带 8 也只开启 0.18 mm，几乎处于似开似闭的“临界”状态，结果：

（1）主机高速运转，转速设定伺服活塞 4 上方的液压油压力高，且其可上升的距离大。一旦停车，压力降较大，转速设定伺服活塞 4 和活塞杆 3 上升距离也大，因而其惯性较大，冲击推动停止杆 1 上的螺母，能稍稍增加滑阀柱塞 7 和控制环带 8 位移，动力活塞 6 下方润滑油泄放稍充分，主机就可能停车，只是因泄压较慢，所以停车过程比正常是要长一些。

（2）主机低速运转，转速设定伺服活塞 4 上方的液压油压力低，且可上升的距离小。一旦停车，压力降较小，转速设定伺服活塞 4 和活塞杆 3 上升距离也小，因而其惯性较小，停止杆 1 上的螺母受到的冲击很小，不能增加滑阀柱塞 7 和控制环带 8 位移，动力活塞 6 下方润滑油泄放不充分，主机就会继续以低于 DEAD SLOW 的不稳定转速运行。

当然，主要原因还在于间隙Ⅰ和间隙Ⅱ调整不当；若间隙Ⅰ和间隙Ⅱ调整适当，很难看出转速设定伺服活塞 4 和活塞杆 3 的惯性力作用。

另外，该调速器不久前曾由 WOODWARD 专业服务单位保养，更换推力轴承、旋转布司、飞重更换等，维护后的台架试验肯定会调整各种间隙、试验各种功能，为什么还会出现这样的故障？可能是服务商只做台架试验，调速器的输出轴基本没有负荷（油门拉杆、高压油泵油门杆等）；而调速器实船运转时，输出轴有油门拉杆、高压油泵油门杆等负荷，即存在调速器与主机匹配的问题，即使台架试验正常，也可能存在某些偏离。

4 结束语

故障的最终解决方法只是用扳手调节间隙Ⅰ，举手之劳，但是整个过程最重要的是查找和分析故障点。

事后反思，机旁应急操纵每次都能成功停车，都是直接用手轮拉杆拉动高压油泵油门杆，即旁通调速器，由此可直接推断故障点在调速器。前面的 3 步检查是走了些弯路。

主机遥控是多板块的综合系统，轮机管理人员必须熟悉各部分原理，面对故障要系统考虑，才能化繁为简，快速、有效地消除故障。

调速器，作为主机的精密部件，厂家建议由专业人员调整。但轮机管理人员必须了解调速器的工作原理及其附属装置的作用和特性，尤其要了解调速器关键间隙及其调整要求，才能合理地分析和处理故障。

某主机控制系统气动阀件密封不良致启动故障分析

孙化栋　张运秋

(青岛远洋船员职业学院)

某散货船，MAN B&W 5L60MCE 主机，集控室操纵和机旁应急操纵，无驾驶台操纵。

1　故障现象

某日机动航行，集控室操纵和机旁应急操纵均出现如下故障：

(1) 不论启动前曲柄在什么位置，正车和倒车都能成功启动，启动后运转稳定，各参数基本正常。

(2) 启动空气压力在 2.6 MPa 以上，启动耗气量较大，每次启动动力空气压力降低 0.3～0.5 MPa；而启动空气压力在 2.5 MPa 以下，启动耗气量反而接近正常(每次启动动力空气压力降低 0.1～0.2 MPa)。

(3) 各缸启动空气管不同程度发热。

此故障未能及时排除，直到 1 个多月后进厂检修。

2　检查和分析

2.1　确定故障范围

从主机启动原理分析，故障范围为启动动力空气、启动控制空气、启动燃油供给等 3 方面。

故障现象显示能够成功启动，可排除启动燃油供给方面。

拆检空气分配器和各缸头启动阀未见异常，检查启动管路也无明显泄漏，可排除启动动力空气方面。

由此确定故障范围在启动控制系统。

2.2　确定故障点

1) 启动控制系统(集控室操纵)

简化的主机集控室操纵的启动空气路线见图 1(省略转向联锁、盘车机联锁、空气分配器换向/联锁、高压油泵换向/联锁等，各阀标号按说明书的附图)。

主启动阀，由阀 27 控制启闭。阀 27，集控室操纵，受控于启动控制阀 63 来的启动信号(经转向换向联锁阀和盘车机联锁阀),通过主启动阀启闭气缸开启主启动阀;启动控制阀 63 来的启动信号消失,阀 27 的控制空气经阀 32 延时 1 s(主机开始喷射燃油后继续保持空气启动 1 s,使油气并进以提高启动成功率)后泄放,则阀 27 复位,主启动阀关闭。

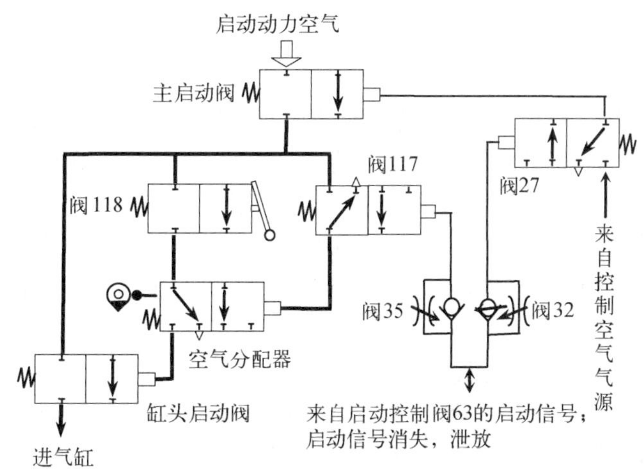

图 1 主机启动空气线路

启动动力空气经主启动阀后分 3 路:

一路直接进入缸头启动阀等待进入气缸。

一路经阀 118 至空气分配器等待去开启缸头启动阀。手动截止阀 118 常开,作用是关闭去空气分配器的控制空气以便检修。

一路经阀 117 至空气分配器各滑阀顶端。阀 117,受控于启动控制阀 63 来的启动信号(经主机转向联锁阀和盘车机联锁阀),使启动动力空气去空气分配器各滑阀顶端使其压紧凸轮,滑阀得以控制缸头启动阀启闭,实现空气启动;启动控制阀 63 来的启动信号消失,阀 117 的控制空气经阀 35 延时 1 s(油气并进以提高启动成功率)后泄放,则阀 117 复位,泄放空气分配器各滑阀顶端的压力空气,各滑阀因复位弹簧作用不再压紧凸轮,缸头启动阀不再开启,空气启动结束。

机旁应急操纵启动的工作过程基本与上述一致。

2) 确定故障点

启动耗气量大,而启动管路无明显泄漏,必定是启动动力空气充入气缸过多。

分析集控室操纵启动控制系统(如上)知,启动动力空气向主机气缸内充气,有 2 个必要条件,缺一不可:一是阀 27 受控,主启动阀未关闭;二是阀 117 受控,空气分配器仍有启动动力空气供给。因此,推测故障原因可能是,当主机操纵控制手柄已经置于供油位置时,阀 27 和阀 117 的控制空气没有及时泄放,导致不能及时停止启动动力空气向气缸内充气。但因为启动空气压力在 2.5 MPa 以下,启动耗气量接近正常,好像又表明阀 27 和阀 117 能够及时泄放控制空气。

当时无法理解这 2 个互相矛盾的判断,好在船舶厂修为检查提供方便,决定再从集控室操纵启动控制系统原理出发,扩大拆检范围,先后进行如下步骤。

(1) 拆解启动控制回路的启动控制阀 63,阀 37 和阀 31,确认各阀动作灵活无卡阻、无泄漏。

(2) 测量控制阀 117 泄放的阀 35 和阀 27 泄放的阀 32(阀 35 和阀 32 节流延时时间过长会导致阀 117 和阀 27 不能及时泄放)的节流延时时间都是 3 s。节流延时时间调至说明书推荐的 1 s 后启动耗气量有所降低,但即使不节流,启动动力空气压力较高时每次启动的压力下降也大于 0.2 MPa,而启动动力空气压力较低时每次启动的压力下降仍然接近正常,排除阀 35 和阀 32 延时不当的影响。

(3) 检查阀 27 的放气口,未见空气渗漏迹象,表明主启动阀关闭时不会有启动动力空气进入主机。

(4) 拆检手动阀 118,也无异常。

阀 117 拆下解体,其基本完好,只是隔离启动动力空气(高压)与控制空气(中压)的密封件损坏,导致启动动力空气(高压)泄漏到(中压)控制空气系统。

换用全新阀 117 备件,试启动成功,启动空气压力为 3.0 MPa 时,每次启动的空气压力降低在正常范围内。

2.3 故障机理

阀 117,导通或截断启动动力空气(高压),又受控制空气(中压)的控制,阀心损坏导致内部密封不良,高压空气渗漏至控制空气系统:一方面致使阀 35 泄放控制空气不畅,则阀 117 延迟复位,启动动力空气可能继续进入主机气缸;另一方面,阀 35 泄放的控制空气多,阻碍阀 32 泄放阀 27 的控制空气,则阀 27 延迟复位致使主启动阀延迟关闭,提供足够的启动动力空气进入主机气缸。二者共同作用,导致主机启动耗气偏多。

因为阀 27 和阀 117 延迟复位的原因是启动动力空气漏入控制空气,启动动力空气压力越高,漏得越多,延迟的时间越长,耗气量越大。因此,启动动力空气压力在 2.5 MPa 以下,启动耗气量反而接近正常。

3 反思

反思该故障的处理,有 2 点心得。

1) 综合分析故障现象,倒推寻找故障点

从工作原理出发,正向推导寻找故障点,是最基本的方法,但不一定是最好的方法。若能综合分析故障现象,找到故障特征,从而倒推寻找故障点,则往往能够缩短处理故障的时间,减少拆检,事半功倍。

本例，若从故障特征倒推寻找故障点：故障特征之一，能够启动成功（包括机旁操纵和集控室操纵、正车和倒车、空气启动阶段和油气并进阶段），则可知故障点在个别元件，不必大范围拆检。故障特征之二，各缸启动空气管不同程度发热。某启动空气管发热，一种可能是缸头启动阀故障关闭不严，一种可能是缸头启动阀关闭滞后。而各缸启动空气管不同程度发热，即表明故障原因是后者，因为各缸缸头启动阀几乎不可能同时故障致关闭不严。缸头启动阀，依靠空气分配器来的“压力空气”开启；依靠“压力空气”泄放和弹簧力关闭。缸头启动阀，能关闭证明弹簧正常；关闭迟滞则是“压力空气”泄放不畅；而控制“压力空气”进入和泄放的正是阀 117，这就找到故障点。

判断故障原因是缸头启动阀关闭迟滞后，只须检查与关闭各缸头启动阀共同相关的阀 117 和阀 32 验证，即可缩短确定故障点和消除故障的时间，省去拆检其他元器件的麻烦。

因此，查找故障应该抓关键，防止依赖思维惯性、按部就班。

2）注意细节

当时已经推测到启动耗气量大的原因是，主机操纵控制手柄已经置于供油位置时，不能及时泄放阀 117 的控制空气，导致不能及时停止启动动力空气向气缸内充气；但又被“启动空气压力 2.5 MPa 以下，启动耗气量接近正常”所表明的阀 117 的控制空气能够及时放掉所迷惑。这主要是当时忽略“泄放所需要的时间与所泄放空气的压力有关”这个细节，导致已经接近故障点阀 117，又返回从集控室操纵启动控制系统原理出发的原点，扩大拆检范围。

因此，分析故障要注意细节，不可想当然。

参考文献

[1] 周明顺. 船舶柴油机[M]. 大连：大连海事大学出版社，2007：293-297.

[2] 魏海军，张存有，田文国. 船舶动力装置管理及案例分析[M]. 大连：大连海事大学出版社，2005：148-167.

[3] 初忠. 轮机自动化[M]. 大连：大连海事大学出版社，2006：186-211.

[4] 涂志平. 主机遥控系统气动阀件检测仪的研制[D]. 大连：大连海事大学，2010.

[5] 王增明，马春郊. 主机启动耗气量过大的故障分析[J]. 世界海运，2005(2)：42.

某柴油主机机械超速保护装置故障及处置

曹新玉

（中国卫星海上测控部）

某船瓦锡兰 8L46C 型柴油主机 2 台，每台额定功率 8 400 kW，额定转速 500 r/min，配备电子式和机械式 2 套超速保护装置，动作设定的主机转速，电子式是 110％额定转速即 550 r/min 动作，机械式是 118％额定转速即 590 r/min 动作。

1 故障

某日航行，左主机机械超速保护停车报警。

此时，该主机功率约为 6 700 kW，转速约为 490 r/min，监测报警系统显示即时转速介于 480～500 r/min，不仅远低于机械超速停车保护装置设定的 590 r/min，也低于额定转速。由于原因不明，又担心损伤主机，遂请示驾驶台获准后关停左主机并立即开始盘车。

2 故障原因分析

机械超速保护装置动作时，主机转速约为 490 r/min，低于发动机的额定转速，也低于机械超速保护装置动作的设定转速，且电子超速保护装置未动作（即低于电子超速保护装置动作的设定转速），肯定不是主机真的超速，可以推测故障点在机械超速保护装置本身。

1）机械式超速保护装置的工作原理（见图 1）

机械式超速保护装置是利用飞块的离心力驱动的。离心飞块安装在凸轮轴末端。发动机转速越高，飞块产生的离心力越大。

当发动机转速低于设定的保护转速时，飞块㊸的离心力小于弹簧㊷的弹力（可通过标号㊶的调节螺栓调节），卡爪㊹卡住导向套筒㊾压紧其内的弹簧㊻，停车顶杆㊺缩在套筒内不顶动停车摆杆⑭，供油控制轴在适当的供油位置，发动机运转。

当发动机转速达到设定的保护转速时，飞块㊸的离心力超过弹簧㊷的弹力，飞块向外移动带动卡爪㊹转动释放导向套筒㊾，则停车顶杆㊺在弹簧㊻的作用下推动停车摆杆⑭使供油控制轴转到零供油位置，发动机停车。

2）检查

检查机械超速保护装置外围：主机油门机构，灵活；主机调速器液压油，未见混有杂质;主机电气控制系统,未见异常;在主机冲车检查时,机械超速保护装置停机故障信号复现。

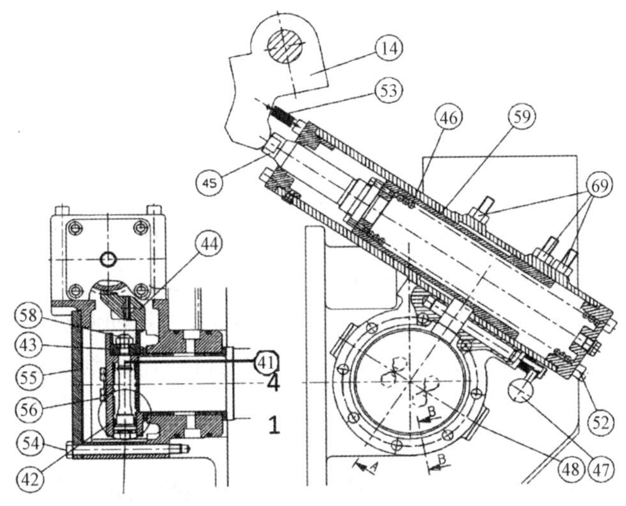

图 1　机械超速保护装置

这也支持故障点在机械超速保护装置的推测。

复位后检查机械超速保护装置本身,手动释放部分未见异常,拆下其盖板发现(见图 2):飞块弹簧㊷变形(图 2 左);飞块弹簧的调节螺栓(图 2 中)脱落;飞块上的锁紧螺母(图 2 右,图 1 上的标号㊿8)脱落并被挤碎。

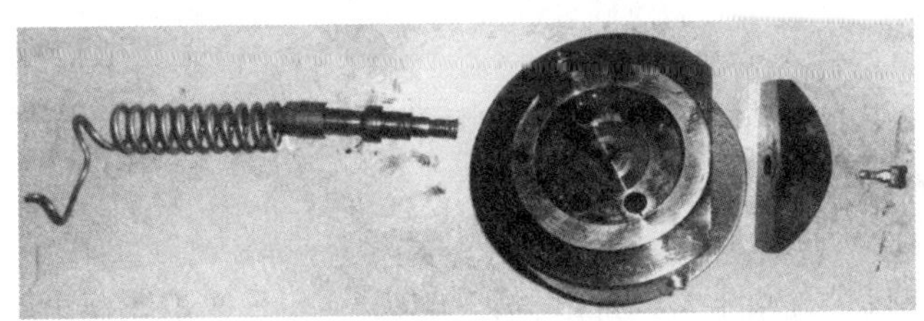

图 2　左主机机械式超速保护装置元件损坏情况

这证实故障点在机械超速保护装置本身。

3) 故障原因

从损坏的情况看,故障原因是离心飞块上的锁紧螺母㊿8因主机本体振动大而松脱,离心飞块㊸外移,转速未达到规定值便碰撞卡爪㊹致其释放导向套筒㊿9,使停车顶杆㊺在弹簧㊻的作用下推动停车摆杆⑭令供油控制轴转到零供油位置,发动机停车;同时另一端的飞块㊸受弹簧张力伸出与壳体碰撞而损坏。

3 处置

1）临时处置

由于船舶没有超速装置执行机构的相关备品，该机械超速保护装置已不可修复。

经与主机服务商讨论，认为电子超速保护装置仍能起到超速保护的作用，取下机械超速保护装置不会影响船舶主机正常使用。据此，拆除机械超速保护装置，试验确认无碍后维持左主机运行；同时积极协调备件采购以及服务商上船安装调试恢复左主机机械超速保护装置事宜，并检查右主机机械超速保护装置。

为防止因取消该项保护功能而出现其他意想不到的情况，决定左主机运行中：转速降到 480 r/min 左右，并避免转速波动过大；降低电子式超速保护的报警转速至 515 r/min；加强对拆解部位的检查，专人监测转速波动，定期测温并监测运转部位的声音和振动；遇大风浪航行，机旁专人看守，一旦主机转速达到 540 r/min，立即控制油门手柄防止主机超速。

2）彻底纠正

备件到船后，请服务商上船安装调试，恢复左主机机械超速保护装置。

3）防范措施

为防止机械超速离心飞块上的锁紧螺母松脱，应定期拆下机械超速保护装置观察盖（见图 1，标号㊽），检查锁紧螺母的锁紧情况。

4 体会

此次故障，除接受教训更加关注机械超速保护装置的技术状态外，还有 2 点体会。

1）防范的重要性不亚于修复

防止离心飞块上的锁紧螺母松脱，才能避免该故障重复发生，重要性不亚于恢复机械超速保护装置。

2）应急行动

以船舶和主机自身安全第一，保持清醒的头脑：迅速采取紧急措施停止主机运转（手动油门手柄拉至 STOP 位置，或关闭供油气动速关阀）；盘车，防止曲轴、连杆、活塞等部件损伤。

阀式调节高压油泵回油管阻塞导致单缸排温高故障实例

郭立新

（广州远洋运输公司）

某船 SULZER 6RND 76-M 主机（回油阀式终点调节高压油泵），第四缸单缸排烟温度高。

1　故障经过

1.1　第一次故障

某日航行，该主机第四缸排烟温度突然升高，达 450～500℃（正常为 380℃），烟囱冒黑烟，而且主机总油门波动较大（总油门杆指针摆来摆去）。

调小第四缸喷油量（升长回油阀调节顶杆），排烟温度没有降低。

测量主机示功图，正常，唯有第四缸爆炸压力较低，但压缩压力与其他缸一样，说明缸内密封较好。

主机减速，无效。

第四缸封缸（抬起高压油泵），其排烟温度下降，主机总油门波动很小，总油门杆指针不再摆来摆去。

随即主机停车，检查第四缸：

(1) 油头，抽出试压，启阀压力正常，雾化正常，无滴漏现象，正常。

(2) 高压油泵进油阀、回油阀、输出阀等各阀密封良好，无卡阻。

(3) 从扫气箱检查，活塞环、扫气口、口琴阀等扫气系统正常。

(4) 测量喷油定时（油门开度：8）：喷油始点为上死点前 9°（飞轮刻度 111°），喷油终点为上止点后 6°（飞轮刻度 126°），有效行程为 18.68 mm，在说明书规定的正常范围。

(5) 解体高压油泵，检查柱塞套筒偶件、进油阀、回油阀、输出阀以及各传动机构，发现回油阀顶杆略有弯曲变形、活动稍有卡阻，无其他异常。

换新回油阀顶杆和调节回油阀定时顶杆，调节定时，试车，第四缸排烟温度正常，不再冒黑烟，主机总油门也不波动，一切恢复正常。

由此，初步断定第四缸排温高的原因是高压油泵回油阀顶杆弯曲变形打不开回油阀。

但是，测量喷油定时的时候，回油阀打得开且喷油定时正确，与此矛盾，似乎还应该有别的原因。鉴于故障已消除，也就没再深究。

1.2 第二次故障

运行 589 h 后，上述故障现象再次出现，第四缸又突然排烟温度升高到 450～500 ℃，烟囱冒黑烟，而且总油门波动较大。

拆检高压油泵，发现回油阀顶杆和调节回油阀定时顶杆正常。试着与上次一样更换回油阀顶杆和调节回油阀定时顶杆，试车时故障依旧，仍然是第四缸排烟温度高、排烟冒黑烟、总油门波动大。

由此可见，上一次没有找到真正的原因。

既然高压油泵柱塞、进油阀、回油阀、输出阀以及它们的传动机构、顶杆都正常，原因是高压油泵回油不畅。再一次查看说明书，按图 1 从回油阀、回油腔到回油管一个一个部件排除，最后目标锁定在高压油泵回油腔到回油管之间的 3 个节流孔板(节流孔板 A，孔径 9.5 mm；节流孔板 B，孔径 8 mm；节流孔板 C，孔径 6.5 mm)的节流套管(图 1 的 38)上，很可能这 3 个孔被堵住。

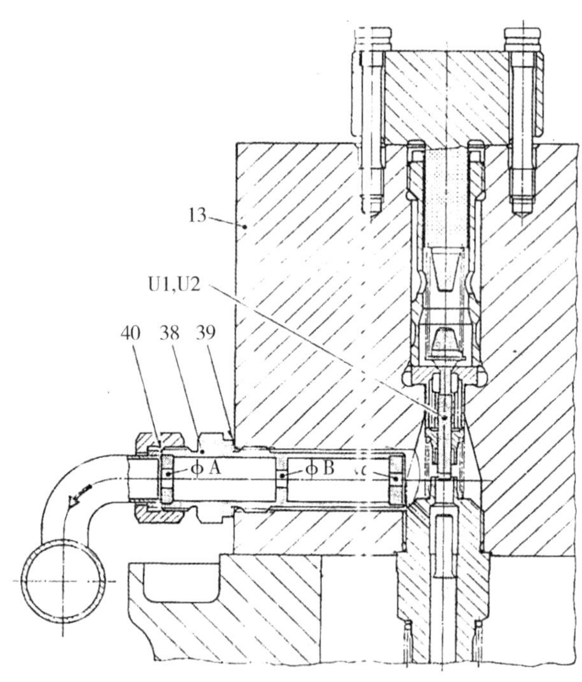

图 1　高压油泵回油管上的节流套管

拆下节流套管，发现第三个节流孔板 C(图 2 左)被打成六角菱形(图 2 右)，其中有 1 个角刚好插入节流孔板 B 的孔内并堵塞节流孔 B，回油不通。

拿掉损坏的第三个节流孔板C,试车,第四缸排烟温度正常,烟囱不再冒黑烟,总油门稳定。

节流孔的作用是降低回油压力波动,缓冲回油阀的下落。第四缸少1个节流孔板会增加回油阀的落座力(落座响声较大),但不影响主机运行。

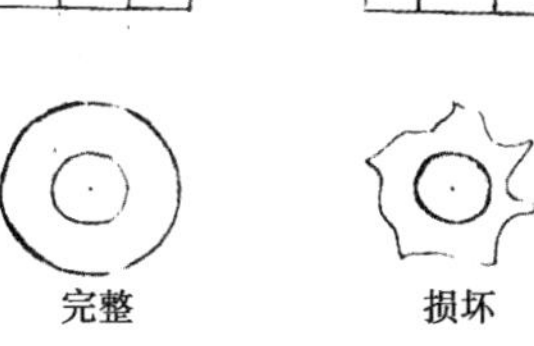

图2 节流孔板

2 故障机理

该机喷油量依靠回油阀调节。尽管回油阀按照喷油定时启闭,但第四缸高压油泵回油不通相当于回油阀不开启,喷油量保持最大,高压油泵柱塞有效行程最大,导致前述故障现象。

(1) 第四缸喷油太多,空气相对不足,燃烧不良,排温高,冒黑烟。

(2) 高压油泵内油压依次通过回油阀、顶杆、油门调节杆作用于偏心轮,而主机总油门杆就连接在该偏心轮上。回油压力因回油不通而升高,柱塞开始下行泵内油压骤降,总油门杆指针就会大幅波动。

(3) 调小单缸喷油量,实际是提前关闭回油阀,回油不通相当于回油阀不开启,喷油量仍保持最大,所以排温不会降低。

(4) 第四缸的节流孔板C被打成六角菱形,在高压油泵回油孔与节流孔板B之间无规则窜动。若在回油管中,则对第四缸没有任何影响;若卡在B孔中,则第四缸出现该故障,所以有时好有时坏。处理第一次故障,就是高压油泵解体时被翻过来翻过去,损坏的节流孔板C从B孔中窜出而消除故障现象,因而没有找到故障的真正原因。

3 结束语

(1) 要认真分析故障的每一现象和原理的每一环节,容不得半点马虎,不可想当然。这起故障,原以为高压油泵回油节流套管内的3个节流孔板固定安装,回油压力又高达27 MPa,绝不会被堵死,可恰恰是回油管被堵死。

(2) 要讲“认真”,从理论上分析故障的真实原因,不要被一些假相所蒙蔽。排除第一次故障时,“发现回油阀顶杆略有弯曲变形、活动稍有卡阻”,应不会导致故障,却因急于恢复航行不再深入分析,没找出故障的真正原因,才会有第二次故障。

某主机液压排气阀缺陷导致自动降速故障分析

戚可成

(上海海华轮船有限公司)

0 引言

某二冲程直流扫气柴油主机,型号 YMD-MAN B&W 6S50MC-C,液压驱动排气阀,额定功率 9 480 kW,额定转速 127 r/min。液压驱动排气阀依靠凸轮驱动液压油泵提供油压(约 1.7 MPa)开启,依靠空气弹簧关闭,依靠工作空气补给空气弹簧保持排气阀关闭。

1 故障

按预防检修计划,某缸排气阀须解体检修。全新备用排气阀解体清洁检查组装后装妥,短时试车,该缸燃烧正常,排气阀动作指示装置指示开启和关闭正常。

船舶离港,主机转速从 75 r/min 提高到 90 r/min 后,该缸排温偏低,各缸排温温差报警并自动减速。

维持主机低速运转,立即检查该缸:

(1) 排气阀动作指示装置,相比其他缸,动作欠明显。

(2) 燃烧压力,相比其他缸,明显偏低。

(3) 排气阀驱动油泵出油和油管脉动正常。

(4) 高压油泵齿条位置正常,出油管脉动正常,基本排除由高压油泵引起故障的可能。

(5) 倾听喷油器声音,似可排除燃油雾化不良。

(6) 考虑该缸排温偏低,似可排除喷油错乱。

由此,基本可排除凸轮轴工作油泵不正常;考虑该缸换新排气阀时,检查过缸套、活塞、活塞环和扫气口,基本可排除扫气空气不足和压缩压力偏低;再结合其他缸燃烧正常、排气阀工作正常等情况,排除空气弹簧供给空气、燃油系统等共性原因引起该缸不正常的可能。因此,初步判断排气阀故障,决定维持低速航行至锚地,锚泊检修该排气阀。

2 原因分析

2.1 拆卸该排气阀

发现排烟管内部有燃油黏附,说明未完全燃烧的燃油进入排烟管,可以确定燃油不能完全燃烧，所以该缸燃烧压力低、排温偏低，主机各缸排温温差报警，并且主机自动减速。

燃油不完全燃烧的原因，不外喷油定时不良、扫气空气不足、压缩压力偏低、排气阀未正常关闭等。

前面的检查已经排除喷油定时不良、扫气空气不足、压缩压力偏低的可能，需要考虑的只有排气阀未正常关闭。而排气阀未正常关闭，又包括排气阀缺损、关闭压力不足而关闭不严、定时错乱等。

该排气阀是全新的，使用仅几小时，其间无严重机械损坏；由液压排气阀的工作原理可知，运行中排气阀的关闭状态靠空气弹簧的 7 bar 补给空气维持，而前面的检查已查明空气弹簧的 7 bar 补给空气正常。

因此，排气阀未正常关闭只能是空气弹簧压力不足。而要确证这一点，须解体检查故障排气阀。

2.2 解体排气阀

(1) 解体液压活塞，发现各部件均良好，间隙皆在正常范围内。

(2) 解体空气弹簧活塞，发现气动活塞缸套与排气阀本体之间的密封，上部密封件良好，下方密封槽内的尼龙密封环的环槽并未将环槽填满。查备件册示意图不能判断下方密封槽内有几道密封元件，解体另一备用排气阀气动活塞，才知道尼龙环外面还应有一道 O 形圈。缺少一道 O 形圈，气动活塞与缸套间隙大，不能保证气动活塞的密封。

(3) 拆检空气弹簧供气单向阀，发现单向阀状态良好。

(4) 排气阀壳上的安全阀，密封良好，启闭正常。

(5) 解体排气阀阀杆导套，发现检查阀杆与导套之间的密封件良好。

排气阀组装，接通空气弹簧的供气，试验，排气阀能够正常关闭；但安装使用，前述故障依然。

2.3 再度解体排气阀

再度拆下并解体故障排气阀，同时解体另一备用排气阀，对比检查气动活塞的密封性能。

检查发现，故障排气阀的气动活塞，顶部有 1 个直径 1 mm 的小孔与活塞上方通大气的腔室相通。因此，排气阀下行，依靠油压驱动时，同时压缩空气弹簧腔内空气，因小孔泄漏，空气弹簧腔内空气的最高压力低于设定值；排气阀上行，依靠空气弹簧腔内的空气压力，而不是依靠外部提供给空气弹簧的 0.7 MPa 的工作空气压力，因空气弹簧腔内空气压力的最大值低于设定值，故排气阀关闭延迟。

2.4 消除缺陷

气动活塞顶部的直径 1 mm 小孔，是产品制造缺陷，堆焊、打磨后，组装排气阀，妥善安装，运转正常。

3 结束语

反思这起排气阀故障,教训有 3 点。

(1) 新的备用组件,最好试用一段时间确认技术状况良好,再拆下保养后备用。有些人不肯这样做,或认为试用后降低备件成色,不舍得,或嫌麻烦。殊不知,若紧急情况下换用备件,而其技术状况不良,则可能导致险情甚至事故。例如,这起故障中的备用排气阀,只有常规保养而没有做功能试验,到出现故障才发现缺陷,万幸未引发事故。

(2) 分析故障,要坚持理论指导实践。例如,在本例中,分析确认排气阀未正常关闭后,不是先检查空气弹簧活塞,而是先检查空气弹簧供气单向阀、排气阀阀壳上的安全阀、液压活塞、排气阀阀杆导套等,然后才检查空气弹簧活塞,走了不少弯路。

(3) 拆检部件,需要认真细致。不仅要检查有否损坏,还要检查其技术状况(包括尺度和间隙),必要时试验其功能。例如,本例的故障排气阀,故障后检查不细致,没有及早发现气动活塞顶部的直径 1 mm 小孔,既延长排除故障的停航时间,又增加工作量。

MAN B&W 12K98ME 型柴油主机排气阀的维护

姚世民

(上海远洋运输有限公司)

0 引言

MAN B&W 12K98ME 型全电喷柴油主机，采用电脑控制，可准确、及时地调节各项参数，整机性能优越，安全可靠。它所配备的新型排气阀，结构更趋合理，材料更加优化，运行安全且检修周期长。出于电脑控制的需要，排气阀上装有反馈探头，阀(杆)动作稍有延迟或者开关不到位，都会在主操作屏(MOP)上报警甚至主机自动减速。

1 特点

1) 排气阀

排气阀阀头使用尼莫尼克合金镀层，提高阀头、阀座的耐磨性；阀座使用经热处理的钢材，采用 W 型阀线，柴油机低负荷时内接触，高负荷时内外同时接触，既满足不同负荷的密封要求，又改善阀座、阀头的工作条件，延长检修周期。

排气阀杆，采用镀铬工艺，配以相适配的密封环，确保良好密封和最小磨损率，延长检修周期。

排气阀杆导套，采用铸铁，减少热变形，确保与阀杆的间隙合适。

2) 排气阀动作的控制(见图 1)

排气阀杆上有 2 套液压阻尼装置，关阀时可减少阀头对阀座的撞击并因此提高二者的冷却效果，开阀时既能快速又能减少阀的振动，保证开、关过程中阀杆的运动都能先快后慢，既有节奏，又比较平稳，有利于延长排气阀的检修周期。

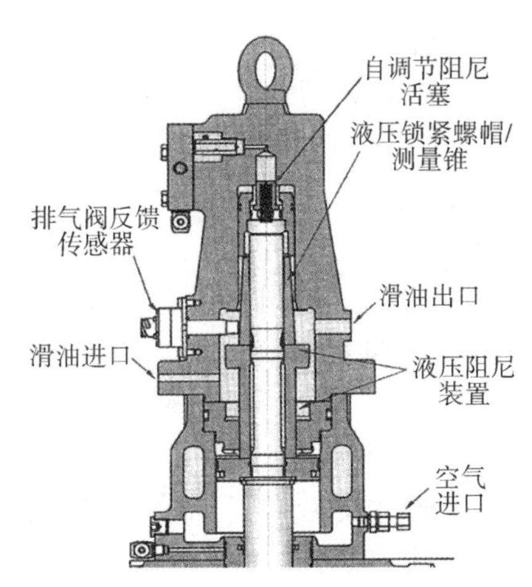

图 1 排气阀动作的控制

阀杆和导套润滑——润滑油从排气阀下面左侧的导套润滑油接头进入单向过滤螺栓再进

入导套；空气弹簧活塞下部有 1 个储存润滑油的碗形空间，依赖活塞上下运动扰动空气产生的油雾来润滑阀杆。

排气阀阀杆位置传感器探头和圆锥形液压锁紧螺母，感受排气阀杆的动作并以电信号及时输出，适应 ME 机型电脑控制的需要。

排气阀上部左侧，有 1 个动力油推动的阀杆动作指示器，反映阀杆的动作。

2 日常维护

(1) 主机运转中检查排气阀，确认：温度、声音正常，无跑、冒、滴、漏；阀杆动作指示器有规律地动作；油管畅通(必要时松开导套的润滑油进口接头，检查确认有润滑油流出)。

(2) 每次主机完车后，检查确认反馈探头上的插头连接紧固。

(3) 每运转约 500 h，拆检导套润滑油进口接头，清洁，检查单向止回过滤螺栓。

(4) 每运转约 2 000 h，停主机滑油泵，泄放排气阀空气弹簧系统的 0.7 MPa 压缩空气，在主操作屏上，检查各缸排气阀空气弹簧的气密情况，排气阀位置反馈电流值保持 8～9 mA 至少 15 min。若发现异常，则首先检查进气止回阀；若确认排气阀本身故障，则择机解体排气阀，换新相关密封件。

(5) 每运转约 16 000 h，排气阀解体、清洁、检查、测量、换新密封环，视情修复有缺陷的部件。

3 拆检要领

3.1 检查

排气阀解体后，应该首先检查阀线内接触还是外接触、是否连续，然后再清洁、检查阀头、阀座和其他部位。

1) 阀线

正常状况应该有明显的连续阀线和内接触痕迹(如图 2)，允许有少量小麻点，不应有烧蚀、龟裂。

若一切正常，则该阀座、阀头可以继续使用；若有明显磨损、烧蚀，则必须仔细测量，超出说明书要求的送专业厂家修理。

2) 阀杆、导套及其上的密封环

阀杆和导套，不应有明显腐蚀，接触部位不应有明显的拉伤、磨损。若有，则应查明原因并消除之。

导套，若上、下内径测量值超过规定，则换新。

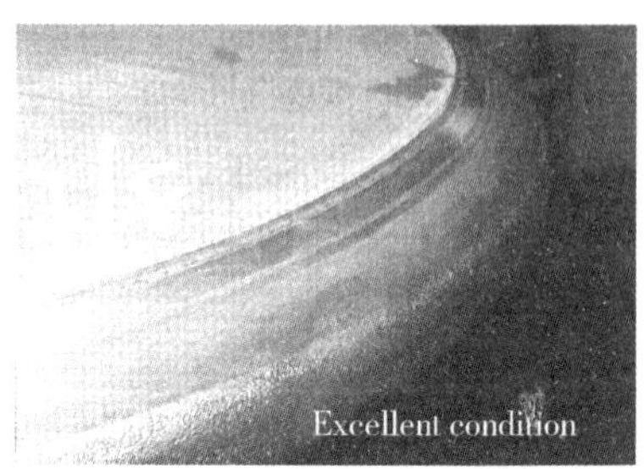

a) 阀头

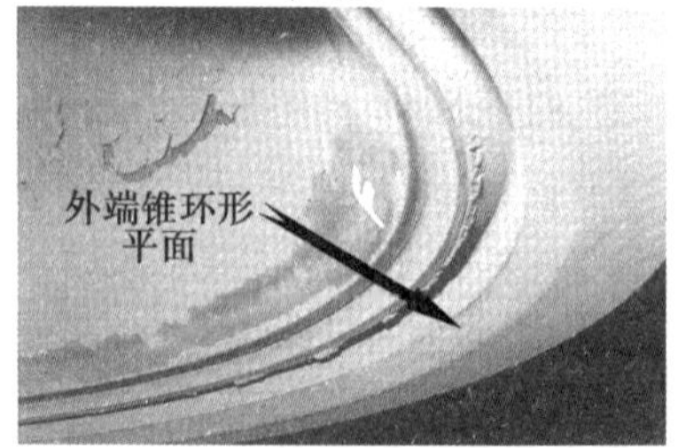

b) 阀座

图 2 良好状态的排气阀线

导套上的密封环,不应有明显的拉伤和过量磨损。若有,则应换新并查明和消除损坏的原因。

3）阀壳

应无漏水迹象,无火面烧蚀,无水面过度腐蚀,尤其不应有点蚀。

若有,则应查明原因并消除之。

4）空气弹簧气缸上的安全阀

使用随机的专用工具,泵压检查(2.1 MPa)。

5）排气阀上部液压油缸、活塞、活塞环

按说明书的要求检查、测量,若有明显的拉伤和过量磨损,则修复或换新,查明原因并消除之。

6）润滑油出口管路上的2只止回阀

检查,功能试验,调整或修理。

7）排气阀座和阀头

阀座与缸头的结合面,清洁、检查,若有损伤,则视情研磨(通常该结合面均良好,不须研磨)。

阀座和阀头上的阀线,通常有磨损、烧蚀缺损,密封不良者需要磨削。

3.2 磨削阀座、阀头上的阀线

磨削加工条件——船舶停泊状态振动小,磨削加工误差小,效果好。

1）磨削阀座上的阀线

(1) 彻底清洁。

(2) 拆下阀座,吊到磨阀机上放妥。

(3) 阀座圆周的四等分位置做好记号。

(4) 千分表顶在与阀线平行的外端曲面上,反复盘动磨阀机,调节磨阀机上的螺钉,调准阀座中心线(偏心小于0.05 mm)。

(5) 磨削砂轮头角度调整到29.9°～30°,装好砂轮片,每次磨削进刀量约0.05 mm,出现连续阀线即止。

(6) 用随机供应的专用样板,测量G2处的间隙得到阀线部位的磨削量(见图3)。阀线部位磨削量超过说明书规定上限2.3 mm的阀座,必须送专业厂翻修。

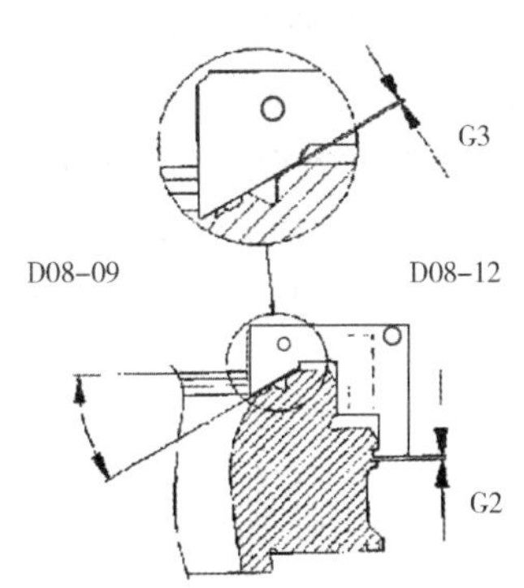

图3 专用拼板测量

(7) 用200#砂轮片磨削与阀线平行的外端环形平面(见图2),直到G3间隙(见图3)为1 mm。

2）磨削阀头上的阀线

阀头的磨削过程与阀座基本相似,只是:

(1) 现在配船的磨阀机没有三脚卡盘,调准阀头中心线需要一定的车工技能和耐心。

(2) 砂轮头的角度要调整到 30.7°～30.8°。

(3) 下列情况之一者，必须送专业厂家修理：①阀头的阀线部位，磨削量超过 2 mm；②阀头触火面，最大烧蚀深度超过14 mm；③阀杆(与导套内密封环接触部位)直径小于 107.8 mm，或阀杆表面有明显拉痕、缺陷。

3.3 组装排气阀

1) 保护零件

下列零、部件组装前：①阀杆、导套、空气弹簧活塞与气缸接触部位等，涂上润滑油；②阀杆直径变化(台阶)部位套上保护套(随机供船的专用工具)，防止碰坏导套、密封环；③空气弹簧下部碗型空间，加入约 0.5 L 润滑油。

2) 安装空气弹簧

活塞上的密封环在 100 ℃热水中浸泡超过 5 min，然后立即安装；安装与空气弹簧相关的密封环要特别小心，不要损坏密封环的外表面。

某排气阀，主操作屏上多次检测到因空气弹簧气缸密封不好导致主机自动减速，拆检发现相关 2 道密封环的径向磨损量仅仅 0.1 mm，证明因其密封压力不足所以密封效果不良。

3) 安装排气阀反馈探头

不得随意增加密封垫片，以免影响探头正常工作。

4) 组装后检查

组装后，应检查排气阀启闭和空气弹簧的气密。

(1) 排气阀开、关闭试验(重复做 2 次)：①用 908 工具板上的专用工具卡住排气阀座，吊起排气阀，排气阀因自重而打开；②连接 0.7 MPa 压缩空气于空气弹簧气缸的进气止回阀，压缩空气进入空气弹簧，关闭排气阀杆；③用塞尺测量排气阀座外端曲面(见图 2)与阀头之间的间隙，应在 1.0～2.3 mm之间(低负荷时阀头阀线与阀座阀线内接触)；④ 关闭压缩空气，释放空气弹簧气缸内的空气，排气阀因自重而打开。

(2) 检查排气阀空气弹簧气缸的气密。重复上述排气阀开、关闭试验的第①和第②步后，停止空气弹簧压缩空气供给，但不释放空气弹簧气缸内的空气，空气弹簧气缸的气密性应保持排气阀阀杆至少15 min不下落。若达不到上述要求，则应首先检查空气弹簧的供气止回阀：若该阀漏泄，则修理或换新，消除漏泄；确认该阀不漏，再消除空气弹簧气缸气密不良。

船舶二冲程柴油主机排气温度过高原因分析

修　安，思　成

0　引言

柴油机排气温度，反映负荷和燃烧质量，影响柴油机可靠性和经济性，是分析柴油机性能的重要参数。排气高温是指柴油机可继续运行，但排气温度接近或超过说明书允许的最高值。

柴油机排气高温是常见故障，可分为整机各缸同时排气高温和个别缸排气高温，根本原因是燃油燃烧不良，包括燃烧过程安排不合理和燃烧条件不良。

讨论主要针对运营中的既定柴油机：二冲程，直流扫气，可倒车；高压油泵和排气阀均由凸轮轴驱动；定压增压，废气涡轮压气机与活塞下部空间串联，其间有空气冷却器；不定速，飞重式调速器调速；燃用燃料油。

1　燃烧过程——喷油定时

燃油在柴油机中的燃烧过程一般可人为地划分为滞燃、速燃、缓燃、后燃等 4 个阶段，见图 1。

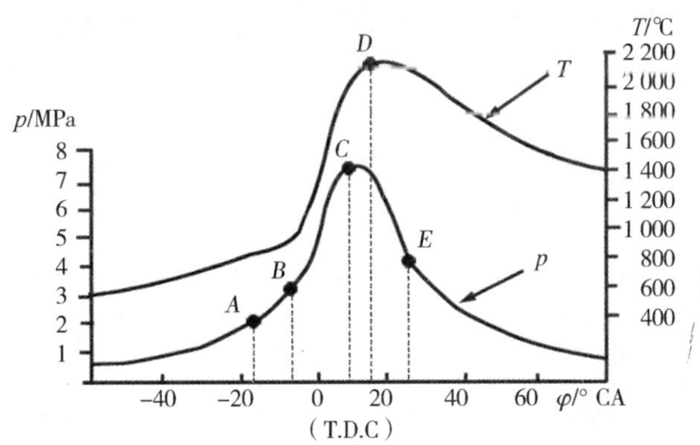

图 1　某柴油机燃烧过程 *p-φ* 和 *T-φ* 曲线

1）滞燃阶段

滞燃阶段，是燃烧前燃油的一系列物理和化学准备阶段，自喷油始点（*A*）燃油雾化进入气缸（未燃烧）开始，至燃烧始点（*B*，着火点）燃油被点燃止。

滞燃期长，则着火点（*B*）后移，整个燃烧过程推迟，且后燃增加，排气温度高；而且滞燃期生成的可燃混合气数量大，到达着火点瞬间全部燃烧，缸内压力突然增高，曲线上表现为 BC 段特别陡峭且最高压力点(C)过高，柴油机工作粗暴。

滞燃期既然自喷油始点(A)至燃烧始点止，调节滞燃期就有改变喷油始点和改变燃烧始点 2 种方法。

喷油始点，取决于喷油提前角，可以直接调整。喷油始点(A)后移，则整个滞燃阶段随之后移，不仅推迟着火点(B)，而且整个燃烧过程后移，排气温度升高。若着火点(B)后移至上止点后，即滞燃期的后期活塞下行缸内空间增大，则缸内温度与压力降低，滞燃阶段更长，后燃更严重。

燃烧始点，燃油完成一系列燃烧的物理和化学准备后开始被点燃。很明显，着火点不可直接调节，只能:①随喷油始点变化;②取决于滞燃期长短，即取决于燃油燃烧条件。

滞燃期长短，取决于当时气缸内物理、化学环境，即燃烧条件，影响因素甚多，留待下面逐一讨论。

2）速燃阶段

速燃阶段，从气缸内燃油发火燃烧开始(着火点 B)到出现最高压力点(C)，其间还有燃油雾化喷入。

从速燃阶段开始，滞燃阶段完成燃烧物理和化学准备的燃油瞬间全部燃烧，还烧掉陆续喷入气缸的燃油，缸内压力迅速上升至最高压力，几乎是等容燃烧。

速燃阶段的长短，取决于:①缓然阶段的起始点，即滞燃和速燃阶段的长短，以及燃烧准备质量和燃烧质量;②继续喷入的燃油量;③燃油的燃烧条件。

显然，速燃阶段不可直接调节，除滞燃期长短和喷油量外，可控因素还有燃烧条件。

3）缓燃阶段

缓燃阶段，从气缸内工质出现最高压力点(C)到最高温度点(D)。

喷油终点可能延长至缓燃阶段的前期。

缓燃阶段，燃烧室内已充满正在燃烧的火焰和燃烧产物，继续喷入的燃油也立即蒸发燃烧，燃烧速度仍然很快，工质温度迅速上升至最高温度;但活塞下行，气缸容积扩大，工质压力逐渐下降。

缓燃阶段的长短，取决于:①缓燃阶段的起始点，即滞燃和速燃阶段的长短，以及燃烧准备质量和燃烧质量;②继续喷入的燃油量(喷油终点);③燃油的燃烧条件。

显然，缓燃阶段可调节的只有喷油终点和燃烧条件。若高压油泵不具有终点调节功能，则可控制因素只有燃烧条件。

4）后燃阶段

后燃阶段，自最高温度点(D)至燃烧终点(E)。

后燃阶段，燃油不再喷入，部分来不及完全燃烧的燃油继续燃烧，但活塞下行速度越来越大，缸内空间增加越来越快，缸内温度和压力降低越来越快，越来越不利于燃烧，当然越短越好。

后燃阶段直接影响排气温度，其长短取决于：①滞燃阶段、速燃阶段和缓燃阶段的长短，以及燃烧准备质量和燃烧质量；②燃油的燃烧条件。显然，后燃阶段不可直接调节，可控因素只有燃烧条件。

综合对燃烧过程的分析，可知：燃烧过程，影响排气温度；可直接调节燃烧过程的参数只有喷油始点(A)和喷油终点(若高压油泵具有终点调节功能)，其他参数都不可直接调节；燃烧条件是重要的可控因素。

可知，导致排气高温的因素之一——喷油定时(始点和终点)滞后。

2　燃油品质——燃烧条件之一

燃油的性能影响燃烧。重质燃油含碳量大，挥发性物质含量少，较难燃烧，燃烧前一系列物理和化学准备也需要更多空气、更高温度和更长时间。

通常用“计算碳芳香烃指数”(Calculated Carbon Aromaticity Index)作为重质燃油燃烧性能的重要指标，大于870，滞燃期会很长，燃烧困难，排温升高。

可知，导致排气高温的因素之二——燃油品质不良。

3　燃烧的燃油量(负荷)——燃烧条件之二

柴油机负荷表现为每一循环喷射、燃烧的油量。

负荷高，燃烧的油量多，虽然废气能量大，增压压力高，扫气质量好，过量空气系数大，有利于燃烧，降低排气温度；但是油量多，滞燃期长，推迟燃烧过程，提高排气温度。后者影响比较大，综合作用结果还是排气温度提高。

尤其是超负荷，增压器可能因离开最佳能量匹配而效率下降，空气供应量反而相对减少(过量空气系数下降)，排气温度升高，还可能引起增压器喘振。

可知，导致排气高温的因素之三——负荷高。

另外，负荷过低，排气能量少，增压压力低，则扫气压力低，扫气不良，废气残留，过量空气系数下降；而且压缩终点温度低，滞燃期长，着火点和整个燃烧过程后移，排气温度也会相应提高，但不会导致“接近或超过说明书允许的最高值”。

4　扫气空气量——燃烧条件之三

空气越多即过量空气系数大，燃烧越快也越完全，而且加快燃烧前燃油的一系列物理和化学准备(缩短滞燃期)。空气量不足必然导致燃烧不良，排气高温。

扫气，应尽可能多地提供空气，同时尽可能多地驱除缸内废气。

影响扫气空气重量的因素，有扫气流路径(取决于扫气口、活塞顶、缸头等的几何形状，既定柴油机不会变化，不作讨论)、扫气空气压力和温度、排气阀定时等。

4.1 扫气压力

扫气压力,指进入气缸的空气压力。扫气压力高则空气密度大,缸内空气质量增加。

影响扫气空气压力的因素,包括柴油机排气能量、废气通道(含废气涡轮)的技术状态、增压空气通道(含压气机)的技术状态等。

1) 柴油机排气能量

排气能量低,增压压力低,导致扫气压力低,过量空气系数低,排气温度升高。

排气能量取决于柴油机负荷(燃油量),见“3 燃烧的燃油量(负荷)——燃烧条件之二”。

2) 废气通道(含废气涡轮)的技术状态

废气涡轮技术状态不良,势必减少废气涡轮输出功率,因而减少压气机输出空气质量。

废气流道阻力增大,则排气背压高,排气量少;扫气压力降低,空气量减少,排气温度升高;缸内残留废气增多,下一循环燃烧不良,排气温度升高。

可知,导致排气高温的因素之四——扫气空气质量,包括废气通道(含废气涡轮)的技术状态不良。

3) 增压空气通道技术状态

增压空气流道技术状态不良,必然减少压气机输出空气质量;压气机技术状态不良,必然减少空气供应量。

增压空气流道阻力增大,不仅减少扫气空气的体积流量,且降低进入气缸的扫气空气压力和密度,因而降低扫气空气质量;增压空气通道漏泄,必然降低扫气压力和扫气空气密度,降低扫气空气质量;口琴阀故障,增压空气不能通过或流量减少,或增压空气倒流,导致相关气缸扫气压力降低。

可知,导致排气高温的因素之五——增压空气通道技术状态不良。

4.2 扫气空气温度

扫气空气温度高,虽然压缩终点温度高,有利于缩短滞燃期,但进机空气密度下降,质量减少,过量空气系数降低,不利于燃油燃烧,延长整个燃烧过程,致使排烟温度升高。有关试验数据表明,进气温度增加 1 ℃,排气温度增加 3 ℃。

影响扫气空气温度的因素,可能有:

(1) 增压压力升高,则增压空气温度升高,见“4.1 扫气压力”。

(2) 环境温度高,包括机舱空气温度高则压气机吸入空气温度高导致增压空气温度高;舷外水温度高则空冷器冷却水温度高,导致扫气温度高。

(3) 空冷器,因传热不良而冷却不充分,导致扫气温度高。

可知,导致排气高温的因素之六——环境温度高;导致排气高温的因素之七——空冷器的冷却不良。

4.3 排气定时

排气定时改变,实际情况多是滞后而不是提前。

排气阀开启持续时间不变,延迟开启必定延迟关闭(不包括新型智能柴油机采用电子技术控制)。

排气阀开启晚,虽然工质膨胀充分,排气压力低因而排气温度降低;但排气能量小,增压压力低,导致下一循环扫气不充分,废气残留多,反而空气量少,不利于燃烧,排气温度高。

排气阀关闭相应推迟,虽然废气残留少,但下一循环空气量也少,且压缩起点后移,压缩终点压力和温度低,不利于燃油燃烧前的一系列物理和化学准备(滞燃),着火点和整个燃烧过程后移,排气温度升高。

二者综合,都减少空气量,致使排气温度升高。

可知,导致排气高温的因素之八——排气定时滞后。

5 压缩终点压力和温度——燃烧条件之四

柴油机的压缩近似绝热压缩,压缩终点压力越高温度也越高。

压缩终点的温度,是燃油燃烧前的一系列物理和化学准备(滞燃)的重要物理条件,而且必须达到发火温度,燃油才可能燃烧。

压缩终点的温度低,则燃油燃烧前的一系列物理和化学准备(滞燃)所需时间长,着火点和整个燃烧过程后移,排气温度高。

影响压缩压力的因素,包括:

(1) 几何压缩比——取决于设计的缸径冲程比。针对既定柴油机,不作讨论。

(2) 排气定时——已如前述。

(3) 缸套冷却水温度——变化不大,影响也不大。

(4) 气缸密封程度——排气阀、活塞环与缸套间、活塞环与环槽间等的漏泄,都只与零件技术状态有关,显而易见。

此外,气缸润滑不良会加重活塞环与环槽间的漏泄以及气缸漏气,但不会在短期内导致排气温度过高。

可知,导致排气高温的因素之九——气缸密封不良。

6 燃油雾化质量——燃烧条件之五

燃油雾化质量,包括雾滴直径和雾花长短/粗细。

雾滴直径大,单位体积(质量)燃油的表面积小即蒸发面积小,导致油雾吸热和汽化过程减缓,且不利于与空气混合,滞燃期长,排气温度高。

雾花(长短/粗细)不能均匀布满燃烧室,不利于油雾与空气充分混合,滞燃期长,排气温度高;但若雾花过长,燃油喷在缸壁和活塞头上,不仅进一步延迟燃烧,而且烧蚀缸壁和活塞头。

影响燃油雾化质量的主要是燃油雾化时的黏度(温度)和喷油器技术状态。

燃油黏度随温度变化,温度越高,黏度越低。喷油器技术状况不良,燃油雾滴直径大,雾花在燃烧室分布不广和不均匀,延长滞燃期和整个燃烧过程,后燃严重甚至不完全燃烧的燃油在排气管中二次燃烧,排气温度高。高压油泵故障,喷射压力不足。

可知,导致排气高温的因素之十——燃油黏度高;导致排气高温的因素之十一——喷油器技术状况不良。

7 排气温度过高的故障点

综合上述,导致排气高温的因素,共有 11 项:

第 1 项,喷油定时滞后。第 2 项,燃油品质不良。第 3 项,负荷高。第 4 项,废气通道(含废气涡轮)的技术状态不良。第 5 项,增压空气通道(含压气机、口琴阀)技术状态不良。第 6 项,环境温度高。第 7 项,空冷器的技术状态不良。第 8 项,排气定时滞后。第 9 项,气缸密封不良。第 10 项,燃油雾化时的黏度高(温度低)。第 11 项,喷油器技术状况不良。

常见的排气高温故障,有各缸排气温度普遍过高和个别缸排气温度过高 2 种情况。为便于采取针对性措施,分别分析这 2 种排气高温的故障点。

7.1 各缸排气温度普遍过高的故障点

第 9 项气缸密封不良和第 11 项喷油器技术状况不良,各缸独立,各缸不会同时技术状态不佳而导致各缸排气温度普遍升高;其他 9 项同时影响各缸,都可能导致各缸排气温度普遍升高。

第 1 项,喷油定时滞后——导致整体机喷油定时滞后,可能有以下原因:

(1) 曲轴与凸轮轴的链传动错位;

(2) 凸轮轴上齿/链轮与凸轮轴连接滑移;

(3) 某些机型换向不到位;

(4) 凸轮轴间连接滑移(相邻数缸排气高温)。

第 2 项,燃油品质不良——导致燃油品质不良,原因可能是:

(1) 燃油质量本来就不好;

(2) 不相容燃油相混(不相容可能导致析出、沉淀和改变燃烧性能);

(3) 燃油因在船存储时间过长而变质;

(4) 燃油预处理不当。

第 3 项,负荷高——导致整机负荷增加,原因可能有:

(1) 航行阻力增大,如吃水过大、纵倾不适当、顶风、严重污底、航道过浅、拖锚航行等;

(2) 机器故障,如拉缸、抱轴、减缸航行等;

(3) 操作不当,如从停车或低速突然大油门加速、快车航行突然立即快倒车等;

(4) 调速器故障;

(5) 调油传动机构故障。

第 4 项,废气通道(含废气涡轮)的技术状态不良:

(1) 废气涡轮技术状态不良,通常是污染物减少进口隔栅、喷嘴环、透平叶片等通道的面积,喷嘴环叶片缺失,透平叶片变形,气封漏气等;

(2) 废气通道的技术状态不良,通常表现在污染物减少排气支管和(或)总管、废气锅炉烟道等通道面积。

第 5 项,增压空气通道(含压气机、口琴阀)技术状态不良:

(1) 压气机技术状态不良,可能是污染物减少吸入滤器、叶轮等通道的面积,叶轮叶片变形,气封漏气等;

(2) 增压空气流道阻力增大,通常表现为油泥附着于压气机吸入滤器、空冷器的空气通道等,不完全燃烧产物甚至可能沉积在气缸的扫气口;

(3) 增压空气通道漏泄,可能在活塞杆填料函、泄放阀、辅助鼓风机的单向阀、扫气箱安全阀等处;

(4) 各缸口琴阀同时黏着不能开启或开启不全或关闭不全(倒流)的可能性极小。

第 6 项,环境温度高——环境温度高,是自然现象。机舱空气温度高,还可能是机舱通风不良,可开足各机舱风机,压气机附近的风口对准压气机吸风口。

第 7 项,空冷器的技术状态不良——空冷器传热不良,可能气侧被增压空气中的油雾污染,水侧被冷却水积垢污染和(或)杂物阻塞。

第 8 项,排气定时滞后——导致各缸同时排气阀定时后移,可能有以下原因:

(1) 曲轴与凸轮轴的链传动错位;

(2) 凸轮轴上,齿/链轮与凸轮轴连接滑移;

(3) (某些机型)换向不到位;

(4) 凸轮轴间连接滑移(相邻数缸排气高温)。

第 10 项,燃油雾化时的黏度高(温度低),可能因为:

(1) 加热蒸气不足;

(2) 黏度计故障;

(3) 燃油伴行加热管不畅通。

7.2 个别缸排气温度过高的故障点

第 2 项燃油品质不良、第 4 项废气通道(含废气涡轮)的技术状态不良、第 6 项环境温度高、第 7 项空冷器的技术状态不良和第 10 项燃油雾化时的黏度高(温度低)等 5 项,皆同时影响各缸,不会导致个别缸排气温度升高;可能导致个别缸排气温度升高的是其他6项。

第1项，喷油定时滞后，个别缸喷油提前角减小，可能原因是：

(1) 燃油凸轮相对凸轮轴滑移；

(2) 高压油泵顶升机构总高度减少；

(3) 高压油泵故障；

(4) 高压油管与喷油器和(或)高压油泵接头渗漏；

(5) 喷油器(针阀、针阀与套筒、喷油嘴与喷油器结合面)渗漏。

第3项，负荷高——个别缸供油量增大，超负荷，排气高温，可能原因是：

(1) 燃油凸轮相对凸轮轴滑移；

(2) 调油传动机构故障；

(3) 高压油泵故障(油量齿条调整不当或卡住)等。

第5项，增压空气通道(含压气机、口琴阀)技术状态不良——只有个别缸口琴阀技术状态不良会导致个别缸排气温度过高。

个别缸口琴阀技术状态不良，可能原因有：

(1) 黏着，不能开启或开启不全；

(2) 关闭不全，增压空气倒流。

第8项，排气定时滞后，个别缸排气阀定时后移，可能原因有：

(1) 排气凸轮相对凸轮轴滑移；

(2) 排气阀顶升机构故障导致总高度减少；

(3) 排气阀与其摇臂和顶杆配合失当；

(4) 排气阀复位弹簧失效，或空气弹簧失灵；

(5) 液压驱动排气阀的液压驱动系统(驱动泵/液压油管/液压缸)漏泄。

第9项，气缸密封不良，主要是排气阀、活塞环与气缸之间、活塞环与环槽之间漏泄，以及活塞头部烧蚀、气缸过度磨损等。

单缸排气温度突然升高，最常见原因是：

(1) 活塞环断裂；

(2) 缸套磨损(直径、不园度等)超限；

(3) 排气阀关闭不严(烧蚀、碎裂、搁住、卡死)。

第11项，喷油器技术状况不良——喷油器各缸独立，技术状态各不相同，喷油器技术状况不良是个别缸排气温度过高的最常见的原因。常见故障是：

(1) 启阀压力低(弹簧失效或调节不当)；

(2) 针阀咬死或不灵活，二次喷射；

(3) 喷孔阻塞，滴漏。

此外，还必须考虑高压油泵故障。

8 管理建议

为防止和及时发现排气温度过高，建议采取以下管理措施。

(1) 燃油。选择知名度高的供应商提供；加装前验明燃油性能，避免不同性质和牌号的燃油混装；在船储存时间尽可能短；适当使用添加剂；尽可能净化；坚持使用黏度计，自动保持适当的进机温度(黏度)，保持报警装置正常。

(2) 相关零件和部件，定期检查、清洁和保养，保证它们处于良好技术状态。

(3) 相关间隙和定时，定期检查、调整，保证它们尽可能接近最佳值。

(4) 监测仪表，按计量法保养、维护、校验，及时更换不合格者。

(5) 规范操作。

避免超负荷。严格控制相关参数，保持各缸排气温度差值在说明书规定范围(一般不大于 50 ℃)内。

机舱环境温度过高，可开足机舱通风机，并让压气机吸风口附近的通风机对准吸风口。

柴油主机负荷长期低于 50%的船舶，尤其须保证辅助鼓风机持续运转。

(6) 严密监测，及时发现异常并及时处理。

(7) 按规定做好各种检修记录及运行状况记录。

(8) 排除故障时，应综合分析故障现象，按可能性大小列出全部可能的原因，从易到难逐一排查。高压油泵或其顶升机构、喷油器、排气阀顶升机构等结构复杂部件不易及时排除的故障，只要确认，应先整台更换，用备件保证航行，然后再检查修理故障部件。

某大型主机活塞头龟裂和烧蚀裂纹原因分析与处理

陈建云

(中海国际广州分公司)

0 引言

某大型集装箱船，上海沪东中华船厂建造，2003 年 9 月出厂。主机，MITSUI-MAN B&W 12K90MC-C 型，日本三井重工制造，额定功率 54 720 kW(104 r/min)，持续功率 49 248 kW(104 r/min)，配有喷油定时调节装置——爆压调节器(VIT)和 TPL85-B12 废气透平增压器 3 台，控制系统采用当前技术成熟、性能可靠的 Auto Chief-4 主机遥控系统、电子调速器 DGS-8800e 和安保系统 SSU-8810 等，可在驾驶台、集控室、机旁操纵主机。

1 活塞顶龟裂烧蚀现象

2005 年初，出厂后主机各缸第 1 次吊缸，记录显示各缸活塞头触火面基本正常，唯各活塞顶中心“磨菇头”部位发红，虽不很明显，却是过热征兆，见图 1。

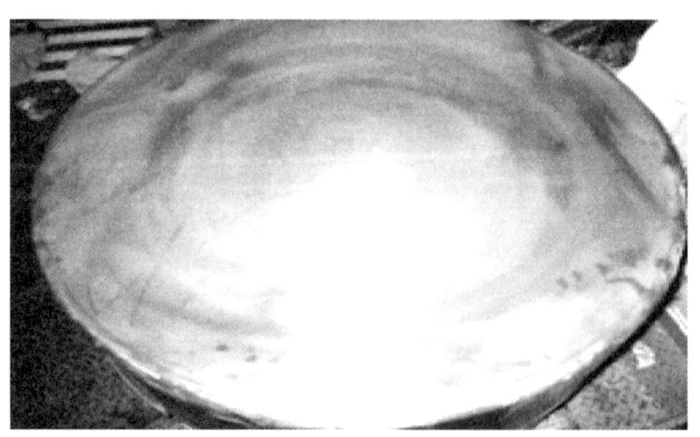

图 1 活塞头顶部基本正常

2005 年 1 月，按公司经营决策，主机(当时累计运行 8 889 h)开始使用经济转速，最高 100.4 r/min，最低 83 r/min(后改为最低 82.5 r/min)，主机负荷不高，活塞环气密，扫气正常，喷油器按规定周期维护，运行参数证明长期以来主机运行状态良好。

2007 年底，主机累计运行 24 000 h 左右，主机各缸第 2 轮吊缸。吊检的 6 个缸，气缸油注油量适中，缸套磨损量很小，各道活塞环状态良好，缸套与活塞环的磨合情况正常，没有燃烧恶化迹象，然而 6 个活塞头的触火面均不同程度龟裂和烧蚀裂纹（见图 2)，表明承受压力和温度过高。

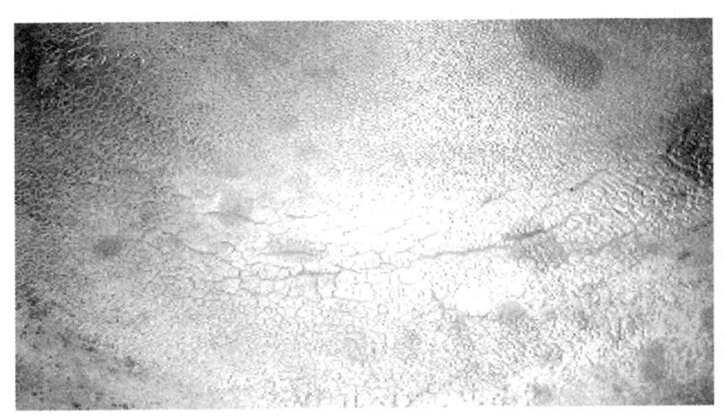

图 2　活塞头顶部“蘑菇头”过热

2008 年 1 月吊检 No. 2 缸，见活塞顶部触火面同样有龟裂和裂纹，如图 3 所示。

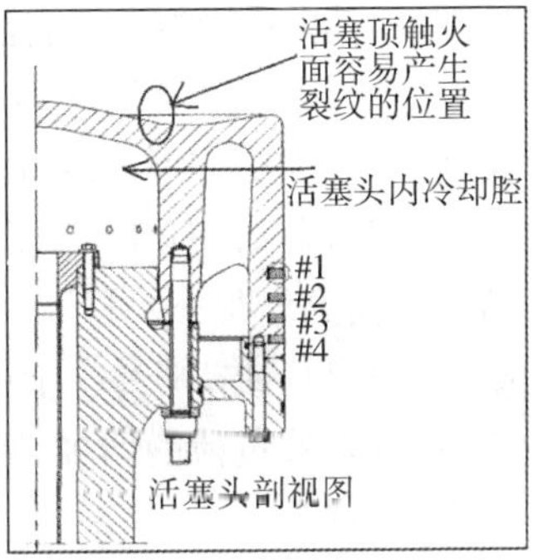

龟裂和裂纹，大多分布在活塞顶触火面从中心到活塞外柱面约 2/3 圈附近，即活塞顶面“蘑菇头”边缘，最大裂纹深度 2 mm。顶部烧损，一般在 7. 3 mm 左右，最大 11. 5 mm。

图 3　活塞顶龟裂集中区域

2　活塞顶龟裂烧蚀原因

主机累计运行总时间仅 24 000 h，而且其中约 15 000 h减负荷运行，活塞顶面不应该龟裂、烧蚀。

因 2007 年底吊检的 6 个缸，活塞头触火面均不同程度龟裂和烧蚀裂纹，2008 年 1 月吊检 No. 2 缸时特别注重检查，发现：缸套工作面，状态良好；活塞环和环槽等，状态良好；活塞内部冷却腔顶部不是很脏，仅有厚度不大、层面不连续的小量积垢。

说明活塞烧蚀龟裂的原因，可排除气缸润滑不良、气缸密封不良、活塞内部冷却不良等因素。

1）活塞热负荷超负荷

龟裂和裂纹，较集中地分布在活塞顶触火面中心到外缘约 2/3 处一圈即活塞顶“蘑菇头”边缘，正好是板壁薄的活塞顶与厚度大的活塞外柱体交界处。此处是喷油雾化区，油雾开始燃烧和燃烧强度较大，因而活塞受热严重，热应力大；活塞顶板壁薄冷却效果好，而壁厚的活塞外柱体冷却效果差，形成热应力集中；活塞受热变化大，因而热应力变化也大，热应力周期性变化引起热疲劳。

分析该船出厂后(包括2005年1月起使用经济航速)每个月主机各缸爆炸压力数据，发现：各缸最大爆炸压力，大部分接近14.1 MPa，比姐妹船的参数(约13.0 MPa)大，各缸最大爆炸压力与压缩压力之差，大多超过3.8 MPa，长期超过调速器要求的3.5 MPa。

分析已经吊检的6个缸活塞顶的状态，尤其是解体检查No.2缸活塞所见，确认活塞顶龟裂、裂纹和烧蚀的原因，就是活塞超过热负荷引起的。

2) 电子调速器和VIT的影响

如前所述，船员严格把握主机不超(机械)负荷；常用经济转速83 r/min还不到持续功率转速的80%，负荷只相当于持续功率50%，也不大可能超负荷。那么，是怎么产生热负荷超负荷的呢？

该主机通过电子调速器DGS-8800e实现调速和负荷控制，并带有VIT，可能影响主机负荷。

DGS-8800e电子调速器的调节器(Regulator-Op Code O-USER2)的第13项参数的设定值，是主机50%～100%负荷区I/P转换器(I/P Converter)电流信号输入的最初基准值，其大小影响主机各缸爆压、爆压与压缩压力之差、最高温度等重要参数。

VIT，接收电子调速器输出的与主机负荷成正比的电流信号，通过I/P转换器转换为0.05～0.5 MPa的气压信号，控制VIT装置的动力机构，作用是：0～50%MCR负荷区间，负荷变化时高压油泵供油提前角固定不变；50%～85%MCR负荷区间，随着负荷的增加(或减小)，增大(或减小)高压油泵供油提前角，从而提高(或降低)爆压的增长率(或降低率)，改善气缸内的燃烧状况；85%～100% MCR负荷区间增加负荷时，随着负荷的增加，减小高压油泵供油提前角，保持最大爆压在标定值，并控制爆压与压缩压力之差不超过3.5 MPa，防止超负荷；85%～100%MCR负荷区间减小负荷时，随着负荷的减小，增大高压油泵供油提前角，保证爆压基本维持在标定值。

VIT控制和执行机构见图4。

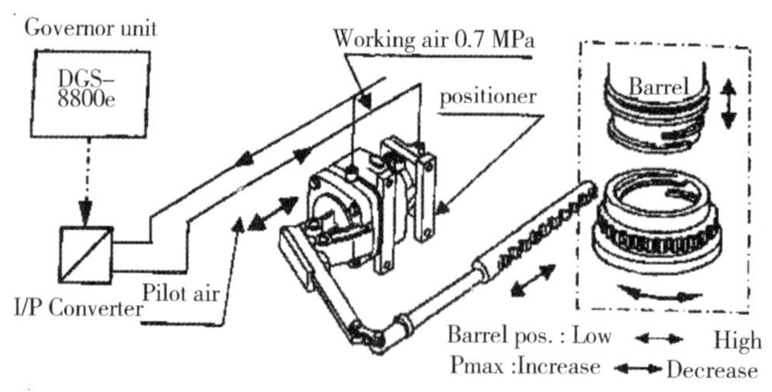

图4　VIT控制和执行机构

调整前不同负荷的 VIT 参数见表 1。

表 1 调整前不同负荷的 VIT 参数(2008.1.4 测量)

轴功率/%	<48(0～83 r/min)			48	56.4	61	63	64.4	70.5	83
转速/(r/min)	0(停车)	45	81	84.9	88	82	84.5	90.5	95	98.8
VIT 气压/MPa	0.325	0.26	0.25	0.245	0.27	0.25	0.265	0.28	0.32	0.35
VIT 刻度/格	8.3	6	6.2	6.2	6.8	6.4	6.75	7.1	8.79	9.6

正车 0～83 r/min 区间,VIT 控制空气压力基本保持 0.255 MPa。

主机负荷/转速,与 VIT 输出的气压信号、VIT 齿条刻度等数据成比例变化,显示 VIT 机构的 I/P 转换器工作正常。

负荷大于 30 000 kW(61%持续功率,对应转速 85 r/min),VIT 控制空气压力才开始逐步上升。

负荷大于持续功率 85%负荷后,VIT 控制空气压力没有明显下降。

各缸爆压明显比正常高,整个 VIT 曲线可能已向后移动。

因此,超热负荷的原因,在调速器的 VIT 调节器的参数控制上。

3 调节该第 13 项内设参数

鉴于超热负荷的原因在调速器的 VIT 调节器的参数控制上,详细报告公司并得到公司的技术指导后,为探索调整幅度,确保主机安全,防止一次调整过多损伤主机,决定多次测量、分析主机 PMI 参数,分 2 次调节 VIT 即调节电子调速器的调节器(Regulator)第 13 项内设参数。调整步骤和结果如下。调整时主机累计运行 26 273 h。

1) 2008-01-07,第 1 次调节

锁定最大油门限制(电子调速器油门限制值设定为 108)和调速器输出值(Regulator 最大输出值为 63),转速 100 r/min 稳定后保持油门不变,电子调速器第 13 项内设参数由“−8”调到“−10”,运行稳定后测量,然后再由“−10”调到“−12”。测量、比较主机的主要相关参数。

转速,基本不变。

排烟温度,基本不变。

VIT 的 Pilot air pressure,由 0.355 MPa 降到 0.33 MPa。

VIT 齿条刻度平均值,由 10.36 格降到 9.14 格。

爆压,12 缸平均 13.88 MPa,低于标准值 14.1 MPa,只有 No.8 缸 14.16 MPa 略微超标。

爆压与压缩压力之差,12 缸平均值从原来的 3.79 MPa 降低到 3.514 MPa,但仍略高于标准值 0.35 MPa;且 No.2 缸(3.54 MPa)、No.4 缸(3.68 MPa)、No.5 缸(3.62 MPa)、No.6 缸(3.56 MPa)、No.8 缸(3.90 MPa)、No.9 缸(3.53 MPa)、

No. 10缸(3.68 MPa)等7个缸超过标准值。

计算测量数据,有用功功率从46 872 kW提高到47 210 kW。

2) 2008-02-10,第2次调节

锁定最大油门限制(电子调速器油门限制值设定为108)和调速器输出值(Regulator最大输出值为63),转速100 r/min稳定后保持油门不变,电子调速器的调节器的VIT设定参数第13项由"-12"调到"-14"后,主机的主要相关参数如下。

转速,基本不变。

排烟温度,基本不变。

VIT的Pilot air pressure由0.32 MPa降到0.295 MPa。

VIT齿条刻度平均值,由9.13格降到8.55格。

爆压,平均13.6 MPa,12缸均低于最大值标准14.1 MPa。

爆压与压缩压力之差,12缸平均3.36 MPa,低于标准值3.5 MPa;只有No. 4缸(3.53 MPa)、No. 5缸(3.51 MPa)、No. 9缸(3.61 MPa)等略高于标准值,No. 8缸(3.85 MPa)超出标准值较多。

计算测量数据,有用功功率从46 399 kW提高到46 606 kW。

分析第2次调整到目前(主机运转3 049 h,运行累计29 322 h)各月所测的PMI示功图。

各缸发火点(起爆点)略迟(见图5)。

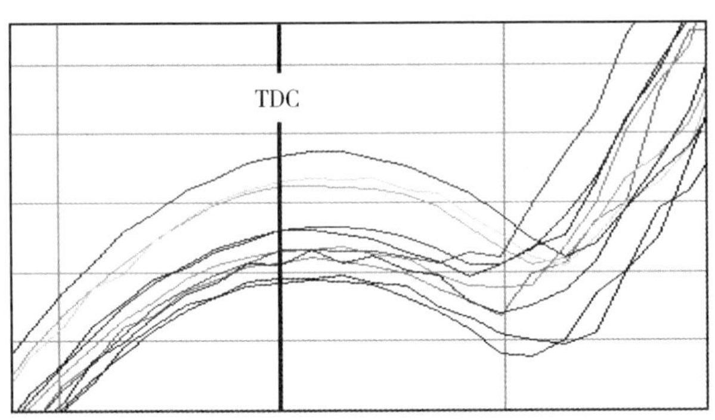

图5 调整后的数据曲线

排温、压缩压力、爆压、功率等参数都处于良好状态。

活塞头龟裂和裂纹已得到有效遏制,2008年7月29日再次吊检No. 6缸,对比2007年底吊检,运转约5 300 h,活塞顶面触火面龟裂和烧蚀裂纹没有继续恶化。

4 体会

1) 重视爆压与压缩压力之差

爆压与压缩压力之差偏大,可能导致活塞头触火面龟裂、烧蚀,还可能导致缸套异常磨损。

本文讨论的集装箱船，调整主机 VIT 前，爆压与压缩终点压力之差，多数气缸超过 3.8 MPa，长期不符合主机调速器说明书的要求(该差值要求小于 3.5 MPa)，是活塞头触火面龟裂和烧蚀的根本原因。B&W 服务工程师也同意这种观点。

近年来，某公司数艘新造船舶，运行不到 1 年都有主机爆压与压缩压力之差偏大(超过 4.0 MPa)和缸套磨损异常，也应考虑是否超热负荷和是否需要调整 VIT。

2）经常对照比较姊妹船的相关参数

该船主机 VIT 调整前，主机各缸最大压力值长期接近或者超过 14.1 MPa，而姐妹船主机各缸的最大爆炸压力值约 13.0 MPa。

若经常与姐妹船比较相关参数，则早就可以发现故障原因和及时调整，避免活塞头的龟裂、裂纹和烧蚀。

3）改动某些参数应留有记录

记录主机运转相关参数并经常比对，便于查找故障的原因，甚至可以查找责任人及其造成故障的原因。反之，主机运转相关参数记录不完整，不经常比对，不利于及时发现故障原因和责任人造成故障的原因。

该主机电子调速器 Regulator-Op Code O-USER2 的第 13 项参数，船舶出厂时一般设定在“－14”，却不知何时被改动为“－8”，难以查明该船各缸爆压数据 2003 年 8 月比较合理而其后变坏的原因。

4）重视任何异常现象

该船主机第 1 次吊缸时就已发现各缸活塞头触火面发红，属于过热征兆，若及时查明原因，排除也并不复杂。然而该船出厂几年，运行超过 24 000 h，却一直没有引起重视，没有及时处理，导致活塞触火面龟裂和烧蚀裂纹进一步恶化。因此，必须重视任何异常，及时发现，及时排除。若本班人员难以排除，则要做好详细记录，交给接班人员。

主机曲柄箱油雾浓度报警器电路板故障实例

曾步辉

（集美大学轮机工程学院）

0 引言

柴油机运行期间，曲柄箱机件温度可达 70 ℃，润滑油产生的油气与空气混合形成的油雾达到一定浓度，可能引起曲柄箱的爆炸，造成严重的机损事故。

曲柄箱油雾浓度报警器，监视柴油机曲柄箱油雾浓度，一旦超过设定标准，及时发出声光报警，同时主机自动降速或停车，防止曲柄箱着火爆炸。

主机曲柄箱油雾浓度报警器是实现机舱自动化，保证柴油机安全运行的重要设备之一，也是港口国和船旗国对船舶各种检查的必查项目。

某油船的主机油雾浓度报警器，型号 GRAVINER MARK-5，英国某公司生产，由采样切换电磁阀、油雾浓度测量单元、显示报警单元及控制电路等组成。该型报警器以单片机作为监视器的核心部件，采样准确，执行速度快，并有较强的自检功能；取消许多机械旋转部件，大大提高监视报警器工作的可靠性；装在 1 个控制箱内，结构简单、紧凑，是现今较为先进的 1 种，也是目前应用较多的 1 种。

1 故障现象及处理

某日，该船在进靠新奥尔良港过程中，主机油雾浓度报警器突然故障，报警器面板上的 FLOW FAULT 指示灯一直闪烁，采样停止，致主机自动降速。

为不影响正常靠港，只得先行将其报警输出触头短接，待事后检查。

靠港后，按计划某石油公司要来安全检查，必须立刻消除故障。

对照说明书，按报警器面板上的故障指示，故障部件要么是报警器内的抽风机或其检测元件，要么是控制电路板，都需要更换备件，而船上并无此 2 种备件，必须进一步查找故障原因。

查看电路图发现，抽风机来的信号，经变换后送到运算放大器 IC_{11}/ 3 的反相端（8 脚），而该运算放大器的同相端（9 脚）电压是由 $+V_e$（5 V）经 IC_3 分压稳压而得，其电压大约 2.5 V。

而故障时测得 8 脚电压几乎为零。

因此，考虑能否在 8 脚直接加 1 个略高于 2.5 V 的电压，使 IC_{11}/ 3 运放翻转。于是找来 2 节干电池串联成 1 个 3 V 电压，经过一开关，加到 IC_{11}/ 3 的 8 脚。通电试验，系统正常工作，顺利通过某石油公司的安全检查。

离港后，再次拆下电路板，仔细检查抽风机到 IC_{11}/ 3 之间的电路，发现标称值 1.0 μF 的贴片电容 C_{17} 有一脚断开。当时船上没有 1.0 μF 的贴片电容，只好用能找到的 3 个 3.3 μF 电容串联代替，故障排除，恢复正常。

2　故障分析

图 1 是该报警器抽风机信号输入原理。

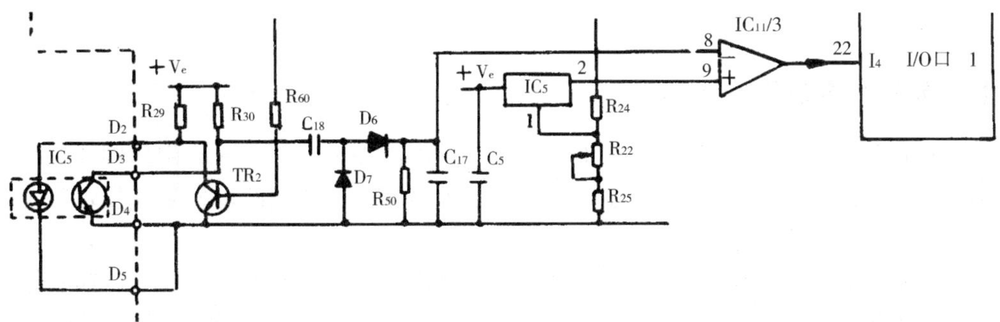

图 1　抽风机报警器信号输入原理

IC_5 是光电耦合元件，抽风机的转轴处于光电耦合组件之间。抽风机旋转，发光管与接收管之间被周期性遮挡：接收管能够受到发光管照射时，处于导通状态，D_3 和 D_4 之间相当于短路，即 D_3 为低电平；接收管受到遮挡接收不到发光管照射时，处于截止状态，D_3 和 D_4 之间相当于开路，D_3 为高电平。

该高低变化的电平信号，通过电容 C_{18} 耦合经二极管 D_6 向电容 C_{17} 充电。

抽风机转速达到额定值时，C_{17} 上所充得的电压（即 IC_{11}/ 3 之 8 脚上的电压）高于 9 脚上的电压，IC_{11}/ 3 输出低电平信号；单片机接受 I_4 端输入的该低电平信号，认为抽风机工作正常。

C_{17} 有一脚断开，则其不能充电，IC_{11}/ 3 之 8 脚的电压低于 9 脚的电压，IC_{11}/ 3 输出高电平信号。单片机接收该信号后，认为抽风机故障不能正常采样，油雾浓度报警器不能正常工作，发出 FLOW FAULT(FLASH)报警。

3　结束语

对于只有简单仪器仪表（通常只有 1 块万用表）的船上维修环境而言，要维修好日新月异的电子设备（器件和线路），是 1 件不容易的事。船上电路板坏了，一般只能整块板拆下更换备件。但是有些小问题，只要认真读图，搞清原理，找到输入与输出之间的关系，也可以尝试用其他元器件暂时代替甚至修理，不仅保障船舶安全营运，而且可以节省费用。

定速柴油主机连杆大端轴瓦抱轴事故的思考

张　洪

（上海市锦江航运有限公司）

1　连杆大端轴瓦抱轴事故

最近几年，某公司多艘船龄在 10 年以上的不同品牌的 500 r/min 定速四冲程柴油主机，都发生过类似的连杆大端轴承轴瓦抱轴事故。这些事故均发生在变距桨定速主机加速到额定转速后不久。

事故损失巨大。例如，某船变距桨定速主机启动，达到额定转速后不久，曲拐箱油雾浓度报警装置报警，停车检查，发现某缸连杆大端轴承轴瓦抱轴，只能卸货进厂修理。此外，事故还带来包括降低主机输出功率（研磨轴颈导致直径减小）、重复装卸货、损害班轮信誉等间接损失。

各主机生产厂家的有关专家诊断和分析，提出许多不同建议。主机生产厂家人员认为，主要原因是轴瓦使用时间超过 5 万 h 而磨损和变形，使得轴瓦温度不均匀且散热性能差，导致个别点凸起引起黏着摩擦，不得不更新主机全部连杆大端轴瓦和主轴瓦。

分析四冲程柴油机连杆大端轴承（以下简称轴承）轴瓦抱轴事故的原因和机理以及防范措施，供同人参考。

2　原因思考

2.1　轴承变形

图 1 是活塞连杆机构作用力分析示意。

曲柄销受力 F，可分解为推动曲轴旋转运动的切向分力 B 以及与切相分力垂直的法向分力 C。

法向分力 C 的大小和方向随曲柄转动周期性变化，而且轴承与曲柄销之间存在间隙，所以曲柄销会与轴承的剖分处相互撞击。长期撞击会磨损轴瓦和轴承壳，使轴承壳内孔变为椭圆形，即图 2 所示的 A 变大。

图 2 所示的 A 变大，是抱轴事故的根本原因。

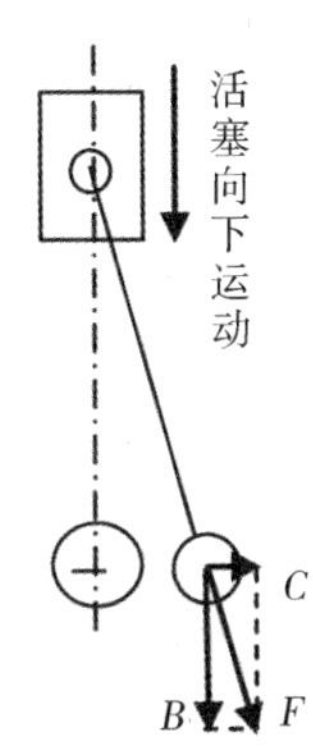

图1 活塞连杆机构作用力分析示意

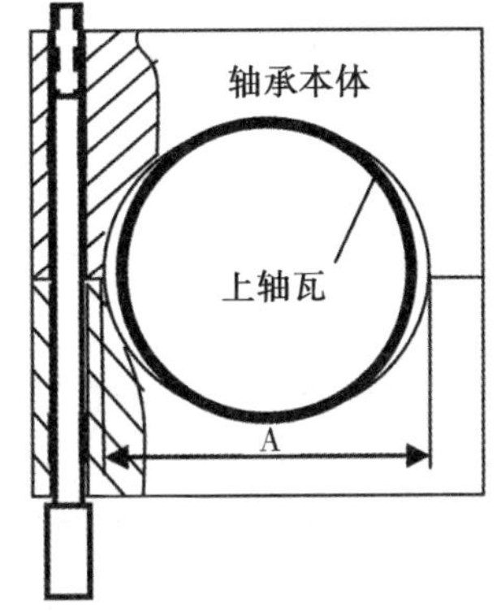

图2 连杆大端轴承内孔A变大

2.2 轴瓦

轴承内孔变形为椭圆形，导致轴瓦松动。椭圆形轴承内孔曲率不均匀，轴瓦无法紧贴轴承内孔，造成曲柄销、轴瓦和轴承三者之间敲击磨损。椭圆形轴承内孔径向长度大于轴瓦背部径向长度，致使轴瓦背部不能紧贴轴承内孔，严重时轴瓦与轴承甚至有相对转动，造成轴瓦和轴承的移动磨损。

敲击磨损和移动磨损，都导致曲柄销、轴瓦与轴承之间的间隙进一步加大，磨损进一步加剧。

2.3 润滑

目前柴油机都采用强力润滑方式，即依靠润滑油压力和轴的转动形成连续油膜，隔离摩擦面，承载压力，减少磨损。强力润滑需要足够的润滑油和一定的转速。

轴承内孔变为椭圆形，轴承剖分处（图2中的A）间隙增大，润滑油漏泄，破坏油膜，摩擦加剧，磨损增加，过热烧熔，是连杆大端轴承轴瓦抱轴的关键。

2.4 事故机理

2.4.1 前提

曲柄销与轴承剖分处的撞击，使轴承内孔变为椭圆形（图2中的A变大），需要相当长时间。因此，船龄大、设备老化的船舶易发生这类事故。

但是，能完成事故前的航次及其进港机动航行，证明轴承内孔变形漏油还没有严重到不能建立润滑油膜的程度，润滑油压力得以保持就是明证。

轴承内孔变形的漏油还没有严重到不能建立润滑油膜的程度，是讨论轴瓦抱轴事故的前提。

2.4.2 定速主机启动到额定转速的几个阶段

为什么主机可以保证事故前的航次及其进港机动航行，而启动加速到额定转速后不久发生事故呢？有必要分析启动和加速过程轴承的润滑情况。

定速主机,启动后不长时间即以额定转速运转。

强力润滑的机理,是依靠润滑油压力和轴的转动形成连续油膜。

1）暖机阶段

轴承受力(F)为零,转速为零。

暖机时已启动主机滑油泵,由于轴承内孔变形的漏油还不是很严重,润滑油压力得以建立。

但是,轴承和曲柄销处于静止状态,没有转动不可能建立油膜;而且润滑油不会进入轴承紧贴曲柄销的部位。

说明书要求暖机时主机盘车,就是希望润滑油进入轴承紧贴曲柄销的部位。

2）启动阶段

因为须克服静摩擦力,轴承受力大于低速运转和额定转速运转,且负荷增加得快。

轴承与曲柄销处于边界润滑状态即有润滑油的接触摩擦,摩擦剧烈,磨损和发热严重。但持续时间短,且设计时已考虑这种情况,即使轴瓦轻微损伤,一般也不会成为故障。热量和摩擦产生的微粒,有待于随后低速运转时被润滑油带走。

轴承与曲柄销接触面的油膜尚未建立,与轴承内孔变形关系不大。

为防止严重轴瓦损伤,应谨慎操作:启动油门不可过大即防止轴承受力过大;油气并进时间不可过长。

3）低速运转阶段

此时轴承受力最小。

油压和转速使油膜得以建立,形成强力润滑。

为防止损伤轴瓦,说明书通常都规定低速运转阶段的时间应足够长,因为轴承受力小,润滑效果较好,使轴承油膜有一段调整时间;需要润滑油带走启动阶段轴承产生的热量和磨损微粒。

但对于轴承壳变形润滑油漏泄的柴油机,转速低则可能不形成油膜导致有润滑油的接触摩擦,也可能油膜时断(油膜润滑)时续(有润滑油的接触摩擦),磨损严重,不仅不能带走启动阶段轴承产生的热量和磨损微粒,而且还会增多热量和磨损微粒,最好略提高转速,缩短时间。

4）加速阶段

随主机转速增加,油膜承压能力也逐渐提高,轴承受力逐渐加大。

为防止油膜承压能力的提高跟不上轴承受力的加大,损伤轴瓦,说明书通常都规定启动后加速过程时间应足够长。因为主机加速过快,轴承受力突然大幅增加,会损伤轴瓦。

5）额定转速(空载即螺距为零)阶段

主机达到额定转速,轴承受力不高(空载),轴颈表面线速度(相对轴承)最高,润滑油膜稳定。

因此,额定转速空载运转最不应该发生轴瓦过度磨损抱轴事故。实际发生的轴瓦抱轴事故,只能是前几个阶段的轴瓦损伤,到了额定转速阶段,轴颈表面线速度高,持续时间长(相对前几个阶段),磨损加剧,轴瓦损伤进一步扩大所造成的。

2.5 结论

综观从暖机、启动到额定转速空载运转的5个阶段,对于连杆大端轴承内孔变形(漏油还没有严重到不能建立润滑油膜的程度)的主机,启动加速到额定转速后不久就发生轴瓦抱轴事故,可能的原因有:①暖机时,主机未充分盘车;②启动时,油门过大,和(或)油气并进时间过长;③低速运转阶段,转速过低和(或)时间过长;④加速过快。

以上4项(尤其是后3项),没做到某项都可能损伤轴瓦;没做到数项,轴瓦损伤加剧且得不到自行修复,就可能在启动加速到额定转速后不久发生轴瓦抱轴事故。

3 防范建议

3.1 规范操作

鉴于上述分析,主机操纵,在说明书规定范围内:

(1) 暖机时,尤其是启动前,充分盘车。

(2) 启动时,油门宜小,油气并进时间宜短。

(3) 低速运转阶段,转速应略高,时间不宜过长。

(4) 主机加速,不宜过快。

(5) 运行中,严密监视主机润滑油压力,及时发现润滑油压力降低并查明原因。

润滑油因轴承内孔变形而漏泄的事故先兆是油压降低,但这只是理论上。漏油还没有严重到不能建立润滑油膜的程度,亦即轴承内孔变形还没有大到油压明显降低的程度,很难发现和确认。

3.2 预防检修,及时更换超标轴承和螺栓

1) 轴承

定期(不大于说明书规定时间间隔)检查轴承壳外观,测量孔径,分析测量结果,及时发现轴承壳损伤,包括裂纹、内孔表面较大面积凹陷和任何凸起、两半轴承壳结合面不平整和摩擦痕迹、变形超标等。

测量方法:

(1) 拆出连杆,卸除轴瓦,清洁轴承壳;

(2) 装复轴承壳,按规定预紧力上紧螺栓;

(3) 在轴承孔轴线方向均分的至少3个面上,分别沿连杆中心线方向、与连杆中心线左右成60°和接近90°等5个方向,至少测量15个数据。

一旦发现轴承壳损伤或变形超标,尽早更换。

2）轴瓦，及其与轴承壳、曲柄销的配合

定期（不大于说明书规定时间间隔）测量和分析轴承内径以及轴瓦与轴承壳过盈压隙，及时发现轴瓦变形超标。

测量方法：

（1）拆出连杆，解体轴承，清洁；

（2）装复轴瓦和轴承，按规定预紧力上紧螺栓；

（3）在轴承孔轴线方向均分的至少 3 个面上，沿连杆中心线方向、与连杆中心线左右分别成 60°和接近 90°等 5 个方向，至少测量 15 个数据；

（4）松开螺栓螺母，测量轴瓦过盈压隙，即轴瓦外圆面与轴承壳内圆面之间的间隙。

一旦发现轴瓦变形超标（对于薄壁轴瓦，轴瓦过盈压隙标准是曲柄销直径的 0.000 8～0.001 8），尽早查明原因并消除。

综合分析此测量结果及曲柄销直径测量结果，可得到曲柄销与轴承的间隙。

发现轴瓦损伤，及时换新，包括：合金开裂或剥落；外圆面有摩擦磨损迹象；外圆面有凹陷，其面积超过总表面积的 10％；外圆面与轴承壳接触面积少于 90％；内圆面与轴颈接触弧度少于 140°；内圆面与轴颈接触面积低于 90％；轴瓦过盈压隙超标等。

3）主机曲拐箱油雾浓度报警装置

定期（不大于说明书规定时间间隔）检查和试验，确保其技术状况良好、有效。

4）其他

拆检还应当注意：①曲柄销，定期测量不圆度（椭圆）、不柱度（锥度）和直径尺度，确认不超过说明书规定值，还要注意磨损引起的轴向凹凸（直径变化）；②固紧螺栓，定期测量直径永久变形量和长度（如有可能最好测量螺栓的直线性度和弹性性能），均不应超出说明书的规定，最好测量螺栓伸长量；③使用扭力或液压压力扳手，预紧力符合说明书规定。

6S50MC-C柴油机高压油泵的刺破阀及其故障实例

赵俊豪　孟维明　黄连忠

（大连海事大学）

0　引言

油价上涨，船用燃油趋向高黏度，主机变速机动操纵（包括短时停车）时，燃油系统内的燃油停止流动，可能凝结。若换用轻质燃油，则不仅操作不便，而且增加燃油使费，船用柴油机制造商纷纷采取改进措施。改进必须做到主机短时停车期间，燃油系统中的高温燃油，仍能不断地流经高压油泵和喷油器。

在船舶主机中占有较大比例的MAN B&W公司的MC-C系列柴油机，改进了高压油泵和喷油器，较好地解决了主机短时停车时燃油系统内的燃油可能凝结的难题，而且由此实现柴油机的应急停车功能。

MC-C系列柴油机的改进是：在高压油泵吸油阀上增加1个刺破阀，保持主机短时停车时燃油不停地流过高压油泵；在原有喷油器的基础上，增加了1个“滑阀”，保证主机短时停车时燃油不停地流过喷油器。

以6S50MC-C型柴油机为例，介绍高压油泵吸油阀和刺破阀的特点和工作原理并分析1例故障，供参考。

1　结构特点

6S50MC-C柴油机的每个气缸都设有单独的柱塞式高压油泵，将传统高压油泵起卸载作用的出油阀，改为吸油阀/刺破阀的组合阀。这样，高压油泵就主要由套筒组件、吸油阀组件、刺破阀组件等3部分组成。图1是高压油泵及其吸油阀/刺破阀组件的剖视图，图2是柱塞/套筒偶件和吸油阀/刺破阀组件的装配图。

套筒组件，包括柱塞、套筒及其密封圈。套筒上布置有成对的进/回油孔A。

吸油阀组件，包括吸油阀弹簧、弹簧座、滑块、推力块、吸油阀阀杆以及相应的密封圈等。吸油阀阀腔D通过高压油泵泵体内的回油通道E与高压油泵的回油管路相连通。

刺破阀组件，包括空气活塞、刺破阀弹簧、弹簧座、滑块以及相应的密封圈等。吸油阀位于高压油泵柱塞/套筒偶件的上方，并与其形成泵腔B；刺破阀位于吸油阀的上方，通过柔性连接603连接二者；空气活塞568上方的F腔接柴油机的控制空气系统。

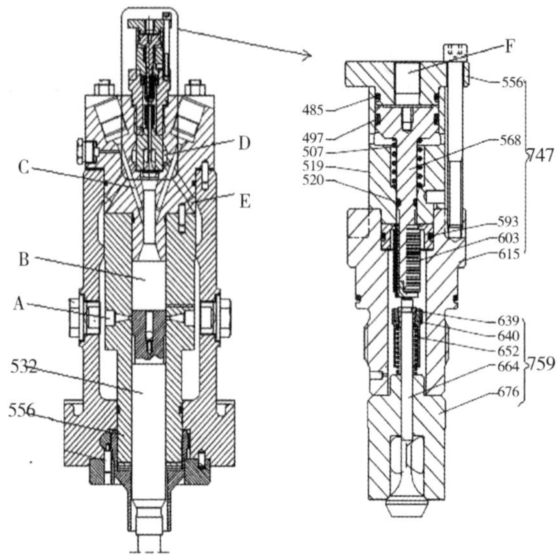

A—进/回油孔；B—泵腔；C—高压油管；D—吸油阀阀腔；E—回油腔；F—接控制空气；294—防腐旋塞；507—刺破阀弹簧；532—柱塞；533—套筒；652—吸油阀弹簧；566—端盖；568—空气活塞；603—柔性连接；639—锥形环；640—锥形面；644—吸油阀阀杆；747—刺破阀组件；759—吸油阀；519,615,676—腔体组件；485,497,520,593—密封圈

图 1　高压油泵及其吸油阀/刺破阀组件的剖视图

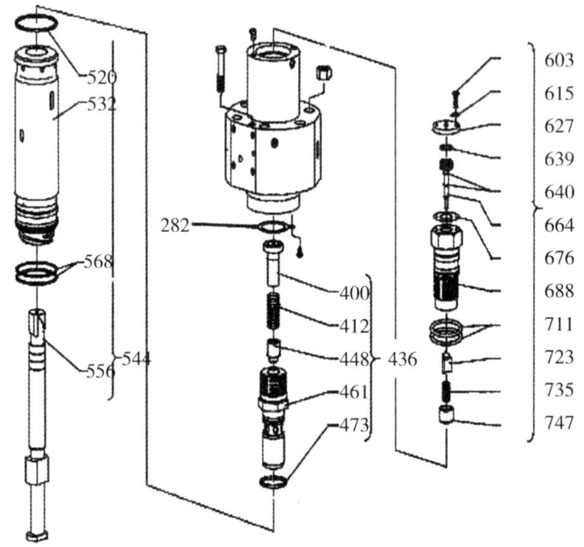

282,615—锁紧垫圈；473,520,568,639,640—密封环；400—弹簧座；412—吸油阀弹簧；448—滑块；461—推力块；436—吸油阀组件；532—套筒；556—柱塞；544—套筒组件；603—螺钉；627—盖板；664—空气活塞；676—垫圈；688—阀腔；711—O 形环；723—滑块；735—刺破阀弹簧；747—弹簧座；652—刺破阀组件

图 2　柱塞/套筒偶件和吸油阀/刺破阀组件的装配图

2 工作原理

柱塞/套筒偶件的工作原理与传统的柴油机相同。

有了刺破阀,高压油泵工作过程如下。

(1) 柴油机正常运转时,燃油喷射系统工作正常。

刺破阀的空气活塞 568 处于上位(由于 F 腔内没有控制空气和刺破阀弹簧 507 的作用)。

吸油阀处于关闭状态,因为吸油阀阀杆 664 在吸油阀弹簧 652 的作用下处于上位。

这样,吸油阀阀腔 D 与泵腔 B 不连通。

若泵腔 B 内封闭的燃油被上行的柱塞压缩,便会经过通道供入高压油管 C,当油压满足要求时经喷油器喷入气缸。

(2) 当有停车指令,或应急速闭系统、燃油泄漏报警系统等动作时,燃油喷射系统停止工作:① 控制空气通至空气活塞上方的 F 处;② 控制空气推动空气活塞 568 克服刺破阀弹簧 507 的弹力下行;③ 经柔性连接 603 的传递,推动吸油阀阀杆 644 下行,打开吸油阀;④ 吸油阀开启,泵腔 B 与吸油阀阀腔 D 连通,泵腔 B 内产生的高压燃油,便会流至吸油阀阀腔 D 并经过回油腔 E 流至高压油泵的回油管路,进而返回到燃油供给管路中。

这样,高压油泵失去了泵油作用,喷油器的燃油供给中断,柴油机停止运行。

3 优势与缺陷

与传统柴油机相比,6S50MC-C 柴油机的高压油泵新增加的 2 个功能如下.

(1) 短时停车状态,刺破阀开启,确保柴油机在停车和机动航行时可不必换油:燃油从供给管路经进/回油孔 A 进入泵腔 B,再经吸油阀阀腔 D 至回油腔 E,经高压油泵回油管路泄放,保持高压油泵内部燃油不停流动和较高温度;燃油从泵腔 B 经高压油管 C 到喷油器,再经回油管路泄放,保持喷油器内燃油不停流动和较高温度。

(2) 实现柴油机的应急停车功能,空气控制刺破阀的动作可避免某些机械部件失效导致应急停车失败。

然而,此种结构因不设置出油阀,高压油泵不具备卸载功能,相应的缺陷是,供油行程末尾当柱塞下行打开进/回油孔 A 瞬间,进油空间将产生强烈的压力波动,冲击高压油泵。为减轻燃油压力波动的影响,在高压油泵进油孔前的管路,装设减振器,以降低压力波动;进油孔对面的泵腔内壁的相应位置,设置防腐旋塞(图 1 中 294),以减轻燃油压力波动造成的冲刷腐蚀,过度腐蚀还可更换。

4 典型故障1例

W船，主机型号 MAN B&W 6S50MC-C。

某航次某港锚泊半小时后，再次动车时，主机5#缸的排烟温度偏低，与其他缸的温差过大，引起主机排烟温度报警。

清除警报后，几次启动均未成功，仍然警报，不得不暂停动车，检查发现：

(1) 其余各个缸，喷油设备均未见异常，证明柴油机燃油低压油路正常；

(2) 5#缸，油门位置正确，齿圈齿条工作正常，高压油泵手动泵油时柱塞运行顺畅无卡阻；

(3) 5#缸喷油设备已完全不能供油，可以确定并不是因柱塞套筒偶件的密封不良所致，因为密封不良只会导致供油量或供油压力不足。

由此断定，5#缸停油故障的根源，可能是吸油阀处于开启位置无法关闭，从而导致燃油在高压油泵泵腔内循环而不能正常供油。

靠泊后，解体检查5#高压油泵，发现刺破阀的空气活塞卡在开启位置，从而造成吸油阀阀杆处于开启位置。彻底清洗5#缸高压油泵的吸油阀和刺破阀，更换刺破阀的密封圈，装复后再次启动正常。

刺破阀的空气活塞卡死在开启位置的具体原因，是故障发生前很长时间主机连续运转，空气活塞长期不动作，密封圈的老化黏住了空气活塞。

抛锚停车时，空气活塞下行打开吸油阀使该缸停止喷油，依靠的是控制空气的压力。这个压力足以克服刺破阀弹簧507的弹力和空气活塞的运动阻力。

半小时后再次启动，使空气活塞上行和关闭吸油阀使该缸恢复喷油，依靠的是刺破阀弹簧507的弹力。刺破阀弹簧507的弹力不足以克服空气活塞被密封圈的黏住和运动阻力，空气活塞仍卡死在开启位置，出现上述故障。

由此可知，刺破阀需要适当的维护保养：运行中，燃油温度保持适当，不宜过高；定期维护，包括检查、清洁和更换备件；保证备件质量，密封圈必须耐高温。

主机缸盖螺栓断裂以及螺孔损坏的处理

宋汝涛

(上海远洋运输公司)

1　缸盖螺栓断裂

1.1　受力和裂纹

缸内燃烧爆炸产生巨大交变拉力。这些巨大的作用力都传递到缸盖螺栓上，而且是交变的。此外，缸盖螺栓还承受上紧缸盖时的预紧力，以及高温引起的热应力。

虽然缸盖螺栓的材料是抗拉强度很大的合金钢，但总有薄弱或有缺陷的部位。于是那里就可能产生裂纹，逐渐扩大，最后断掉。

例如，某 6L50MC 主机曾多次发生缸盖螺栓断裂，且断裂都在螺纹的退刀槽部位（如图 1 所示）。此处直径最小，拉应力最大，一旦超出弹性极限，易产生塑性变形。一旦有塑性变形，按预定预紧力收紧和工作时会进一步拉长，极易产生裂纹。

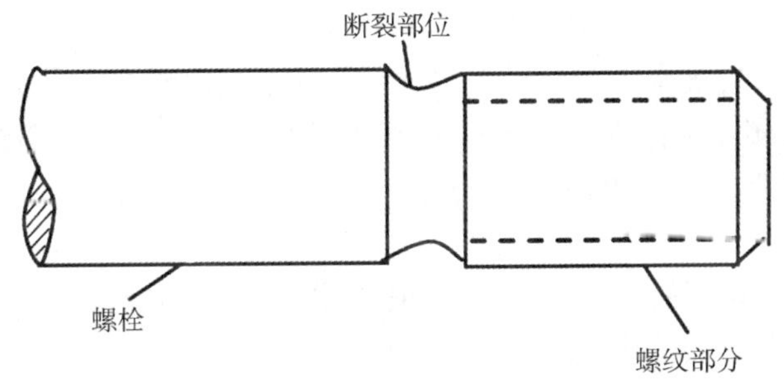

图 1　螺纹的退刀槽部位

缸盖螺栓断掉，无需紧张，只要换上备件即可。一般随机备有 2 根备用螺栓。但若断掉的缸盖螺栓较多，则应寻找原因，采取防范措施。

1.2　预防缸盖螺栓断裂的措施

（1）定期校验液压拉伸器压力表，确保准确。

（2）确保缸盖与缸套不漏气的条件下，适当降低预紧力。

例如，某 6L50MC 主机气缸内最大爆炸压力设计值 14 MPa，缸盖螺栓上紧拉伸器的液压压力 90 MPa。而实际运行中缸内爆炸压力 12 MPa，只有最大爆炸压力 14 MPa 的 85.7%，相应缸盖螺栓上紧拉伸器的液压压力降低 10%应该没有问题。

1.3 从缸体螺孔中取出断掉的缸盖螺栓的方法

(1) 螺孔(内有断掉的螺栓头)中加入适量轻柴油或轻质润滑油或松锈剂;用手锤敲打断掉的螺栓头,使其松动;将平头凿子对准断掉的螺钉头退出的方向,用手锤猛力敲击,直到断掉的螺钉头退出。

(2) 若上述方法不奏效,可在断掉的螺钉头上钻孔,孔径由小到大;钻孔到适当直径,用大号方锉刀打入孔中,转动锉刀把螺钉头推出。也可使用相当尺寸的倒牙丝攻,将断掉的螺钉头退出。

(3) 在断掉的螺钉头上,点焊 1 根直径比螺钉头稍小的短钢管(自由端还可焊上一短管呈 T 形),旋转短管即可松出断掉的螺钉头。注意,焊接时不要损伤缸体,而且一定要遵守明火作业的有关规定。

2 缸体螺孔的螺纹损坏

L70MCE 型主机的初期产品,可能是考虑缸盖受力均匀,有 16 根缸头螺栓,但铸铁缸体上螺栓孔较浅,局部受力较大,运行中螺孔的螺纹曾多次被拉坏。

2.1 应急处理

机器运行中,一旦发现螺孔的螺纹被拉坏,尽快降低该缸负荷直至停油,并调整各缸功率使之均衡;视情况择机停车修理或维持航行到港再修理。

2.2 预防螺孔的螺纹被拉坏的措施

(1) 定期校验液压拉伸器压力表,确保准确。

(2) 确保缸盖与缸套不漏气的条件下,适当降低预紧力。与 1.2 节不同的是,L70MCE 型主机实际工作压力更低,一般在 10 MPa 左右,相应缸盖螺栓上紧拉伸器的液压压力可降低 10%或更多。

2.3 修理方法

(1) 缸体上被拉坏的部分,用修补料填补,以不漏水为准。

(2) 在缸体上原位钻孔、攻丝,配加长螺栓。

此型主机曾多次出现这种损坏,厂方已有修理经验和专用工具。

3 拆装缸头螺栓的液压拉伸器损坏

L70MCE 型主机的初期产品,每根缸头螺栓都配有固定的液压拉伸器并设有快速接头,且各拉伸器油路连通,便于快速拆装缸头。但操作时,只要有 1 根螺栓的拉伸器因密封圈漏油,全部拉伸器都不能建立油压,都不能拆装。

某拉伸器漏油,只要解体该拉伸器更换密封圈,即可恢复使用。即使不能修复,也可只使用半组拉伸器(间隔使用),分 2 次拆装缸头全部螺栓的螺母。后来,该型主机改配一组各自独立的拉伸器。

主机排气凸轮移位、倒车不发火故障分析

刘广利　柏明贵

（青岛远洋运输有限公司）

某船主机型号为 MAN B&W 5S60MC，额定功率为 8 550 kW，额定转速为 92 r/min。2014 年 3 月 8 日，船舶自加拿大 ALFRED 港外锚地移内锚地时，主机 No. 4 缸正车发火正常，倒车不能发火。故障发生后，船舶先后更换 No. 4 缸排气阀、2 只油头，拆检高压油泵吸油阀和泄油阀，检查换向机构，No. 4 缸吊缸、活塞环换新，排气阀再次换备用，缸头启动阀换备用。试车，故障仍未排除。

3 月 25 日，测取主机 50 r/min 运转示功图，发现 No. 4 缸正车压缩压力及爆压高于其他缸，倒车压缩压力及爆压低于其他缸。全速正车 79 r/min 运转，No. 4 缸压缩压力及爆压比其他缸高很多；调小该缸高压油泵齿条 15 格，爆压变化甚微，怀疑该缸排气凸轮定时改变。

停车后，测凸轮轴定时正常。开 No. 1～5 缸燃油及排气凸轮观察孔、凸轮末端道门，盘车检查各缸定时，发现各缸燃油凸轮定时相同；No. 4 缸排气凸轮向正车方向移位，其他 4 缸排气凸轮刻度均为 12°（凸轮轴上有定时标线，凸轮上有 0°～25°刻度，见图 1）。拆除 No. 4 缸排气阀液压管，用专用工具将该缸排气阀顶升机构锁紧在最大升程，使凸轮不受力，拆下 No. 4 缸凸轮轴箱下半护罩，测排气凸轮定时，凸轮向正车方向移位至 45°。

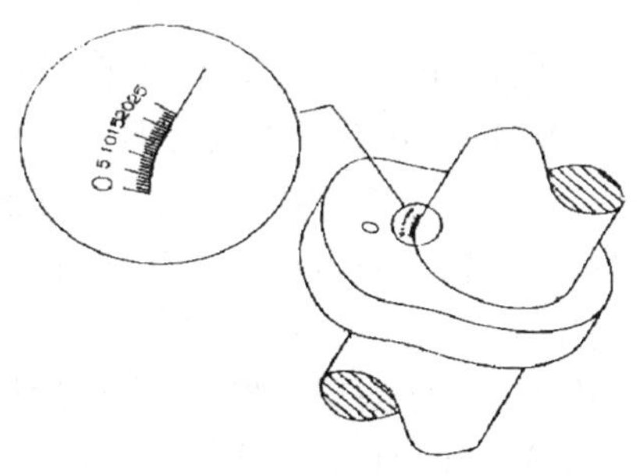

图 1　凸轮轴定时标线与凸轮刻度

主机说明书有介绍燃油凸轮调整的方法，排气凸轮的调整方法与之类同。凸轮为油压无键套合连接方式，利用高压油从凸轮上的油孔打进凸轮与凸轮轴配合面之间，使凸轮和轴产生弹性变形。泄放高压油后，凸轮与凸轮轴的弹性变形消失，形成

过盈配合，从而可以传递较大扭矩。凸轮有 3 个液压油孔，要调整凸轮位置，3 个油孔同时泵压至一定压力，用专用扳手扳动凸轮至正确定时标线，泄压即可。

专用扳手有 2 个拨叉，排气凸轮仅有 1 个插孔，只能一端插入凸轮插孔，另一端贴靠在凸轮轴上。说明书没有给出具体泵压数据，也没有配备专用快速接头。用主机缸头液压工具快速接头加铜垫片连接凸轮，升压至 26.0 MPa，接头泄漏，专用扳手无法扳动凸轮。凸轮油孔深 22.5 mm，缸头液压工具接头丝端长度 10 mm。为使接头与油孔底部贴合接触密封，根据丝孔深度，须车制 3 只略小于丝孔内径、长 10 mm 的小套管。两端面在平台磨平，底部接触面垫尼龙垫床（铜垫片会受压变形，难以取出），外接触面用铜垫片。重新装复接头泵压无泄漏，专用扳手不停尝试扳动凸轮，压力升至 49.5 MPa，凸轮与凸轮轴间隙有油渗出，锤击振动专用扳手，转动凸轮至 12°泄压，见图 2。

图 2　排气凸轮定时调整

1 h 后，凸轮内液压油充分泄压。盘车至最大升程，拆除凸轮提升专用工具，各附件装复。主机正、倒车试验，No. 4 缸发火正常。正、倒车 35 r/min 运转测示功图，各缸压缩压力、爆压均匀。全速正车 78 r/min 运转测爆，各缸爆压基本相同为 10.8 MPa。每次抵港后，检查 No. 4 缸排气凸轮定时均无异常变化，主机恢复正常。

此主机 No. 4 缸故障由来已久。2012 年 9 月，主机在航行中曾出现不明原因引起的大振动敲击声。该缸排气凸轮当时可能已经发生移位，只是偏移角度不大。敲击声时有时无，调小该缸高压油泵齿条后，爆压与其他缸基本一致；直至本次凸轮移位过大，定时相差悬殊，导致 No. 4 缸倒车不发火，全速时爆压高敲缸。该故障也可能是导致主机后来发生若干问题的直接原因：No. 4 缸排气膨胀接头破碎，透平喘振，调速器损坏。

从本次主机故障处理可知，一旦设备出现故障现象，应彻查故障原因，从根本上排除故障，否则会成为重大安全隐患。

某副机跳闸故障实例

李广德

(上海远洋运输有限公司)

某 5 100 TEU 集装箱船配备 YAMAR 6EY26L 型副机，1 900 kW × 4 台，使用艏侧推器时至少用 3 台。

1 故障描述

某航次进港前，驾驶台指令要求艏侧推器供电。当时 No. 1 和 No. 3 副机在网运行，按正常程序启动备用的 No. 2 副机，检查无异常后并入电网，运行约 10 min，艏侧推器、空调、冰机等一、二级次要负载跳闸，No. 2 副机随即跳闸停车。警报显示次要负载跳闸、应急停车、No. 2 副机高温水高温保护停车（正常情况，应先高温报警，然后再高温保护停车，但当时没有高温报警而是直接高温保护停车），而副机上的温度表和集控室电脑面板均显示高温水只有 68 ℃。

启动 No. 4 副机，检查确认正常后并入电网，恢复艏侧推器等一、二级次要负载供电，靠妥码头。

2 故障范围和故障点

根据 No. 2 副机高温水只有 68 ℃却高温保护停车，故障范围应在高温水温度探测。该船每台副机高温水出机温度探测有 2 个部件，见图 1。

标号“1”是“温度报警传感器”（热电偶，说明书注释名 RELAY. THERMO. 95 ℃），用于警报（设定报警温度 95 ℃）并提供水温信息供集控室显示，备件号 461110-042300。

标号“2”是副机高温水温度过高的“停机保护开关”（1 个感温包和 1 个气容式压力开关），用于副机高温水温度过高时停机保护（设定动作温度 100 ℃），备件号 46111-042310。

为什么 No. 2 副机高温水高温保护停车呢？立即联想到 No. 2 副机此次使用前曾更换过“温度报警传感器”（当时暖缸，水温只有 50 ℃左右，主管轮机员怀疑“温度报警传感器”失效）。

现场检查 No. 2 副机，发现新更换的不是“温度报警传感器”，而是“停机保护开关”，显然是主管人员更换备件错误——“停机保护开关”不具备“温度报警传感器”的功能，所以故障时没有高温报警而直接高温保护停车。

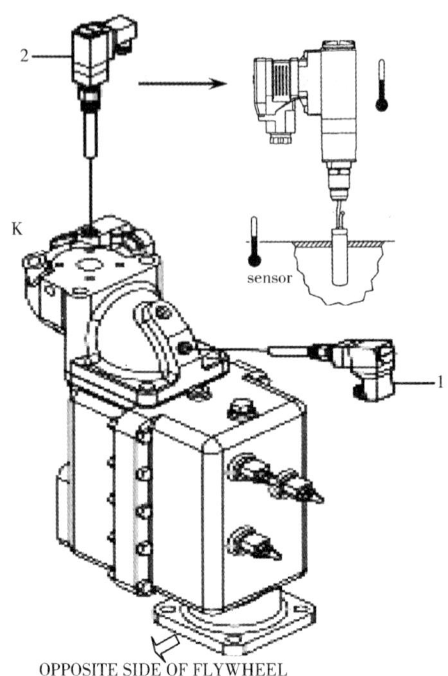

图 1　副机高温水出机温度探测的 2 个部件

3　纠正措施

(1) 使用正确的"温度报警传感器"。换装备用的"温度报警传感器",替换误装的"停机保护开关"。

(2) 调节"停机保护开关"。该"停机保护开关"是 Danfoss 品牌,MBC8100 型,波兰制造,停车动作温度范围 70～120 ℃(可调),初始设置 70 ℃。为确保高温水高温保护停车动作正确,安装后须调节报警温度。

该型"停机保护开关"顶部有调节螺钉且有可移动盖板保护(见图 1 右上)。顺时针旋转调节螺钉,温度升高;逆时针调节则温度降低。顶部一侧注明"10 ℃/r"即每旋转 1 圈温度增减 10 ℃(针对 100 ℃的精确调节应使用热水)。

为确保高温水高温保护停车动作正确,重新调节"停机保护开关"(标号 2 备件)动作设定值至 100 ℃。

换装备用的"温度报警传感器"并调节"停机保护开关"后,启动 No. 2 副机带不同负荷运转,高温水温度一直保持约 80 ℃,正常。

4　故障原因分析

故障原因,可以从操作和管理 2 个层面分析。

(1) 操作层面——用错备件。"温度报警传感器"备件由电机员管理。主管轮机员更换"温度报警传感器"时,电机员正忙于其他事情,2 人没有对照参数和备件号,只是看到备件外观与原件相似就拿去更换安装。这需要加强思想教育,提高思想素质和加强培训,提高技术素质。

(2) 管理层面——特殊操作的监督。船舶和设备维护属于特殊操作,对这类操作的监督是事后及时检查和(或)试验。

据主管轮机员说,此次 No. 2 副机"温度报警传感器"更换(错误的)备件后,他曾试车,但仅空载运转几分钟,高温水温度还未达到此备件跳闸的初始设定温度 70 ℃就认为正常而停止试验,更换时轮机长也不知情。

可见,公司 SMS 的相关程序虽然明确船舶和设备维护操作属于特殊操作,也明确监督方法是事后及时检查和(或)试验,但没有要求制订相关的操作方案或须知,缺少检查和(或)试验的具体方法,导致操作者自己监督自己(没有实现操作与监督的分离,等于没有监督)。

这表明,公司对船舶和设备维护操作的管理薄弱,需 SMS 尽快增订和(或)修订船舶和设备维护相关的操作方案或须知(含监督即检查和(或)试验的具体方法)并及早实施。

某型船副机润滑油温度偏高系列故障调查

虞　忠　张云龙

（上海远洋运输有限公司）

1　某型船副机润滑油温度普遍偏高

某型 1 432 TEU 集装箱船 6 艘，2000 年前后陆续投入营运。

该型船舶配备 WARISIAL 4L20 柴油副机 3 台，额定功率 620 kW，额定转速 900 r/min，10 年后润滑油温度普遍偏高。以 X 船为例，负荷小于 50%，润滑油进机温度 70～72 ℃；负荷 60%～70%，油温超过 80 ℃高温报警。迫不得已只好降低副机负荷，例如负荷达 50%增开 1 台副机、缩短润滑油更换周期（500～1 000 h）等。

各船陆续采取了一些常规的检查、保养措施，如清洁滑油冷却器、拆检滑油自动调温阀等，但收效甚微，润滑油温度依然居高不下，但由此可以排除冷却器脏阻和调温阀不正常引起润滑油高温的可能。

2　润滑油高温危害大

副机润滑油高温，不仅润滑油黏度下降、油膜变薄，润滑效果严重降低导致超常磨损并将损坏摩擦副部件，还浪费人力和增加不安全因素，而且增开副机、缩短润滑油更换周期也浪费燃油和润滑油。

3　该副机冷却淡水系统（见图 1）

该副机使用中央冷却系统来的低温淡水冷却。温度基本恒定的低温水，由低温水自控阀进入，经自带低温水泵加压后，先冷却空冷器（扫气空气），再冷却滑油冷却器，（水温已升高）后经热力膨胀三通阀分 2 路：部分回自带低温水泵进口以调节空冷器和滑油冷却器的冷却水温度；另一部分去自带高温水泵加压后冷却副机（缸套、缸头）和增压器（透平），然后经热力膨胀三通阀，部分回自带高温水泵进口以调节副机和增压器的冷却水温度，部分返回中央冷却水系统接受海水冷却。

4　检查和分析

该型号副机说明书规定：润滑油进机温度正常范围是，负荷小于 30%最高 77 ℃，负荷 30%～100%为 63～67 ℃，高温报警值 80 ℃。

查看 6 艘姊妹船的船厂试验报告，副机负荷 25%～100%，润滑油进机均正常

(64～65 ℃),排除设计和制造不良的可能,只能是维护或使用不当。

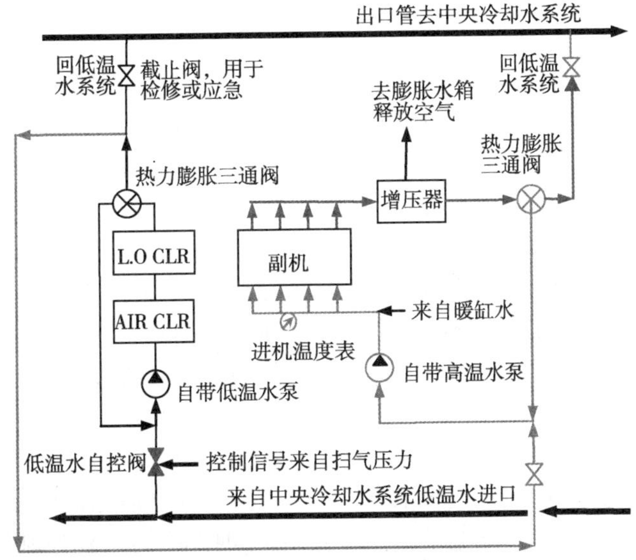

图 1　该副机冷却淡水系统原理

维护或使用方面,淡水冷却润滑油一路,只有热力膨胀阀、滑油冷却器、空冷器、自带低温水泵、低温水自控阀等 5 个元件。检查各船发现:① 滑油冷却器和滑油自动调温阀,均已陆续清洁和拆检,可排除调温阀不正常和冷却器脏阻;② 检查自带低温水泵,转速随副机,正常,无异响;吸入压力和排出压力稍低;③ 检查低温水自控阀,均手动控制停机时常开,不符合说明书规定的停机时关。

1) 自带低温水泵吸排压力偏低分析

中央冷却器低温水压力逐年降低,例如 FUH 船:

(1) 2000 年船舶出厂,中央冷却器低温水压力 0.23 MPa,副机低温水泵排出压力 0.25 MPa;

(2) 2005 年 5 月,中央冷却器低温水压力 0.20 MPa 左右,副机低温水泵排出压力 0.23 MPa 左右;

(3) 2006 年 5 月,中央冷却器低温水压力 0.18 MPa 左右,副机低温水泵排出压力 0.21 MPa 左右;

(4) 2008 年 5 月,中央冷却器低温水压力 0.16 MPa 左右,副机低温水泵排出压力 0.20 MPa 左右;

(5) 2010 年 5 月,中央冷却器低温水压力 0.16～0.18 MPa,副机低温水泵排出压力 0.19 MPa,至今。

可见,随着运行时间增加,冷却系统和水泵性能下降导致整个低温水系统流量下降，冷却副机润滑油一路淡水压力及流量也随之逐渐下降，已无法同时满足冷却 3 台副机的需要。这是副机润滑油高温的主要原因。

2）低温水自控阀手动常开分析

低温水自控阀，说明书规定，副机运行时全开，副机停机时全关，有手动和自动 2 种控制方法。自动控制信号来自副机扫气压力，通过压力继电器转换成电信号控制该阀启闭。扫气压力继电器的动作值设定低于 0.01 MPa，确保只要有微小的扫气压力就打开该阀。其作用是，副机停机和空载运行（没有扫气压力），该阀关闭以利于副机保温；副机有负荷运行（扫气压力大于设定值），该阀全开确保副机冷却。

若各副机停机时低温水自控阀手动全开，中央冷却器来的低温淡水分散到 3 台副机，则运转副机低温水流量不足，尤其是冷却系统和水泵性能（流量）下降的情况下，导致润滑油因冷却不足而高温。这是副机润滑油高温的重要原因。

5 纠正措施

冷却系统和水泵性能下降，彻底改造成本太高，且目前也没到非改造不可的程度，可行的纠正措施主要是低温水自控阀采用自动控制（若自动控制故障，则副机停机状态保持手动关闭）。

6 艘姊妹船执行效果良好，半年多来，未见这样的润滑油高温故障。

6 调查中分析的其他问题

调查中还发现几点导致润滑油温度偏高的因素，虽然不是重要原因，但也应引起注意。

1）滑油冷却器端盖上的挡水板

滑油冷却器端盖上的挡水板，形成冷却水的往复回路，保证冷却效果。清洁冷却器时须拆下该挡水板。

调查发现，有的船清洁滑油冷却器后，该挡水板漏装或安装不正确，冷却水不能形成往复回路，冷却效果严重下降，润滑油温度降不下来。检修时务必注意。

2）滑油冷却器换热管上的散热肋片

该型滑油冷却器换热管外侧（油面）布满散热肋片。检修滑油冷却器，往往须抽出换热管束，清洁换热管外侧（油面）后再装回去。

换热管（油面）上散热肋片虽然是金属的，但很薄（刚度小），清洗和拆装很可能损伤（倒伏），不仅减少换热面积，还改变润滑油流线降低换热系数。这些都降低润滑油冷却效果，检修时务必注意。

3）润滑油温度控制

如前所述，说明书规定的润滑油进机温度，有“负荷小于 30％最高 77 ℃，负荷 30％～100％为 63～67 ℃”，即负荷低于 30％，允许润滑油进机温度达到 77 ℃；负荷高于 30%,各部件受力加大,必须保持润滑油进机温度在 63～67 ℃。

有些管理人员没有全面理解该规定,忽视了设定条件“负荷小于 30%”,错误地认为不论副机负荷多少都允许润滑油进机最高温度 77 ℃,这也是某些船润滑油温度偏高的 1 个原因。

LNG 船电力推进变频装置使用和维护

吴士华[1]　单　凯[2]

（1. 上海海事职业技术学院；2. 中海 LNG 技术部）

0　引言

石油资源的紧缺和人们环保意识的增强，加快了 LNG 资源的开发和利用。LNG 海上运输具有经济、安全、有效和灵活的特点，近年来发展迅速。为满足节能减排及提高成本效益的要求，双燃料发电机与电力推进系统的组合优势明显，已成为新型 LNG 船动力推进系统的首选。

中海集团在沪东船厂订造 6 艘舱容 17.4 万 m^3 薄膜型 LNG 船，主要用于澳大利亚太平洋液化天然气项目（API）。随之而来的是对具有电力推进系统知识和管理技能的机电管理人员的需求。为加快 LNG 船员培训的步伐，中海集团拟在上海教培中心添置 LNG 操作训练模拟器，形成专业化的培训体系，加大 LNG 船电力推进系统的培训力度。

以该型 LNG 船的电力推进系统为例，简要介绍 ABB 变频器的相关知识，希望有助于船员了解电力推进系统、提高操作和管理技能。

1　船舶概况

该型电力推进 LNG 船，货舱容积 17.4 万 m^3；双桨，双燃料发动机；电网三相三线制，6 600 V，60 Hz；高压主配电板左、右 2 块，高压货物配电板 2 块（分置于 4 个房间），自然风冷；双燃料（LNG 和柴油）发电机组，7 760 kW × 5 台，6 600 V，60 Hz，功率因数 0.9，空气经过淡水冷却器冷却后去冷却发电机绕组。

2　电力推进系统概况

该船电力推进系统主要配置见图 1。

1）主电源

主电源，6 600 V，60 Hz，来自主配电板，采用气体绝缘断路器保护（VCB）。气体绝缘断路器的合闸和分闸信号只来自控制单元（没有其他地点可以控制，配电板和断路器上都没有合闸和分闸按钮），应急断电操作也是按下变频器面板上的应急断电按钮通过控制器发出分闸信号。

另有来自主配电板的励磁电源（三相，450 V，60 Hz），通过交流功率控制器提供推进电动机的励磁电流。

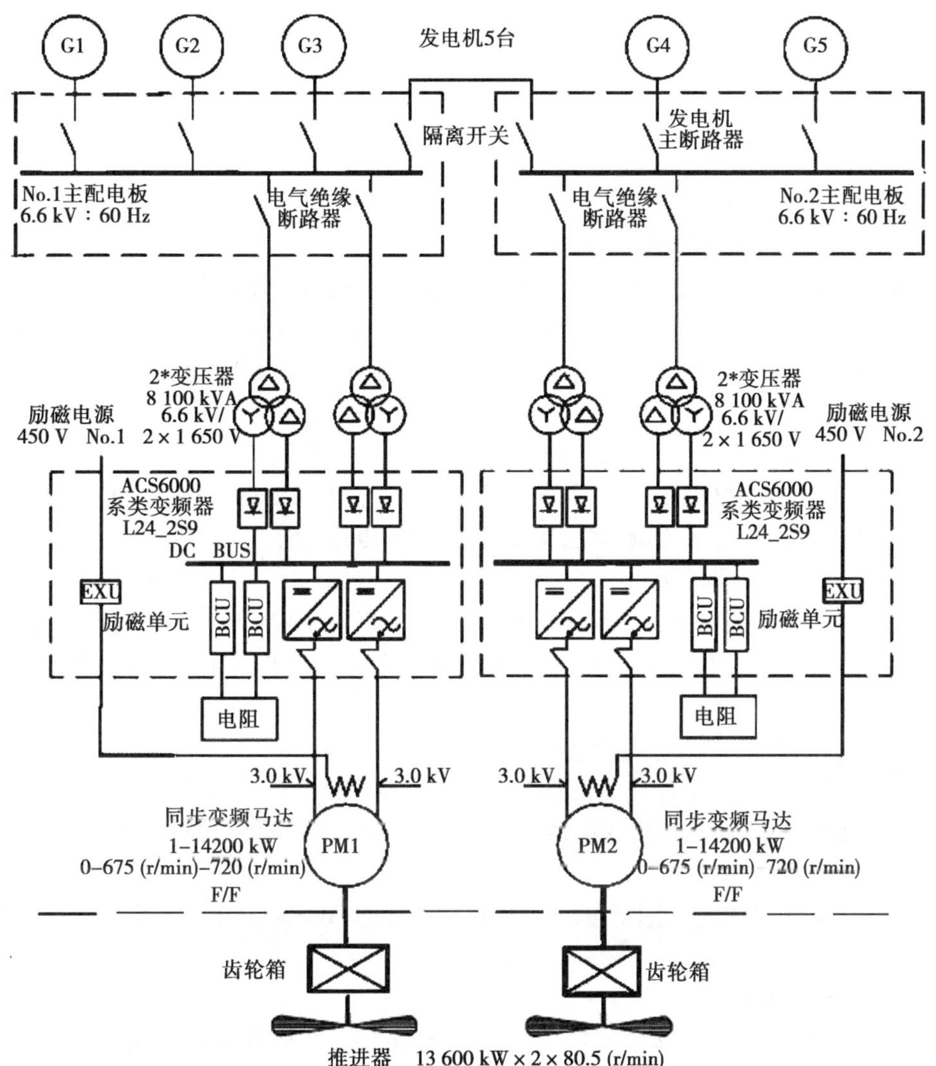

图 1 双桨 LNG 运输电力推进系统组成单线示意

2）推进变压器

主电源通过推进变压器向变频器供电。

4 台推进变压器，外部淡水冷却，内部空气冷却，变压比 6 600 V/1 650 V，每台容量 8 100 kVA，各有 2 个独立的次级绕组（副边，三相，1 650 V），一个采用三角形接法，另一个采用星形接法，分别向变频器供电。

推进变压器还有2个作用，一是利用其阻抗抑制谐波和限制短路电流；一是接地的屏蔽层，容性隔离原边绕组与副边绕组。

3）变频器

变频器的功能，是将推进变压器来的（2组）交流电转化为变频的交流电去驱动和操纵推进电动机。

2台变频器分别用于2台推进电动机。

变频器是本文重点，后文讨论。

4）推进电动机和螺旋桨推进器

变频无刷同步推进电动机2台，经齿轮减速箱共同驱动螺旋桨。

每台推进电动机，（定子）有2组独立绕组，双转向，转速0～675 r/min，最高720 r/min，额定功率13 600 kW，最大输出功率14 200 kW；螺旋桨额定转速80.5 r/min。

5）冷却系统

冷却系统，包括推进变压器（外部淡水冷却，内部空气冷却）、推进电动机（定子淡水冷却，转子空气冷却）、变频器（去离子水冷却）等冷却系统。

6）操纵系统和控制盘

用于控制和监测电力推进系统运行，有遥控和现场控制2种控制模式。集控室、驾驶台和变频器室各有遥控操纵台，变频器的控制单元（COU）柜的面板上装有控制盘用于现场控制。

3 变频器

变频器的功能，是将推进变压器来的交流电转化为频率可变的交流电去驱动和操纵推进电动机。

变频器采用ABB公司生产的基于模块化配置的ACS6000电压源型高压变频器（水冷散热）。

3.1 变频器的组成

该型变频器由推进电动机（转子）励磁单元（EXU）和推进电动机（定子）动力电流的二极管供电（整流）单元（LSU1/LSU2）、逆变单元（INU1/INU2），以及控制单元（COU）、制动斩波单元（BCU）、浪涌电流防护的电容组单元（CBU）、去离子水冷却单元（WCU）、辅助电源等模块组成，见图2。

1）推进电动机（转子）励磁单元（EXU）

推进电动机是无刷电机。励磁电源向三相励磁机供电，励磁机的电枢旋转整流器在无刷同步电机中产生磁场所需的直流电流。

励磁单元，电源来自电站450 V配电板，三相电源可以自动换相，以满足推进电动机双转向的需要。

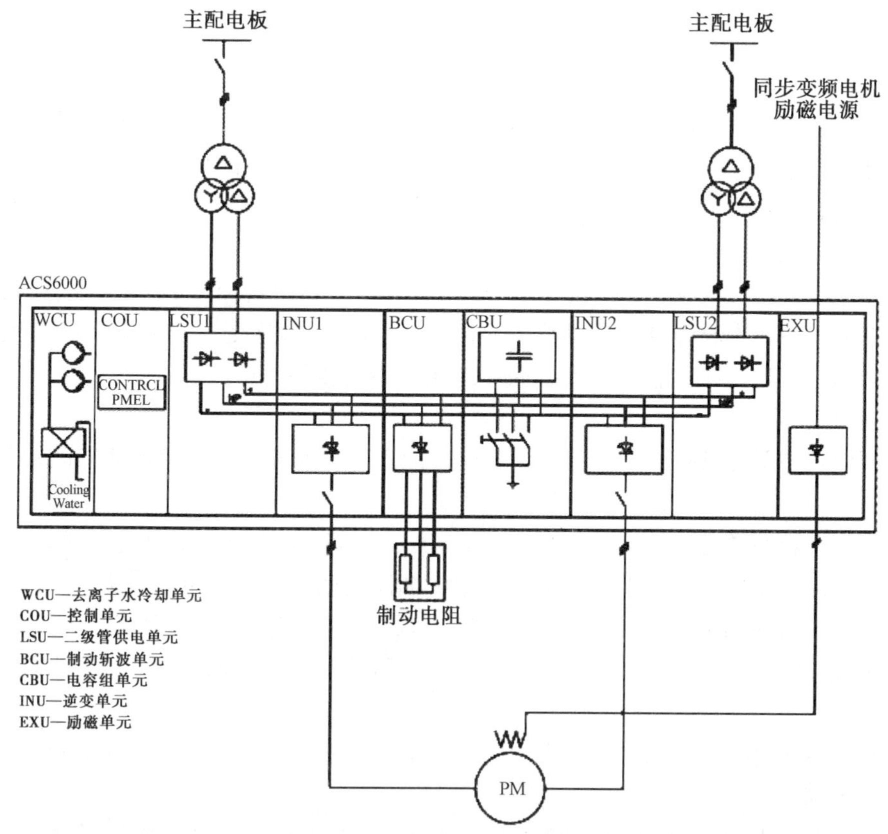

图 2　变频器组成

励磁电流受三相交流功率控制器控制，三相交流功率控制器受 AMC3 控制单元的控制。

2）推进电动机动力（定子）电源

二极管供电（整流）单元 2 组（LSU1，LSU2），是 12 脉波二极管整流器，将来自推进变压器的 2 组三相交流电整流成 24 脉波直流电，向逆变单元（INU）供电。

逆变单元 2 组（INU1 和 INU2），功能是将直流电转变为频率可变的交流电去驱动推进电动机。它属于自换流、12 脉波、3 电平电压型逆变器，采用压装式 IGCT 的三电平中性点箝位（NPC）技术；其功率堆栈包括压装式 IGCT 单元、续流二极管堆栈、OV 箝位二极管堆栈、箝位电容器等元件等，并有门触发驱动板（及其电源板）通过光缆传输控制和监视信号。

3）控制系统（COU）

变频器是电力推进系统的控制核心，变频器的控制系统所控制的不只是变频器而是整个电力推进系统。

控制系统的功能，下面结合操作介绍。

控制方式，有驾驶台或机舱遥控和现场控制，均通过变频器的控制单元(COU)实现。驾驶台或机舱遥控(程序控制)，分别使用驾驶台(及左右翼)和机舱集控室及变频器室的遥控操纵台上的控制面板和操纵手柄，来自遥控的信息通过现场总线传输至变频器控制单元；现场控制使用变频器控制单元(COU)柜面板上的“控制盘”(人机界面，无鼠标)。

顺便提及，ACS6000 电压源型高压变频器，整流器与直流回路之间有专利设计的最新一代功率半导体开关器件 IGCT 保护，可直接隔离逆变器与主电源，且分断时间仅需 25 μs(比传统的快速熔断器快 100 倍)，不需要快速熔断器保护。

4) 辅助系统

制动斩波单元(BCU)，安装在直流母线的正极与负极间，利用制动电阻消耗制动能量。

直流电容组单元(CBU)，装在 LSU 与 INU 之间，运转中稳定直流电压；变频器接入主电网前须先对电容器充电以避免电源断路器闭合时浪涌电压过大。

去离子水冷却单元(WCU)，主要由 2 台水泵、热交换器、膨胀水箱、水质处理回路等组成；功能是提供去离子水冷却变频器内部(热量转至外循环冷却淡水)，同时监测和净化去离子水(电导率低于 0.5)。

辅助电源，由 440 V 低压电网提供，连接到水冷单元的控制部分后再分配到变频器的其他部分。

安全辅助电源，来自外部不间断电源(UPS)，AC 110～230 V，单相，当变频器突然失电时向其控制单元和门极驱动单元应急供电。

3.2 变频器工作原理

推进变压器 2 个独立的副边(三相绕组，一个三角形接法，另一个星形接法)来的 1 650 V 交流电：

(1) 经 4 组三相桥式整流器整流和滤波，各形成 12 脉波的直流电，2 组组合形成 24 脉波直流电(3 300 V)。

(2) 经逆变单元(INU1 和 INU2)变换，以及 IGCT 门极可关断晶闸管功率开关元件和三电平中性点箝位(NPC)拓扑结构调制脉宽(PWM 技术)，输出脉宽可调的三相三电平阶跃脉动方波，再经正弦滤波器处理，输出频率可变的三相交流电(由控制单元 COU 输出的触发信号控制逆变器输出脉宽)，控制推进电动机转向、转速和转矩。

4 变频器的操作

变频器控制电力推进系统，可通过遥控和现场控制：遥控利用控制面板和使用操纵手柄；现场控制使用控制单元(COU)柜面板上的“控制盘”。二者原理和操作相同，只是操作位置不同。鉴于“控制盘”较为少见，重点介绍“控制盘”的操作。

4.1 变频器控制系统的功能

变频器控制系统的功能，有 5 类。

(1) 选择控制方式，可选择遥控或现场控制。

(2) 下达运转指令，包括推进电机的启动、停机、转向、转速等。

(3) 监测电力推进变频器的相关运行参数，显示实际参数。

(4) 设定或修改运行参数(限于允许船员根据需要设定或修改的参数，船员无权修改由程序设定的参数)，激活或调整来自外部设备的标准和自定义的故障信号。

(5) 报警、故障和自动保护——运行参数超限、变频器故障、相关外围设备异常等，“控制盘”(或维修服务工程师的 PC 机)上会显示“错误”(报警，或故障)信号并提示故障及诊断(故障历史限于最新的 64 条记录)，且发出声光报警(还同时通过机舱报警系统发出声光报警)。

报警时，变频器不会停机。但若报警原因没有排除，则会发出故障信号。

故障时，按故障级别不同，逆变单元或者整个系统停机。

当系统运行的输入信号突然断开时，对应的推进电动机将停机。这是软件的 1 个“程序停车”保护功能，可通过控制盘设定参数选择转矩极限停车(转矩随时间减小)或斜坡停车(转速随时间减小)。

当逆变单元故障或外围设备故障(如电机绕组高温、堵转、欠载、超速、过载、缺相、电网频率过高、欠电压、过电压等)时，(逆变单元)将关断 IGCT，推进电动机停机但系统不会断电(系统断电后再启动，变频器必须经过电容充电环节，系统恢复慢。因此，若不是严重故障，则仅关断 IGCT 而系统不断电，以利于系统尽快恢复)。

当系统内部出现严重故障(如直流回路短路、整流桥短路、充/放电故障、逆变器短路等)时，控制单元瞬间导通各开关器件，电源断路器分闸，系统断电(推进电机必然停机)。

4.2 “控制盘”操作(电力推进系统运转)

4.2.1 “控制盘”面板(见图 3)

(1) 上方的显示屏能够显示：变频器工作模式，参数和参数值(含转向、转速、转矩等)，报警，故障及诊断提示等。

(2) 显示屏下第 1 排是“控制盘”功能选择键(深色)，用以进入相关操作：按“ACT”(实际信号显示)，再通过“快速上/下跳键”可选择显示实际信号(参数及参数实际值)和显示故障历史(故障或故障记录等)等；按“PAR”，设定(含修改)参数；按“FUNG”，选定数据上传、下载和调整屏幕显示对比度等功能；按“DRIVE”，选定变频器模式。

(3) 显示屏下第 2 组是参数调节键，用以选定参数和设定(含修改)参数值(步骤见后文)：左方 4 个键，左上是快速上跳，左下是快速下跳，右上是上跳，右下是下跳；

右方“ENTER”是确认键。

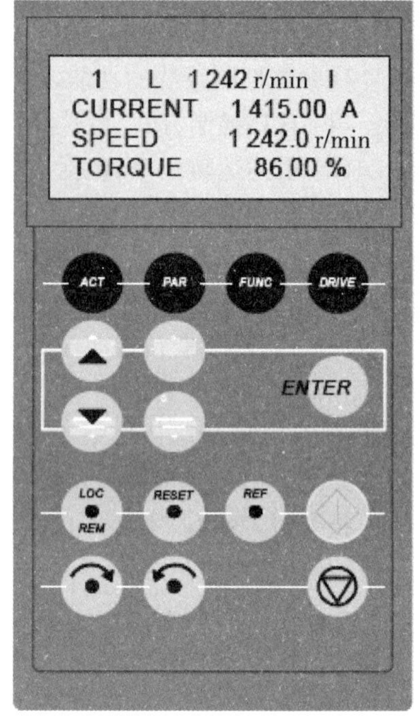

图 3 CDP312 控制盘面板

(4) 显示屏下第 3 排,左方 3 个键依次是:“LOG—REM”用以选择遥控或现场控制(遥控,显示屏上无显示字母;现场控制,显示屏上显示“L”,来自遥控的指令不起作用);“RESET”是复位(报警复位或清除故障历史记录);“REF”是设定,即选定参数和修改设定值,按“ENTER”确认;最右一个键是“启动”。

(5) 最下一排键,左 1 是正车,左 2 是倒车,最右是停车。连同上方的“启动”(注意——先选定转向再启动),控制电力推进系统运转。

4.2.2 遥控与现场控制模式转换

只有在停机状态且没有遥控指令的情况下,才能从遥控切换到现场控制;同样,只有在停机状态且没有现场控制指令的情况下,才能从现场控制切换到遥控。只要变频器已处于运行状态,就不可切换控制模式(包括从遥控转换到现场控制和从现场控制转换到遥控)。否则,变频器会停止运行。

还有,遥控状态,禁止使用“控制盘”,也不可触动其操作键。

4.2.3 设定(含修改)参数值

(1) 依需要的操作,按下“PAR”“FUNG”或“DRIVE”。

(2) 按下“REF”键,进入设置(含修改)功能。

(3) 按显示屏下第 2 组参数调节键左方的 4 个选择键,选择某参数组和参数项;按下“ENTER”显示该参数;修改参数值后,按下“ENTER”键确认,设定完毕。

(4) 依下一操作需要,按下“ACT”“PAR”“FUNG”“DRIVE”中某键转入新选择的操作,也就是退出设定(含修改)参数值操作。

4.2.4 启动和停机

1) 启动前

启动前,按下控制单元柜门上的“ON”按钮,系统会自动检测确认系统无故障、(高压电)柜门已关闭、各单元(含冷却单元)已准备就绪等启动条件,按预设的程序闭合辅助电源开关、直流容组单元 CBU 预充电、主断路器和励磁电源接触器自动合闸。

2) 启动

在“控制盘”上显示屏下第 3 排键,先按下选定的转向键(或认可显示器显示的转向)，再按下最右的“启动”键，推进系统按选定的转向和转速启动。

3) 停车(正常情况的程序停车)

按下“控制盘”上右下的停车键，控制程序控制推进电动机停转。

4) 应急停机(不同于前述“程序停车”)

如前述，系统断电后再启动，变频器必须经过电容充电环节，系统恢复慢。因此，若不是严重故障，则仅关断 IGCT 而系统不断电，以利于系统尽快恢复。所以，应急停机也有紧急停车、紧急断电停车 2 种。

紧急停车——按下柜门或遥控操纵台上的“OFF”按钮，待推进电动机减速至零后，断开主断路器。

紧急断电停车——按下变频器控制单元(COU)柜面板上控制盘下方的独立的红色按钮，无论当时是遥控还是现场控制，变频器会立即断开主电源的空气断路器，电力推进系统失电，立即应急停机。该按钮需人工复位(不会自动复位)。

4.2.5 故障处理程序

(1) 未查明故障原因并消除，不得复位或短接故障信号启动开机；保存故障信息前，不得关断控制电源及复位故障信息。

(2) 利用控制盘调出故障信息，判断故障。

(3) 根据故障排除手册排除故障。

(4) 若故障不能排除，则须记录有关信息(操作模式、环境温度、负载、故障信息、水冷单元信息等)，并报告公司岸上主管人员。

5 电力推进系统的维护管理

变频器主要由电子元器件组成，而工作环境(机舱的温度、湿度、盐雾、酸碱度、粉尘、振动等)恶劣，电器件和接线也会老化，必须妥善维护。

维护，包括日常检查保养和定期检修。

5.1 日常运行检查

电力推进系统运转，值班轮机员、电机员、机工，定时检查和随时观察确认变频器运行正常并记录：

(1) 选定的控制方式，无变化。

(2) 相关运行参数，均正常显示。

(3) 设定的运行参数，无变化。

(4) 正确处理报警和故障，正确应对系统自动保护的措施。

5.2 定期维护

变频器定期检修周期，大致可分月度、年度、5 年等 3 种。

月度检修项目，主要是清洁滤网、滤器等。

年度检修项目，须全面检查变频器，包括检查框架状况、清洁内部、紧固接线等且包含月度检修项目，并确保通过法定的年度检验。

5 年检修项目，比年度检修多 1 项电容器(CBU)测试，并确保通过法定的换证检验(特检)。

5.3 维护管理

维护工作，由轮机长统一管理，根据 SMS 的规定：

(1) 明确维护的责任人；责任人(通常是电机员，或具备维护知识的人员)适时执行维护计划，并记录(含相关数据)报轮机长。

(2) 制订操作方案和须知，可能包括运行值班操作方案、预防检修操作方案等，还应根据需要制订某些操作规程、须知、检查表等(如就地手动操作规程、遥控自动操作规程、保养维护操作规程、安全防护规范、变频器关断操作流程、参数设置步骤表、供每次检修前对照检查的《准备工作检查清单》等)。

(3) 制订故障处理规程和应急预案，供故障或紧急情况时参照。

(4) 建立技术档案和维护记录，包括变频器随机技术资料、运行参数记录、维护保养记录、故障处理记录、备件库存记录等。

5.4 维护注意事项

变频器电源电压 3 300 V，即使断开主电源及辅助电源，系统回路中仍会存在高电压。为保证人员安全，接近变频器前，必须接地放尽残存电压。

为此，电力推进系统设有安全联锁保护。

(1) 主断路器联锁——LSU，CBU，INU，BCU 等的高压柜门的后面都装有机械电气联锁机构，只要有 1 个不关闭，主断路器就不能合闸(系统不能启动)。

(2) 接地开关联锁——只有主电源已断开、全部接地开关闭合且放电 5 min 后，LSU，CBU，INU，BCU 等的高压柜门才解除联锁能被打开(接地开关需手动脱开)。各接地开关，只要有 1 个不断开，主断路器就不能合闸(系统不能启动)。

(3) 高压柜门联锁——主断路器合闸状态，LSU，CBU，INU，BCU 等的中压柜门被锁，打不开。但 COU，EXU 和 WCU 单元的柜门不属于联锁范围，在运行过程中可以打开。

LSU，CBU，INU，BCU 等高压柜门后面的机械电气联锁机构，可手动解锁，但必须经轮机长检查确认符合打开这些柜门的条件。

1) 维护前

(1) 对照《准备工作检查清单》，逐项严格检查。

(2) 打开高压柜门须报轮机长检查确认：主断路器已断开；接地开全部闭合，已放电 5 min；检测变频器电路已无电压，LSU，CBU，INU，BCU 等的高压柜门已可以打开。

(3) 专用工具。除常用电工工具外，还有 AC 8 kV 和 DC 13 kV 高压电压表、3 套以上三相接地短路导线、连接/断开接地引线的绝缘扳手、更换功率半导体器件的专用工具、更换相模块的小推车、用于调试的计算机等。

(4) 安全装备。除常用电工安全装备外,还有防火防电弧的外套、高压安全手套、配有完整面罩的安全帽、护耳罩、安全高压绝缘鞋等。

2) 维护后

进入变频器各单元柜维护后,必须检查并报轮机长确认:变频器各单元柜内没有异常,没有遗留工具或其他异物;正确关闭 LSU, CBU, INU, BCU 等高压柜门。

船舶 6 600 V 中压电力系统及其安全操作

赵文利　陈　新

(中海集装箱运输股份有限公司)

0　引言

随着集装箱船载箱量的不断提升,船舶动力系统和电力拖动系统的功率也节节攀升,6 000 TEU 以上的超大型集装箱船,主机功率达到 60 000 kW 以上,发电机功率也高于 4 × 2 800 kVA,传统的 440 V 船舶电力系统已经不能满足,6 600 V 中压电力供电系统成了超大型集装箱船舶的标准配置。安全使用 6 600 V 中压电力供电系统,是船舶管理人员的又一个新课题。

1　6 600 V 中压供电系统概况(见图 1)

船舶 6 600 V 中压电力系统,由 6 600 V 发电机、MM 中压配电板、LM 低压配电板、主变压器、AMP 中压岸电系统等组成,发电机提供 6 600 V 的中压电力,经过 2 块 MM 中压配电板主开关并入汇流排,然后再经过 2 台 6 600 V/440 V 主变压器将 440 V 动力电分别提供给 2 块 440 V LM 低压配电板拖动负载。

6 600 V 中压岸电系统,还可将岸上提供的 6 600 V 中压电接入 MM 中压配电板。

传统的 440 V 低压岸电箱并没有免去,同样可以将岸上提供的 440 V 岸电直接接入 LM 低压配电板。

1) 6 600 V 发电机(D/G)

超大型集装箱船发电机功率均大于 2 800 kVA。6 600 V 中压电发电机可有效地减小发电机体积和传输电缆截面积,在有限的机舱空间里理想地实施电力供应和传输。

与常规的 440 V 发电机相比,6 600 V 发电机电枢温升相对较高,传统的风冷型式难以满足需要,因而发电机均采用冷却效果较好的水冷型式——发电机顶部设有 1 个低温淡水冷却器,利用淡水和空气对流交换热量,有效降低发电机电枢温度,并设有漏水监测报警装置。

2) JRCS 6 600 V 中压电配电板 MV MSB

JRCS 的中压配电板 MM,由 MM1 # 和 MM2 # 2 块中压配电板组成,各连接 2 台发电机,分别对 2 个主变压器供电;2 块中压配电板之间设有“隔离”(联络)开关 HBT,相当于传统主配电板的控制屏。

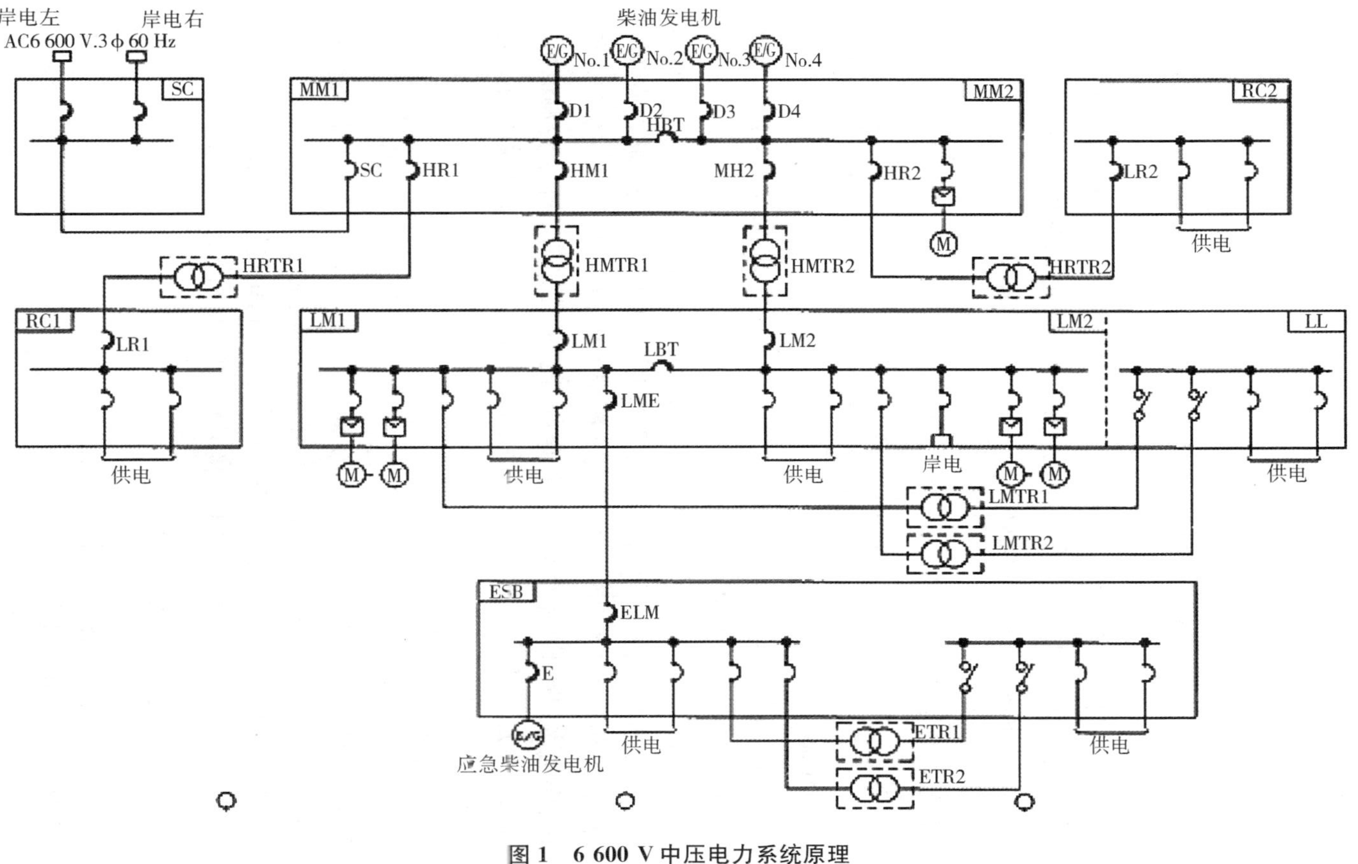

图 1　6 600 V 中压电力系统原理

与传统主配电板控制屏一样,设有多台发电机的控制屏和并车屏,具有欠频、失压、过载、逆功率等全部保护功能,以及自动、手动同步并电功能。

设有 2 个 6 600 V 负载单元,一是艏侧推器,由 MM 中压配电板直接提供 6 600 V中压电力,是船舶整个 6 600 V 中压电力系统唯一的直接负载设备,免去了传统的 440 V/6 600 V 的升压变压器;二是 2 个冷藏箱变压器 HRTR,将 6 600 V 降压至 440 V,为冷藏集装箱提供电源,且设有独立的绝缘监测和报警装置,通过空气开关连接,具有隔离功能,避免冷箱电气故障对 MM 配电板造成影响和冲击。

任何打开屏门的检查操作均须严格执行安全接地放电程序,否则中压配电板的任何 1 个屏门均无法打开,因为中压配电板与传统主配电板控制屏不同,承载着 6 600 V的高电压,必须保证人员安全。

3) 中压电主变压器 HMTR

主变压器是船舶 6 600 V 中压电力系统的核心设备,将 MM 中压配电板的 6 600 V降压成 440 V 动力电,进入全船的电力拖动系统。

主变压器输入输出功率大(4 200 kVA),温升高(报警值 120 ℃左右),降压比大,因此体积硕大。

日常管理的主要内容是,2 台主变压器交替互换使用,以及监控温度和有效降温。

4) JRCS440 V 低压电配电板 LV MSB

440 V LM 低压配电板,如同传统的负载屏,承载着船舶的全部负载;不同之处在于,低压配电板供电控制屏设有 3 个主空气开关,其中 2 个分别将对应的 1#,2# 主变压器输出的 440 V 低压动力电并入低压配电板,另一个设在 2 个 LM 低压配电板之间,用以连接/断开 2 个 LM 低压配电板;此外,还设有 1 个小控制面板,汇集同步指示器、同步选择开关、供电选择开关、隔离开关合(分)闸按钮等,便于供电开关和隔离开关的常规操作。

5) 中压岸电系统 AMP

目前,仅美国洛杉矶港强制使用。

该岸电系统的功能,是将岸上提供的 6 600 V 中压(332 A)电经检测同步后接入 MM 中压配电板,然后经主变压器向 LM 低压配电板供电。

中压岸电系统,是船舶中压电力系统的专业配置,由设置在船尾两舷岸电箱内的 6 600 V中压电缆专用收放装置、岸电连接屏和 MM 中压配电板上的岸电控制屏组成。

2 MM 中压配电板的安全操作

MM 中压配电板的操作项目较多且操作频繁。

1) 发电机同步并电操作

发电机同步并电,是主要的常规操作。

JRCS 技术人员建议在集控台使用电脑中的自动同步并电模式操作,当然也应熟练在配电板上操作。

2）6 600 V 艏侧推器操作

集控室要做到：

(1) 驾驶台准备使用艏侧推器前，启动备用副机，满足 3 台机并网供电后，才能在艏侧推器控制屏上合闸供电；

(2) 监控驾驶台操作程序若有不符，则及时指导纠正；

(3) 必要时及时分闸断电，避免事故。

3）MM 中压配电板的养护、检查、管理

重点同样在于落实安全保护程序。

JRCS 中压配电板，设置有效的安全连锁保护，可有效地防止误操作。例如，只能在摇出主空气开关至 TEST 位置、合上接地开关放电、关闭连锁滑盖后，才能打开前屏门，否则屏门始终被连锁而不能被打开。前一代 JRCS 中压配电板接地放电前没有抽出主开关的步骤，容易造成在没有打开接地开关的情况下误将主开关合闸使汇流排 6 600 V 电压直接接地，后果不堪设想。

打开任何 1 个屏门前，必须严格履行安全操作程序，有效地接地放电，最好验证确认。

MM 中压配电板的整个操作、检查过程，必须有 2 个具有一定资质和经验的专业人员在场。一个人实施具体操作，一个人作为监护人，监督操作的正确性和完整性，发现问题及时提出并有效制止。曾发生过监护人员及时制止操作人员的误操作，有效避免一场特大操作事故的案例。

某一步操作不能进行，必定是上一步操作不到位或条件不具备，应返回上一步解决，绝不能设法超越。

此外，JRCS 中压配电板的后屏门：

每块都有 22 个 M10 的内六角上紧螺钉，颇为坚固，不仅有良好的保护功能，更有一定的防爆功能，一旦内部发生电击爆炸，可起到相当的屏蔽作用，使爆炸冲击波向上突破，避免伤害周围人员。

虽然没有任何连锁保护，用存放在前屏门内的钥匙即可打开，但按照程序，应该先完成前屏门打开的安全程序，然后才能从前屏门内取得钥匙打开后屏门。因而绝不可能超过接地放电程序直接用钥匙开后屏门。

内有足够的空间，可保证操作人员像传统配电板一样安全地检修、保养。

3 HMTR 中压主变压器的安全操作

1）定期交换使用

定期交换使用很重要。重要设备，定期互换使用有利于保持 2 台设备均处于良好状态。规范规定该主变压器持续使用不超过 6 个月。

一般每季度互换 1 次,轮机长要监督执行。

2) 通风降温

使用中注意检查主变压器绕组温度和温度变化,夏季更要注意通风降温。

3) 备用主变压器初级与中压配电板合闸连接

根据德国劳氏船级社(GL)规范,某副机跳电后,备用副机将全部自动启动、同步、合闸供电;2 块低压配电板跳电后,中间的隔离开关跳闸,供电后 LM1#/LM2# 的 2 个主开关自动合闸,分别向 2 块低压配电板供电。

备用主变压器初级最好保持与中压配电板合闸连接状态,虽然消耗部分电能(耗量很小,电流不到 1 A,可以忽略不计),但能够保持主变压器的良好绝缘;能够保持主变压器处于良好的备用状态,一旦机舱跳电,及时向低压配电板供电。

4) 维修保养前接地放电

维修保养备用中压主变压器前,应该严格履行接地放电的安全操作程序,特别注意,接地放电应该是"双边"的,即初级(6 600 V)和次级(440 V)两边均须接地放电,以确保检修安全。

4 LM 低压配电板安全操作

440 V LM 低压配电板,负载拖动部分与传统的负载屏没有大的区别,传统的操作、养护、管理程序即能满足要求;操作的区别在于主变压器的互换使用。

主变压器的互换使用,主要是 3 种状态的转换。

(1) 2 台主变压器分别向 2 块 LV MSB 供电,转换为 1 台主变压器向 2 块 LV MSB 供电。

(2) 1 台主变压器向 2 块 LV MSB 供电,转换为 2 台主变压器分别向 2 块 LV MSB 供电。

(3) 1 台主变压器向 2 块 LV MSB 供电,转换为另 1 台主变压器向 2 块 LV MSB 供电。

这 3 种状态的转换操作,涉及及时处理机舱跳电后恢复常规供电,不仅电机员要熟练掌握,值班轮机员也应能够按照操作规程正确操作。

5 AMP 岸电系统的安全操作

整个操作过程必须有 2 名以上专业人员参加,最好是轮机长现场指挥,电机员具体操作,一名轮机员协助;现场人员配备对讲机,保持船舶内部指挥协调以及与岸上人员的沟通联络,确保操作安全顺利进行。

这项操作共分 6 个步骤。

1) 船舶 AMP 岸电系统接地放电

接岸电前,岸上专业人员上船接洽,并要求船舶 AMP 岸电系统进行接地放电。

在岸电专业人员见证下，船员在 SC 连接屏上完成接地放电程序。

2）电缆的送岸连接

电缆绞车有自动张紧功能（类似自动绞缆机），能够保持电缆在设定张力下的一定伸出长度，间隔一定时间自动收绞 1 次，可有效保护电缆不受外力损坏。

必要时可适当调节电缆绞车自动力矩和设定的绞缆时间。调定后电缆应该不吃紧也不松弛外溜，10 min 左右自动绞缆 3 s。若原设定的自动力矩偏大和（或）时间偏长等，则均有必要调小和调短。

船员操纵船舶尾部两舷 AMP 岸电箱内的 6 600 V 中压电缆专用收放装置，依次：放出液压电缆导缆托架；操作电缆绞车，将 2 根 6 600 V 中压电缆顺着导缆托架逐步送出；岸上人员接到电缆后，将其连接妥岸上电源。

3）连接、试验 AMP 应急停止控制线路

AMP 应急断电线路的原理，是将连接电缆中的应急停止控制回路接入岸上 AMP 高压真空开关合闸线圈（串联，电压 110 V），当船上按下任何 1 个应急按钮或船上 AMP 电缆绞车送出到仅存最后 1 圈电缆时，自动断开岸上岸电高压开关，起到应急保护作用。

（1）岸上人员接妥电缆接口后，连接应急断电线路。

（2）船员配合，在艉岸电箱、SC 岸电连接屏、MM 中压配电板上的岸电控制屏等 3 处，按照岸上人员指挥操作应急断电按钮，做应急断电试验。

（3）岸上人员确认试验成功，就完成了 6 600V 中压电 AMP 的全部供电准备工作，随时可通知岸上供电部门合闸供电。

4）同步检验

船员在 SC 连接屏上检验相序，确认后合闸，向中压配电板 MM1＃送电。

5）中压配电板合闸送电

中压配电板 MM1＃上的合闸送电有多种方法和模式（船舶供电的断电和不断电合闸；船舶供电不断电合闸中又分自动同步合闸和手动同步合闸）。

船舶断电合闸，须检测相序后，发电机分闸，全船失电，接着按下 AMP 的合闸开关，恢复船舶供电。

船舶供电不断电合闸，则是选用自动同步模式，只要按下 AMP 的合闸按钮，自动同步并电后供电发电机自动负载转移分闸，机舱在不断电的情况下完成岸电供应转换（类似船上发电机闸转换操作）。

为了安全，岸方一般要求船舶断电合闸。然后记下电表的读数，以便结算。

6）岸电供电结束的恢复程序

先启动 1 台副机，选定并电方法和模式。

合闸，可以选择中断或不中断船舶供电；不中断船舶供电合闸中又分自动同步合闸和手动同步合闸。

若选用不断电自动同步模式，则只要：①按下待并发电机合闸按钮；②自动同步并电后岸电负荷自动转移到船舶发电机；③岸电分闸；④机舱在不断电的情况下完成岸电供应转换（类似船上发电机闸转换操作）。

船舶断电合闸，则是启动船舶发电机后，先岸电分闸，全船失电，接着按下发电机的合闸开关，恢复船舶供电。

记下电表的读数，以便结算。

接下来，在SC连接屏上分闸，依次通知岸上人员停止供电（此时船舶也可按下应急断电按钮，遥控岸上分闸断电）；配合岸上人员脱开电缆连接；操纵6 600 V中压电缆专用收放装置，逐步收起电缆；操纵收起液压导缆托架，关上舷门。

6　系统的日常管理

6.1　检修中的接地放电程序

中压电系统的日常管理，最重要的是，检修前必须严格执行接地放电程序。不严格执行接地放电程序，危害极大，酿成重大事故的案例相当多。

检修完毕，也必须严格执行恢复程序。检修完毕恢复程序出错也有险些酿成重大事故的案例。

6.2　中压发电机的管理

与传统440 V发电机的区别主要有3方面。

1）严格的接地放电程序

定子绕组或励磁绕组，残余电场释放出来的电荷能量足以击倒一头牛，安全隐患极大。

因此，停机维护保养定子绕组或励磁绕组前，必须严格执行接地放电程序，确认接地可靠、充分放电后，才能开始检修。

2）绝缘要求高

发电机电枢电压高，温升大，绝缘要求高，定期测量和保持绕组绝缘极为重要，包括：运行中保持监测系统，时刻检测中压电系统的绝缘性能，确保一旦绝缘不良及时报警；报警后，立即采取必要措施；使用、管理中，高度重视影响绝缘的各种因素，例如操作中应该使用便携式放电工具，高压验电器，耐压10 000 V以上的工具、仪表、绝缘手套等。

3）漏水报警装置

发电机采用水冷形式冷却电枢绕组，冷却器又设置在发电机顶部，一旦冷却水漏出进入绕组后果不堪设想。因此，设计上增加了漏水监测报警装置，即使轻微的漏水也能及时报警。

日常，应保持定期实效检验，必须编入船舶设备检查周期表，并严格执行；运行中，保持严密监测，及时发现和排除异常，保证其工作正常。

6.3 机舱 6 600 V 中压电缆的安全保护

机舱的 6 600 V 中压电缆,包括从发电机到集控室 MM 中压配电板,从集控室 MM 中压配电板到 HMTR 主变压器和 HRTR 冷箱变压器,从船尾岸电箱到岸电连接屏 SC,岸电连接屏到 MM 中压配电板等,除特殊红色标志外,电缆外部没有更多的防护和警告标志。

机舱人员要注意保护 6 600 V 中压电缆不受伤害,不要接近明火,不要受到蒸汽和水的影响,更不能被打磨或利器硬物破坏表面绝缘层。

一旦发现表面损坏应立即修理,因为裸露电缆的电场对人体的安全距离为 90 mm,威胁极大。

6.4 中压电主变压器 HMTR 的跳闸处理

中压电主变压器 HMTR 在温度监控和保护方面设有高温报警和高温跳闸保护,一旦达到跳闸温度设定值,低压配电板 LM 上的主空气开关 LM 跳闸断电,全船失电,应急发电机自动启动合闸供电,类似传统的发电机跳电。这时,运行的发电机并没有跳闸,所以备用发电机不会也没有必要自动启动合闸并电。

问题是,主变压器 HMTR 跳闸时,应急处理程序多出 1 个低压配电板 LM 上备用主变压器手动操作合闸的环节,因为备用主变压器不会自动合闸供电,必须在低压配电板 LM 上手动合闸才能供电。这就要求当值轮机员能够判明跳电是否主变压器跳闸并掌握处理主变压器跳闸的方法,及时采取措施恢复供电。

6.5 AMP 岸电系统的日常管理

(1) 系统绝缘,定期测试,且于抵准备接岸电港口前 1 周测试 1 次。

(2) 电缆专用收放装置,定期检查和效用试验,即将液压导缆托架放出、收进,将电缆送出和收回;且于抵准备接岸电港口前 1 周检查和效用试验 1 次。

6.6 管理和操作的监护

操作和检修是船舶电机员的职责,监护人只能是轮机员。但大多轮机员缺乏这方面的知识,甚至认为电气设备不是自己的业务范围,不肯承担监护责任。

(1) 公司,SMS 文件应明确规定,船舶的中压电力系统的操作和检修:①轮机员有责监护;②公司机务部门有责指导和培训轮机员。

(2) 轮机员有必要:①转变观念,担当起监护人的岗位义务;②加强学习,参加必要的培训,具备中压电的操作技能,以保证日常值班尤其遇到机舱跳电、设备故障时进行相关操作和处理。

(3) 轮机长是全船机电设备的总负责人,AMP 岸电连接操作的现场指挥者,更应该:①全面掌握中压电系统的管理、操作程序;②组织轮机部人员学习,提高知识和管理水平。

某船副机启动空气分配器异常磨损分析和措施

张　俊

（上海远洋运输有限公司）

某集装箱船柴油副机3台，6缸。出厂不到3年，3台副机先后因启动空气分配器异常磨损导致启动故障，其中No.1副机启动空气分配器换新不到1年又出现了同样故障，给船舶营运带来安全隐患。

1　故障现象

笔者上该船工作不久，就遇到No.1副机启动空气分配器换新后再次故障——集控室启动该机，3次启动失败报警；机旁冲车发现，各缸示功考克均有不同程度的压缩空气冲出而曲轴不能转动。

2　故障原因分析和查找

1）空气分配器工作原理

空气分配器的结构见图1。

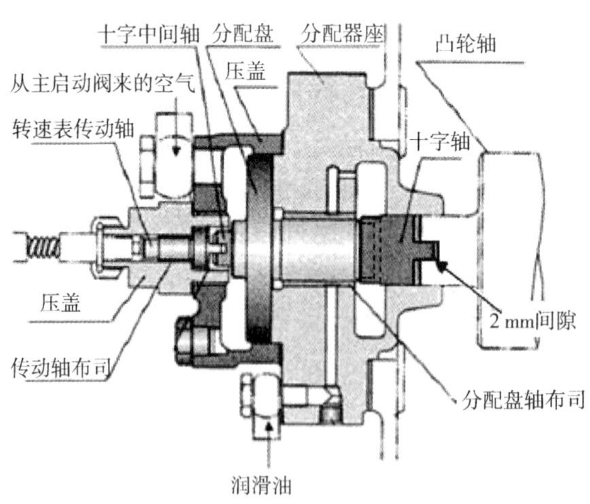

图1　空气分配器结构

分配器座上有6个孔道(图1中未示出),按发火顺序排列,分别通向各缸缸头气动阀控制其启闭。

分配盘,有1个配气孔(图1中未示出),并通过十字轴连接随凸轮轴转动。

副机启动时:

(1) 主启动空气管路来的启动控制空气通入分配盘左侧空间,将分配盘压紧在分配器座上;

(2) 随副机凸轮轴转动,启动空气经分配盘上的配气孔和分配器座上的孔道,按发火顺序轮流到达并开启各缸缸头启动阀,启动空气进入气缸驱动副机转动,启动副机。

副机启动完成,分配盘图示左侧空间的启动控制空气泄放大气失去压力,分配盘不再压紧分配器座,因而不会与分配器座摩擦。

2) 故障原因

分配盘随凸轮轴转动,分配器座不转动。副机启动时,启动控制空气将分配盘压紧分配器座,分配盘和分配器座必然磨损。

分配盘的材料是硬度较高的优质合金钢,而分配器座的材料是铸铁,分配器座磨损较大。分配器座密封表面磨损,分配盘轴就会移向凸轮轴方向。而凸轮轴末端与十字轴连接的凹槽底部,间隙只有2 mm。

当分配器座磨损达到2 mm,(分配盘轴推动)十字轴右端就会接触凸轮轴左端凹槽底部,启动时分配盘就不能压紧分配器座,二者之间的间隙导致启动控制空气漏泄而不能打开缸头启动阀,就不能启动副机。

拆解空气分配器,发现分配器座密封面外缘有约2 mm高的唇边,说明其磨损已达到2 mm。证实分配器座磨损达到极限导致副机启动失败。

分配器座异常磨损可能有2方面原因,逐一检查。

(1) 润滑不良。检查分配器润滑油供应系统,未见异常。

(2) 分配盘一直紧压在分配器座上。分配盘靠启动控制空气紧压在分配器座上。

即使不启动,分配盘也一直紧压在分配器座上,说明分配盘背后一直作用着启动控制空气压力,即主启动阀漏气。

保持主启动阀关闭,打开该副机的启动空气截止阀,松开主启动阀至空气分配器的管路接头,发现有压缩空气漏出,证明主启动阀漏气。

拆检主启动阀,发现橡皮阀头有裂纹并有一缺口,而且几乎所有的密封圈都已老化变硬。

拆检其他副机主启动阀,发现也都存在类似现象。

这些都证明,故障原因是主启动阀漏气;没能及时发现主启动阀漏气的原因,是检修副机前通常都关闭该机启动空气截止阀。

3 修复故障件

从空气分配器工作原理分析，只要分配盘与分配器座间有良好的密封，就能正常使用。

故障的空气分配器的修理方法如下：

（1）分配器座，用细锉刀修去密封平面上的毛刺和唇边，在研磨平板上先后用粗、细研磨砂"8"字形研磨。

（2）分配盘，先后用细研磨砂和润滑油与分配器座研磨。

（3）十字轴，右侧，平面车去 2 mm，凹槽底部用锉刀修去 2 mm 左右。

如此，分配盘与分配器座密封良好，修复的空气分配器装机试用，副机启动正常。

以前换下的 3 只空气分配器，也按上述方法修复作备用。

主启动阀修理，由于当时船上没有备件，按样加工橡皮阀头，密封圈以相近的 O 形圈替代，并在副机启动成功后立即关闭启动空气截止阀（船舶电站暂不具备备用发电机自动启动、并网、供电功能），以确保副机运转时启动空气不会漏入空气分配器。

4 经验教训

1）船舶的故障处理

发生故障，只用新备件更换损坏件，不查明和消除故障原因，同样的故障可能不断出现，不仅备件超耗、备件费超支，而且威胁船舶和船员安全。

为避免重复发生相同故障，轮机员应以主人翁态度和高度责任心，及时查明和消除故障的根本原因。

2）船舶的空气启动系统的维修保养

（1）启动空气和操纵系统的有关阀件，须按保养周期定期拆检，及时更换老化失效的密封件。

（2）保证空气干燥器正常工作，减少油水进入压缩空气的机会，避免阀件密封圈提前老化。

（3）空气瓶定时放残水，温湿度较高的季节或海域应缩短放残水的时间间隔，保持主副机启动系统启动空气清洁干燥。

3）公司机务的监督和指导

该船 1 年内已 3 次申请副机启动空气分配器备件，但没有引起公司机务主管的足够重视，没有督促或协助船舶查找故障原因，说明公司机务主管人员须改进监督，加强指导。

启动备用副机导致供电副机停车故障及思考

张　涛

（青岛远洋运输有限公司）

某船，船龄30年，副机3台，型号BW 6T 23LH。副机老化，航行时需2台副机并电运行。

1　备用副机启动致运转副机停机

1.1　故障现象

某日，0730时广州洪圣沙港开航，船舶机动航行，由No.1和No.2 2台副机并联供电。0830时，No.3副机更换全部油头后试车，连续3次启动不成功，且2台运转副机负荷波动，随后No.2副机跳电停车，所有负荷都集中在No.1副机上。船舶在珠江水道禁止抛锚区域，不可失去动力，情况紧急，只好卸载次要负荷，维持主机低速运转，同时检查No.2副机发现燃油系统混有空气，放气后启动No.2副机并联供电，才恢复正常航行。

1.2　原因分析和纠正

分析No.2副机停车燃油系统混入空气的原因，可能与启动No.3副机有关。为求证，航至空阔水域，No.1和No.2 2台副机并联供电，再次启动No.3副机，果然发现2台运转副机负荷剧烈波动。

启动备用的No.3副机导致运转中的副机停车，可能的原因：

（1）3台副机燃油总管部分堵塞，燃油流通不畅，备用副机启动时与运转副机争油。

（2）No.3副机启动空气与燃油连通，启动时，压缩空气进入3台副机燃油总管（本人曾碰到过副机燃油管与滑油管因长期接触摩擦破裂，燃油混入润滑油中）。

（3）No.3副机气缸内气体，经油头和高压油泵进入3台副机燃油总管。

本着从易到难的原则，停No.3副机后，逐一排查。

1）检查3台副机燃油总管部分

略微松动No.3副机燃油滤器压盖，燃油冒出很多，无倒吸现象，可以排除3台副机燃油总管部分堵塞引起备用副机启动时与运转副机争油。

2）检查 No. 3 副机启动空气与燃油连通管路

检查 No. 3 副机启动空气和空气分配器管路，与燃油进口管和油头冷却管无接触当然也无磨损。

3）检查 No. 3 副机缸内气体是否进入燃油总管

No. 3 副机缸内气体进入燃油总管，只能经过油头和高压油泵。

冲车检查，其他缸正常，唯 3# 缸有少量油气喷出。

3# 缸油头泵压试验，开启压力仅 5 bar（正常值 250 bar）；解体油头，见针阀偶件密封面有机械杂质，喷嘴针阀卡死在开启位置。

解体检查 3# 缸高压油泵，发现出油止回阀弹簧断裂，出油阀失去止回作用，缸内气体冲入燃油管系。这样，No. 3 副机启动时，3# 缸内的压缩空气经油头和高压油泵反冲到燃油管，再进入到 3 台副机燃油总管。因 No. 2 副机距 No. 3 副机最近，空气先进入到 No. 2 副机燃油系统，导致 No. 2 副机停车。

No. 3 副机，更换 3# 缸油头和高压油泵出油止回阀弹簧，试启动，运转副机负荷不再波动，故障消除。

No. 3 副机 3# 缸油头针阀偶件密封面的机械杂质从何而来呢？检查 No. 3 副机燃油进口滤器，未发现滤芯破损泄漏，不会有大颗粒的机械杂质进入到燃油系统。考虑到刚刚换新 6 只油头，机械杂质可能在油头泵压试验时从泵压装置中进入。检查泵压装置的小油箱内部，发现杂质较多。小油箱排空、清洁，加油口增设滤网，换用洁净的轻柴油。

2 No. 3 副机启动失败

随后启动 No. 3 副机还遇到另一故障——冲车时飞轮转动慢，有时还倒转几转，达不到发火转速。

目测各缸启动阀，均能动作；解体检查空气分配器未见异常；盘车也不吃力。据此认为，故障点在某缸启动阀。

为快速找出原因，No. 3 副机启动空气总管接通日用压缩空气，盘车，发现不论在什么位置 1# 缸总有空气冲出，断定故障点在 1# 缸缸头启动阀。拆检 No. 3 副机 1# 缸缸头启动阀，见阀杆弯曲。

这样，启动 No. 3 副机时，1# 缸缸头启动阀能开启却关闭不到位即卡在开启位置，任何时候启动空气总会进入 1# 缸，增加活塞上行的阻力，致使副机启动时转速忽快忽慢，旋转乏力。

更换 No. 3 副机 1# 缸缸头启动阀，启动成功。

3 结束语

（1）老龄船设备陈旧，故障多发。关键是仔细观察、全面收集故障现象，冷静分析、正确判断故障原因,针对性地采取措施排除故障。

(2) 应变能力非常重要。平常要多设想可能出现的各种紧急情况,形成预案,才能临危不乱。这次副机跳电,由于事先在配电板上标出各次要负荷,故障时才能马上卸载次要负荷,避免另 1 台副机因负荷突增而跳电的危险局面。否则,在狭窄航道一旦全船失电,船舶失去动力,后果不堪设想。

(3) 轮机员应从小事做起,用心做好每件事,微小细节的失误或疏忽可能酿成大错。No. 3 副机启动失败故障,只因油头泵压装置油箱里燃油不干净。

副机燃油管系设计不当导致运行异常

陈乐东

（上海远洋运输有限公司）

某船“大发”副机 3 台，其燃油系统见图 1（副机只显示 1 台）。正常运转使用 IF180 重油，没有燃油循环泵，停车前要换用轻油。

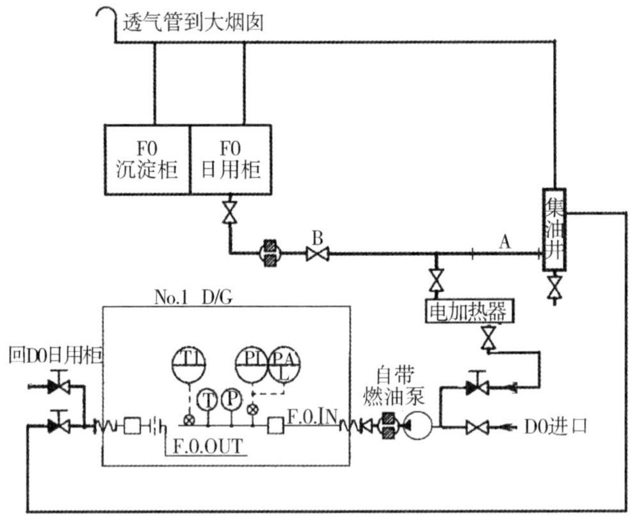

图 1　副机燃油系统

笔者到船任职不久，某日发现燃油进机温度偏低、日用柜油位下降过快而沉淀柜油位上升较大。

进一步检查发现集油井透气管很烫、松开集油井透气管下部的 1 法兰发现有油溢出。

（1）测试电加热器，工作正常。

（2）据图纸分析，可能集油井到电加热器的管路被油泥阻塞，因而出油不畅但副机回油依旧，导致集油井油位高，从透气管流回沉淀柜。

副机换用轻油运转用尽系统中 IF180 重油，然后关掉有关阀泄放集油井中的燃油，拆下如图 1 所示管路 A，管壁内部干净光滑，集油井出口也很干净，没有油泥，可以排除管路堵塞。

（3）据供油系统原理，集油井与日用柜，油压维持动态平衡，日用柜补充到系统的燃油基本等于副机消耗燃油。

如图 2 所示，左边为日用油柜，右侧为集油井，C 点为加热器管路的接入点。设日用油柜油位到 C 点的高度为 H，柜中燃油密度为 ρ，管路流阻损失压头为 P，集油井（包括透气管）油位到 C 点的高度为 h，燃油的密度为 ρ'，管路流阻损失压头为 P'，g 为重力加速度，则有

$$\rho \cdot g \cdot H \cdot p = \rho' \cdot g \cdot h \cdot p'$$

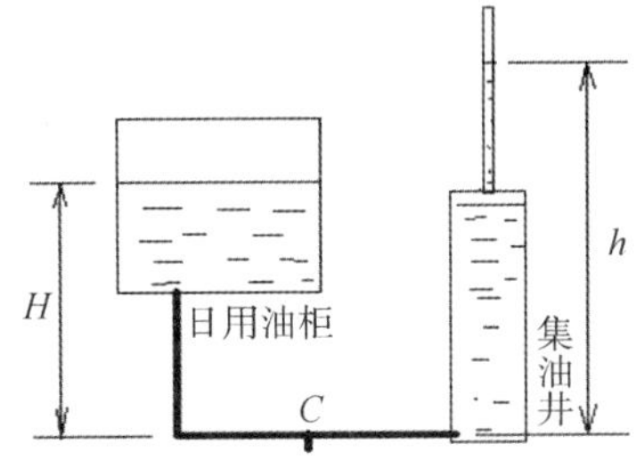

图 2　日用油柜与集油井的油位差

但是，集油井中主要是副机回油，温度较高，密度较小，黏度较低，且管路较短（长约 250 mm，管径 $D40$），流阻损失压头 P' 较 P 小，正常情况 h（约 5 m）大于 H（约 3 m）。若透气管高度不足，则会从透气管溢油。

进一步观察发现，燃油集油井、燃油日用柜、燃油沉淀柜的透气管都接到同 1 根透气管，且 3 根透气管的接入点，沉淀柜处最低。

若集油井透气管溢油总是回流到沉淀柜而较少供入副机，则会造成日用柜油位下降过快来不及加温，电加热器不堪重负，最终导致燃油进机温度过低。

可知，故障的根本原因是燃油管系设计不当：集油井透气管接入透气总管位置偏低。

该船建造时就存在燃油管系设计不当，但为什么故障前的一段时间没有出现这种情况呢？原来，为避免集油井油位过高回流到沉淀柜，该船一直关小如图 1 所示阀 B 开度控制日用柜出口流量。几天前，笔者到船任职不久，巡视燃油系统见阀 B 只开了一点点，误以为是船舶振动所致，就把它开足了，结果引发此次故障。

恢复阀 B 原来开度，集油井透气管溢油消失，燃油进机温度也恢复正常。

该船以往关小阀 B 开度（增大流阻 P）可以避免集油井油位过高回流到沉淀柜，但不能很好地适应副机负荷变化和油温（含环境温度导致）变化，仍存在集油井溢油导致燃油进机温度低引发副机转速降低甚至发电机低频率跳电等隐患。据老船员讲，以前还有主管人员误以为是调速器故障而解体调速器，走了不少弯路。

要彻底消除该故障，可以为集油井设置独立的透气管，或者提高集油井透气管与透气总管接入点的高度（高于沉淀柜和日用柜透气管与透气总管接入点，高多少须经过计算）。

也可以为集油井透气管加装 1 个节流阀（孔）提高其背压，或加装 1 个自动放气阀，也可以起到同样的作用。这样可能提高集油井背压，但是集油井出口与副机燃油吸入口相连，压力也不会增加很多。

几个月后，船舶进厂修理，改装透气管管路，集油井透气管到透气总管的接入点高度比原来提高约 3 m。透气管改装后，将图 1 中阀 B 完全打开，在以后的几个月使用中再未出现上述故障现象。至此故障彻底排除，消除了由此可能引起的船舶电站故障的隐患。

西门子 1FC5 系列无刷发电机励磁系统故障分类分析

刘　楠

（中海集装箱运输股份有限公司）

0　引言

1FC5 系列无刷同步发电机，是德国西门子研发的产品，投产后不断改进，一直保持技术领先。20 世纪 80 年代，中国船舶工业总公司将其引进，原无锡电机厂按照西门子许可证生产，逐步大量装备于我国船舶，并陆续应用于铁路、化工、石油、军事等领域。

1FC5 系列无刷同步发电机，与任何产品一样，也会发生故障。以船上具体条件是否可现场修复，故障可分为不具备现场修复条件的绕组损坏故障和可现场修复的励磁系统元件故障。

以 1FC5 系列 400 V 无刷同步发电机为例，介绍其励磁系统结构特点和工作原理，分类分析船舶经常遇到的可现场修复的励磁系统元件故障，并举例介绍故障检测步骤。

1　系统构成和功能原理

1.1　系统构成

有刷交流发电机，由定子、转子和调压装置组成。转子直流励磁绕组，提供旋转磁场。定子绕组，感应产生和提供交流电。

调压装置（多采用谐振式相复励系统），提供并调节转子直流励绕组的激磁电流，以保证定子绕组提供与负荷适应的交流电。

静置的调压装置向旋转的转子提供激磁电流，通常采用电刷装置，故称为有刷发电机。电刷装置，保养繁琐，炭精污染，还易导致故障或事故。

1FC5 系列无刷同步发电机实际是 2 个发电机——主发电机之外，增加了 1 个励磁发电机。

1FC5 系列无刷同步发电机原理接线见图 1。其中：A1，自动电压调节器；A3，调差装置（R2，同轴电位器，T4 和 T5，中间互感器）；C1，谐振电容器；C2，抑制干扰电容器；V1，静止整流器；F1 和 F2，励磁绕组端子；L1，电抗器；R1，分流电阻；T1，T2 和 T3，单相电流互感器；T6，整流变压器；T7 和 T8，测量回路变压器；U，压敏模块；V，旋转整

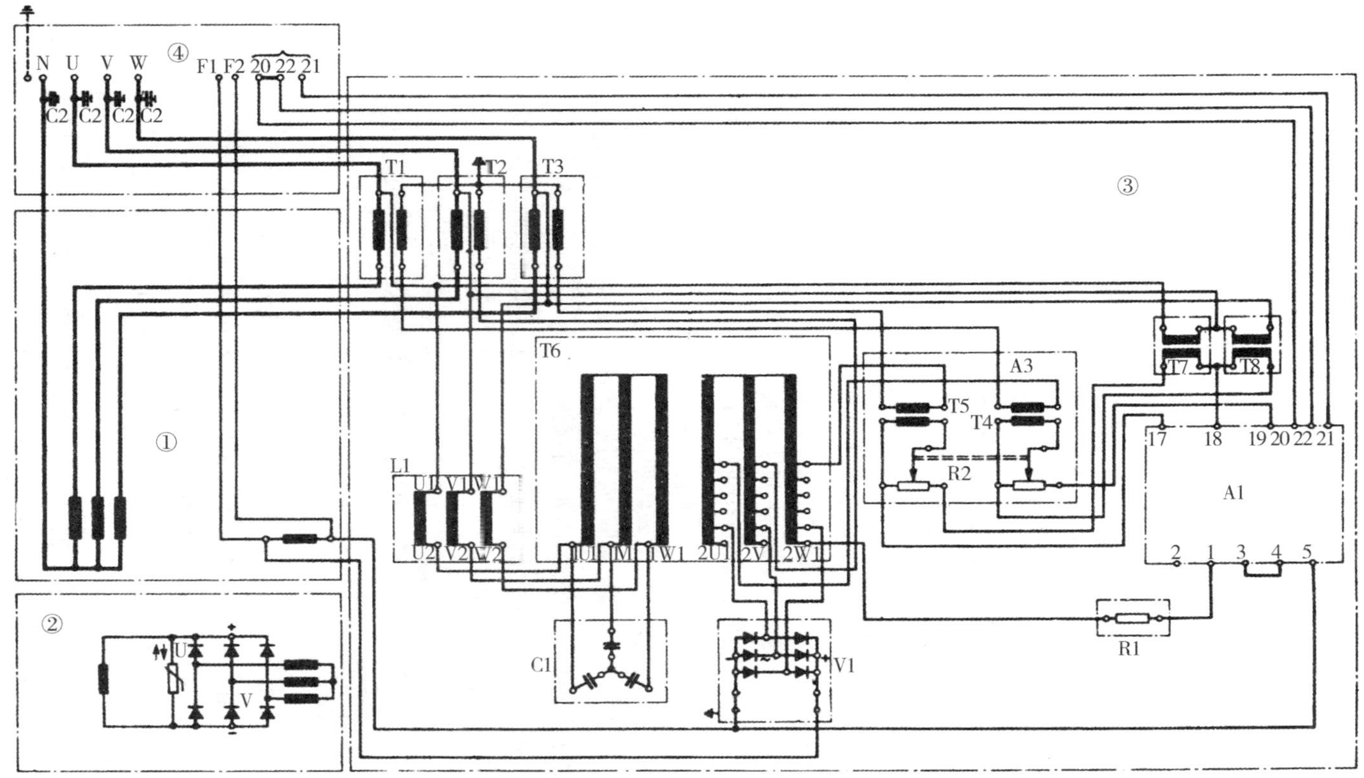

图 1　IFC5 系列无刷同步发电机原理接线

流模块(每个模块包含 2 个二极管);①,定子;②,转子;③,自励恒压励磁装置;④,发电机接线盒。

主发电机,也由转子②(主绕组)提供旋转磁场,由定子①(主绕组)提供交流电。这一点与有刷交流发电机一样。

励磁发电机,定子增加副绕组且接入与负荷适应的(直流)电流,提供与负荷适应的磁场;转子增加副绕组(励磁机交流绕组)产生与负荷适应的交流电,增加同轴旋转的整流桥整流,提供给转子(主)绕组产生与负荷适应的磁场以保证定子(主)绕组提供与负荷适应的交流电,还增加压敏保护模块以防止浪涌电压,保护整流模块。这样就不必再设电刷装置。

同时,1FC5 系列无刷同步发电机的调压装置,采用自励恒压励磁装置,除谐振式相复励系统外,增加可控分流系统自动电压调整器(以下简称 AVR)。

谐振式相复励系统,包括电流互感器(T1, T2, T3),电抗器 L1,谐振电容 C1,整流变压器 T6,整流桥 V1 等。

AVR,包括调差装置 A3(T4, T5, R2)、测量变压器(T7, T8)、A1 等。

1.2 系统功能原理

发电机励磁,涵盖发电机电压的建立和调整全过程。为了便于理解,将系统分解为起压、电流补偿、电压精调 3 个功能环节,并采取逐步增加环节的方法予以介绍。

1) 起压

发电机建立电压是 1 个电磁转换的正反馈过程。

(1) 发电机转子绕组的剩磁磁场旋转产生剩磁电压,在谐振式相复励系统的 L1, C1, T6, V1 等作用下产生励磁电流。

(2) 经过励磁机和发电机 2 个放大环节,励磁电流不断增大,发电机输出电压迅速升高到发电机电压的稳定点(空载特性曲线和励磁特性曲线的交点),为额定电压的 108%～114%。

当然,通过调整电抗器 L1 气隙也可以使得起压后达到额定电压,但发电机加负载后电压将跌落很大。

2) 电流补偿

为了改善发电机带负载能力,系统增加了负载电流补偿。

电流补偿,指发电机负载电流变化后保持发电机输出电压基本稳定的过程。

电流补偿,通过反映负载的电流作用于谐振式相复励系统实现。基本原理是:发电机负载运行,负载电流增加/减少,会导致发电机电压随之降低/升高;反映负载大小的电流,经 T1, T2, T3 产生;反映发电机电压的电流,经电抗器 L1, C1 和变压器 T6 产生;二者在变压器 T6 的副边矢量叠加,通过整流桥 V1,使 F1 和 F2 接线端励磁电流增大/减小,发电机电压随之上升/下降,从而保持发电机输出电压基本稳定。

但是,相复励系统的检测信号(发电机电流和功率因数)与被调节信号(发电机电压)不一致,是开环调节系统;而且各发电机调压特性曲线斜率不一致又无法调整,无法实现电压精调,并联供电须设置均压线才能均分无功功率。

3) 电压精调

电压精调,指按照发电机的电压偏差进行调整。

电压精调,通过在谐振式相复励系统基础上增加可控分流系统即自动电压调整器 AVR 实现。

(1) 经 T7, T8 产生反映发电机输出的电压;

(2) 经 T4, T5 在电阻 R2 产生反映负载的电流的电压;

(3) 2 个电压矢量叠加,输入到 AVR;

(4) AVR 比较输入的电压与电压设定值,调节 AVR 内可控硅的导通角,改变输出回路(1, 5 接线端)R1 的阻值,从而调节励磁电流,实现发电机电压的精调和无功功率的均匀分配。

发电机空载,T4, T5 反映负载电流的分量为零,这时的电压为空载额定电压。因此,脱开 AVR,发电机电压升高到"1.2.1 起压"的 108%~114%额定电压。

调节 21, 22 接线端外接可调电位器(1.5 kΩ,30 W),可平移发电机调压特性线,因而可在一定范围内调整发电机的电压。

4) 调差

并联运行的发电机,有功功率应该基本相等,无功功率(功率因素)也应基本一致。这就要求并联运行发电机的调压特性线斜率基本一样。

AVR 通过调差装置 A3(包括 T4, T5, R2)调节发电机调压特性线的斜率(其中,R2 由发电机制造厂调定,其后不再调整),但是这样的调差是通过损失调压精度来实现的。因此,只作单机运行的发电机(如船舶应急发电机),应将调差装置 R2 的阻值调节为零,即调差为零,以提高调压精度。

总之,自励恒压励磁装置,在相复励系统的基础上增加可控分流系统,整个系统就是 1 个闭环调节系统——检测信号与被调节信号一致(都是发电机电压),可实现按照电压偏差调节的精调,并联供电时不再需要均压线。

2 故障分类检测

发电机励磁系统故障都表现为电压偏离设定值。

单机运行,可能表现为发电机不能起压,或者电压低于额定电压,或者电压高于额定电压,或者负载运行电压跌落很大等。

并联运行,因 2 台机已经并电且电压相同,就只表现为无功功率分配不均匀。

有电压故障的发电机,并联运行也必然有电压故障。因此,即使并联运行的 2 台发电机无功功率分配不均匀,也要先确认每台发电机励磁系统正常后,再分析并联运行无功功率分配不均匀的原因。

2.1 单机运行电压故障

1）单机不能建立电压，或者只有剩磁电压

如“1.2.1 起压”一段所述，发电机起压是“发电机转子绕组的剩磁磁场旋转产生剩磁电压，在相复励系统的 L1，C1，T6 和 V1 等作用下产生励磁电流”的正反馈过程。单机不能建立电压或者只有剩磁电压，说明实现发电机起压的正反馈回路是断开的，最大可能是起压正反馈环节直流侧开路（交流侧开路要两相才会出现这种情况，可能性小），而且不需要考虑电流补偿环节和 AVR 分流环节。

判断这个正反馈环节在哪里断开，最快捷的方法是充磁：

（1）脱开静止整流桥 V1 的直流输出两接线端。

（2）启动柴油机到额定转速。

（3）直接用 DC24 V 充磁按钮充磁（若没有充磁按钮，则在 F1，F2 处加励磁电压；发电机正常空载电压的励磁电压约 25 V，励磁电流约 1 A），并迅速检测发电机输出电压。若能正常建立电压，则说明主发电机和交流励磁机 2 个放大环节没有问题，而是励磁系统正反馈回路中断，须进一步检查其所包含的 L1，C1，T6 和 V1 等元器件以及其连接插头。若不能建立正常电压，则说明励磁系统正反馈的放大环节中断，须检查交流励磁机的旋转整流模块和压敏保护模块（图 1 上的编号②环节）及其连接点。

2）单机电压超过剩磁电压，但低于正常电压

超过剩磁电压但低于正常电压，说明起压的正反馈能够建立，但是空载励磁电流小，不能达到空载磁路饱和所需要的额定电压。

如“1.2.1 起压”一段所述，发电机起压是“发电机转子绕组的剩磁磁场旋转产生剩磁电压，在励磁系统 L1，C1，T6 和 V1 的作用下产生励磁电流”的正反馈过程，所以原因在励磁系统（L1，C1，T6 和 V1）等正反馈回路，一般是交流侧缺相。

可采取“2.1.1 单机不能建立电压，或者只有剩磁电压”所述的方法充磁。

若起压正常，则逐级检查相复励系统确定断相点。

若不能起压正常，则检查旋转整流部分（图 1 上的编号②环节）确定断相点。

3）单机空载电压正常，加负载后电压跌落

单机空载电压正常，说明起压正反馈和 AVR 分流都正常。从 1.2.2 节可知，问题在电流补偿环节，须检查电流互感器 T1，T2 和 T3，中间互感器 T4，T5 原边和 T6 副边等元件及其相关回路。

4）空载电压不稳定

空载电压不稳定，影响因素多且较复杂，涉及起压环节和可控分流环节。

大多数情况是接触点松动造成的，也不排除接地和元器件的老化软击穿。推荐的处理步骤如下。

（1）排除 AVR 的分流环节——AVR 的 1＃或 5＃线脱开悬空，发电机电压上

升,若发电机电压稳定不再波动,则可以确定是 AVR 分流回路故障,一般是连接 AVR 的接线柱松动或接地,或者 AVR 损坏。

(2) 排除电压分量回路——若按①所述脱开 AVR 的 1#或 5#线后,发电机电压波动依旧,可以确定 AVR 分流回路无故障,须进一步检查 L1, C1, T6 和 V1 等电压分量元件的连接点是否松动或接地。

(3) 查旋转整流模块和旋转压敏模块——确认 AVR 分流回路及 L1, C1, T6 和 V1 等电压分量回路均无故障,再检查旋转整流模块和旋转压敏模块(图 1 中②的二极管和压敏电阻符号部分)。

5) 单机空载输出电压高于额定电压

发电机输出电压高于额定电压,说明励磁电流大。一般是由于 AVR 没有分流,故障点显然在测量变压器(T7, T8)或 AVR 的分流环节。推荐的处理步骤如下。

(1) 检查 AVR 的外接电位器(图 1 的 21, 22 接线端)及其回路是否正常。

(2) 测量 AVR 的输入端 17, 18, 19 三相电压是否正常(因为发电机端电压高于额定电压,此时的三相电压会略超过正常值 AC24 V,正常值约 25 V)。若三相输入电压不正常或者缺相,则检查 T7, T8 及其各自的原边和副边回路。

(3) 若外接电位器及其回路正常,输入 AVR 的三相电压也正常,则可确定 AVR 损坏,须更换。

2.2 并联运行的故障

讨论并联运行电压故障,前提是已排除单机电压故障,因为单机运行不正常,并联运行肯定也不正常。

排除单机故障后,并联运行电压故障主要表现为无功功率分配不均匀。

并联运行无功功率分配不均匀,主要原因有并联 2 台发电机原来的空载电压差过大、调压特性线斜率不一样等 2 种情况。

(1) 并联运行 2 台发电机原来的空载电压差过大。

2 台发电机原来的空载电压差过大,是因为它们的外接电位器阻值改变,算不上故障,但经常发生。

据“1.2.3 电压精调”所述,调节 AVR 的 21, 22 接线端外接可调电位器(1.5 kΩ,30 W),可平移发电机调压特性线。

因此,只要调节 AVR 的外接电位器,即可调整并联运行发电机的空载电压成一致。

(2) 并联运行的发电机空载电压正常,并联运行的无功功率分配不均,甚至 1 台容性、1 台感性。

并联运行无功功率分配不均,据“1.2.3 电压精调”,原因是 2 台并联运行的发电机的调压特性线的斜率不一样。

故障原因,一般是中间电流互感器副边或其回路开路。因此,应该检查中间电流互感器 T4，T5 和同轴电位器 R2 组成的调差装置。

3 故障举例

1）单机运行故障举例

某船电站的某发电机组，解列后额定转速运行，空载电压高达到 435 V。AVR 外接电位器回路正常但调节无效。

从现象判断，是典型的 AVR 不工作，须查明 AVR 为什么不工作。

首先，测得 U17-18，U17-19 输入 AVR 电压 AC25 V，似乎正常。

其次，排除充磁回路 F1，F2 来的电压造成励磁电流叠加的可能后，更换 AVR，但是故障依旧，似乎不是 AVR 损坏。

最后，瞬间直接短接 AVR 的 1，5 接线端，加大分流，发电机输出电压迅速跌落至 300 V 左右，说明相复励系统正常，并且说明改变接线端 1 与 5 之间回路阻值来调节分流有效，故障点仍指向 AVR。

回顾前面采取的排查措施，发现起初测量 U17-18 和 U17-19 电压时，17，18，19 等接线端连接在 AVR 上，测量检测到的不是它们的真实电压，而是经过 AVR 内部回路后的电压。遂将 U17，U18，U19 等接线端与 AVR 分离（悬空），再复查三接线端之间的电压，发现 U17-18 为 AC25 V，U18-19 为 0，U17-19 为 0，相当于接线端 1 与 5 之间开路，AVR 不起分流作用。

由此确认故障点在 U17，U18，U19 等输入 AVR 的电压。再检查 T7，T8 原边和副边电压，发现 T8 副边开路。更换 T8，故障消失。

2）并联运行故障举例

某船 3 台发电机，单机运行均正常，空载电压基本相等。一旦并联运行，功率因数相差很大。

调节 AVR 外接电位器，能够调整无功功率分配，但只要负载变化，无功功率分配便又不均匀。为了维持发电机并联运行时无功分配均匀，只好不断调节 AVR 外接电位器，结果 3 台发电机的空载电压又不一样了，以致最后都搞不清楚到底是哪台发电机故障了。

并联运行时不同发电机功率因数相差很大，据“2.2(2)并联运行发电机的调压特性线的斜率不一样”所述，应该是其中 1 台发电机励磁系统的调差环节故障导致调压特性线斜率改变。

需要先确定哪台发电机故障，再查那台发电机的调差环节。

(1) 3 台发电机分别单机运行，空载电压都调节到正常值 400 V，即先排除空载电压差过大导致并联运行无功功率分配不均的可能，然后专门检查调差装置。

(2) 交叉并联运行，且并联运行时不调节外接电位器，结果发现 2 号发电机与 3 号发电机并联运行正常，故障点显然在 1 号发电机。

(3) 检查 1 号发电机调差环节,发现 T4 副边开路。更换备件,恢复正常。

4 结束语

处理 1FC5 系列 400 V 无刷同步发电机励磁系统故障,要分析故障现象,然后针对性地检测或检查元器件以及连接元器件的回路。绝对不可盲目地到处拔线、随意替换备件,以免扩大故障。

查找故障,宜先单机调试,后并联运行。

检测和分析故障,掌握下列数据极为重要:

(1) 剩磁电压是额定电压的 5%～10%,对应 400 V 发电机是 20～40 V。

(2) 发电机正常空载运行,励磁电压约 25 V,励磁电流约 1 A。

副机连杆大端轴承螺栓的紧固

曲建国[1]　蔡德清[2]

(1. 上海远洋运输公司；2. 中远集装箱运输有限公司)

某日，运转的某副机突然发出巨大声音，当值轮机员迅速赶到机旁应急停车。经查该副机第四缸连杆大端轴承盖脱落，连杆击穿机架导门(俗称伸腿)，事故后果相当严重。笔者受公司委派到船处理。

连杆螺栓超过使用年限，很可能断裂。一般认为，副机连杆螺栓使用寿命是2万h。该船副机1996年6月至2005年7月使用达9年，按3台副机轮流使用，平均每台使用26 280 h，超过了2万h。

但根据事故现场的情况，认定事故是由于连杆大端轴承螺栓安装不当，左右螺栓的上紧力矩不一致引起的。

较松的一侧，预紧力不足而松动，不仅本身受冲击负荷，还给另一侧螺栓以弯矩；太紧的一侧，一则预紧力过大运行中可能过度拉伸产生塑性变形，二则还因另一侧较松而承受弯矩增加拉应力。

上紧副机连杆大端轴承螺栓，属于轮机员的基本技能，甚至可以说是常识，本不必讨论。然而，近来发现有些轮机员，尤其是初涉这一领域的年轻人，不具备这些常识，导致副机连杆大端轴承螺栓断裂。

连杆大端轴承连杆螺栓的上紧，据说明书，分2步，即在连杆螺栓插入螺孔并随手顺时针拧紧后。

第一步，用专用力矩扳手上紧，上紧力矩5 kgf·m(49 N·m)。

第二步，用专用扳手顺时针上紧螺栓螺母约旋转100°(1/4圈略多一点)。必须指出，第二步使用专用扳手而非力矩扳手，两侧必须轮流、均匀地上紧。可能说明书认为这些属于常识，没有强调指出。

与船员讨论却发现某些人(尤其是初涉这一领域的轮机员)不具备这些常识。或者教条地理解“专用力矩扳手顺时针上紧螺栓螺母，使之旋转100°”，认为只要“旋转100°”即可。于是机械地先上紧一侧螺母“使之旋转100°”，再上紧另一侧螺母“使之旋转100°”，而不“两侧轮流、均匀地上紧”；或者面对第二步，上紧100°角则上紧力矩左右不同，上紧力矩左右一致则上紧角度就不是100°，不知所措，不求甚解地只求“使之旋转100°”。

正是这些错误的理解，使得左右螺栓的上紧力矩不一致，导致螺栓断裂。

此外，笔者还认为，说明书仅给出了上紧螺栓的方法和步骤而没有给出具体的上紧力矩数据,也是事故的另一重要原因。

基于上述分析,上紧连杆大端轴承螺栓的操作,笔者提出以下建议,敬请批评指正。

1) 自始至终使用扭力扳手

若原船没有配备,则须新配。

2) 操作人

1 个连杆大端轴承的全部螺栓,由 1 人上紧,不要中途换人。操作者应有足够的实践经验和责任心。

3) 准备工作

彻底清洁和检查连杆、轴承盖、上下轴瓦等的结合面,保证公差尺寸正常、结合面贴合良好。

4) 连杆大端轴承安装步骤

更新螺栓,或轴承盖和螺栓的螺母上无记号时,按下列操作。

(1) 工作台上组装连杆大端轴承(不安装轴瓦),上紧螺栓螺母,依次:①使用扭力扳手按 5 kgf·m 上紧;②再用扭力扳手多次左右同扭矩轮流上紧,至螺母转角约 100°;③记录扭矩数据,并在螺母和轴承盖上做好“临时”记号。

(2) 解体连杆大端轴承。

(3) 装上轴瓦,重复(1)步骤,并①核对扭矩数据与本段(1)所记录的相同;②核对螺母与轴承盖上的“临时”记号相近与本段(1)所记录的相同;③在螺栓螺母和连杆轴承盖上相应部位做好准确、明显的“正式”记号。

(4) 解体连杆大端轴承。

(5) 在曲柄销上组装连杆大端轴承(含轴瓦),上紧螺栓螺母:①使用扭力扳手按 5 kgf·m 上紧;②再用扭力扳手多次左右同扭矩轮流均匀上紧,至螺母转角约 100°;③核对扭矩数据与(3)所记录的相近,核对螺母与轴承盖上的“正式”记号相同。

若不更换新螺栓,则也一定要使用扭力扳手多次左右同扭矩轮流均匀上紧螺母,保证两侧扭矩一致,且符合轴承盖和螺栓的螺母上原有的记号。

副机高温冷却水温度过低故障实例

张云龙

(上海远洋对外劳务有限公司)

某集装箱船，3 台副机各 1 620 kW，720 r/min，运行稳定可靠，管理方便。副机冷却水系统见图 1。

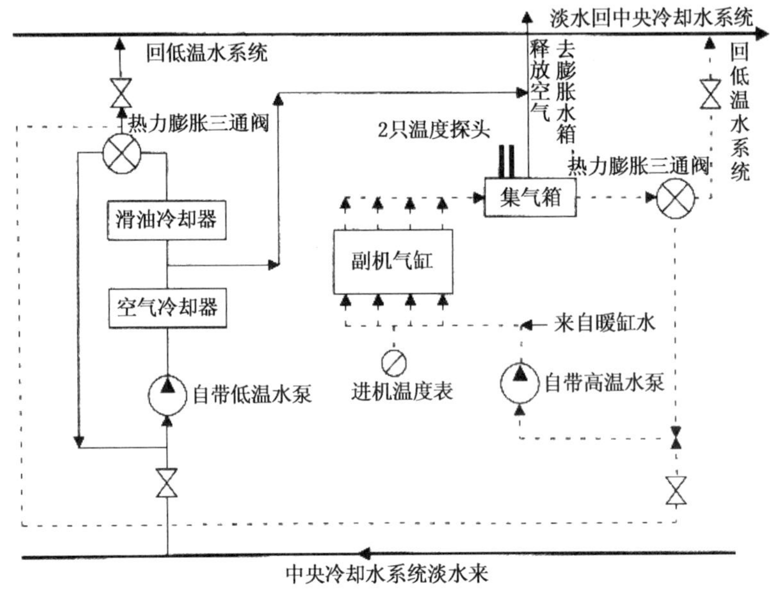

图 1　副机冷却水系统

中央冷却水系统(机舱低温水系统)来的冷却水：

(1) 由副机自带低温水泵增压。

(2) 冷却空气冷却器及滑油冷却器。

(3) 由热力膨胀三通阀自动调节温度，低温冷却水部分回中央冷却水系统；部分返回自带低温冷却水泵进口(同时也从中央冷却水系统中补充新的低温冷却水)，循环冷却空气冷却器及滑油冷却器；大部分(虚线所示)作为高温冷却水进入自带高温冷却水泵。

（4）副机自带高温冷却水泵，吸入上项低温冷却回水，增压。

（5）冷却副机缸套、缸头及附件。

（6）由热力膨胀三通阀自动调节温度（设定温度 82～85 ℃），部分回中央冷却水系统；部分返回自带高温冷却水泵进口（同时也补充新的低温冷却水的回水），循环冷却缸套等。

副机冷却水系统放气：

（1）空气冷却器的低温冷却水出口管上，有通往膨胀水箱的放气管路。

（2）缸套及缸头的高温冷却水出水管上，设有集气箱分离水和空气，并由 1 根 1/4″管引出，然后 3 台副机合用 1 根 1″总管连接至膨胀水箱。

高温冷却水系统有 2 处温度测量装置：

（1）进口总管上，装有 1 只普通的圆盘式温度表，可在机旁察看高温冷却水进机温度。

（2）出口总管的集气箱上，装有 2 只温度探头，一只在集控室显示高温冷却水出口温度供监测；另一只用作高温冷却水高温保护，高于 110 ℃自动停机。

1　故障现象

2 台或 3 台副机并联运行，其中的 1 台或 2 台高温冷却水出口温度只有 60～70 ℃，明显低于设定的 82～85 ℃；改为单独使用高温冷却水温度偏低的副机，其高温冷却水温度会逐渐恢复正常；3 台副机都是如此，尤其是启动后待并机时。

故障存在时间较长，据公司有关管理人员介绍，同类型的其他船舶也发生过类似故障。

原因一直未查明，因为副机功率大，正常航行用 1 台，进、出港才用 2 台，故障不频繁，观察的机会少；高温冷却水出口温度是偏低的而不是过高的，没有引起足够重视。

虽然船舶可以继续营运，但故障发生在副机并联运行，正是进、出港的关键时间，是重大安全隐患，必须查清楚。

2　原因及分析思路

1）温度控制元件（热力膨胀三通阀和温度探头）

分析故障现象，很容易怀疑高温冷却水热力膨胀三通阀损坏或咬死（阀关不严）。但“单独使用该副机，高温冷却水温度又会逐步恢复正常”表明，热力膨胀三通阀及温度探头正常。

虽然如此，一时找不到确切原因，还是拆解清洁检查低温冷却水热力膨胀三通阀，未见异常但仍更换了热力元件；拆解清洁检查温度探头，测量阻值，未见异常。检查后使用观察，故障依旧。

强制关闭低温冷却水热力膨胀三通阀与中央冷却水系统的四水道和自带低温水泵吸入中央冷却水系统的通道，不补充低温水，使高温冷却水系统自身循环。若此时高温冷却水热力膨胀三通阀有故障，则高温冷却水温度短时间内必定明显上升。但是这样运行 10 多分钟，高温冷却水温度并没有明显变化。

由此，彻底排除了热力膨胀三通阀故障的可能。

2) 副机负荷

针对故障现象“3 台副机都是如此，尤其是启动后待并机时”，判断故障可能与副机负荷有关：副机刚启动，负荷低，且冷态运行，高温冷却水由低温冷却水提供，可能因冷却水管路布置不当使水量分配不均，导致新启动的副机高温冷却水出口温度偏低。

进一步观察副机不出现此故障时的情况：

(1) 副机未启动，处于暖缸状态，高温冷却水进、出口温度都保持正常值(83 ℃左右)；

(2) 副机启动，高温冷却水温度逐步下降，最后稳定在 60～70 ℃；

(3) 副机并联运行，使用大功率的侧推器，负荷接近 85%，高温冷却水出口温度依然没有明显变化。

显然，故障与副机负荷无关。

3) 冷却水系统

排除副机本身及其负荷等因素，进一步从冷却水系统查找原因。

长时间观察副机高温冷却水，发现：压力，处于正常值，没有明显的压力波动；温度，长时间高负荷运行，进机温度上升较快，出机温度依然没有明显的变化，最终进机温度竟然超过出机温度 10～20 ℃，明显违反逻辑。

因此，再度怀疑高温冷却水出口温度的探头故障。

从高温冷却水出口总管集气箱内拆出温度探头时意外发现：①集气箱内放出大量的空气；②空气放完，检查温度探头确认正常装复，副机运行，高温冷却水出口温度恢复正常；③运行几小时后，高温冷却水出口温度又明显下降。再次检查集气箱，发现里面又有不少空气。

检查集气箱与膨胀水箱连接的透气管，1/4″管和 1″总管均完全畅通。

至此可断定，故障直接原因是中央冷却水系统和副机冷却水系统空气太多，透气管已来不及释放。

(1) 1 台副机单独运行时，副机冷却水系统中的空气，部分从该副机透气管释放，部分随冷却水返回中央冷却水系统从中央冷却水系统的透气管释放，还不会形成故障。

(2) 2 台或 3 台副机并联运行，副机冷却水泵抽吸能力成倍增加，冷却水系统中的空气也成倍增加。系统中的空气来不及释放，空气聚集在集气箱内，使集气箱水位下降，温度探头高出水面，检测的不是高温冷却水温度而是集气箱内的空气温度，所以温度显示偏低（此例 10～20 ℃）。

4）故障原因

高温冷却水中空气的来源才是故障的根本原因，因为冷却系统空气太多，并不是透气管管径小来不及释放（副机及其系统有科学的设计标准，通常还经试验验证）。

那么多空气从何而来呢？副机冷却水系统本身没有空气来源（空气冷却器的增压空气压力低于低温冷却水）。副机冷却水系统，由中央冷却水系统的低温水（机舱低温水）提供。故障证明，中央冷却水系统不仅有空气而且在源源不断地补充。

中央冷却水系统，泵吸口是正压，排出压力 0.25 MPa，外界空气难以进入，系统中的空气肯定来自设备漏泄。为此，须分析中央冷却水系统中与气体冷却相关的全部设备。

中央冷却水系统的冷却设备很多，与气体冷却相关的设备有 3 种：主机空冷器漏泄空气——主机扫气压力小于 0.2 MPa，低于低温冷却水压力，可以排除。制冷设备漏泄冷剂——制冷系统状况良好，很少补充冷剂，也可以排除。主空压机漏泄空气——配备的 3 台水冷式空压机（品牌：SPERRE），每台有 2 只管式冷却器，空气压力 20～30 MPa。由于冷却器内的高压，冷却器管子上有细小的针眼，或端盖密封圈老化，都可能漏泄大量空气进入到中央冷却水系统，且内部漏泄难以觉察。

为此，自制专用工具泵压检查空压机管式冷却器，很快查出 No. 1 空压机高压端的冷却器有 3 根铜管漏气，冷却器端盖密封圈老化脆裂。

于是，用铜棒车制闷头封阻这 3 根铜管，更换冷却器端盖密封圈，装复冷却器，投入使用。

消除了空压机内漏，切断了中央冷却水系统中空气的来源，副机冷却水系统运行正常。

3 故障的危害

故障表现为高温冷却水出口温度偏低而不是过高，危害似乎不大，其实可能很大：①冷却水中混有空气，副机高温部件冷却效果变差，副机高负荷运行时可能导致缸套、活塞裂缝，进、排气阀咬死；②副机自身保护能力丧失（高温停车保护探头同样安装在集气箱内）。

这种故障及其危害持续时间可能很长，因为自带水泵性能较好、压力表连接管长、管内有阻尼油等，压力表显示无明显波动，很难被发现；高温冷却水出口温度是偏低而不是过高，不易引起足够重视。

4 防范措施

该型集装箱船的空压机，由于已经开始老化（进、出港频繁使用率高，已使用10年左右）、工作压力高（20～30 MPa）、排出空气温度高（60～100 ℃）等，管式冷却器易破损漏泄，管式冷却器端盖上的橡胶密封圈易老化漏泄，可能导致空气漏入到中央冷却水系统。

防范措施是维护好主空压机，可能包括：及时更换接近使用寿命的管式冷却器；及时更换管式冷却器端盖上的橡胶密封圈；加强空压机阀片的保养，提高空压机效率；良好冷却降低排出温度，延长密封圈寿命等。

此外，加强监控，及时检查副机冷却水系统是否有空气，例如副机启动后的一段时间内多次手动放出副机冷却水系统内的空气，直到确认空气极少。一旦发现副机冷却水系统空气多，及时查明原因并消除。

副机 Lambda 控制器和气动马达启动故障实例

徐炳香　喻健康　赵辅国

（中国卫星海上测控部）

0　引言

某船副机 5 台，额定功率 810 kW，额定转速 750 r/min，空气启动。

该副机的启动系统，配有 Lambda 控制器和空气启动马达，使用中数次空气启动失败，姊妹船也有同样故障。

现分析其空气启动失败故障的技术原因和管理原因，提出维护和使用建议，供同人参考。

1　该船副机空气启动系统

该船副机空气启动系统原理，见图 1。

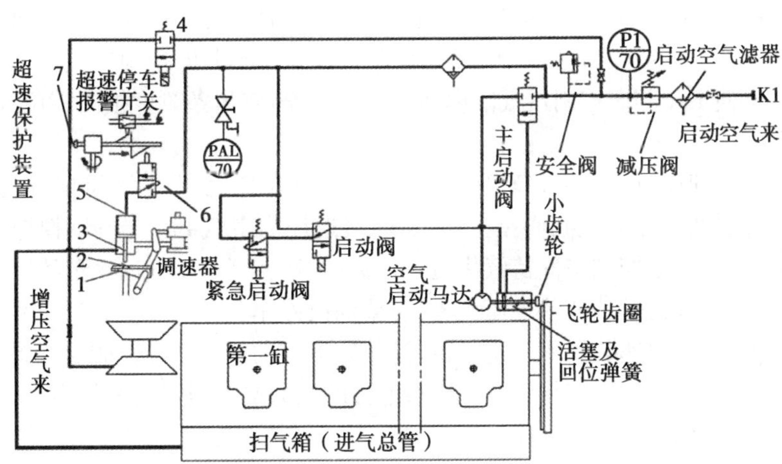

1—调节臂；2—补气传感器；3—活塞杆；4—补气电磁阀；5—Lambda控制器；6—停车电磁阀；7—停车按钮

图 1　空气启动系统原理

1.1　Lambda 控制器

Lambda 控制器，由 Lambda 气缸、活塞、活塞杆、复位弹簧以及与启动空气的连通管等构成，与补气传感器 2 和补气电磁阀 4 等控制废气排放。副机负荷突增时，压缩空气补充增压空气助燃油燃烧，防止冒黑烟；防止副机启动时喷入燃烧室的燃油过多。

此外，Lambda 控制器还有超速保护停车和应急停车功能。

工作原理如下。

1）防止柴油机负荷突增时冒黑烟

副机负荷突增时，调速器转动调节臂 1 增加喷油量，调节臂 1 上的补气传感器 2 触及活塞杆 3 随即发出电信号直接打开电磁阀 4，压缩空气补入压气机端吸口增加增压空气量，使缸内燃油充分燃烧，避免冒黑烟。

副机转速达到 210 r/min 时，增压压力即进气总管压力升高，亦即 Lambda 控制器气缸活塞下方的空气压力升高，推动活塞向上，活塞杆离开补气传感器 2，关闭补气电磁阀 4，停止向压气机补气。

2）启动燃油限制

启动过程中，Lambda 控制器的活塞杆 3 被用作燃油限制器。

启动时，活塞杆 3 限制燃油调节臂 1 动作过度，防止过多燃油喷进燃烧室产生浓烟。

随着转速升高，进气总管增压空气压力增大，推动 Lambda 控制器的活塞杆 3 上移，限制燃油调节臂 1 的功能逐渐消失。

3）紧急停车和超速保护自动停车（见图 1）

紧急停车，按下超速保护装置上红色停车按钮（图 1 中 7），安全系统将激励停车电磁阀 6（阀心下移改为上位工作，接通控制空气至 Lambda 控制器气缸上部空间），压缩空气迫使 Lambda 控制器气缸内活塞向下动作，将齿条刻度推向零位，即可实现应急停车。

当副机转速超过最大允许转速（860 r/min）时，超速装置的飞重向外移动，推动该装置下方的两位三通阀阀心至上位工作，接通压力空气到 Lambda 控制器气缸活塞上方的通道；由于控制空气持续供应且压力（0.7～0.9 MPa）远大于活塞下方的增压压力，活塞下移把燃油调节杆压到零位，柴油机停车。

副机停车后，超速装置的飞重复位，该装置下方的两位三通阀阀心靠弹簧力恢复下位工作，泄放 Lambda 控制器气缸活塞上方的压力空气至活塞复位。

1.2 空气启动马达

气源，从空气瓶来 2.5～3.0 MPa 压缩空气，经减压阀降为 0.7～0.9 MPa，作为启动空气和启动控制空气。

空气启动系统，由气动马达、控制气缸/活塞、复位弹簧、小齿轮等组成，其功能分别是：气动马达，提供动力；小齿轮，与柴油机飞轮上的齿圈啮合传递转矩；控制气缸，控制小齿轮与飞轮齿圈啮合或退出，并保证气动马达与小齿轮一飞轮齿圈啮合联锁（小齿轮与飞轮齿圈啮合后气动马达才开始转动）。

2 空气启动失败故障

副机启动过程如下。

1）空气启动马达启动副机

启动控制箱发出电信号使启动阀下位工作（或应急启动时启动阀保持上位工作而手动推动“紧急启动阀”阀心上移至下位工作）：

（1）压力空气进入空气启动马达的控制气缸。

（2）控制气缸的活塞受力，推动小齿轮轴向（如图1所示向右）移动，小齿轮与飞轮上的齿圈啮合。

（3）小齿轮与飞轮上齿圈完全啮合后，控制气缸的活塞打开压力空气去主启动阀控制端的通道。

（4）主启动阀受控上移（下位工作），压缩空气进入气动马达。

（5）气动马达受启动空气驱动，带动小齿轮驱动柴油机飞轮转动。

2）喷油发火

启动控制箱监测副机转速，达110 r/min喷油发火。

（1）探测，启动控制箱监测柴油机转速是否达到110 r/min。

（2）信号处理，启动控制箱比较测定值与设定值并向执行机构发出给油指令。

（3）执行，调速器输出轴拉动油门杆。

（4）反馈，启动控制箱监测副机转速。

3）启动结束

（1）启动控制箱测得副机转速超过110 r/min，切断启动阀的电信号，启动阀阀心恢复其上位工作（或手动放开“紧急启动阀”应急启动按钮其阀心恢复上位）。

（2）主启动阀失去控制空气，其阀心复位（上位），气动马达失去气源，不再提供启动动力。

（3）空气启动马达的控制气缸，原有压力空气通过启动阀和应急启动阀反向泄放至大气，活塞靠弹簧复位，小齿轮脱离与飞轮上的启动齿圈啮合，启动完成。

可知，副机启动失败并自动声光报警，包括启动控制箱发出启动指令（或按下应急启动按钮）15 s后的2种情况：①空气启动失败——副机转速未达到110 r/min。此时尚未进入喷油阶段，故障点显然在空气启动系统而不在燃油系统；②喷油发火失败——副机转速达到110 r/min，但不喷油或连续3次进油却不正常发火（即转速都不超过110 r/min）。此时副机转速已经达到喷油发火转速，故障点显然在燃油系统和（或）燃烧系统。

3 该副机启动失败分析

船上的机电故障通常表现为设备原因；而设备原因的背后，又总隐藏着使用、维护不当等管理原因。分析这些原因并改进，才能防止故障。

任何空气启动系统，管系、阀件等任何设备失效，都可能导致启动失败。

本文只讨论与 Lambda 控制器和气动启动马达有关的该副机启动失败的设备原因。

3.1 该副机启动失败的设备原因——技术状况不良

众所周知，对于已经正常运转过一段时间的副机，故障的设备原因几乎都是技术状况不良，而不是设计、制造、安装等缺陷。

1）气动启动马达损坏

气动启动马达涡轮叶片和轴承均易被损伤。因为气动启动马达转速高（最高 14 000 r/min）；且气动启动马达涡轮叶片是由冶金粉末压制而成的，韧性较差，经不起撞击，易变形或断裂，而启动空气中的杂质对高速旋转的气动启动马达涡轮叶片穿透力很强。

气动启动马达轴承、涡轮叶片等损坏，则转矩减小，可能无法启动副机。

2）Lambda 控制器活塞卡滞

如前所述，"启动过程中，Lambda 控制器的活塞杆 3 被用作燃油限制器"。

若 Lambda 控制器气缸壁有毛刺、锈蚀，将活塞卡在最低位置（见图 1），活塞杆 3 限制燃油调节臂 1 动作即各缸油门过小（喷油过少），则副机不能启动。

顺便指出，Lambda 控制器气缸的活塞卡滞，可能使 Lambda 控制器丧失负荷突增时以压缩空气补充增压空气、防止副机启动时喷油过多冒黑烟、超速保护自动停车和应急停车等部分甚至全部功能。

3.2 管理原因和管理建议

任何空气启动系统的使用和维护，不外乎定时或视情维修、日常保养、规范操作、密切监测以及时发现并纠正异常等。

对于配备 Lambda 控制器和气动启动马达的副机启动系统，使用和维护尤其注重以下几点。

3.2.1 及时手动复位停车电磁阀 6

停车电磁阀 6，是机械式两位三通阀，紧急停车和超速保护自动停车动作（阀心下移，上位工作）后须手动复位。

若停车电磁阀 6 在紧急停车或超速保护自动停车动作后未手动复位，Lambda 控制器气缸的活塞将被控制空气压在最下位置抵住调节臂 1，调速器打不开各缸油门，则副机无法启动。

3.2.2 动力空气和控制空气质量

这本是任何空气启动系统的维护重点，这里特别强调，是因为气动启动马达转速高，涡轮叶片和轴承易被动力空气和控制空气中的杂质损伤。

管理措施包括：压缩空气系统，及时放残水、清洗或更换滤器、干燥器持续有效运转，保持压缩空气清洁；启动系统，定期检修、保养，保持系统管道清洁、阀件活络。

3.2.3 Lambda 控制器的保养

为防止 Lambda 控制器活塞卡滞，必须保持 Lambda 控制器气缸内壁和活塞外缘光洁，活塞密封 O 形圈无老化，复位弹簧有效。

建议每个月检查 1 次 Lambda 控制器气缸密性，以了解 Lambda 控制器气缸的技术状况。

检查密性的方法：

(1) 拆下 Lambda 控制器，在其控制空气进口端安装 1 个截止阀和 1 只压力表，向 Lambda 控制器气缸通入 0.7～0.9 MPa 的压缩空气；

(2) 关闭该截止阀，观察气缸内空气压力——15 min 压力无变化，表明 Lambda 控制器气缸密性良好。

若 Lambda 控制器气缸密性不良，则应解体检查，可用百洁布打磨气缸内壁和活塞外缘，更换老化的 O 形圈和复位弹簧。

另建议控制气缸每隔 1 个月加注适量润滑油脂，以确保控制气缸内壁无锈蚀和动力活塞密封可靠。

3.2.4 气动启动马达的保养

1) 安装

若重新安装气动启动马达不当，可能导致马达小齿轮与飞轮齿圈啮合不正常损坏小齿轮。因此，安装气动启动马达，要确保：气动启动马达小齿轮端面与飞轮齿圈端面之间的间距在规范要求内，且内侧(气动启动马达小齿轮端面侧)间距稍大于外侧(气动启动马达侧)间距(一般内侧间距 51 mm，外侧间距 50.6 mm)。确保小齿轮与齿圈啮合后的齿隙在正常范围(0.38～0.50 mm)。

测量齿隙的方法：

(1) 关闭启动空气截止阀；

(2) 气动启动马达控制空气进口，拆除至启动阀的管接头，接 0.7～0.9 MPa 压缩空气，气动启动马达小齿轮轴向移动与飞轮齿圈啮合；

(3) 用塞尺或压铅法(须盘车)测量齿隙。

调整齿隙的方法：

(1) 松开气动启动马达底座的 4 只紧固螺栓，轻轻敲击振动底座改变齿隙，估计齿隙正常，收紧紧固螺母，测量齿隙；

(2) 若齿隙仍不在正常范围，则反复重复(1)，直至齿隙正常。

2) 轴承保养

切断压力空气，从螺塞孔喷入大约 30 g 润滑油。

3.2.5 监测补气传感器 2 与活塞杆 3 的距离

调节臂上补气传感器 2 的金属簧片与 Lambda 控制器活塞杆 3 下端的距离，影响 Lambda 控制器 3 项功能的 2 项——防止副机负荷突增时冒黑烟和防止副机启动时喷入燃烧室的燃油过多。

监测方法：每次启动前或每半月测量并调整该距离，停车状态的标准值是 1 mm。

调整方法：只可调整补气传感器 2 装于调节臂的紧固螺母，绝不可弯曲传感器的金属簧片。

4 结束语

MAN B&W 6L23/30H 柴油机，由于机型新，技术含量高，必须充分了解它的性能特点，才能做到科学管理、精心维护、认真保养，确保机器始终处于良好的技术状态，最大限度地发挥其效能，这对轮机人员的操作管理水平提出了更高的要求。

副机增压器涡轮端润滑油脏污的原因及处理

刘广利

(青岛远洋运输有限公司)

某些副机增压器,即使按说明书推荐的周期维护,涡轮端轴承润滑油质量下降仍很快,使用二三百小时润滑油颜色就由浅黄色变为橙色甚至黑褐色,远低于说明书推荐的 500～1 000 h,尤其是燃用高黏度、低品质燃油时。

润滑油颜色变深即润滑油性能下降,而且会因玷污油封进一步加剧润滑油性能下降,形成恶性循环。其后果是轴承和油封寿命降低、解体透平时间间隔缩短等,甚至高温烧损轴承。

润滑油颜色变深,肯定是烟气渗入造成的。

为防止烟气进入轴承空间,涡轮与其轴端的轴承之间设有 2 段迷宫式气封。

迷宫式气封的原理,是气流被密封片与通道间的微小间隙节流,然后在密封片之间稍大的空间膨胀降压,多次节流降压形成压力梯度从而减小漏泄流量。

以 IHI VTR161-2 W-P 型副机废气涡轮增压器为例(见图 1),2 段迷宫式气封将烟气到轴承的通道分割成 3 个压力区:左段密封片以左,是废气压力;右段密封片以右,是平衡腔室 Z,经其保护端盖与垫块之间的间隙通人气(轴承室的少量油气可

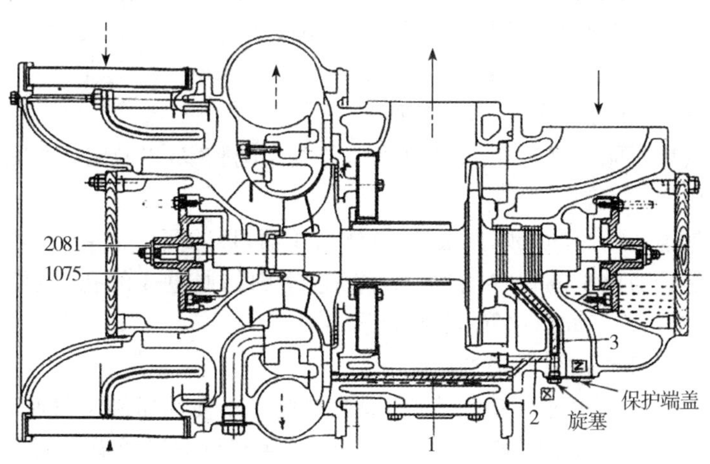

图 1　废气涡轮增压器

由此泄放至大气)；左、右2段密封片之间的中间腔室，经压气机至2段轴封之间腔室的通道(见图1左下，标注为1，2，3)引入压气机高能排气，形成高压密封空气室。图1是示意图，通道3的旋塞和平衡腔室Z的保护端盖的实际位置在增压器的中上部。

这样，左段迷宫式气封的右方压力高于左方，只有密封空气能向左流到废气空间，阻止废气向右流到中间腔室，同时保持左段迷宫式气封的清洁；而右段迷宫式气封的左方压力高于右方，只有密封空气向右流到平衡腔室，阻止平衡腔室的空气(可能混有轴承室来的润滑油油雾)向左流污染右段密封片。

一旦密封空气通道(图1中标注1，2，3)和(或)平衡腔室Z的保护端盖与垫块之间的间隙阻塞，烟气和(或)油气污染2段迷宫式气封减低轴封效果，烟气就会进入轴承空间恶化润滑油油质。

因此，须保持：密封空气通道(图1中标注1，2，3)畅通；平衡腔室Z端盖与垫块之间的间隙畅通，正常情况有时发出轻微的气流声。

然而，压气机至2段轴封之间腔室的通道(图1中标注1，2，3)以及平衡腔室Z的保护端盖，或者因为不知道其原理和功能，或者错误地认为其作用不大，常被一些人忽略(甚至有生产厂的专业人员不重视)导致检修副机增压器返工。

因此，预防烟气污染轴承润滑油，除严格按说明书推荐的周期维护并确保转子间隙K，L，M适当，转子叶轮和喷嘴环清洁外，还必须从3方面防护。

1）保持压气机吸入空气清洁

机舱处含油雾和灰尘尽可能少，及时清洁压气机吸入滤器。

2）保持平衡腔室Z端盖与垫块间通透性

应及时清除端盖与垫块间积灰，以防止平衡腔室因压力升高而失去作用，还可以从端盖与垫块间隙的漏烟情况大致判断整个轴封(包括迷宫式气封)和密封空气的工况。

3）保持密封空气通道1，2，3畅通

引入压气机高能排气，目的是阻止废气流到中间腔室，以及阻止平衡腔室含油雾的空气流到中间腔室等。

保持密封通道畅通的具体方法是，解体增压器，拆除压气涡壳及转子后，用压缩空气从压气端的通道1的孔吹气，检查中间腔室内的通道3的孔是否有空气喷出。若否，则表明密封空气通道堵塞，必须清通。

通道1，可用1根硬铁丝清通。

通道2，因弯曲不便用硬铁丝清通，油泥硬化又不便用压缩空气吹通，可用布或者木塞把通道3在气封中间腔室内的通孔塞住，从密封空气通道3的旋塞处灌入清洁的轻柴油浸泡一夜，第二天通道2内的油泥软化，一般用压缩空气一吹即通。

通道3，打开通道3的旋塞，可用1根硬铁丝从通道3旋塞的孔清通。

某副机润滑油消耗异常故障及刮油环的装配

黄建华

(香港明华船务有限公司)

1 故障现象

某型副机,四冲程筒形活塞,干油底壳式滑油系统,轴带机油泵从滑油循环柜吸油,经滑油冷却器冷却及滑油细滤器过滤后润滑及冷却各运动部件,然后借助重力流回油底壳,最后流回滑油循环柜。

该船 No.3 副机,吊缸后运行 2 000 h,排烟温度及排烟颜色未见明显变化,但润滑油消耗量逐渐由正常的每天 5 L 逐渐增加至 20～30 L。

副机系统润滑油耗量异常增加,必须及时查明原因,以防滑油系统设备内部泄漏引发故障,或过多润滑油窜入燃烧室严重污染活塞、气缸、气阀、排气道和结焦卡死活塞环。

2 故障点

该副机系统润滑油消耗的主要途径有 3 方面。本着解决从易到难的原则,逐一检查寻找故障点。

1) 滑油系统各设备内部及管路泄漏

停机状态,保持预润滑油泵运行,系统润滑油未见减少;运行中,检查滑油管路及其与各设备连接的结合面未见滴漏,排除滑油系统各设备内部泄漏的可能。

2) 高压油泵柱塞/套筒偶件润滑消耗润滑油过多

高压油泵柱塞与套筒之间的润滑,利用系统润滑油,经减压阀、单向节流止回阀至柱塞与套筒配合面,润滑后与高压油泵漏泄燃油一起回机舱泄油收集柜。而机舱泄油收集柜的油,除来自高压油泵柱塞套筒偶件润滑的润滑油外,还来自燃油日用柜的放残、主机和副机燃油细滤器的冲洗泄油等,无法从泄油收集柜油量变化判断高压油泵润滑消耗润滑油是否过多。

考虑到柴油机上次吊缸时未解体高压油泵,而同机型曾出现过高压油泵偶件消耗润滑油异常,把重点放在高压油泵柱塞与套筒之间的润滑油消耗。

解体润滑油进各缸高压油泵本体上的单向节流止回阀,检查节流孔的孔径、球阀及弹簧等，均正常。

解体各缸高压油泵，检查套筒与本体间的接触密封面、柱塞与套筒的润滑配合面，完好，无异常泄漏。

更换套筒与本体间的密封橡皮环（以防止润滑油由此处漏泄），装复运行，润滑油消耗量未见减少。

由此可排除高压油泵柱塞/套筒偶件润滑消耗润滑油过多。

3）气缸润滑消耗润滑油过多

筒型活塞式四冲程柴油机的气缸润滑一般采用飞溅方式（系统润滑油通过回转运动的曲柄销轴承甩到气缸壁上实现），消耗部分系统润滑油。

鉴于该副机吊缸后运行初期润滑油消耗正常，分析认为可以排除刮油环装反引起润滑油异常消耗的可能，且上述 2 方面检查未见异常，不得不怀疑活塞刮油环失效。

活塞刮油环的正确装配见图 1a。

弹簧 2，装在刮油环 3 内侧的环槽中，以增强刮油环弹力使其更好紧贴缸壁提高刮油效果；弹簧接口 4 尽可能远离活塞环搭口，以防被活塞环搭口损坏。

塑料套管 1，套装在刮油环搭口 5 处的弹簧上，靠弹簧张力防止弹簧在内槽中移动、防止塑料保护套管偏离活塞环搭口、防止在活塞左右摆动及上下往复运动中刮油环搭口过度磨损弹簧。

吊出 1 个缸的活塞检查发现，塑料套管 1 被错误地套装在弹簧 2 的接口 4 处，且位置在刮油环搭口对侧（见图 1a）；刮油环搭口 5，内侧环槽表面已被弹簧磨出一道道螺纹状凹痕，弹簧嵌入凹痕，致搭口两边被弹簧锁住而不能自动弹开。

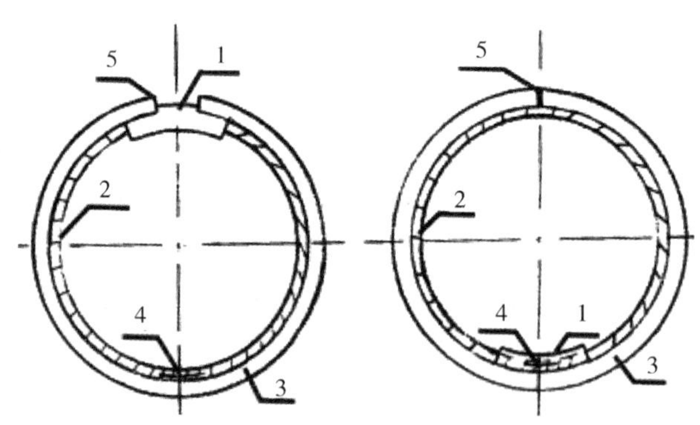

a）正常状态　　　　b）故障状态

1—塑料套管；2—弹簧；3—刮油环；4—弹簧接口；5—环搭口

图 1　刮油环正常状态和故障状态

吊出其他 5 个缸检查，所见同上。

换新刮油环,并按图 1a 装复,运行该副机,润滑油消耗恢复正常。

3 故障机理

该副机活塞共有 4 道活塞环,上部 3 道压缩环阻止气缸内气体漏泄并将活塞的部分热量传给缸壁,第 4 道刮油环涂布飞溅到缸壁的润滑油并将多余的刮下流回曲轴箱。

活塞环在环槽中,有轴向运动和径向运动,还有回转、张合、扭转等,十分复杂。活塞上下运动,因缸套的锥度,迫使刮油环依缸壁内径的变化作径向的弹缩运动,导致刮油环搭口张合而与弹簧互相撞击;活塞左右横摆冲击刮油环,且致其内表面撞击槽内的弹簧。而弹簧由横截面为长方形的钢条盘成,材质比刮油环硬。刮油环内表面受弹簧外表面撞击,会使刮油环内表面形成螺旋形磨痕(凹槽和凸起)。弹簧上加装塑料套管的目的,就是防止弹簧撞击磨损刮油环搭口部位的内环槽,因此塑料套管必须装在刮油环搭口处。

那么,吊缸后运行初期为什么润滑油消耗未见异常呢?这是因为,吊缸后运行时间不长,刮油环近搭口段被弹簧磨损得还不严重,其内槽还没有形成螺旋形磨痕,还能自动张合;一段时间后,弹簧将刮油环近搭口段磨损形成较深的螺旋形磨痕并嵌入其中,像螺栓一样把刮油环搭口两边锁在一起(见图 2b),以致刮油环无法张开紧贴缸壁,不能有效地将缸壁上多余润滑油刮回曲轴箱,过多的润滑油因活塞环的“泵油作用”进入燃烧室,润滑油消耗增加。

因此,故障的设备原因是刮油环组件安装错误。

4 反思

故障的管理原因,是管理人员不理解塑料套管的作用在于减少刮油环近搭口段内槽磨损以防止形成螺旋形磨痕,而误认为是防止弹簧在接口处脱开(所以才把塑料套管装在弹簧接口处)。

每个零部件都有其功能,也是其存在的合理性。即使 1 个小小的零部件,误解其功能,也可能导致故障并给排除故障带来困难。管理人员必须充分了解各零部件作用,维修保养时才能正确装配。这是防止类似故障的根本。

某船副机燃油夹气跳电故障及排除

葛志祥

（南通航运职业技术学院）

《航海技术》2007 年第 2 期介绍某船副机因日用油柜进油管设计不当导致停车的故障，阅后深有感触。回想起 2006 年笔者碰到的某船副机因燃油系统有气而经常跳电、停机，至今记忆犹新。

该船 3 台副机，使用 20# 重柴油，设有 2 台输油泵，双联粗、细滤器各 1 个。燃油系统如图 1 所示。

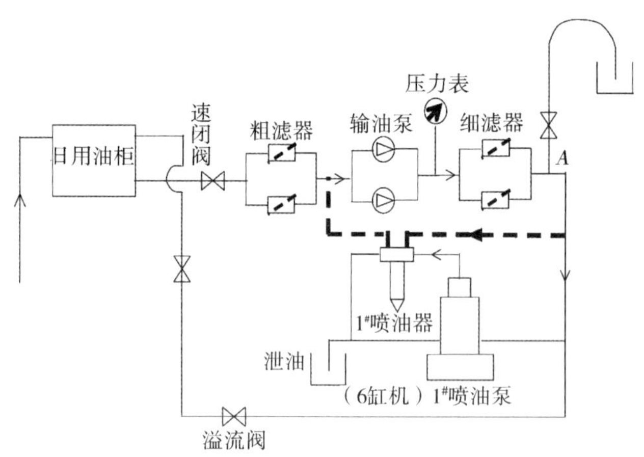

图 1　副机燃油系统

3 台副机均常跳电、停机（以下简称“故障”）。

为防止“故障”，曾采取 2 项措施。

1）频繁更换发电机组和 3 台副机并车

“故障”多发生在副机工作时间长和（或）负荷大的情况，故设法减少各副机工作时间和降低其负荷。

频繁更换发电机组，减少某副机持续工作时间，虽然能维持供电，但频繁换车麻烦，而且没有找到真正原因，隐患依旧，心里不踏实。

3 台副机并车供电，以减小副机负荷，虽然延长了“故障”间隔，但负荷分担很难均衡、稳定，而且某台机“故障”跳电后必然增加剩余机组的负荷，更容易导致“故障”，安全隐患更大。采用这种办法差一点导致全船失电，后来就没敢再用。

2）进油管临时加装透气管

1根临时透气管装在进油管最高处(图1的 A 点)，每半小时从 A 处放出部分含气燃油，或根据压力表指针抖动情况决定放油时间。

这种方法延长了“故障”间隔，但随着运行时间的延长，燃油系统的气也会越来越多，最终从 A 处放油也无效，没有从根本上解决问题。

这种方法违反强制性规定，为应付PSC检查，临时透气管不得不每次到港前拆除离港后重装。

那年，笔者前往该船临时接替二管轮。交接班时，原二管轮交待须多加小心；接班后，轮机长要求笔者彻底查清原因并解决问题。

笔者认为排除故障的关键是寻找气源。

从其他轮机员处得知：“故障”后副机启动困难甚至无法启动，更换喷油器就能正常启动；换下的喷油器，喷嘴都有变形，程度不一。

阅读副机说明书和有关资料得知：该副机设计使用20#柴油，并用燃油冷却喷油器(如图1中虚线所示)；该船几经易主后，副机改烧0#柴油并革除喷油器冷却，0#柴油热值低，喷油器可以不用柴油冷却，我们到此船工作时，考虑到成本，根据说明书改烧20#柴油，却没有恢复喷油器冷却油管。

20#柴油热值高，喷油器不用燃油冷却，高温必定导致其头部的刚度和强度下降而变形。

由此推断，燃油中的气不是空气而是燃气，“故障”的根本原因是：

(1) 使用20#柴油，喷油器没有冷却，喷嘴高温变形，燃油雾化不良，副机功率不足；

(2) 副机功率不足，调速器加大各缸喷油量，缸内温度更高，加剧喷嘴高温变形，针阀偶件密封不良；

(3) 针阀偶件密封不良，高压燃气从喷油器倒冲到燃油系统，导致某些缸断油，副机功率不足，低速低频跳电甚至停机。

征得轮机长同意后，恢复了冷却油管，“故障”被彻底排除，直到笔者离船，再没有发生。

总结排除故障过程，以下几点值得注意：

(1) 船上的设备和系统，都依据有关强制性规定设计和建造并经法定检验(和入级检验)，任何改动都必须经船舶检验机关或其指定的机构批准和检验，不可擅自改动。该船副机“故障”的原因，就在于擅自改动燃油系统，拆除了副机喷油器冷却系统。

(2) 经船舶检验机关或其指定的机构批准和检验的改动，必须形成文件资料，永久妥善保存。

(3) 轮机人员，不能只凭经验工作，要熟读说明书、相关资料和记录，熟悉设备及其各系统。

(4) 更换用油,不能仅从成本考虑,要有根据,最好征得机器生产厂家的同意,还应经过试用。

(5) 遇有故障,一定要彻底查清并排除。只采取临时维持性措施,既留下重大安全隐患,又可能因通不过 PSC, FSC 以及其他检查而导致缺陷甚至滞留。

辅机故障及维护

2 起电梯故障分析

常华明　张云龙

（上海远洋运输有限公司）

不少大型船舶配备电梯。船舶电梯，主设备比较简单，但控制系统较为复杂，船员排除故障困难。现介绍 2 起电梯故障，抛砖引玉，敬请指正。

1　电梯“冲顶”

所谓“冲顶”，就是电梯到达呼叫的层位时，轿箱高出或低于门槛才停止。

（1）故障现象。某船某次南方雨季大修出厂后，原本正常运行且无修理工程的 1 台老式电梯，偶发“冲顶”故障——无论是上行或下行，也不固定在哪个楼层，时有时无，且越来越频繁。船员宁可多走路也不愿乘用。

（2）电梯的控制系统。该电梯主电动机有刹车机构，采用老式的接触器控制，每层均设有 1 个用于正常停车的位置探头以及 1 个用于安全保护的位置探头。

① 用于正常停车的位置探头，若电梯到达选定的楼层，则触发相关接触器，电梯主电动机停转，同时刹车系统抱闸，电梯轿箱停在选定的楼层。

② 用于安全保护的位置探头，若电梯到达选定的楼层而没有及时停止，则轿厢再运行约 40 cm，触发相关接触器切断电梯控制电源，主电动机失电刹车，轿厢停止移动。

（3）故障分析和检查。从控制原理分析，有 2 种可能：控制系统故障——到达某层时，层位探头偶尔不能及时发出信号，或层位探头发出信号但控制系统偶尔不能及时发出停止运行信号；刹车系统故障——控制系统能及时发出停止运行信号，但电梯刹车系统偶尔失灵或抱闸不紧。

于是检查、测试控制系统和运行试验。

各层的正常停车的位置探头和用于安全保护的位置探头都正常，动作信号正常。

与各探头配套的辅接触器的动作也都正常。

主电动机刹车系统得电开闸、失电抱闸等动作都正常（但仍更新刹车带、调节刹车弹簧预紧力，增加刹车力，其后试验刹车系统见动作正常）。

（4）进一步观察。该故障具有偶然性，从控制原理分析和检查没找到故障原因，只得改变策略，转而现场密切观察电梯运行的状态及控制箱内各接触器的动作。经过一段较长时间的跟踪观察终于发现：主电动机的辅接触器断开后，其主接触器偶尔会延时 1～2 s 才断开。

主电动机的主接触器受控于辅接触器——辅接触器断开后，主接触器应该立即断开。

正常情况下，电梯启停，控制系统的动作先后是：

① 辅接触器得电吸合副开关，令主接触器线圈接通电源；

② 主接触器线圈接通电源吸合主开关，令主电动机得电转动；

③ 到达目的楼层后，辅接触器断电，断开辅触点，令主接触器线圈断电；

④ 主接触器线圈断电断开主开关，令主电动机停止转动，同时自动刹车。

辅接触器断开后，主接触器偶尔延时 1～2 s 才断开，必然导致轿厢到达选定的楼层再运行一段距离才停止移动，正好符合故障现象——“冲顶”。

(5) 故障机理。为什么主接触器偶尔在辅接触器断开后延时 1～2 s 才断开？检查主接触器线圈，见其铁心表面有严重锈斑，使得铁心在吸合时上下铁心间存在间隙，而此间隙内必定产生磁场涡流导致电磁铁心剩磁较强。铁锈材料导磁力差，退磁速度慢，电磁铁心失电后，较强的剩磁可能克服弹簧的拉力而不能立即断开主接触器，需 1～2 s 消磁，故主接触器延迟 1～2 s 才断开，最终表现为轿箱到达选定楼层再移动约 40 cm 才停止。此过程触发安保探头动作，电梯自动切断控制电源并报警。

至于主接触器铁心表面严重生锈的原因是该船电梯控制箱安装在机舱外的烟囱旁；船厂停泊时正值雨季，空气潮湿，且长时间关闭电梯电源(防止船厂工人超载使用)。

经验是：电器控制故障“查出故障难，排除故障易”，检查前最好先确定最易导致故障的原因或参数，检查时不放过任何细微的变化。

2　电梯“罢工”

2.1　故障现象

某船 1 台采用微电脑集中控制的新型电梯(韩国造，KONE 品牌)，较长时间内存在 1 个故障：电梯到达底层后，呼叫按钮灯延时约 15 min 才熄灭。若等待约 15 min底层呼叫按钮灯熄灭后再开门进入，则电梯能自动关门和到达指定楼层；若底层呼叫按钮灯未熄灭就开门进入(电梯主电脑已接收到轿箱安全到达楼层的信号，自动解除梯门联锁，允许开门)，但电梯不关闭梯门也不运行且报警，则须等待约15 min 消除报警后才重新运行。其他楼层没有该故障。

在较长时间内，这个故障时有时无，被戏称为电梯“罢工”，虽不直接影响安全，但给引航员、检查官、本公司人员等造成麻烦，令人难堪；船员也常常等不及而改走楼梯。

2.2　分析和检查

有人提出订购电脑控制板整体更换或者请服务工程师上船检修，但未经认真分析、检查就花高价更换电脑控制板，心有不甘。于是仔细阅读说明书，学习电梯的控制系统及控制过程。

从故障现象看，底层门呼叫按钮灯未熄灭，电梯不关闭梯门也不运行且报警，须等待约 15 min 消除报警后才重新运行，故障点应当在底层呼叫按钮本身和(或)控制系统。

底层呼叫按钮(LANDING CALLS，接线号 XH61/1)，拆检未见异常，更换新备件，故障依旧，可排除底层呼叫按钮故障的可能。

控制系统，主要由主电脑(运算)板块、执行器(主动力控制、梯门控制等)、主电脑至执行器的信号线路(I/O 延伸控制板)等 3 部分组成。

根据电梯控制原理分析，电梯到达指定楼层后，主电脑控制板接收位置探头的信号，运算后：

(1) 发出抵达信号，显示正确的楼层指示灯。

(2) 熄灭梯内按钮灯和熄灭楼层呼叫按钮灯。

(3) 解除梯门的联锁，自动打开梯门。

(4) 接梯门关闭信号，发出乘客需要的运行指令。

执行器——检查未见异常。

主电脑——分析故障现象，底层呼叫按钮灯未熄灭，则主电脑(运算)板没有接收到呼叫按钮灯熄灭的信号，所以电梯控制系统报警(报警代码 79)并进入自检测程序，须待自检测完成，熄灭底层呼叫按钮灯并自动消除报警后才重新运行(因属于不涉及安全的“一般”性故障，电梯控制系统完成自检测后能够自动进入运行状态并解除报警)，表明控制系统(主电脑运算板)正常。

主电脑至执行器的信号线路，即 I/O 延伸控制板(EXTENSION MODULE 371：1，见图 1)——是集成电路板。按照接线图(接线号 XH61/1)，拆下该延伸控制

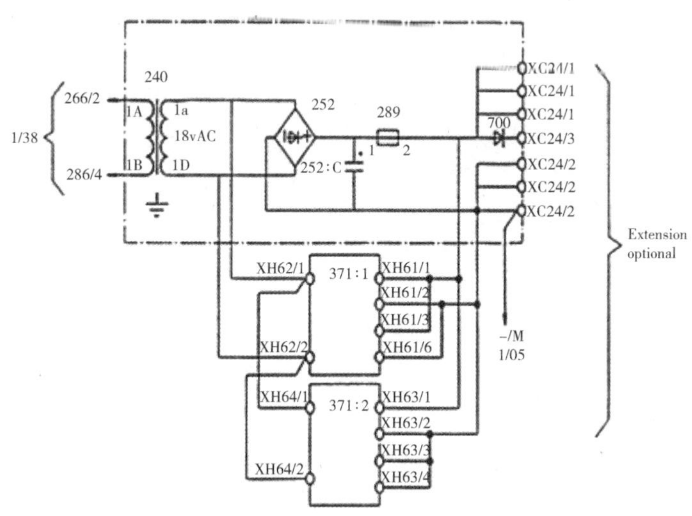

(EXTENSION NODULE371：1)接线号 XH61/1

图 1　延伸控制板

板，发现上面有规律地布满集成块及微小电子元件，可看出呼叫按钮灯的 16 个分电路（最多可用于 16 层楼，该轮 8 层楼仅使用 8 个分电路，其他 8 个分电路闲置），其中底层呼叫按钮分电路有 1 个微型二极管被击穿。正是该微型二极管被击穿，造成底层呼叫按钮等控制电路局部欠压，微型接触器不能及时动作甚至有时根本不动作，使呼叫按钮灯不能及时熄灭。

2.3 修复

利用呼叫按钮电路闲置的一路分电路代替已经损坏的底层分电路，装复试验，底层呼叫按钮灯及时熄灭。没有更换 1 个备件，没花一分钱，消除电梯“罢工”故障。

某船减摇鳍收鳍故障分析与排除

刘　昕　黄进明

（中国卫星海上测控部）

某船装配JQ-8型减摇鳍4台，在撤收减摇鳍时，发现前左鳍在收鳍角度＋2°时卡滞，无法收回。按照设计要求，该型减摇鳍在±3°鳍角范围内能自动收鳍，而在＋2°鳍角时减摇鳍无法收放，属异常情况。

1　减摇鳍简介

减摇鳍用于减小船舶在波浪海面上航行时的横摇角，提高船舶的适航性，改善船员的工作和生活条件，也为直升机在风浪中从船上起降创造更好的条件。

JQ-8型减摇鳍装置由电控系统、液压机组、执行机构和鳍箱等设备组成，其中，执行机构由上下支承座、转鳍油缸、收放机构、锁紧机构和鳍角发送器等组成。转鳍油缸为双作用油缸，安装在回转体上，活塞杆下端与连杆组件相连，带动鳍组转动，鳍上升力通过鳍轴组传至鳍箱。活塞杆上端连接鳍角反馈机构，发送鳍角信号给伺服放大模块。减摇鳍原理见图1。

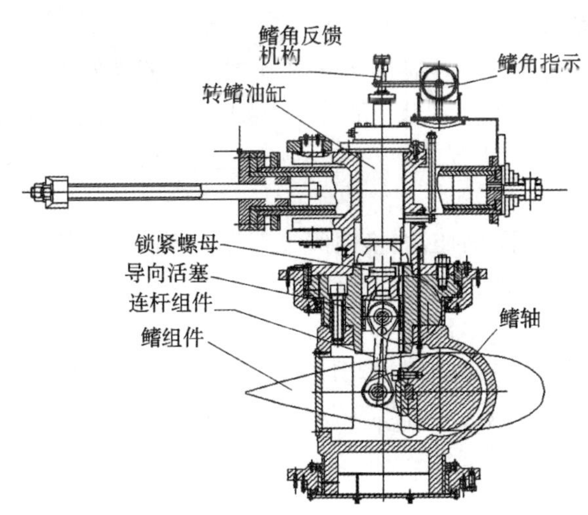

图1　减摇鳍原理

为提供更好的升力和减摇效果，该型减摇鳍采用襟翼机构。襟翼机构可以提高升力、抑制空泡产生和减小阻力，被广泛应用于飞行器、舵机和减摇鳍等液压器械。襟翼机构原理及实物见图 2。采用襟翼机构的减摇鳍由主翼、襟翼等组成，主翼是减摇鳍主要的工作部分，襟翼通过襟翼轴与主翼连接。襟翼相对主翼转动，其转角取决于主翼的转角和襟翼传动机构。当主翼绕鳍轴转过 α 角时，在襟翼传动机构的限制下襟翼绕襟翼轴相对于主翼转过 β 角，$\alpha : \beta = 1.5 : 1$。

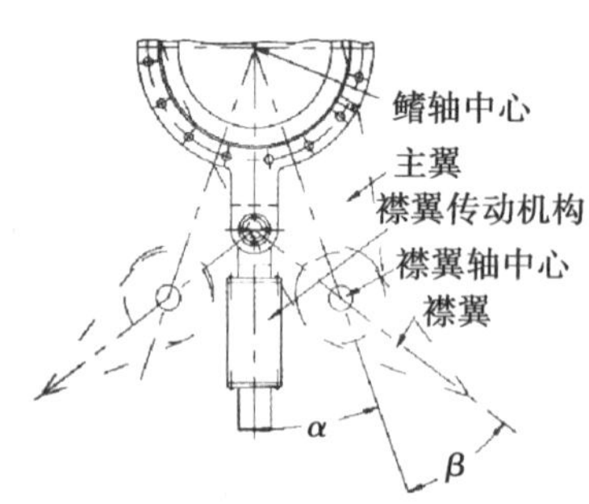

图 2　襟翼机构原理及实物

2　故障分析

在减摇鳍发生故障后，工作人员分别在 $-15°\sim+15°$ 鳍角时对前左鳍进行收鳍试验，发现如下现象：①放鳍过程工作正常；②在 $+4°\sim+7°$ 时可以正常收鳍。根据故障现象对减摇鳍可能发生的故障进行分析。

2.1　电控系统故障

电控系统故障指在减摇鳍控制系统中 1 个或多个元件发生故障，如 PID 控制模块、电源、传感器和 PLC 等元件出现故障，均能导致收鳍指令和放鳍指令无法正常执行。

2.2　液压系统故障

在液压系统中液压泵、液压油、换向阀等部件出现故障，导致减摇鳍无法正常工作，也可能导致减摇鳍无法正常收鳍和放鳍。

2.3　机械系统故障

该型减摇鳍采用襟翼传动机构，其执行机构采用双作用油缸，二者出现故障均能导致左前鳍机械指示无法正常显示鳍本身的状态，减摇鳍无法在正常鳍角收鳍。

1）襟翼传动机构故障

如图 3 所示，若襟翼传动机构出现磨损，襟翼轴与套筒脱离，则襟翼由于重力作用相对主翼呈自然下垂状态，收鳍中鳍与鳍箱就会卡滞。只有人为抬起一定角度，如在本文故障中抬起到大于 3°才正常收回。

图 3 襟翼传动机构

2）执行机构故障

该型减摇鳍转鳍油缸为双作用油缸，安装在回转体上，活塞杆下端与连杆组件相连，通过鳍柄、鳍轴组，带动鳍组转动，见图 4。

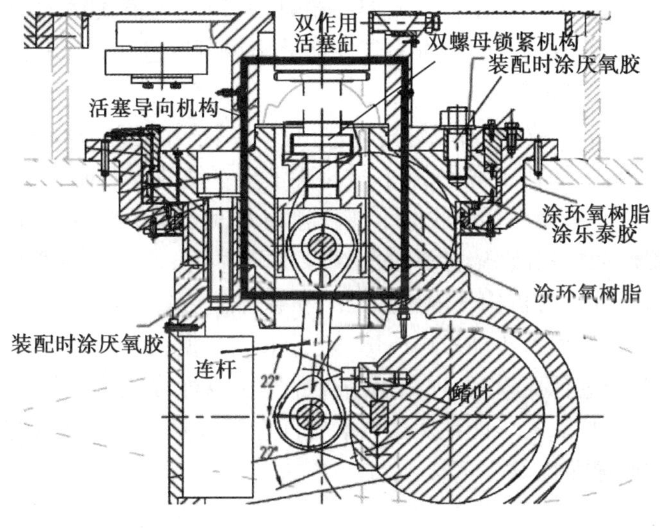

图 4 减摇鳍转鳍机构

由于活塞杆与导向活塞之间为螺纹锁紧连接设计，且加装双螺母锁紧，从活塞杆上部看，活塞杆的顺时针旋转趋势被双螺母锁紧装置遏制，但其逆时针旋转可能性存在。长时间反复受力促使活塞杆与导向活塞之间的螺纹产生松动，产生逆时针旋转而脱出、伸长，导致执行机构长度增加 ΔL，使减摇鳍显示装置不能正确反映鳍角的变化。减摇鳍活塞杆与导向活塞连接正常和松动情况下的对比见图 5。一旦螺纹全部脱出，鳍放出后就无法收回。

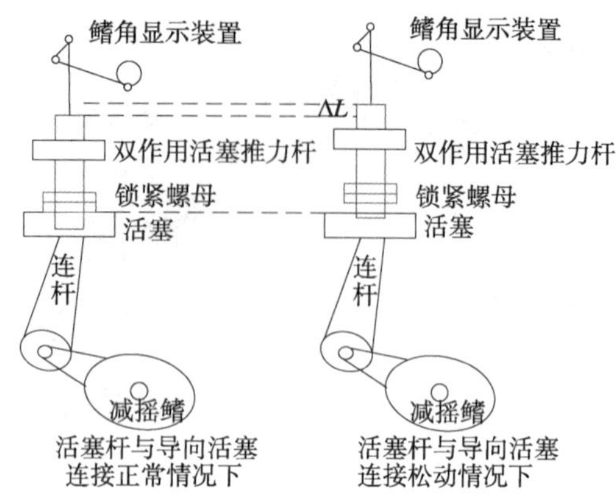

图 5　减摇鳍活塞杆与导向活塞连接正常和松动情况下的对比

3　故障排查

（1）排除电控系统故障。①检测控制箱，控制箱内各模块输入、输出正常；②在故障发生后，减摇鳍可以收鳍和放鳍；③在鳍放出后可以进入减摇状态正常工作。因此，排除电控系统故障可能。

（2）排除液压系统故障。在故障排查过程中，减摇鳍可以收鳍和放鳍，观察液压油油液、各仪表参数，均在正常范围内，故排除液压系统故障可能。

根据以上分析，出现减摇鳍收鳍卡滞现象的原因可能是机械系统故障，有以下 2 种可能：①襟翼传动机构故障，襟翼脱落，导致收鳍故障；②导向活塞与活塞杆之间的螺纹产生松动，导致执行机构长度增加 ΔL，机械零位变化，收鳍角度发生偏移。

针对可能发生的襟翼传动机构故障，进行下水探摸。在前左鳍放出状态下对水下前左鳍襟翼机构进行探摸，发现减摇鳍襟翼与主翼连接正常，襟翼传动机构良好，排除襟翼传动机构故障的可能性。最终确定前左鳍故障为导向活塞与活塞杆之间的螺纹松动，导致收鳍角度发生偏移。

4　故障解决

该故障由导向活塞与活塞杆之间的螺纹松动引起，将该螺纹重新设计紧固是解决该故障的根本方法。由于减摇鳍舱空间有限，须切割较大面积的钢板，解体减摇鳍更换锁紧螺母花费较大，须立足现有条件找到解决问题的简便方法。解决思路是：联系服务商，先将活塞杆与导向活塞之间的锁紧螺母重新紧固，恢复到出厂时的初始状态，再设计专用锁紧装置，使减摇鳍活塞杆在往复直线运动过程中与导向活塞相对位置固定。

4.1　恢复活塞杆与导向活塞的初始连接状态

在减摇鳍转鳍机构中，导向活塞与减摇鳍叶相连，只有线性自由度，没有旋转自由度。为恢复活塞杆与导向活塞之间的配合，需要顺时针旋动活塞杆，紧固活塞杆和导向活塞。为此，根据图 6 所示的活塞杆上端的锁紧螺母，制作图 7 所示的专用扳手，顺时针旋动活塞杆，将活塞杆与导向活塞之间的螺纹进行紧固，使导向活塞与活塞杆的相对位置恢复到正常状态，经现场测试记录发现，偏移量 $\Delta L = 12$ mm。

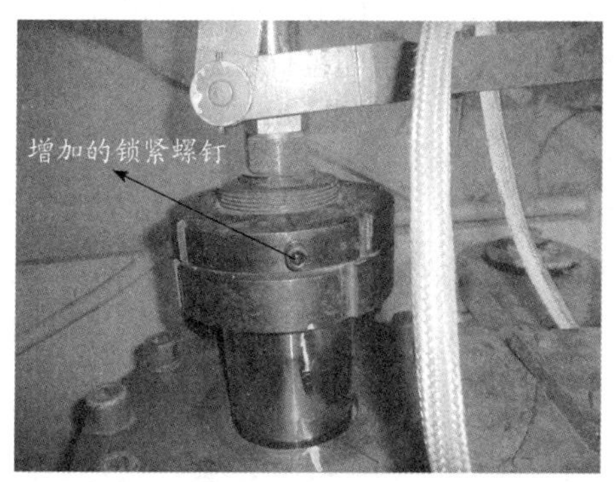

图 6　活塞杆上部的锁紧螺母

图 7　制作的专用扳手

4.2　增加导向机构，消除活塞杆旋动

活塞杆与导向活塞之间产生松动的主要原因是活塞杆在往复运动过程中产生旋转，若能限制活塞杆旋转，则可消除活塞杆与导向活塞之间松动的隐患。为此，工作人员制作锁紧螺钉，与活塞杆上端靠近本体的锁紧螺母进行螺纹紧固，固定上端的锁紧螺母。另外，如图 8 所示，在靠近本体的锁紧螺母上焊接左右 2 个限位装置，在双作用活塞缸密封外壳上增加导轨装置，用螺钉连接，活塞杆与上端锁紧螺母、限位装置形成 1 个刚体，导轨装置与限位装置示意见图 9。限位装置位于导轨的两侧，间隙 1～3 mm，限位装置与导轨之间涂 3 号通用锂基脂进行润滑，减小摩擦阻力，使减摇鳍活塞杆在往复直线运动中与导向活塞相对位置固定。

图 8　新制造的导轨装置

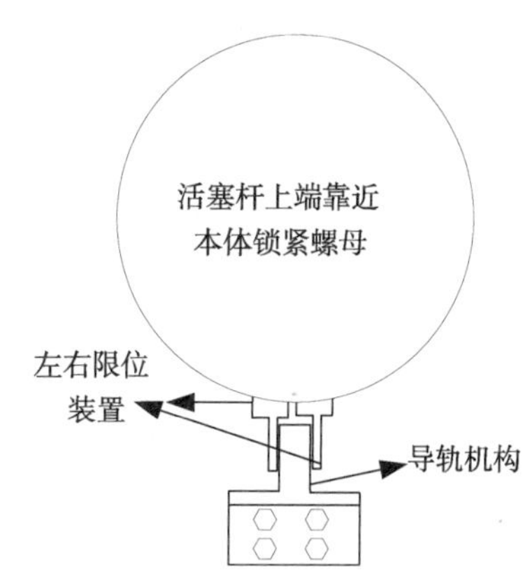

图 9　导轨装置与限位装置示意

在上述 2 种方案实施后检查前左鳍，在鳍角为 ±3°时可正常收放鳍，工作正常。

5 结束语

前左鳍故障的产生，表明该型减摇鳍锁紧螺母存在较大隐患，不符合设计使用要求，一旦锁紧螺母全部脱出，减摇鳍在放出后就无法收回。在前左鳍故障修复后，对其他 3 台减摇鳍同样加装锁紧装置，经约 200 天的海上作业，运行状态良好，该故障没有复现。

如何以国产船用异步电动机替代非国产电动机

刘　楠

（中海集装箱运输股份有限公司）

0　引言

电动机是船舶重要的电力拖动设备，绝大多数采用异步电动机。一旦电动机绕组损坏，船舶现场一般不能修复。即使船舶港内停泊有岸基支持也难在短时间内修复，须新购。

我国有相当多从国外买进的船舶，常常需要在国内选用国产电动机替代不同国家制造的电动机。

相互替代的电动机，应该与原电动机技术参数相同或接近。电动机参数大致可分为电制参数、功能参数、安装外形参数等 3 类。

1）电制参数

包括电压和频率，全球多数国家采用 440 V/60 Hz，我国和少数其他国家采用 380 V/50 Hz。

国内船用电动机一直有 440 V/60 Hz 产品，即使选用国产 380 V/50 Hz 电动机替代非国产 440 V/60 Hz 电动机，方法早有定论，不须讨论。

2）功能参数

包括电动机的工作方式、绝缘等级、工作环境温度、功率、转速（极对数和转差率）、启动力矩等因素。

机务管理人员都知道，替代的电动机与原电动机须选择相同或近似的功能参数，也不须讨论。

3）安装外形参数

包括结构形式、安装方式、机座号、凸缘号、轴径等。

替代的电动机与原电动机，即使电制参数和功能参数完全相同，安装外形参数不同，电动机不能安装，也不能实现替代。

因此，有必要了解电动机标准，包括我国的标准、国际标准、不同国家的标准与国际标准的差异。

本文介绍 IEC 的电动机外形参数标准和我国 Y 系列交流电动机的外形参数匹

配标准，提出国产电动机替代进口电动机，除电制和功能参数外，选择外形参数的要点并举例说明，谨供参考。

1 电动机外形参数和 IEC 的相关标准

随着全球经济一体化，各国要求统一电动机外形参数标准。1970 年代，IEC（国际电工委员会，世界性非政府性标准化组织）颁布旋转电机技术标准（IEC 60072），规定了包括电机功率等级、结构形式、安装方式、安装几何尺寸等，建议各国使用。

IEC 的标准 60072 的第一部分，规范了机座号为 56～400 的电机（发电机和电动机，同步电机和异步电机等）的尺寸和功率等级。在 IEC 标准指导下，多数国家规范了电机的安装方式、安装尺寸、功率等级等（我国 GB/T 4772 与之基本等同）。但是 IEC 的标准，只是规范了电动机安装尺寸的标准数据、功率等级的基准数据，并未规范安装尺寸与功率的对应关系，留下了不同国家自行掌握的空间；IEC 的标准，只是建议性标准，不同国家因原有做法不同，在数据的取舍上不完全一致。

这就导致不同国家生产电动机的安装尺度包括机座号、凸缘号、轴径对应关系不一致；即使机座号、凸缘号、轴径对应关系一致，但不同功率等级不同。

例如，IEC 标准包括有 3.7 kW，13 kW 等功率等级而我国的国标不采用；一些国家（尤其是日本），电动机尽可能使用小机座号，节能高效但散热困难，带负载余量小。

结果是，电动机安装外形参数，既有统一的国际标准，又有各国的具体规定，且相互制约，不易掌握。

为了正确选择替代电动机的安装外形参数，必须掌握 IEC 的电动机外形参数标准、我国的标准和各国的具体规定。

1.1 安装方式

电动机安装方式有几十种，最常见的安装方式也有 12 种之多。

按 IEC 的标准，电动机安装可归纳为机座底脚安装、凸缘安装（又称法兰安装）、机座底脚与凸缘双重安装等 3 种基本结构形式，几种常见结构形式和安装方式见表 1。

底脚安装，常用 B3 方式，派生出 B6，B7，B8，V5，V6 等。

底脚和凸缘双重安装，常见 B35 方式，派生出 B15，B36 等。

凸缘安装，常用 B5 方式，派生出 V1，V3 等。

派生的安装方式，安装的几何尺寸与常用方式完全一样。但是必须注意，不是任何电动机都可以采用派生的方式安装，尤其是大电动机。电动机质量大到一定程度，若采用派生安装方式，则可能安装面强度不足（例如，采用 B5 安装方式时，我国就规定最大只能到 225M 机座号）；有时还需要加强电动机轴承，如 V1 出轴端和 V3 自由端改用止推轴承。

表 1　IEC 标准中几种常见结构形式和安装方式

结构形式							
机座有底脚,但端盖无凸缘				机座有底脚,但端盖有凸缘		机座无底脚,但端盖无凸缘	
安装方式	示意图	安装方式	示意图	安装方式	示意图	安装方式	示意图
B3		B6		B35		B5	
B7		B8		V15		V1	
V5		V6		V36		V3	

1.2　安装尺度

为了方便,以底脚和凸缘双重安装的电动机(B35)为例介绍。有关的安装外形参数见图 1。

1) 机座号

机座号,原本指底脚安装的电动机轴中心线到底脚底面的距离 H(轴高),是带底脚电动机的基本安装参数,后来演变为反映电动机机座大小的参数。

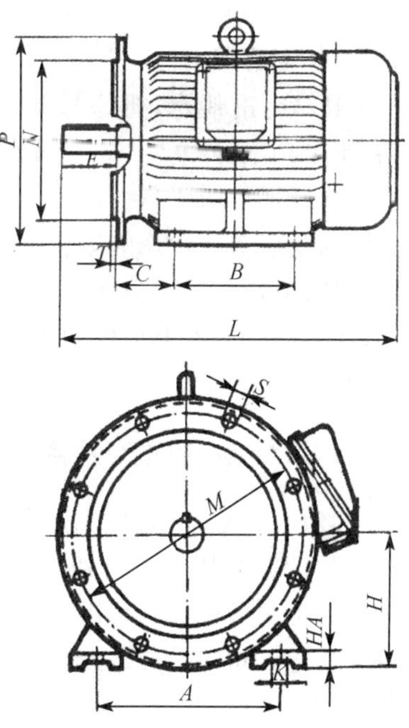

图 1　B35 电动机安装尺寸(mm)

IEC 的标准规定,交流电动机的 H 值,56～400 mm 范围内,分为 56, 63, 71, 80, 90, 100, 112, 132, 160, 180, 200, 225, 250, 280, 315, 355, 400 共 17 个机座号,某些机座号再按照机座长度细分为 S, M, L(如 180S, 180M, 180L),因此实际有 35 个机座号,每一机座号(含 S, M, L)都对应一定的安装尺寸,包括(见图 1):底脚横向(与电动机轴垂直)左右固定螺孔中心线距离 A;底脚纵向(与电动机轴平行)前后固定螺孔中心线距离 B;轴伸肩至最近底脚固定螺孔中心线距离 C;底脚固定螺孔直径 K。

无论是 B3, B5 还是 B35 电动机,各国在电动机的型号表达上,通常只出现机座号。例如,

ML5-160M 表示机座号为 160M。

2）凸缘号

凸缘号，指法兰基圆（各安装螺栓孔中心所在圆）直径 M(mm)。

凸缘号相同，法兰的尺寸数据都相同，包括：法兰止口直径 N，法兰止口高度 T，法兰外径 P，通孔直径 S，紧固螺栓孔数。

IEC 的标准规定，凸缘安装电动机的 M 值，在 55～1 080 mm 范围内，分 55，65，75，85，100，115，130，165，215，265，300，350，400，500，600，740，940，1 080 等共 18 个凸缘号。

某些国家电动机的型号显示凸缘号。如 MT90S 24F165－6，其中"F165"即表示凸缘号 M=165 mm。

3）轴径

轴径指电动机输出轴端的直径 D。

IEC 的标准规定：D 值分为 7，9，11，14，16，18，19，22，24，28，32，38，42，48，55，60，65，70，75，80，85，90，95，100，110 共 25 个规格。

轴径相同，与轴径关联的电动机轴安装尺寸相同，包括（见图 2）：轴伸出长度 E，键槽底至对面圆表面的距离 G，键槽宽度 F，键厚度 GD。

某些国家电动机型号显示轴径 D。例如，MT90S 24F165-6，其中"24"表示轴径 D=24 mm。

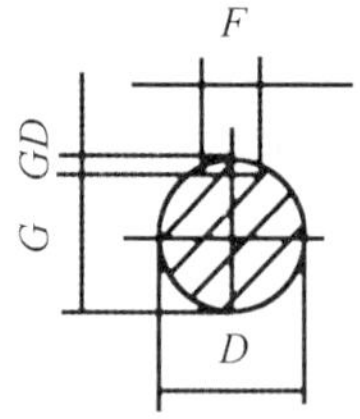

图 2　轴径及关联的安装尺寸

1.3　功率等级

IEC 标准规定，机座号 56—400 分成 0.06～100 kW 的共 71 个功率等级。

IEC 规范功率等级，是希望各国生产的电动机功率数据有一个基准数值。然而各国对功率等级数据的取舍不一，电动机功率等级标准还没有实际意义。

比如，IEC 标准 60072 的功率等级有 3.7 kW 和 13 kW 这 2 档，我国现在不采用；还有一些国家电动机功率以马力为单位，换算成千瓦值后，不可能与 IEC 的功率等级标准一致。

2　Y 系列电动机的特点

1970 年代末，我国制定了 Y 系列异步电动机（机座号 80—355）技术标准 JB/T 10391—2008，基本符合 IEC 的标准 60072，对机座号（法兰号）、轴径、功率、极数等之间的对应关系进行了标准化，并开始设计、试制 Y 系列异步电动机。1980 年代 Y 系列异步电动机投产并逐步淘汰了高能耗的 J 系列电动机（包括 J2，JO2，JO3，JO4 等）。Y-H 系列是 Y 系列派生出的船用产品，符合 IEC 92（船舶电气设备标准），得到 CCS，LR，GL，NK 等船级社认可。

2.1 标识

我国异步电动机的命名，由字母和数字组成。

例如 Y 132 S2-4-H，其中：Y 表示异步电动机；132 S2 是机座号，S 代表机座长度(S，M，L 分别表示短、中、长)，其后面的数字代表铁心长度(1，2 分别表示短、长)；4 表示极数；H 表示船用。

2.2 机座号、功率和极数对应

国产 Y-H 系列电动机标准详细规定了电动机机座号、功率和极数的对应关系，见表 2(节选)。

2.3 机座号、凸缘号和轴径等安装尺寸对应

国产 Y-H 系列电动机标准详细规定了电动机机座号、凸缘号、轴径的对应关系，见表 3(节选)。

表 2 和表 3，与大多数欧美国家差别不大，但与日本、韩国差别较大。

表 2 国产 Y-H 系列电动机机座号、功率和极数对应关系

机座号	功率/kW				
	2 极	4 极	6 极	8 极	10 极
80M1	0.75	0.55	—	—	—
80M2	1.1	0.75	—	—	—
90S	1.5	1.1	0.75	—	—
90L	2.2	1.5	1.1	—	—
100L1	3.0	2.2	1.5	—	—
100L2	3.0	3.0	1.5	—	—
112M	4.0	4.0	2.2	—	—
132S1	5.5	5.5	3.0	2.2	—
132M1	—	7.5	4.0	3.0	—
132M2	—	7.5	5.5	3.0	—
160M1	11.0	11.0	7.5	4.0	—
160M2	15.0	11.0	7.5	5.5	—
160L	18.5	15.0	11.0	7.5	—
180M	22.0	18.5	—	—	—
⋮	⋮	⋮	⋮	⋮	⋮
355L2	315	315	250	200	132

表 3　国产 Y-H 电动机机座号、凸缘号和轴径对应关系

机座号	凸缘号/mm	轴径/mm
80M	165	19
90S	165	24
90L	165	24
100L	215	28
112M	215	28
132S	265	38
132M	265	38
160M	30	42
160L	300	42
180M	300	48
⋮	⋮	⋮
355L	740	75/95
轴径栏，分子数据为 2;极电动机数据，分母为 2;极以外电动机数据。		

3　替代

如前所述，电动机安装外形参数，既有国际标准，又有各国的具体规定，且相互制约，不易掌握。

不同国家所产电动机的机座号、功率和极数三者的对应关系(见表 2)，以及机座号、凸缘号和轴径三者之间的对应关系(见表 3)，不完全一致。

这是各国电机不能随意互换的根本原因。

因此，国产电动机替代不同国家制造的电动机，要在 IEC 标准范围内，通过调整安装尺寸数据和功率等级来实现。

选择替代的电动机，步骤如下。

1) 确定安装方式

电动机安装方式，是底脚安装，还是凸缘安装，还是底脚和凸缘组合安装，从结构形式很容易直观看出。

2) 确定机座号和凸缘号

电动机的机座号和凸缘号，可以从电动机铭牌或资料获得。例如图 3 所示的铭牌，ABB 电动机的机座号是 112 M。

若铭牌丢失且资料缺失，则底脚安装者可实际测量轴高 H，凸缘安装者可实际测量安装孔基圆直径 M，再与表 3 数据比较消除测量误差，获得机座号或凸缘号。

3）确定轴径

有的电动机，铭牌上标明轴径。例如 MT90S 24F165－6，其中的“24”即为轴径。

更多的电动机，须实际测量，再与表 3 数据比较消除测量误差。

按确定的机座号或凸缘号以及轴径选择的国产船用异步电动机，可替代原非国产异步电动机。

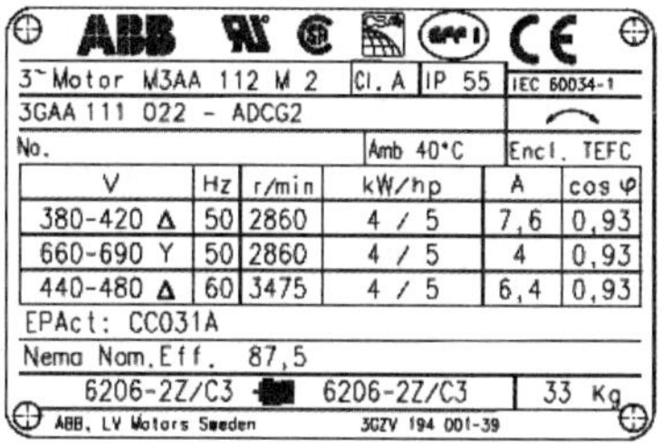

4）确定功率等级

非国产电动机的功率等级，很容易从铭牌上或者资料上获得。

图 3　某 ABB 电动机铭牌

获取非国产电动机功率等级数据后，再按确定的机座号对照表 2，看是否有相应机座号、相应功率等级的国产电动机。

4　替代举例

1）瑞士 ABB 电动机

某船 Alfa laval 205 分油机，配 ABB 公司电动机，型号 MBT 112M E4，380 V，4 kW，10.2 A，1 430 r/min，绝缘等级 B，B5 安装，轴承损坏导致轴承座损坏，且为铸铝机座，无修复价值，需要替换。

（1）从外观、铭牌和测量得知：机座号 112M，功率 4 kW，转速 1 430 r/min（即 4 极），凸缘安装，基圆直径 M=215 mm，轴径 28 mm。

（2）查阅 GB/T 4772 对照，我国 Y-H 系列机座号 112 M 的电动机，功率 4 kW，与原电动机的机座号、凸缘号和轴径的对应关系一样，且工作方式、绝缘等级一致，符合要求。

由此确定，用国产 Y112M-4-H 船用异步电动机（B5 安装，380 V/50 Hz，4 kW，1 430 r/min）替代。

2）日本三菱电动机

某主机缸套水泵电动机，日本三菱公司产品，凸缘立式（V1）安装，型号 SB-EV ML5-160M，绝缘等级 F 仍过热损坏，需要替代。

（1）从型号和实际测量可知，该电动机：机座号 160 M；频率 60 Hz，转速 1 750 r/min，可知是 4 极；凸缘安装孔基圆直径 300 mm；轴径 42 mm。

（2）查阅 GB/T 4772 对照，可知机座号、凸缘号和轴径的对应关系，符合我国标准。

（3）查阅 GB/T 4772 对照，可知我国机座号 160 M 的 4 极电动机功率最大 15 kW，小于原电动机 18.5 kW。

在这种情况下，可以：

(1) 为满足功率要求，按 GB/T 4772，选择机座号 180 M，功率 18.5 kW 的国产电动机，对应轴径 48 mm；

(2) 机械加工，修改轴径以及关联尺寸(轴伸出长度、键槽宽度、键规格等)，使与原电动机一致。

由此确定，用国产 Y180M-4-H 电动机(V1 安装，440 V/60 Hz，18.5 kW)，经机械加工修改轴径以及关联尺寸后替代。

5 结束语

综上所述可知，我国船用异步电动机的安装尺寸与功率等级的关系，与 IEC 标准基本一致，与大多数国家的标准大同小异。

国产电动机替代进口电动机时，只要遵守电动机参数前后一致(或接近)的原则，一般都能够找到国产电动机的替代产品。

VJ-140 辅助锅炉自动控制系统水位故障实例

徐云东　孙　辉

(上海远洋运输有限公司)

1　VJ-140 辅助锅炉自动控制系统

VJ-140 辅助锅炉自动控制系统，核心控制元件采用 PLC，技术先进，较传统的控制系统性能稳定、可靠性强、维护方便。

该系统功能包括：水位自动控制；气压自动控制(含点火、燃烧控制)；安全保护系统(含水位高/低、给水泵故障、蒸汽低压、点火故障、燃低油压、燃油高低温等故障声光报警及停机)；相应手动控制功能。

其中，安全保护和水位自动控制是 2 个系统。安全保护系统，通过电极筒探测水位，并适时发出水位高、低报警。水位自动控制系统，通过水位传感器、压差变送器、控制器、执行器控制锅炉给水泵启停，保持锅炉水位正常，也显示水位高、低并适时报警。

2　故障

某日靠泊，停炉更换强制循环水泵出口阀后，锅炉手动补水，水位控制系统故障。

故障现象：安全保护系统的高水位报警；水位自动控制系统的人机交流界面上显示持续高水位并报警；通过锅炉水位观察镜观察，炉内实际水位并没有达到报警高位。

3　故障分析

粗看起来，2 项故障现象似乎是同 1 个故障——高水位。但是炉内实际水位并没有达到报警高位，且安全保护系统和水位自动控制系统是 2 个相互独立的系统，所以实际是同时存在 2 处故障——安全保护系统的水位部分故障和水位自动控制系统的水位部分故障。

3.1　安全保护系统的水位部分故障

安全保护系统的水位保护部分，主要部件是电极筒及其磁性浮子(见图 1)。电极筒上下分别经 2 个阀连接汽水包的汽、水空间，电极筒水位同汽水包，浮子位置的

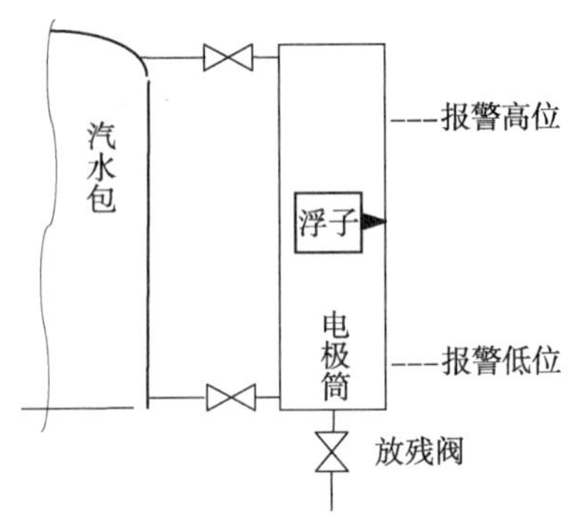

图 1　水位传感器

变化反映水位变化；浮子在“报警高位”和“报警低位”分别触发高水位磁性开关和低水位磁性开关；磁性开关的动作引发报警。

通过锅炉水位观察镜观察，炉内实际水位没有达到最高水位，可知安全保护系统的高水位报警是误报警。安全保护系统的水位报警部分，构成和原理都很简单，且炉水所含不溶物易在电极筒内沉积，误报警的故障点大多在电极筒。故：

(1) 打开电极筒放残阀，没有水流出，怀疑放残管路堵死；拆解连接放残管路法兰，用压缩空气吹逐，放残管路通畅，但仍没有水流出，判定电极筒连接汽水包的阀门、管路堵死。

(2) 拆下电极筒的进口阀，发现管路已被垃圾堵死。吹通管路，用高压水枪清洁电极筒，装复后，安全保护系统的高水位报警消失。

此刻，仍未消除水位自动控制系统的水位部分故障，所以给水系统只能手动控制而不能恢复自动。

3.2　水位自动控制系统的水位部分故障

水位自动控制系统的水位部分(见图 2)的构成和功能如下。

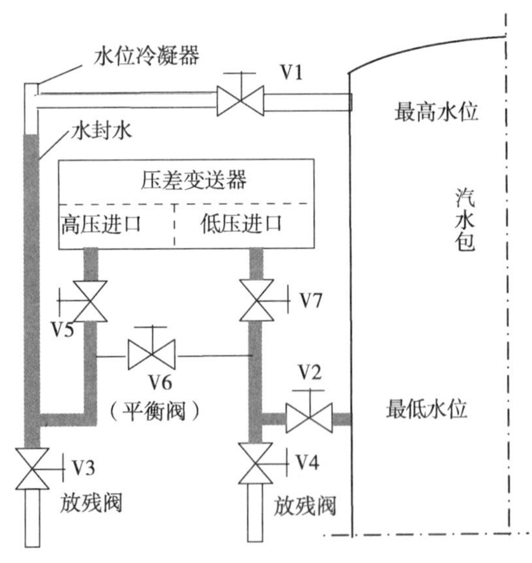

图 2　水位传感器

(1) 水位传感器，将汽水包内的汽、水压力分别送入压差变送器感受压力的高压腔和低压腔。

(2) 压差变送器,将高压腔和低压腔的压差信号(即水位高度信号)转化为电信号(4～20 mA)送至 PLC 控制器。

(3) PLC 控制器,根据探测到的水位(含反馈因素)、设定水位(从人机交流界面来)等,发出供水指令。

(4) 指令执行器,按控制器的供水指令(信号经转换和放大),启停给水泵。

(5) 人机交流界面水位指示控制器显示水位和报警。

水位自动控制系统的水位部分,信号转换、运算和执行等都是电路,故障较少;只有水位传感器,因炉水所含不溶物易沉积,最易发生故障。故先检查水位传感器(操作较简单,符合处理故障的先易后难的原则)。

水位传感器的作用,如前述,是将汽水包内的汽、水压力分别送入压差变送器感受压力的高压腔和低压腔。其工作原理(见图 2)如下。

(1) 水部分,直接接入压差变送器的低压进口。

(2) 汽部分,因为蒸汽会持续凝结,设有 1 个加注水封水的容器,蒸汽压力通过水封接入压差变送器的高压进口。

检查水位传感器:

(1) 缓慢打开水位传感器水部分(低压侧)放残阀 V4,见有水流出,同时观察到水位指示控制器"S1"显示水位下降,可排除水位传感器水部分故障。

(2) 缓慢打开水位传感器汽部分(高压侧)放残阀 V3,没有水流出,只有蒸汽流出,知道水密封因失水而失效。

水密封失水的原因,从事前曾为更换强制循环水泵出口阀而停炉分析,是停炉时密封水被蒸发掉了。

既然故障原因是水密封失水,消除故障只须按照说明书要求加注水封水,具体步骤如下。

(1) 关闭通往压差变送器的总阀 V1 和 V2。

(2) 锅炉点火、升汽,蒸汽压力超过 0.2 MPa 时,打开 V1 和 V2,然后打开泄水阀 V3 和 V4,清除管内垃圾。

(3) 关闭 V1, V2, V3 和 V4,打开高压侧水位冷凝器顶盖给冷凝器和高压侧管路加满水。

(4) 打开 V1 和 V2,然后打开平衡阀 V6,驱除相关管路中的空气。

(5) 打开 V5,关闭 V6,然后打开 V7。

上述 5 项操作完成后:

(1) LED 水位指示控制器的 LED 水位指示下降。

(2) 与锅炉水位观察镜所见的水位比较,LED 指示水位指示正确。

(3) 观察锅炉给水泵启动水位和停止水位,正常。

至此,锅炉自动补水恢复正常使用。

4 反思

锅炉水位不正常可能导致锅炉严重损坏甚至爆炸。为严格控制锅炉水位，虽然水位自动控制系统具备显示和报警功能，仍配置安全保护系统（报警）以备水位自动控制系统失效时替代，相当于通常自动控制系统的手动功能。因此，当 2 个相互独立的系统都有水位异常报警时，必须从 2 个系统分析。

该故障的 2 个故障点都在水位传感器，但故障原因不同：一是管路脏堵，一是水密封失水。

防范措施：

（1）对于管路脏堵，及时清洁电极室。

（2）对于水密封失水，若停炉时间较长，则锅炉再运行前加足水封水。

翅片管式废气锅炉着火的应急处理

涂志平　韩淑洁

（青岛远洋船员职业学院）

0　引言

正常航行中，船舶柴油机的排气温度较高，大型低速二冲程机可达 250～380 ℃，四冲程中速机可达 400 ℃。废气锅炉能够科学、合理地利用柴油机的排气废热，提高船舶经济性。

目前船舶采用较多的强制循环水管废气锅炉装置（见图 1），其工作过程是锅炉汽水包的水被热水循环泵送到废气加热管排，吸收废气热量后，回到汽水包汽水分离，水再被热水循环泵送到废气加热管排加热。

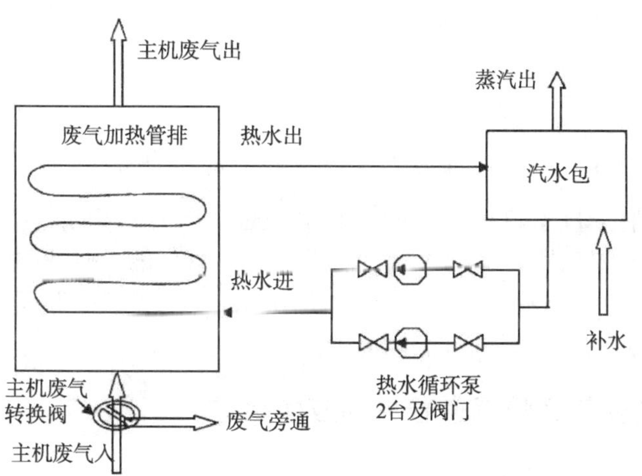

图 1　废气锅炉结构示意

翅片管式废气锅炉，废气加热管采用无缝钢管外附有密集的铝合金翅片（见图 2），传热效率高，尺寸相应小，使用温度最高可达 450 ℃，船舶采用较多。但是，密集的翅片在提高传热效率的同时增加了废气流动阻力，易积存烟垢。若燃油燃烧不完全（尤其是高黏度重质燃油），烟垢含油多且易积存可能导致废气锅炉烟道着火，不但会损坏设备影响船舶正常营运，甚至烧塌锅炉威胁船舶安全。

图 2　废气锅炉翅片水管

1　烟道着火过程

燃烧三要素是可燃物、温度和氧气。

烟道着火，可燃物是烟垢，故多发生在烟垢积聚处；烟灰的引燃温度 300～400 ℃，但若烟垢含有未燃尽的燃油或润滑油，则其引燃温度可降低到 150 ℃，极端情况下甚至可能低至 120 ℃；且废气烟道不缺少氧气。

（1）烟垢烧起来后，温度可能急剧升高到 650 ℃以上。若持续时间长，则水管受热再加上机械应力可能破损渗水。

（2）渗出的水受热蒸发汽化，与高温碳表面作用产生 H_2，CO 和 CO_2 混合气体即“水煤气”，反应方程式为

$$C + H_2O \longrightarrow CO + H_2 \text{ 和 } CO + H_2O \rightarrow CO_2 + H_2$$

“水煤气”中的 H_2，CO 迅速燃烧，即为“氢燃”，产生更多的热量。

（3）若燃烧温度达到 1 000 ℃且有蒸汽或水从管中漏出时，则燃烧会再次升级。当温度达到 1 100 ℃，烟灰中的钒、钠等会加快反应，引发“铁燃”——金属燃烧，可能烧红废气烟道绝热层外的铁皮直至烧毁锅炉。

2　翅片管式废气锅炉烟道着火的应急措施

整个应急过程，须注意：

（1）隔离火场周边，防止扩大到废气通道以外殃及其他设备；

（2）观察所采取应急措施的效果，不断根据具体情况调整（取消无效措施和增加新措施），直至灭火成功；

（3）翅片管式废气锅炉烟道着火，有加热管排水管未破损与已破损漏水 2 种情况，应急措施不同。

2.1　加热管排水管未破损

1）现象

现象，也是判定加热管排水管未破损的依据（其他条件不变）：

(1) 温度,废气烟道出口温度高(一般 330 ℃报警);

(2) 烟色,浓黑,夹杂火星;

(3) 锅炉汽压,快速异常升高,安全阀起跳;

(4) 热水井冒蒸汽(超压泄放到大气冷凝器的蒸汽来不及冷凝);

(5) 热水循环泵压力波动,等。

2) 应急措施

应急目标是尽可能保全受热管排。应急措施包括:

(1) 降低进入废气通道的废气温度——主机立即换用轻柴油并停车,若条件不允许停车则也要尽量降低负荷。

(2) 保持受热管排有效冷却——保证炉水循环泵运转(必要时 2 台并联运行,千万不可停泵),并保持汽水包水位(保持给水泵运转和热水井水位)。

(3) 降低锅炉气压(即减小受热管排管壁应力)——开大燃油储存舱、柜蒸汽加热阀。

(4) 灭火——积极的方法是利用冲洗管路水灭火(注意开足废气通道底部泄水阀),适用于火势较大(如废气炉烟气出口温度高于 450 ℃);保守的方法是持续蒸汽吹灰灭火(还可吹除积存的烟垢),适用于火势较小(如废气炉烟气出口温度低于 450 ℃),一旦火势增大,立即改用冲洗管路水灭火。

2.2 加热管排水管破损漏水

1) 现象

现象,亦是判定加热管排水管破损漏水的依据(其他条件不变):

(1) 温度,废气烟道出口温度升高;

(2) 锅炉气压,快速下降;

(3) 烟色,黑烟(可能夹杂火星),加热管排水管破损漏水初期(炉水未漏光)夹杂白色水蒸气,后期(炉水漏光或循环泵部分吸空失压)不再夹杂白色水蒸气;

(4) 汽水包水位下降甚至失水,热水循环泵压力降低甚至失压;热水井补水亦明显加大甚至被抽空;

(5) 烟道下部积水,甚至回流至主机增压器涡轮;

(6) 炉体外壳或绝热层表面铁皮被烧变色,等。

2) 应急措施

应急目标是灭火以防止损坏扩大。

可采取的应急措施包括:

(1) 降低进入废气通道的废气温度——主机立即换用轻柴油并停车,若条件不允许停车则也要尽量降低负荷。

(2) 灭火——利用冲洗管路水灭火(注意开足废气通道泄水阀以保护废气涡轮),若主机已停车且确认废气烟道内压力不高,则可打开废气通道人孔门消防水灭火。

(3) 停止炉水循环泵,改用燃油辅锅炉供汽。

3 防范措施

主要是减少烟垢含油量和防止烟垢聚积。

3.1 减少烟垢含油量

(1) 燃油系统,通过沉淀、离心净化、添加添加剂、适当加温保证黏度等措施,保证燃油质量。

(2) 主机,良好地维护保养喷油系统、换气系统、燃烧室部件等,定期检测运行参数,适时调整气缸油注油率,减少低负荷工作时间,确保燃油燃烧正常。

(3) 若长时间低负荷运行,间断地高负荷运行一段时间,则利用较高废气压力吹除废气加热管排积灰。

3.2 防止烟垢聚积

1) 严格按照操作规程吹灰

(1) 吹灰操作,坚持完全彻底地完成吹灰全过程。

(2) 吹灰次数,随主机工况而变:正常行航行,坚持每天早、晚吹灰各 1 次;主机长时间低负荷、变速运行或工况不良,或主机长时间高负荷运行(烟垢聚集多),适当缩短吹灰间隔。

2) 择机检查

长时间高负荷运行后转入较长时间低负荷运行,择机及时打开废气通道检查,必要时人工清除烟灰。

3) 炉水循环泵

(1) 工作状态,随时监测并调整,保持正常;

(2) 自动切换和报警装置,始终保持完好;

(3) 主机完车后,至少继续运转 2 h 以上充分带走废气通道内热量,以防止烟灰燃烧。

4) 定期检修废气锅炉

定期洗炉,尤须检查废气锅炉受热管排:

(1) 烟垢聚集情况,尤其是有没有废气流道的死角(往往可发现吹灰器故障);

(2) 管排整体变形情况,是否缩小废气通道面积;

(3) 翅片烧蚀程度,是否缩小换热面积,是否缩小废气通道面积;

(4) 翅片与水管,是否良好结合;

(5) 各种仪表,尤其是废气炉烟道出口温度计、进出口压差计等是否齐全、灵敏、可靠等。

3.3 安全管理体系

(1) 废气加热管排烟侧检查和清洗,结合说明书及实际情况,列入维修保养计划。

(2) 完善废气锅炉吹灰的操作须知。

(3) 废气炉着火列入 SMS 的“可能发生的紧急情况”,并制订适用的应急预案。

(4) 加强人员的管理,提高管理和操作人员的责任心和技术水平,全面掌握值班管理的要求,能够正确监控重要参数并理解其意义,特别是废气炉烟道出口温度、进出口压差等。

4 关于加热管排干烧

部分厂家在锅炉说明书中明文标出“该类型高效废气锅炉可以干烧”等字样,但尽可能避免。若不得已必须干烧,则须确保加热管排:

(1) 火侧无烟灰积存(冲洗干净)。

(2) 透气阀全开(通大气)。

(3) 放尽残水,等。

油船泵房可燃气探测系统使用维护的几点心得

盛海波

(中海发展股份有限公司油轮公司)

0 引言

油船泵房,因货油泵及其管路、阀件的漏泄,易存在和聚积可燃气体,又不能使用惰性气体,火灾/爆炸危险高,一旦发生,后果严重。因此,规范要求油轮泵房必须配备可燃气体探测系统(以下简称探测系统)。

探测系统,由可燃气体探头(以下称探头)、控制器、报警器等组成。

探头用来探测被测区域的可燃气体浓度,由壳体、气室、可燃气体传感器、限焰器、电路板等组成。

按探头安装位置,探测系统有 2 种。

固定式探测系统(见图 1),探头安装在泵房内气体流通的地方(例如泵房两舷侧舱底以上 50 cm),使探头能检测到泵房内平均可燃气体浓度。固定式探测系统探头见图 2。

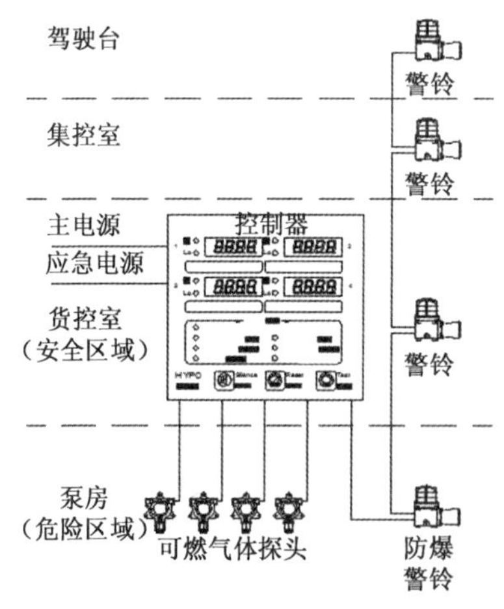

图 1　固定式探测系统

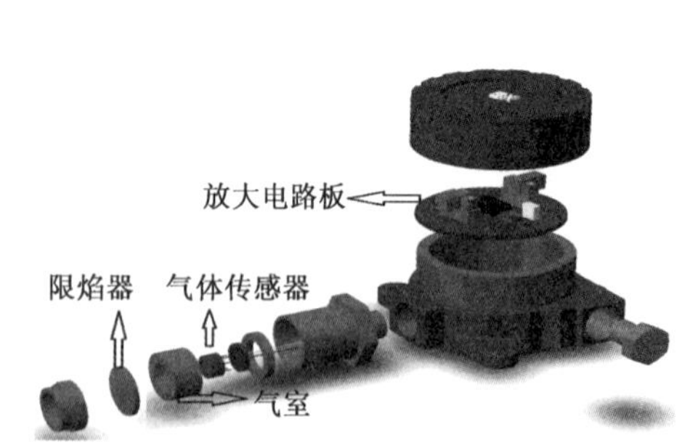

图 2　固定式探测系统“探头”分解

抽吸式探测系统(见图 3),探头安装在泵房外的安全区域(例如货控室、液压泵站室等),所以比固定式探测系统多了抽吸可燃气体的装置,通过真空膜片泵和管路抽吸泵房内气体送探头检测后排大气。

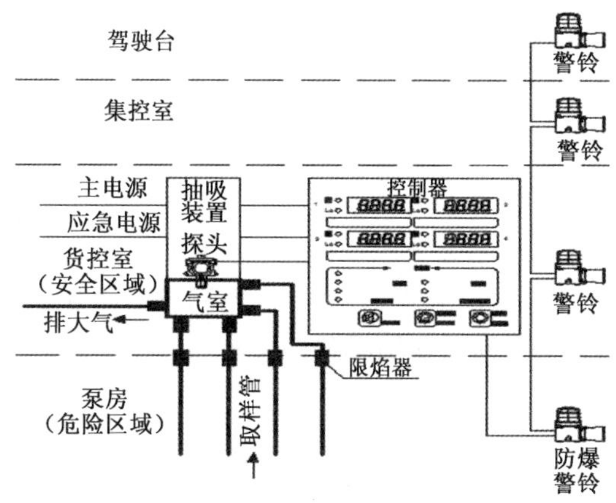

图 3 抽吸式可燃气体探测系统

为了安全，油轮必须保持油轮泵房可燃气体探测系统有效，大石油公司检查也将其列为重要项目。

1 泵房的电气设备必须使用防爆型

油船泵房是危险区域，必须使用防爆电气设备。

油船防爆电气设备主要有 2 种，隔爆型（Ex“d”）和本质安全型（Ex ia 或 Ex ib，Ex ia 等级高于 Ex ib）。

隔爆型电气设备，把该设备可能产生火花、电弧和危险温度（可能点燃爆炸性气体混合物）的零部件全都封闭在 1 个隔爆外壳内，将该设备内部空间与周围的环境隔开。鉴于隔爆外壳内部也可能因电气设备呼吸作用和气体渗透作用存在爆炸性气体混合物而可能爆炸，所以该隔爆外壳的强度能够承受内部可燃性混合物的爆炸力而不损坏；该隔爆外壳的结构间隙和填充物具备冷却火焰、降低火焰传播速度或终止加速链的作用以防止火焰（和（或）危险的火焰生成物）穿越外壳的间隙点燃外部存在 1 种或多种可燃气体的可爆炸性环境（参见 GB 3836.2）。

本质安全型电气设备，全部电路均为本质安全电路，即正常工作或规定的故障状态下产生的电火花和热效应均不可能点燃规定的爆炸性混合物的电路。也就是说，该类电器不是靠外壳强度及其充填物防爆，而是其电路在正常使用或出现故障时产生的电火花或热效应的能量小于 0.28 mJ（点燃最易爆炸的可燃气体积浓度 8.5%的最小能量）。

不同国家，防爆电气设备分类、分组的方法和标识不同。我国的《钢质海船入级与建造规范》规定，船用防爆电气设备用Ⅱ类（气体组别），泵房电气设备防爆等级属ⅡA 类 T3 温度组（Ⅰ，Ⅱ级别顺次降低，Ⅰ类主要用于易受甲烷影响的煤矿环境，Ⅱ

类用于除煤矿之外的爆炸危险环境，ⅡA，ⅡB，ⅡC…级别顺次增高，T1，T2，T3…级别顺次增高）。探头铭牌标“Ex iaⅡC T6”或“Ex d ⅡC T6”已经是油轮防爆电气设备中本质安全型或隔爆型的最高防爆等级。

由此可知，油轮泵房：

（1）电气设备型式，必须使用防爆型，不得使用非防爆电气设备。

（2）电气设备防爆等级，不得低于规范要求。

因此，检修泵房电气设备——隔爆型，必须断电检修，检修完毕一定要检查外壳是否紧固，更换可燃气体探头后必须紧固电缆的填料函；本质安全型，可带电检修，更换可燃气体探头后也必须紧固电缆的填料函。

2 传感器

传感器，主要有催化型、红外光学型等 2 种类型。

2.1 催化型传感器

利用难熔金属铂丝加热后的电阻变化来测定可燃气体浓度，属于隔爆型而非本质安全型。

被检测气体通过限焰器进入探头内部气室。铂丝表面接触被探测气体氧化（无焰燃烧）发热，温度随可燃气浓度成比例升高，铂丝电阻率（电阻）随气体浓度成比例减小。检测桥路检测到铂丝电压降随可燃气浓度成比例的变化，放大后输出 4～20 mA电流（对应可燃气体的 0～100％LEL，一般为三线制）。

2.2 红外光学型气体传感器

性能比催化型好，但因开发时间不久、价格高，应用尚不广泛。

被检测气体通过限焰器进入探头内部气室。

内部气室中有 1 盏灯提供循环的红外光源，经反射分成 2 路，分别照射到“参照感应片”和“活跃感应片”上。2 个感应片感受到红外光都能产生与其所感受的红外光强度成正比的电平。不同的是，“参照感应片”上覆盖着的滤光材料使其只能感受被测气体不吸收的光谱，所以其产生的电平不受被测气体浓度的影响保持不变；而“活跃感应片”上覆盖着的滤光材料使其只能感受被测气体吸收的光谱，所以其产生的电平受被测气体浓度的影响，被测气体浓度越高，电平越低。控制器比较“参照感应片”和“活跃感应片”电平，处理后输出 4～20 mA 电流（对应被测气体的 0～100％ LEL，一般为三线制）。

传感器很“娇嫩”，容易损坏或灵敏度降低，且传感器接触高浓度可燃气可能“中毒”，应充分保护。

3 限焰器

固定式探测系统处于危险区域，抽吸式探测系统管路连接危险区域，若使用非本质安全型探头，则不论传感器采用什么型式，都须阻隔探头内部可能产生的火焰和(或)可能引起燃烧的气体回流到泵房或其他危险区域，方法是加装限焰器。

限焰器，通常采用数层同规格的不锈钢、铜等金属材料或稀土材料的编制网组合烧结而成，外观有点像滤网，可以阻隔探头内部可能产生的火焰和(或)可能引起燃烧的气体产物回流到探头外危险区域。

固定式探测系统，限焰器组装在探头内(见图 3)。

抽吸式探测系统，采样管路连通安全区域和危险区域，限焰器安装在采样管路上的危险区域与安全区域交界处(见图 2)。

限焰器可能被污物阻塞，使被测气体进入气室困难，则探头的反应变慢，必须清洗。清洗操作应：

(1) 确认可燃气体浓度允许——固定式探测系统泵房测爆(若不能确认，则须择机驱气、通风后再次测爆确认)；抽吸式探测系统切断抽吸通道。

(2) 停电，即关闭探测系统电源。

(3) 固定式探测系统，拆下限焰器清洗或换新；抽吸式探测系统，从安全区域接压缩空气反冲洗每根采样管。

千万不可未经测爆确认可燃气体在爆炸极限以外就取出限焰器，因为万一泵房可燃气体在爆炸极限内，又没有了限焰器，探头反而变成了火源。

防止限焰器堵塞，建议每月至少 1 次，选择航行或锚泊，按上述方法清洗限焰器或更换备件。

4 报警及设置

4.1 报警功能的实现

报警功能由电路板实现，可预设报警值，分为预报警和主报警。可燃气浓度超过设定的预报警值或主报警值，电路板同时启动泵房、货控室、集控室、驾驶台等多处声光报警(预报警与主报警不同)，提醒船员采取应对措施。预报警和主报警的设定值，都按爆炸极限下限的百分比。

4.2 关于爆炸极限

众所周知，若气体中的可燃气浓度很低，可燃物少，则即使遇到明火也不足以燃烧更不会爆炸；若气体中的可燃气浓度很高，氧气少，则即使遇到明火也不足以燃烧更不会爆炸。气体遇到明火可能引起燃烧的最低可燃气浓度，称为爆炸下限(Lower Explosive Limit, LEL)；气体遇到明火可能引起燃烧的最高可燃气浓度，称为爆炸上限(Upper Explosive Limit, UEL)。二者统称爆炸极限，均以可燃气在气体中的体积浓度(即所占体积的百分比，下简称浓度)表示。

也就是说，预防含可燃气的气体爆炸有 2 种途径：对于可燃气浓度高且不可能降低的，是控制气体的含氧量，如充入惰气(通常含氧量低于 8%)；对于可燃气浓度不高的，是监测和控制气体的可燃气浓度。虽然可燃气浓度超过爆炸下限，没有火源也不会爆炸，但有爆炸危险，必须立即采取应对措施（如控制可燃气来源、杜绝火种等）。泵房可燃气探测系统原理就是随时监测泵房气体所含可燃气浓度。

必须明确，泵房可燃气浓度报警设定值绝不能是可能燃烧、爆炸的 LEL，而只能是 LEL 的一部分（如 10%LEL 或 30%LEL），就像机械零件许用强度都有安全系数。

4.3 设定报警值

爆炸极限既然是气体中可燃气的体积浓度，对于不同可燃气，因其性质不同，当然有不同的爆炸极限（上限和下限）。

探测系统预设的报警值，通常参照最能代表泵房可燃气体性质的单一可燃气体（如丙烷，选乙烷的较少）的 LEL，预报警设定值选 10% LEL，主报警设定值选 30% LEL。以丙烷为例，LEL 是丙烷与空气的体积比 2.1%，10% LEL 是丙烷与空气的体积比 0.21%，30%LEL 是丙烷与空气的体积比 0.63%。

4.4 报警测试

把测试用的可燃气样气喷在探头吸口，观察泵房、货控室、集控室、驾驶台等处是否发出预报警和主报警信号。

用于船上测试的可燃气体样气（样气瓶上通常标明样气实际浓度值），一般是 50% LEL 的丙烷，即丙烷与空气的体积比 1.05%。

有些船因不备有标准样气或者使用完后没有及时申请，当 PSCO 要求测试泵房可燃气探测系统的报警功能时，甚至有船员拿打火机气体作为测试气体。这样做，一旦被 PSCO 发现，必定作为严重缺陷，因为绝不准许打火机进入危险区域，而且测试不准确，探头接触高浓度可燃气也易中毒失效（即使能恢复也缩短寿命）。

5 校正探头

传感器的零位会漂移，灵敏度可能降低，需要调节探头内放大电路板的零位和增益进行补偿。

定期校正。大石油公司检查要求必须由有资质的外部相关机构校验探头（每年至少 1 次），以确保探头的测量精度及功能完好，并出具检测证书。

日常船员依据情况自行校正。发现探测系统工作异常，比如用标准样气测试探头，控制器显示的浓度与标准样气的浓度不一致，就可能是探头的零位及灵敏度发生了漂移。

更换探头后。新探头的零位和增益经校正后才能使用。必须注意，须待探头稳定后再校正。探头从得电到稳定工作需要较长时间（如费加罗 TGS813 型需要 7 天）。

校正探头传感器的零位和灵敏度，通常在航行或锚泊时进行。

(1) 首先，也是最重要的，泵房测爆确认可燃气体浓度低于允许值。

(2) 使用标准样气。船上一般用丙烷，一次性罐装（不可重复充气），2 L，浓度值

50% LEL 即丙烷与空气的体积比 1.05%(样气瓶上通常标明样气实际浓度值)。

(3) 一人在泵房使用压力和流量调节阀调节样气压力和流量,一人在货控室监测显示值,各持对讲机联系(有的探测系统也可在控制器上调零和调增益):①探头处于空气中,调节探头零位(Zero),使货控室的控制器上显示可燃气体浓度为零。②探头处于标准样气中,调节样气出口压力为 1 bar,流量为 0.5 L/min,待控制器上显示的可燃气体浓度值稳定后,调节探头的增益(Span),使货控室控制器上显示值与样气的标定值一样。③再令探头处于空气中,看货控室控制器上显示可燃气体浓度值——若为零,则调节完毕;若不为零,则重复以上步骤(一般需要重复两三次),直至探头处于空气中,不调节探头零位,货控室的控制器上显示可燃气体浓度为零;探头处于标准样气中,调节样气出口压力为 1 bar,流量为 0.5 L/min,不调节探头的增益,控制器上显示的可燃气体浓度值稳定后与样气的标定值一样。

调节探头的增益,必须注意:保持进入探头样气的压力稳定(1 bar)和流量稳定(0.5 L/min),控制器显示的值才准确,因为压力或流量增大都会导致控制器显示值增大;控制器显示的可燃气体浓度值有 1 个变化过程,以其稳定后的数值为准,不要在其稳定前读取;船舶应及时申领标准测试样气。

锅炉正常中止燃烧后“火焰异常”报警故障实例

宋庆祥

(中海国际广州分公司)

锅炉燃烧系统故障,通常是点不着火或燃烧中断(熄火),正常中止燃烧后“火焰异常”报警故障极为罕见,特整理出来,与大家共同探讨。

1 故障现象

国外购入的某船龄13年、7万载重吨的散货船,燃油和废气联合锅炉是日本OSAKA BOILER MFG. CO. LTD生产的AQ16-Φ2400型,蒸发量1 500 kg/h,旋杯式燃烧器(燃用渣油),日本SUNFLAME CO. LTD生产的SSR-1.5旋杯式燃烧器控制装置,“OMRON”的SYSMAC-C20型PLC程序控制器(与常规的锅炉大体相同)。

接船后发现锅炉正常中止燃烧后“火焰异常”报警故障:手动和自动,都能按程序正常工作;正常中止燃烧后,瞬间“火焰异常”报警,但实地查看炉内并无明显火焰;消音、复位后,报警消失,且下次点火、燃烧等均正常;故障持续时间很长。据接船前跟船3个月的轮机长反映,跟船期间此故障一直存在。

2 检查、分析、处理

2.1 控制线路

首先,从最容易的开始,试验检查控制线路。

手动操作,预扫风、点火、燃烧等均正常;停止燃烧和后扫风也能完成,但后扫风期间火焰异常报警。自动操作(根据蒸汽压力高低),预扫风、点火、燃烧等均正常;自动停止燃烧,停止燃烧和“后扫风”也能完成,但后扫风期间火焰异常报警。

据此可以判断,控制线路正常,须检查火焰继电器和光敏电阻。

2.2 火焰继电器和光敏电阻

打开控制箱门,观察燃烧控制过程中相关继电器的动作,发现火焰继电器的“得电”指示灯每次都在停炉约60 s后才熄灭,说明停炉后火焰继电器仍处于“得电”状态。

这表明故障点在火焰继电器或光敏电阻(俗称火眼),或者光敏电阻依然受到光照。

2.2.1 火焰继电器和光敏电阻的工作原理

图 1 是火焰继电器工作原理图,其中整流桥 RT1 始终处于导通工作状态提供工作电压。

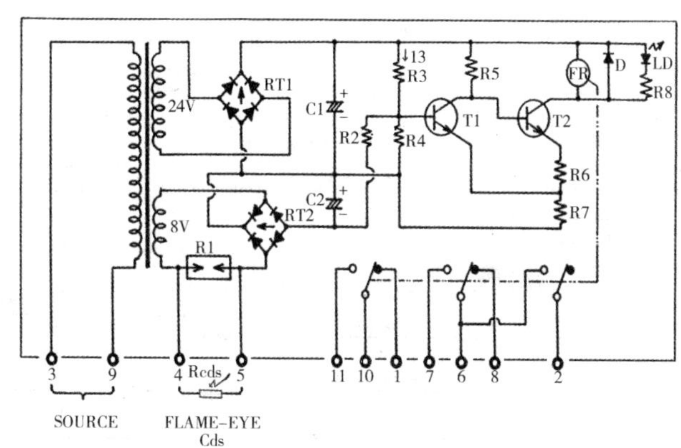

图 1 火焰继电器的工作原理

1) 光敏电阻 Rcds

没有光照时电阻很大,R1//Rcds 很大,整流桥 RT2 不导通,电流 I3 从 R3→R4→RT1,T1 的 Ube 在 R4 中得到电压→T1 导通→T2 的 Ube↓→T2 截止→FR 不"得电",指示灯也不亮;受到光照时电阻很小,R1//Rcds 很小,近似导通,整流桥 RT2 导通,电流 I3′从 R3→R2→RT2→RT1(R2<<R4),T1 的 Ube↓→T1 截止→T2 的 Ube↑→T2 导通→FR"得电",指示灯亮。

2) 火焰继电器

从 PLC 程序的时序图(见图 2)可以看到燃烧系统运作过程,以及监控"火焰异常"的 3 个阶段和 2 种"火焰异常"。

第 1 阶段——"预扫风"的前 10 s,炉膛内应该无火焰,有火焰(或光敏电阻损坏)属与异常。火焰继电器检测到"有火焰"即发出"火焰异常"报警。

第 2 阶段——启动后的第 30 s 至停炉信号发出后的第 14 s 之间,炉膛内应该有火焰,无火焰(或光敏电阻损坏)属于异常。火焰继电器检测到"无火焰"即发出"火焰异常"报警。

第 3 阶段——"后扫风"的第 8 s 开始到"后扫风"结束,炉膛内应该无火焰,有火焰(或光敏电阻损坏)属于异常。火焰继电器检测到"有火焰"即发出"火焰异常"报警。

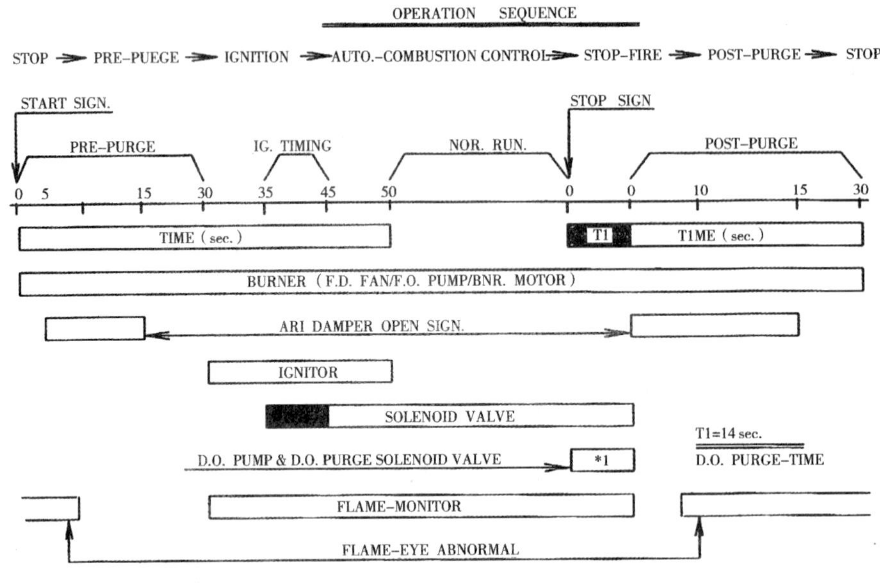

图 2 控制系统发出“火焰异常”故障信号的过程

2.2.2 检查、分析

故障现象的“手动和自动，都能按程序正常工作”，表明锅炉燃烧时火焰继电器明显“得电”、锅炉点火燃烧前火焰继电器不“得电”，由此推测火焰继电器和光敏电阻无故障。

“手动”操作燃烧系统，当正常中止燃烧后“火焰异常”报警时，拆开光敏电阻接口插头，火焰继电器“得电”指示灯熄灭，证实火焰继电器和光敏电阻无故障。

此外，“手动”操作燃烧系统，当正常中止燃烧后“火焰异常”报警时，测量光敏电阻发现阻值很小，万用表指针微微摆动，表明炉膛里面真有火焰；过一阵光敏电阻阻值就变得很大，表明炉膛里面的火焰熄灭！

再次“手动”操作燃烧系统，当正常中止燃烧后“火焰异常”报警时，拆开整个火焰探头装置，发现炉膛内壁火焰孔周围仍有微弱的火焰；待火焰熄灭后，打开燃烧器导门，发现燃烧器周围的炉膛内壁积聚着 1 层厚厚的油渣。

到此，找到了故障的设备原因——火焰继电器监控“火焰异常”的第 3 阶段——“后扫风”的第 8 s 开始到“后扫风”结束期间，燃烧器周围的炉膛内壁积聚的油渣继续燃烧(到无氧气为止)，导致光敏电阻感光和火焰继电器动作。

2.3 处理

铲除油渣，清理炉膛内壁，关妥导门，启动锅炉运行，不再有该故障。

3 启示

该故障的根本原因是，这艘船签订购买合同后迟迟未交付，原船员疏于维修保养，锅炉因油枪及旋杯的渗漏、燃油雾化不良和燃烧不完全，使炉膛内壁积聚油渣，且原船员不排除故障。

为确保锅炉正常运行，锅炉的维护保养，不能简单地拉出电极、清洁油嘴了事，应严格有关规定，定期打开燃烧器导门检查炉膛，清理铲除炉膛内壁的油垢。

立式离心水泵轴承脱落故障的临时纠正措施

王相伟　薛洪献

（上海远洋运输有限公司）

1　故障概述

某船 1994 年 2 月出厂，空调海水泵 1 台使用日久故障不断，2009 年 2 月换新。

新空调海水泵是立式离心泵，型号 RSV100-300A，出厂日期为 2006 年 12 月，其性能指标与原泵相符。

全新的水泵，性能指标与原泵相符，经过厂家调试检测，理应运转良好；但运转近半年机械轴封漏水故障不断，2009 年 9 月大量漏水换新，2 月后 2009 年 11 月再次大量漏水，拆检发现：下轴承 6307 整个掉落在水泵上压盖定位凹槽的上平面；轴承座下部内径，从下边缘往上，有 7～8 mm 宽的磨损环带；机械轴封，静环破裂，动环平面破损 1 小块；水泵上压盖，内部安装轴封静环处的孔道底部磨损起凹槽；泵轴在轴封处明显偏磨。

2　原因分析

分析故障现象，下轴承 6307 整个掉落在水泵上压盖定位凹槽的上平面是主因，其他 4 项都是由其他原因引起的。

轴承 6307 整个掉落在水泵上压盖定位凹槽的上平面，有下列 3 个必要条件。

1）轴承 6307 与轴和轴承座配合不当

轴承 6307，内圈与轴应是过盈配合，外圈与轴承座也是过盈配合。它下滑掉落，证明其内圈与轴和外圈与轴承座都配合过盈量不足，因自身重力和振动而下滑。这要么是设计错误，要么是加工缺陷。

2）轴承缺少定位措施

若轴承 6307 有定位措施，如将轴承内圈压紧在轴上和（或）将轴承外圈压紧在轴承座上，则即使轴承与轴和轴承座的过盈配合失效，也不会整个掉落。轴承 6307 没有定位措施，显然是设计缺陷。

3）轴承 6307 有掉落的空间

轴承和水泵上压盖上端的结构见图 1。

径向，实测水泵上压盖定位凹槽直径 90 mm，大于轴承外径 80 mm。

垂向，实测 a—b 距离 40 mm，而轴承 6307 高度 21 mm，有 19 mm 下滑空间。

但“有掉落空间”不是缺陷，只是轴承掉落到水泵上压盖定位凹槽上平面的条件。

该泵满足了3个必要条件，所以轴承6307整个掉落到水泵上压盖定位凹槽的上平面。

总之，该故障的原因是轴承6307与轴和轴承座配合不当且无定位措施，结果轴承6307整个掉落，导致泵轴偏磨、水泵上压盖内磨腔损、机械轴封损坏等而漏水。

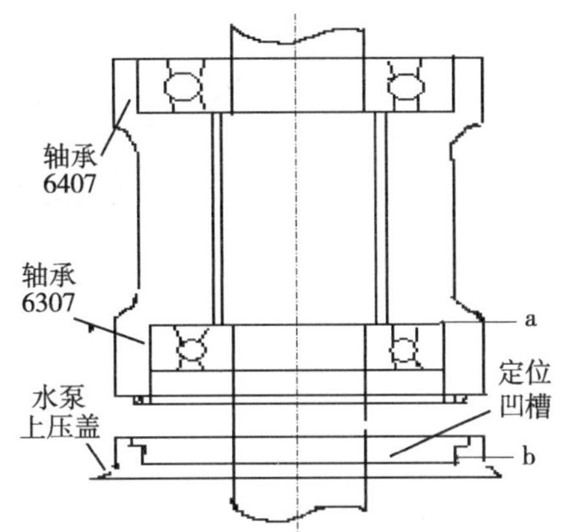

图1 轴承与水泵上压盖上端

3 纠正措施

设备的设计错误和加工缺陷，船上几乎无法纠正，只能申购相关零部件待其到船后换新。

当时备件不全，仅更换轴封和轴承6307。为防止轴承6307掉落，在轴承6307的外圈加撑了0.05 mm的垫片，同时在其下方垫入1个旧的轴承6208(高度正好是19 mm)。方法是将轴承6208从中间切割成2个半圈，打磨，嵌入轴承座内轴承6307下平面与水泵上压盖定位凹槽上平面之间后再将2个半圈电焊在一起，形成直径80 mm的支架，下端加金属垫片，使上端紧紧顶住轴承6307外圈，暂时维持使用。同时申购相关备件，向厂家反馈该泵故障提醒厂家监控质量，并建议在轴承座内壁的轴承6307下方增设1道2.5 mm× 2.5 mm的卡簧槽并配备卡簧以防止轴承下滑。

2009年12月，船到上海，申请的备件如数到船。2010年2月，终因该水泵严重漏水，换新泵轴、上下2只轴承、轴承座、机械轴封、水泵上压盖等部件。

船上没有保证采购质量的责任，但有验收的责任。更换备件前，测量了泵轴与轴承，确认轴承与轴承座有0.06 mm过盈；同时发现厂家已经接受了我们的建议，轴承座内壁在轴承6307下方增加了1道2.5 mm× 2.5 mm的卡簧槽并配备了相应的卡簧。

更新备件后，该泵运行正常。

混合式立式水管锅炉炉管腐蚀的处理和防范

田文国

（台湾海洋大学）

0 引言

某船，CSBC 台湾高雄总厂 1988 年建造。辅锅炉组合式立式水管锅炉（Composite System Vertical Water Tube Boiler），Osaka Boiler MFG Co.，Ltd. 产品，如图 1 所示，锅炉水空间直径（OD）1 824 mm，燃油加热部分直立水管 175 支 × ϕ63.5 mm × 3.6 mm（壁厚）× 438 mm（长），上层主机废气加热部分直立水管 544 支 × ϕ51 mm × 3.6 mm（壁厚）× 2 058 mm（长）。

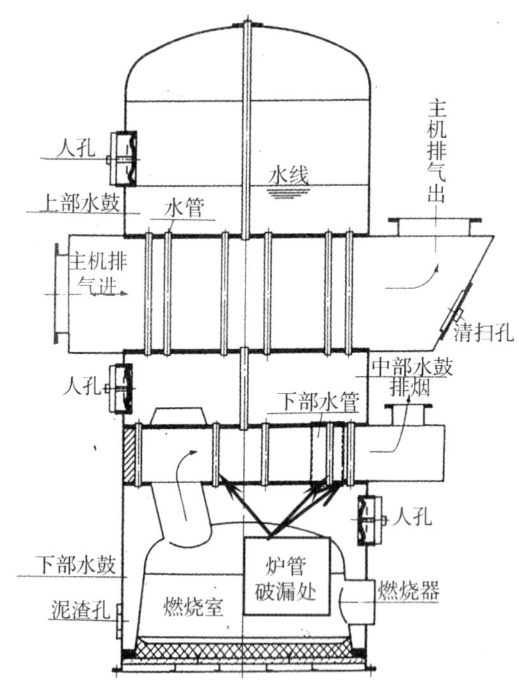

图 1　组合式立式水管锅炉

2007 年，燃油加热部分直立水管多根相继根部破漏，严重时 1 个月 3 次，频繁紧急停炉，冷却后放水打开烟道人孔及水侧人孔，找出漏点并封堵，回装后试压捉漏再重新点火、升汽恢复正常运行，麻烦多多。

1 临时处理

航行中紧急处理较为复杂。

若距目的港不远，则可待抵港后修理，只须暂时放尽炉水(废气锅炉允许干烧)，但失去蒸汽加温，主机和副机须换用 A 油。

若距目的港甚远，则只得海上停机修理。

该船几次炉管破裂均在港外锚泊或港内靠泊期间，能够及时修理。其紧急处理步骤如下。

1）紧急停炉

辅锅炉破漏严重至不能保持气压和水位，必须立即停炉，按操作规程逐渐冷却 5～6 h 后，方可进入检查施工。

2）探漏

直立水管间距狭小，看不见也摸不到，探漏困难。通常采用下述方法。

(1) 停炉初期，炉内尚有压力时，从打开的烟道人孔或手孔探视，大致确定破裂炉管位置。

(2) 然后，采用下列 2 种方法之一确认。

真空查漏——炉水放空或放至低于炉管底部，关闭锅炉外部全部连接阀包括空气考克；利用软管接通锅炉空气考克与制淡器蒸发空间；启动制淡器真空泵，当制淡器蒸发空间真空建立，开启锅炉空气考克，炉内压力低于大气压，炉管破裂处会发出空气倒抽声响，由此找出破裂的炉管。

强力灯光照射——炉水放空，打开燃油加热烟道的人孔和手孔，用细长的强光灯沿每一烟气通道移动；人员进入燃油加热部分直立水管下方水空间并用布遮住人孔避免光线进入，跟踪灯管观察各炉管，由破裂处漏入的微弱灯光确认破裂的炉管。

3）管塞堵管

破损的水管，上下各用管塞封堵，并用电焊点焊使不致脱落。

2 大修

通常，更换炉管包括燃油加热部分和主机废气加热部分，同时也更新这些水管的端板，且最好在进坞大修时进行。

鉴于该辅锅炉已使用 19 年，燃油加热部分直立水管多根相继根部破漏，大修时更换全部直立水管及其端板(包括燃油加热和主机废气加热 2 部分)。

更换全部直立水管(包括燃油加热和主机废气加热 2 部分)及其端板，工程庞大，应先备妥炉管和端板。

3 检讨原因

现场观察破损水管，见其腐蚀严重，显然系酸性腐蚀所致。

酸性腐蚀物，包括酸性物质和水。酸性物质无疑是燃油燃烧产物。水的来源可能有 2 种：①下雨，雨水由烟囱进入炉膛，最严重的是锅炉停用时下大雨；②该船蒸汽吹灰阀长期漏气，锅炉燃烧器停火（包括气压高停火和使用主机废气加热而停火）时，凝水积存在烟道下部，结合烟道内残存的燃油燃烧产生的酸性物质，腐蚀水管。

4 防范

1）油中含硫

目前市场所供 IF 180 及 IF 380 燃油，含硫量 3%～5%（m/m）。保持完全燃烧、维持炉膛温度和避免油中含有水分等，是首要防范措施。

2）避免雨水倒灌

停炉期间，罩上锅炉烟囱罩，遇大雨更要罩严。

3）保持炉膛干燥

保持炉膛干燥，尤其停用燃烧器期间，以及水洗炉管（燃油燃烧加热管和主机废气加热管）后适当干燥处理，避免炉膛过于潮湿。

4）杜绝吹灰器漏气

蒸汽阀，定期检查和定期研磨；疏水阀，每次吹灰后放净残水；至少每班检查，确认不吹灰时没有蒸汽或残水泄出。

5）检查直立水管及其端板火面

定期清洁、检查，及早发现腐蚀，及时处理，避免恶化。清洁、检查、处理等，均应全面、准确地记录。

5 结论

锅炉水面的检查和维护（含水处理），目前船舶普遍重视并已基本掌握；锅炉火面的检查和维护（含记录），尚待进一步加强。

锅炉火面检查和维护，现已有完整和成熟技术，只要轮机员多加留意，便可将锅炉低温腐蚀控制在安全范围内。

船舶辅锅炉几种水位的定义及“失水”应对措施辨析

王金祥

（江苏海事职业技术学院）

0 引言

“概念”与“定义”，2个词的含义不同。“锅炉水位”是概念，锅炉的各种水位必须有明确的定义。

船舶辅机课程辅（蒸汽）锅炉部分，笔者在备课和授课过程中发现，锅炉的各种水位过多且定义不明确，不仅造成授课困难和学生理解错误，还可能导致在船船员（包括学生毕业后在船工作）失误，故建议航运行业的主管机关、学界和企业清晰界定锅炉的各种水位。

本文提出一些见解，敬请指正。

1 锅炉水位分类

锅炉水位，指锅炉汽水空间内的水面位置，最低和最高分别是锅炉汽和水空间的最低点（无水）和最高点（充满水）。

锅炉工作水位适当，是锅炉正常工作必要条件：过高，炉水可能随蒸汽溢出导致水击损坏用汽设备；过低，部分传热面可能因失去炉水冷却而高温烧损，尤其是传热面温度过高又被补加的水骤冷，极易产生裂纹或扩管连接处松动漏泄。

分析锅炉实际工作情况，水位有3类（见图1）：正常工作水位；过高水位（高于正常工作水位）；过低水位（低于正常工作水位）。

2 锅炉正常工作水位

2.1 定义

正常工作水位，指能保证锅炉安全正常工作的水位，其高度范围：正常工作水位上限，低于锅炉汽水空间的蒸汽出口一定高度；正常工作水位下限，高于锅炉传热面最高点一定高度。

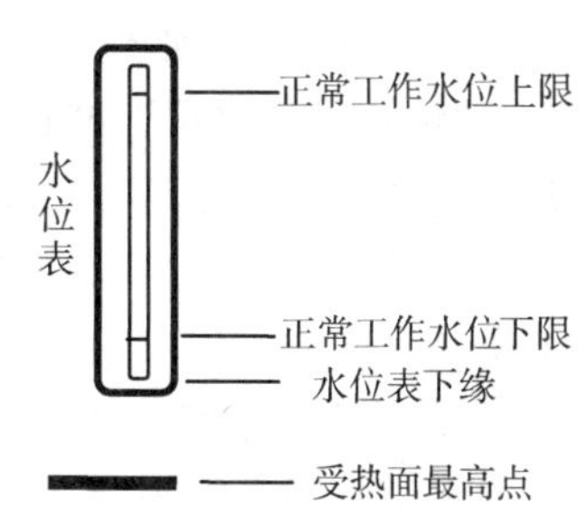

图1 各种水位位置示意

水位表均明显标识正常工作水位上限和正常工作

水位下限。

上述“一定高度”和水位表标识都有强制性规定：

(1) 中国船级社《钢质海船入级与建造规范》2006 年版第 6.3.4.7 条规定了不同型式锅炉的不同正常工作水位上限和下限。

(2) 中国船级社《钢质海船入级与建造规范》2006 年版第 6.3.4.2 条规定，“水位表的水位最低显示位置应与锅炉的最低工作水位高度相一致，但对水管锅炉应位于最低工作水位以下 50 mm 处”。

(3) 国家《蒸汽锅炉安全技术监察规程》1997 年版第 157 条规定，水位表“下部可见边缘应比最低安全水位至少低 25 mm”“上部可见边缘应比最高安全水位至少高 25 mm”。其中，“最低安全水位”和“最高安全水位”应可理解为“正常工作水位下限”和“正常工作水位上限”。

2.2　确认方法

可通过目视确认，有疑问可冲洗水位表后确认。

2.3　正常工作水位的某些其他表述辨析

1)“最高工作水位”和“最低工作水位”

“最低工作水位”和“最高工作水位”，如上引《钢质海船入级与建造规范》2006 年版第 6.3.4.2 条。

“最高工作水位”和“最低工作水位”的词义不准确，实际是说“安全工作最高水位”和“安全工作最低水位”。

建议不使用“最高工作水位”和“最低工作水位”，因为不如“正常工作水位上限”和“正常工作水位下限”准确。

2)“最高安全水位”和“最低安全水位”

“最低安全水位”和“最高安全水位”，见于国家《蒸汽锅炉安全技术监察规程》1997 年版第 157 条。

建议不使用“最低安全水位”和“最高安全水位”，理由是：词义不明确，可能被理解为“最高安全”的水位和“最低安全”的水位，严格地说，应是“安全工作最低水位”和“安全工作最高水位”；不如“正常工作水位上限”和“正常工作水位下限”准确。

3)“锅炉最高水位”和“锅炉最低水位”

“锅炉最高水位”和“锅炉最低水位”，见于《水运技术词典》(交通部《水运技术词典》编辑委员会主编，人民交通出版社，1984 年出版，293 页，最高水位、最低水位词条)：“①锅炉最高水位，是指锅炉工作时允许的水位上限；②锅炉最低水位，是指锅炉工作时允许的水位下限……”。

建议不使用“锅炉最高水位”和“锅炉最低水位”，理由是其词义不确切，易与前述锅炉水位最低是锅炉汽和水空间的最低点(无水)和最高是锅炉汽和水空间充满水混淆。

4）“高水位”和“低水位”

“高水位”和“低水位”常用来简称正常工作水位上限和正常工作水位下限，例如中华人民共和国船舶检验局《内河营运船舶检验规程》1993 年版第十三章第三节 13.3.3.1 条。

建议不使用“高水位”和“低水位”，理由是：“高水位”和“低水位”词义不准确，不知水位高或低到什么程度；从字面理解似乎锅炉本来就有“高水位”和“低水位”2 个水位，导致理解困难和引起争论。

若以为正常工作水位上限和正常工作水位下限太啰嗦，为便于船舶日常工作而必须简化，则建议允许船舶日常口语使用“高水位”和“低水位”，但不宜见诸文字。

3 锅炉过高水位

1）定义

过高水位，指锅炉工作时高于正常工作水位上限的水位。

2）确认方法

（1）水位低于水位表（显示部分）上缘，可目视确认。

（2）水位高于水位表（显示部分）上缘，可冲洗水位表确认。

3）危害

水位过高，炉水可能随蒸汽溢出（汽水共腾），导致水击，损坏用汽设备（汽缸、管路等）。

4）应对措施

水位低于水位表（显示部分）上缘，可手动停止给水泵，密切监视水位变化，待水位降低至正常工作水位后恢复给水泵工作，必要时查明原因并消除之。

水位高于水位表（显示部分）上缘，应立即停止锅炉燃烧或加热，关闭主蒸汽阀，停止设备用汽，查明原因并消除后再恢复锅炉工作。

5）过高水位的某些其他表述辨析

船舶辅锅炉，一般不向动力设备供汽，不大会损坏蒸汽动力设备；且蒸汽压力不高，蒸汽管路水击损坏的可能也不大。因此，航运行业主管机关、学界和企业对锅炉水位过高讨论很少，基本没有分歧。

4 锅炉过低水位

定义——过低水位，指锅炉工作时低于正常工作水位下限的水位。

按此定义，过低水位范围包括正常工作水位下限至汽和水空间最低点，水位在不同区间对锅炉安全的影响不同，应对措施也不同。为方便船上操作，可细分为可见过低水位和不可见过低水位 2 种。

4.1 可见过低水位

1）定义和确认方法

可见过低水位，指锅炉工作时，水位低于正常工作水位下限但水位表上（包括“叫水”后）仍能看到的水位。按此定义，过低水位有2种，确认方法也不同：

（1）工作水位在正常工作水位下限（不含）与水位表（显示部分）下缘（不含）之间，可直接目视确认，若有疑问，则可冲洗水位表后确认；

（2）工作水位在水位表（显示部分）下缘（含）与水位表下连通管（不含）之间，可采取某些措施（如“叫水”）目视确认。

“叫水”，指1种水位表的操作，即关闭水位表通汽阀→水位表内蒸汽冷凝而压力低于锅炉压力→若水连管内有水则流入水位表→水位表因而出现水位。

2）危害

可见过低水位，低于正常工作水位下限（正常工作水位下限距水位表显示部分的下缘，一般在25 mm左右），尚不低于水位表下连通管，对锅炉正常工作只是危险趋势而没有实质性危害。

3）应对措施

属于不正常状态，必须立即采取措施，包括立即补充炉水；若必要，则立即停止锅炉燃烧或加热；若必要（锅炉汽压下降过快可能导致汽水共腾），则暂时关闭主蒸汽阀，停止设备用汽。

4.2 不可见过低水位

1）定义和确认方法

不可见过低水位，指锅炉工作时，水位低于正常工作水位下限，且目视（或“叫水”后）不能确认的水位。

按此定义，不可见过低水位包括下列2种：

（1）工作水位在水位表下连通管（不含）与锅炉传热面最高点（不含）之间；

（2）工作水位低于锅炉传热面最高点。

确认水位的唯一方法，是锅炉降压和充分冷却后打开人孔或手孔查看。

2）危害

第(1)种情况，工作水位在水位表下连通管（不含）与锅炉传热面最高点（不含）之间，锅炉传热面尚未经干烧过热，对锅炉只是危险趋势而没有实质性损坏。

第(2)种情况，工作水位低于锅炉传热面最高点，锅炉传热面部分已经干烧，可能已经过热甚至部分损坏。

3）应对措施

属于不正常状态，必须立即采取措施。

第(1)种情况，锅炉传热面尚未经干烧过热，没有实质性损坏，理论上可以立即补充炉水。但是，当时没有办法确认水位一定高于锅炉传热面最高点（如前所述，“确认水位的唯一方法，是锅炉降压和充分冷却后打开人孔或手孔查看”)。因此，必须做最坏打算，按第(2)种情况采取应对措施。

第(2)种情况，锅炉传热面部分已经干烧，可能已经过热甚至部分损坏，若贸然补充炉水，则已经干烧过热而尚未损坏的受热面骤冷，必然导致更严重的损坏。因此，应对措施包括：立即停止锅炉燃烧；关闭主蒸汽阀，停止设备用汽；锅炉充分冷却前，绝对不可向锅炉补水；锅炉充分冷却，适当放掉部分炉水，打开人孔或手孔，检查确认受热面受损程度，适当修理。

4.3 过低水位的某些其他表述辨析

1）“最低危险水位”

“最低危险水位”，见于大连海事大学出版社出版的《船舶辅机》培训书 2008 年版第 271 页，“最低危险水位，是指水位降至最低水位之下的危险水位”。

“最低危险水位”，构词方法错误，词义不准确，不明确“最低”二字是修饰“危险”、修饰“水位”，还是修饰“危险水位”：若“最低”二字修饰“危险”，则“最低危险水位”应是“危险性最低的水位”；若“最低”二字修饰“水位”，则“最低危险水位”应是可能发生危险的水位的“最低”，只能是锅炉汽水空间没有水(水位高度为零)；联系后文的“低于最低工作水位线的锅炉水位”，“最低危险水位”应该是“危险低水位”。

“最低危险水位”，主管机关没有要求在水位表上标识，实际上船舶一般也不标识，因而于船舶实际操作没有任何意义。

“低于最低工作水位线的锅炉水位”实际是指“过低水位”，建议废止“最低危险水位”。

2）“最低极限水位”

“最低极限水位”，见于中华人民共和国船舶检验局《内河营运船舶检验规程》1993 年版第十三章第三节 13.3.3.1 条，规定“……③锅炉水位小于最低极限水位时，则应自动停止供油和燃烧，并报警”。中华人民共和国船舶检验局《海上营运船舶检验规程》也有类似规定。

“最低极限水位”，构词方法错误，词义不准确，不明确“最低”二字是修饰“极限”、修饰“水位”，还是修饰“极限水位”：若“最低”二字修饰“极限”，而“极限”就是“最”，则“极限”与“最”重复。

若“最低”二字修饰“水位”，则“最低极限水位”是“极限低水位”，也只能是锅炉汽和水空间没有水(水位高度为零)；联系后文的“应自动停止供油和燃烧，并报警”，“最低极限水位”应该是“危险低水位”。

“最低极限水位”，主管机关没有要求在水位表上标识，实际上船舶一般也不标识，因而于船舶实际操作没有任何意义。

建议废止“最低极限水位”。

5 锅炉“失水”以及应对措施

5.1 锅炉“失水”的定义

“失水”，顾名思义，是指锅炉缺水，或者不能保证锅炉安全，或者不能保持锅炉正常工作。因而，可以从这两方面界定“失水”。

从保证锅炉安全的角度，“失水”应该以水位是否低至锅炉传热面最高点为标准。因为，按照前面的分析，只要锅炉水位不低于锅炉传热面最高点，锅炉传热面就不会干烧，也就没有实质性损伤。

从保持锅炉正常工作的角度，“失水”应该以水位是否可见为标准。因为，水位一旦不可见，不论其是否低至锅炉传热面最高点，都必须做最坏打算，按本文第4节“不可见过低水位”的第(2)种情况(工作水位低于锅炉传热面最高点)采取应对措施。

建议“失水”定义为“锅炉水位低于正常工作水位下限”，即包括“可见过低水位”和“不可见过低水位”，理由如下。

(1) 锅炉实际操作，只能确定锅炉水位可见和不可见，“失水”仅定义为不可见过低水位没有实际意义。

(2) “可见过低水位”包括正常工作水位下限至水位表(显示部分)下缘，虽然对锅炉没有实质性危害，却是危险趋势，也必须立即采取补救措施。

(3) 若规定“失水”水位为“水位表(玻璃)下缘”，则极易误将水位表下缘的影子作为水位；若将“失水”水位规定为“水位表(显示部分)下缘以上若干毫米”，则因锅炉正常工作水位下限与“水位表(显示部分)下缘”之间距离很短(一般只有25 mm)和船舶纵倾、横倾及摇摆难以判定而没有实际意义。

“失水”定义为“锅炉水位低于正常工作水位下限”，即包括本文“4 锅炉过低水位”所述的包括“可见过低水位”和“不可见过低水位”，因而也可分为“可见失水”和“不可见失水”。

5.2 “失水”的应对措施

关于“失水”事故的处置，现有《船舶辅机》教科书有2种观点不妥。

1) 不区分“可见失水”和“不可见失水”

多数教科书，不考虑“可见失水”(可见过低水位)与“不可见失水”(不可见过低水位)的区别，统统要求“一旦发现失水，不能马上加水，以防炽热的受热面遇水而产生裂纹，甚至锅炉爆炸，并立刻停汽停炉”。

实际上，“可见失水”不必“立刻停汽停炉”，“马上加水”也不会“炽热的受热面遇水而产生裂纹，甚至锅炉爆炸”。

这种观点，理论上不成立，船员不信服；不从实际出发给操作带来麻烦，不会被船员认可，行不通。

2）贸然加大给水量

某些教科书认为，“锅炉处于失水危险状态，只要能明确知道数分钟前水位仍处于正常位置，则可加大给水量”，前提难以理解，表述不科学，完全错误：

(1)“数分钟”究竟是多少分钟？不同额定蒸发量和负荷（实际蒸发量）的锅炉一样吗？

(2)“数分钟后”发现“失水”，水位肯定不会降低至受热面最高点之下？有何依据？不同型式、不同额定蒸汽压力和（或）燃烧强度的锅炉都一样吗？还是锅炉受热面干烧“数分钟”不会损坏？

这种观点，易混淆“失水”概念，导致教学困难甚至危及船舶安全，必须纠正。

5.3 “失水”不是事故

按 IMO 推荐的《国际安全管理规则应用指南》的定义：“事故系指造成人员伤亡或造成环境、船舶或其货物损害的事件。”可见，事故是过去完成时态，实际伤害和（或）损害已是既成事实。

“险情系指若进一步发展则会造成事故的情况（事故前兆）”。

“失水”不能认定为事故，最多是险情，因为：

(1)“失水”定义为“锅炉水位低于正常工作水位下限”，只是当时水位的状态，是现在进行时态，而不是过去完成时态，锅炉可能已经损坏，也可能将要损害，或者根本不会损坏。

(2)主管机关关于事故的分类、报告、调查、统计（标准）、处理等的规定，也没有一件将“失水”定性为事故。

《水运技术词典》是水运行业权威学术著作，没有依据就将“失水”定性为“事故状态”，显然不妥。况且事故不是“状态”而是事件。

《水运技术词典》的相关词条把“锅炉内的水位低于水位表上标出的最低工作水位”定性为事故，可能是形势使然。根据有关文献和曾参与《水运技术词典》编撰的人员介绍，该词典 1984 年出版之前，我国水运行业陆续发生多起“失水”导致的锅炉事故，损失惨重。其中大部分锅炉损坏，不是因为前述的“水位低于受热面最高点，没有炉水冷却的部分受热面干烧”，而是因为船员经验不足或心存侥幸，发现“失水”后未确认水位高于受热面最高点就贸然补水，致使温度过高的受热面遇温度较低的炉水急剧冷却而变形损坏。为了抑制“失水”损坏锅炉的事故，该词典编撰组织者和编写者认为有必要加强防范，体现为：提高“失水”的水位高度，将低于正常工作水位下限而不是水位表（显示部分）下缘作为“失水”的标准；不论锅炉损坏与否，都定性为事故。

然而，词典表达的是学术观点，没有任何约束力。提高“失水”的水位高度，获得了广泛认同（尤其是主管机关认同），效果良好；定性为事故，没有得到法律和（主管机关行政）法令的支持也就无法执行，《水运技术词典》1984 年发行以来，

"失水"从来没有作为事故列入统计项目,也就没有一件作为事故而报告、调查和处理。

总之,"失水"不符合事故的定义,不是事故,也不是"事故状态"。硬把"失水"作为"事故状态"也不会对防范"失水"有任何作用。

6 结束语

锅炉各种水位过多且定义不明确,显示航运业的国家主管机关、学术机构和院校相关人员用语、用词不严谨。其原因,笔者以为可能是沿用习惯用语、口语化用语或约定俗成之故,可能还有翻译的原因。

解决之道,长远看,寄希望于建立"船(船舶单位)、学(专业学校)、研(学术研究机构)、管(国家主管机关)"全面合作机制;当务之急,是规范相关资料(规则、规程、教材、参考书等)用词,关键是航运行业主管机关出面组织官员、学者、从业者筛选锅炉各种水位并科学地制定清晰的定义,强制推行。

老旧油船辅助锅炉管理探讨

卢云集

(中海发展股份有限公司)

0 引言

长期航行于内贸航线的老旧油船，近年来经常出现锅炉破管漏水故障，严重影响正常营运。

老旧油船锅炉破管，主要原因有锅炉水质差、油污染炉水、不完全燃烧等3方面。笔者发现有些轮机员不注意这些方面，特旧话重提，以引起相关人员重视。

1 存在问题

1) 锅炉水质差

水质差，源于给水水质不良和水处理不充分。

给水，由于长期营运于内贸航线，航线短，造水机大多用不上，锅炉给水基本上是岸上补给的自来水，杂质多。

给水杂质多，若再处理不到位，则：

(1) 水管内壁易结水垢(且很难清除)，降低传热效率，水管脆化、过热变形(鼓包、裂纹)，严重时破管；

(2) 水腔(下部水联箱)底部易积聚泥渣，严重时堵塞水管，导致水管过热变形(鼓包)甚至破管。

2) 油污染炉水

老旧油船货油舱加温管状况都不是很好，经常会有管子裂纹或破管，把货油带进热水井再进入锅炉内部。

油的导热性很差。炉水中的油，黏附在锅炉受热面上或包含在水垢中，降低水管的传热效率，妨碍炉水对锅炉受热面的有效冷却，提高锅炉受热面温度，若长期超过500 ℃，则水管会过热脆化、破裂。

3) 锅炉燃烧不良

锅炉燃料不完全燃烧，特别是长期如此，未完全燃烧的油粒会被吹到烟道附着在炉管上继续燃烧，导致局部炉管热应力过大而过热、脆化、裂纹甚至破管。

2　锅炉日常管理

2.1　改善锅炉水质

1）加强锅炉排污

上排污，排除炉内水面上的泡沫和悬浮杂质：

(1) 3～5天1次；

(2) 炉水处于沸腾状态时效果较好；

(3) 排放量，根据取样化验结果决定。

下排污，排除炉内水腔底部（下部水联箱）泥渣杂质：

(1) 1～2天1次，大负荷作业完成（如卸完货）后及时充分排污；

(2) 锅炉停止运行待泥渣沉淀后排出，效果较好；

(3) 排放量，根据取样化验结果决定。

2）炉水化验和处理

坚持每天化验和正确投放炉水处理剂，保证锅炉水质化学指标在规定范围内。

处理剂，目前广泛采用DREW公司产品：

组合型AGK－100炉水处理剂，使用简单，但给水水质较差时效果不太好，而且使用量较大，不经济。

Drewplex AT＋Amerzine多功能低压锅炉水质处理剂，能适用给水水质较差的情况，投药和化验程序也较简单，使用量较小，比较经济。

标准处理配方——ADJUNCT B＋GC＋LIQUID COAGULANT＋AMERZINE＋SLCC A，效果最好，且药剂使用量小，比较经济，但化验程序较复杂，常用于较大蒸发量的锅炉。

另外，适当添加Liquid Coagulant，可凝结油污和悬浮污渣，便于排污清除。

3）减少炉水消耗

炉水消耗多，需要增加投药量，炉内悬浮的和沉积的杂质就越多，越须加大排污量。因此，应尽可能消除一切漏水和漏气，减少炉水损耗。

4）改善给水水质

为避免锅炉给水硬度过高，若条件许可，则最好设置锅炉专用水舱（柜），在水质较好的港口加足，专供锅炉使用。

2.2　防止油污进入锅炉

1）正确操作油舱加温

油船货舱加温管多。

老旧油船的加温管，因长期使用管子老化，普遍存在大量细微裂纹，一旦热应力过大或遇到强烈冲击，细微裂纹会发展成穿透性裂纹甚至破管，导致货油渗漏经回水管流到热水井。为此，应适当暖管：

（1）每次货油舱加温，先略开蒸汽阀，暖管 30 min 以上，并尽可能放尽加温管内的残水；

（2）随后缓慢开大蒸汽阀，以防水击和加温管热应力过大。

2）监控回水

（1）机舱值班巡回检查，严密监视热水井，若发现有油，则尽快报告；

（2）相关轮机员尽快查明原因并消除之。

3）清洁热水井

定期清洁热水井，换新丝瓜巾滤网。

4）应急处置

（1）临时封堵破损的加温回水管；

（2）尽量捞除热水井内的油污；

（3）若怀疑污油进入锅炉，则上排污排除，最好适当添加 Liquid Coagulant 凝结油污和悬浮污渣后再下排污除去。

2.3 保持锅炉燃烧良好

坚持日常检查，确保燃油雾化良好，燃烧充分，防止残油进入蒸发管束区后继续燃烧造成局部炉管过热损坏，同时提高热效率。经常清洁油枪（旋杯）、布风器等，保持燃烧设备良好，以利燃烧。细心观察燃烧情况，据以适当调节燃油压力、雾化蒸汽压力、导风叶角度、一/二次风比例等，保持燃烧参数正常。经常进入炉膛检查烟垢积聚情况，定期用高压水枪冲洗炉管表面的烟灰和积炭，保持烟道通畅。

3 维护

1）检查水腔

建议 3 个月左右，打开锅炉汽鼓、水鼓和底部水联箱导门检查，并清除内部残留泥渣。特别是燃烧器顶部水鼓上，沉积物较多，且容易引起燃烧器周围水管堵塞，应清除干净。

2）检查水管过火面

经常进入炉膛检查水管状况。

若发现有水管裂纹和破裂但不严重的，则可堆焊或贴补焊，切不可轻易封管。

若发现有水管外表颜色与其他正常水管不一样（变灰白色且有金属碳化现象），应怀疑该水管内部已被堵塞，则须及时在管子上开孔清通再贴补焊处理。

若水管烧坏严重且无法焊补，或堵塞且无法清通，则临时封堵或换管。

3）化学清洗锅炉水腔

若锅炉水腔水垢较厚，或炉膛中水管外表面过热（鼓包）现象较多，或受油污染较严重，则应化学清洗。

长期使用岸上补给水（长期用造水机蒸馏水除外）的锅炉，一般情况 6～12 个月进行1次化学清洗，能很好地保护锅炉水管、增加锅炉热效率、减少修理费用。

锅炉水腔的化学清洗，程序并不复杂，一般船上的设备和技术力量足以完成并达到预期效果。

以AALBORG AQ—9锅炉（蒸发量20 m^3/h，正常满水位水量8 t）为例，使用除垢安全酸（SAF—ACID，800 kg）、RAW SALT（粗盐50 kg，存在锈蚀时加入）和中和剂（GC，60～80 L），化学清洗程序如下（若只须清洗锅炉蒸发管部分，则放一半水即可，药量亦可减半）。

（1）隔绝锅炉与冷凝系统及其他管系的连接，打开汽鼓导门和放气阀。

（2）按“循环泵出口→锅炉下排污阀→锅炉内部→锅炉顶部出口阀→循环清洗箱（350 L以上）→循环泵进口”的循环路线，接妥泵循环系统，并开始循环。

若船上不能实施上述的泵循环清洗，则可用空气扰动循环清洗方法替代，亦可获得同等效果（见图1）。

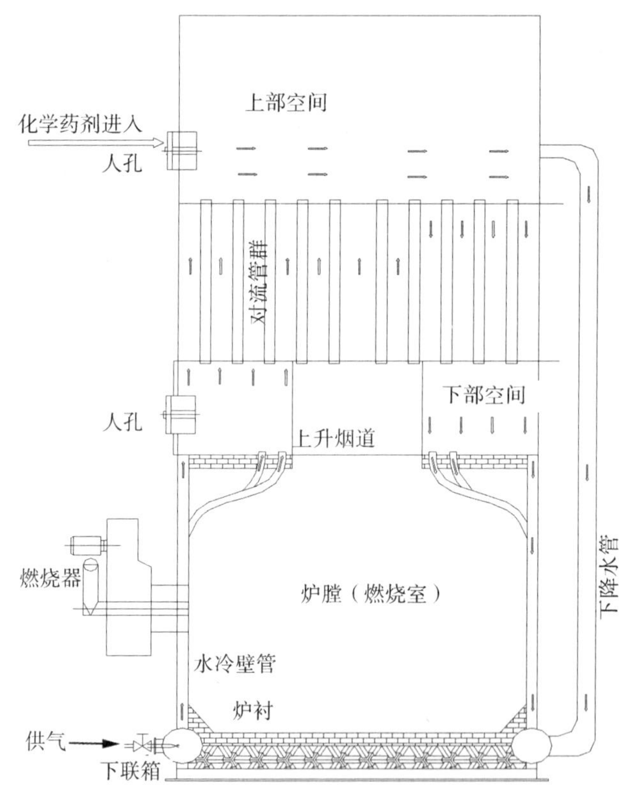

图1 空气扰动循环清洗示意

对照锅炉底部水联箱导门做一盲板，中间钻孔焊 1 根小铁管，该水管在炉内的一端折弯 90°，并打扁作为喷嘴；把盲板代替导门装于锅炉底部水联箱，喷嘴应向左或向右；喷嘴的炉外一端接通压缩空气，并加装一阀门控制空气流量；锅炉加水后，调节阀门控制空气流量，使锅炉内部水能形成上下对流、左右旋转，以均匀反复清洗。

(3) 缓慢将所需的 SAF-ACID 和 RAW SALT(粗盐 50 kg，存在锈蚀时同时加入)加入到锅炉内部，补水至全水位(若只须清洗锅炉下面蒸发管部分，则补水一半即可)配制成 10%酸溶液，保持温度 60～65 ℃，循环酸洗 18～22 h。

(4) 酸洗结束后，打开下排污阀排尽清洗液。

(5) GC 中和剂，稀释后缓慢加入炉内，再加入清水至锅炉满水位，形成 1%碱溶液以中和酸性物质和清洗油类物质，再次循环，中和清洗 4 h。

(6) 中和清洗结束后，打开下排污阀，排尽清洗液。

(7) 打开锅炉汽鼓和水鼓导门，用高压清水冲洗，除去疏松的杂质。

(8) 打开锅炉底部水联箱各导门，彻底清除底部残留的杂质。

(9) 装复底部水箱、汽鼓及水鼓的导门，重新加水至锅炉满水位，1 h 后取水样化验酚酞碱度(应大于 150 mg/kg，否则应更换炉水或重复(7)～(9)项甚至重复(5)～(9)项)，放尽炉水，再加清水至锅炉满水位，然后按锅炉水处理剂说明的初始投药量投药。

至此，整个酸洗作业结束。

酸洗作业须特别注意：SAF-ACID 在炉内，不得超过 24 h；操作人员必须穿戴好防护用品；附近禁止热工作业，SAF-ACID 进入水腔后不得使用锅炉燃烧器加热，保持机(炉)舱通风，因为酸洗会产生易燃易爆气体。

液压克令吊的性能检查

费　千　刘成峰　潘进桃

(大连万方船舶技术公司)

0　引言

预防性保养检修是 1 种先进的管理方法。液压甲板机械预防性保养检修要想做到有的放矢，应该定期做性能检查，就像人要维护健康应该定期检查身体一样，变被动为主动，以便及时发现问题及时修理，避免影响正常的装卸和生产效率。

液压克令吊每年检查项目，除测定液压油性能外，建议做空载、重载运行试验，包括：测量空载/重载时的电流和主泵排油压力；测量空载/重载时的最大工作速度，计算系统容积效率；检查限位保护、刹车机构、安全阀等的效能。

上述检查应记录，以便追溯系统容积效率变化，推荐记录表如表 1 所示。

表 1　克令吊检查记录(控制油压 3.6 MPa，补油压力 2 MPa)

船　名：＊＊				公司名：＊＊＊＊＊＊	
形　式：赫格隆　H1624				编　号：No. 1	
时　间：2008-5-18				油　温：18 ℃	
检查单位/检查者姓名：大连万方船舶技术公司/＊＊＊＊＊＊					
系统	项目/单位	空载	重载(7.5/16.5 t)	限位保护	备注
起重(起升)	油压/MPa	3	12/21.5	高位—不正常 松绳—正常	7.5 t 时速度仅为空载时的 73.5%，内漏较严重
	电流/A	50	60/90		
	速度/(m/min)	40.8	30		
变幅(仰起)	油压/MPa	10～12		高位—不正常 低位—正常	内漏很严重
	电流/A	50			
	变幅时间/s	95			
回转	油压/MPa	2		左转—无 右转—无	内漏不严重
	电流/A	2			
	回转时间/(s/r)	64			

其中的容积效率和工作速度按以下规定记录，以便确定修理的紧迫程度。

(1) 允许范围内的，记为漏泄不严重；

(2) 偏离要求的，记为漏泄较严重；

(3) 严重超限难以正常工作的,记为漏泄很严重。

"备注"栏,记录由试验所得的判断,包括安全阀调定值、刹车状况、由检测估算的系统容积效率和机械效率是否满意等。

下面以某船赫格隆克令吊为例,介绍性能测试和分析的方法。

1 测空载/重载时的最大工作速度和计算容积效率

最大工作速度是指操纵手柄在最大偏角时克令吊的工作速度,据以判断系统工作能力和容积效率。

克令吊说明书一般都有对吊重、变幅、回转的速度要求。例如,G2526 型赫格隆克令吊的吊钩起升速度,轻载挡(0～10 t)50 m/min,重载挡(0～25 t)30 m/min,变幅时间(从低位升至高位)53 s,回转速度 0.5 r/min。

1.1 变幅、回转时间

可以只测吊钩空载工况,因为回转系统负荷主要是转动机构的摩擦力,变幅系统负荷主要是吊臂重力产生的力矩,受吊重的影响有限。此外,船方最关心的是吊重速度。

1.2 吊重速度

可在吊钩上挂 1 根细缆绳(每隔 1 m 做一标记),用秒表测算。

我国的《起重设备法定检验技术规则(1999)》并无对速度的要求,只要求:

(1) 慢速起升,试验负荷是安全工作负荷的 1.25 倍(至少 1.1 倍);

(2) 能可靠制动,空中悬挂时间不少于 5 min。

1.3 系统的容积效率

容积效率是指工作在额定压力时,实际有效流量与理论流量(没有漏泄时)的比值。

忽略其他阀件的漏泄,系统的容积效率可认为是泵和马达容积效率的乘积。例如:

(1) 轴向柱塞泵的容积效率是 90%～97%,内曲线马达容积效率约为 95%,则它们组成的系统容积效率为 85%～92%;

(2) 双作用叶片泵的容积效率为 85%～95%,低速叶片式马达的容积效率约为 90%,它们组成的系统容积效率为 76%～85%。

一般认为,液压泵和马达的容积效率低于 80%必须修理,故系统容积效率的下限应该是 64%左右。

只要系统的容积效率高于上述下限,满足船检局的要求不成问题。

1.3.1 泵控型系统的容积效率

以采用手动换档有级变量液压马达的泵控型系统为例,用表 1 记载的在低速挡测得的空载/重载时的工作油压 p_1, p_2 和吊钩起升速度 v_1, v_2,可近似地画出吊钩

起升速度 v 与工作油压 p 的函数曲线，从而推算出吊钩在没有漏泄时的理论速度 v_T 和在额定压力时的实际速度 v_H，并近似地求出系统的容积效率。

1）系统容积效率近似于实际速度与理论速度的比值

容积效率是指工作在额定压力时，实际有效流量与理论流量（没有漏泄时）的比值。设理论流量（没有漏泄时）Q_T，漏泄量 Q_L，实际有效流量 $Q_E=(Q_T-Q_L)$，则容积效率

$$\eta_V = Q_E/Q_T \tag{1}$$

吊钩速度 v 与油马达转速 n 成正比，设比例常数为 a，则 $v=a \cdot n$。设 q_M 是油马达每转排量，则油马达实际转速 $n=Q_E/q_M$。后式代入前式，可得

$$v = a \cdot n = a \cdot Q_E / q_M$$

也就是说，v 与 Q_E 成正比。

同理，吊钩的有效速度 v_H 与当时的 Q_E 成正比，即

$$v_H = a \cdot Q_E/q_M$$

以及，当额定油压为 p_H 时，吊钩的理论速度（没有漏泄时）v_T 与 Q_T 成正比，即

$$v_T = a \cdot Q_T/q_M$$

按式(1)容积效率的定义 $\eta_V = Q_E/Q_T$，则系统的容积效率

$$\eta_V = Q_E/Q_T = v_H/v_T \tag{2}$$

因漏泄而损失的速度

$$v_L = a \cdot Q_L/q_M \tag{3}$$

液压元件间隙的漏泄情况比较复杂，但接近细长孔（孔长远大于孔径），漏泄量 Q_L 近似与压差 p 成正比。吊重越大工作油压 p 越高，则液压泵、马达等的漏泄量 Q_L 越大，通过液压马达的有效流量 Q_E 就越小，即吊钩实际速度

$$v = v_T - v_L = a \cdot (Q_T - Q_L)/q_M \tag{4}$$

2）画出吊钩速度 v 与工作油压 p 的近似函数线

因漏泄而损失的速度 v_L 近似与 p 成正比，吊钩实际速度 v 与 p 的近似函数线大致是一条下倾的直线，故可按表 1 测得的工作油压 p_1，p_2 和吊钩起升速度 v_1，v_2，画出吊钩速度与工作油压的近似函数线如图 1 所示，其斜率

$$\tan\alpha = (v_1 - v_2)/(p_2 - p_1) \tag{5}$$

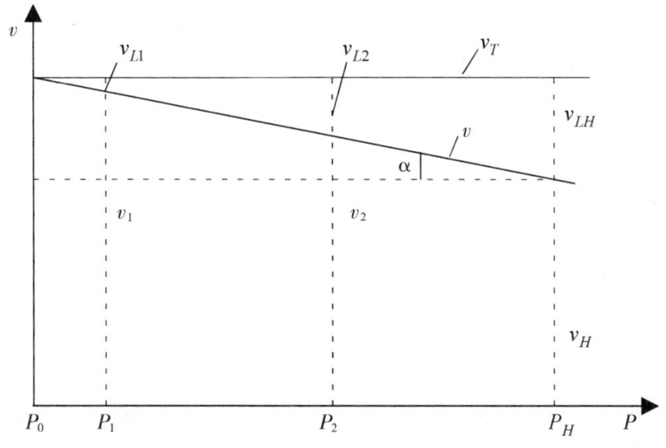

图 1　油压与吊钩速度关系曲线

3）利用 p-v 图求系统的近似容积效率

吊钩实际速度斜线向左延长与纵坐标（工作压力 p_0 等于 0，即无漏泄）的交点，可得吊钩理论速度

$$v_T = v_2 + p_2 \cdot \tan\alpha \tag{6}$$

吊钩起升的理论速度 v_T 与工作压力 p 无关，在 p—v 图上是水平直线。

吊钩实际速度斜线向右延长至额定工作压力 p_H，可得额定压力时吊钩的速度

$$v_H = v_1 - (p_H - p_1) \cdot \tan\alpha \tag{7}$$

由式(5)，(6)，(7)求得的 v_T 和 v_H，代入式(2)即 $\eta_V = v_H/v_T$，可近似求得系统容积效率 η_V。

例如按表 1 数据，$v_1 = 40.8$ m/min，$v_2 = 30$ m/min，$p_1 = 3$ MPa，$p_2 = 12$ MPa，可以求得 $v_H = 20.4$ m/min，$v_T = 44.4$ m/min，$\eta_V = 46\%$。

需要指出：

(1) 上述方法只是粗略估算，因为漏泄量与工作压力并非严格成正比，吊钩上升速度也难测得精确。

(2) 实际工作中要准确计量吊重的重量或准备标准吊重不太方便，但在工作油温升至同一值附近（如 40 ℃左右），做一下空载及任意吊重的速度、油压、电流测试并不难，据此填写表 1 所示的检查记录表，便能大致推算系统的容积效率。选用的吊重越接近额定负荷，则 p_2 越接近额定工作压力 p_H，估算越准确。

(3) 若速度下降斜率 $\tan\alpha$ 较大，额定负荷时的速度估算为负值，则意味着未到额定负荷时吊钩速度和容积效率就已降为零，根本无法吊起额定负荷。

1.3.2　阀控型系统

若阀控型系统采用自动变量液压马达，则空载和重载时液压马达的每转排量 q_M

不同，无法比较因漏泄引起的速度变化。但记录和比较同样油温和负荷（油压）时的速度变化，仍可据以估计系统漏泄量的变化。

2 测量吊钩空载时的电流和主泵排油压力

2.1 测量目的

测吊钩空载时的工作油压和电流，比较它们与设备状态良好时的测定值有无变化，可以帮助判断系统的机械效率（受管路流动损失和机械摩擦损失影响）是否变差。

2.2 影响因素

1）影响空载时主泵排油压力的因素

（1）液压马达及其输出轴后面的减速、传动机构（或液压缸）的摩擦损失；

（2）主系统管路流动损失（一般小于额定工作压力的5%～6%，大流量复杂管路可达0.5～1.5 MPa）。

2）影响空载电流的因素

（1）上述影响空载时主泵排油压力的因素；

（2）液压泵的摩擦损失（使泵空转所需电流）。

2.3 测量方法

1）泵控式系统

操纵手柄放在最大偏角。

2）阀控式系统

换向阀操纵手柄放在中位，可以排除液压马达及其输出轴后面的减速、传动机构（或液压缸）的摩擦损失的影响。

但若手柄在中位时工作油压和电流偏高，则应考虑回油滤器是否脏堵、换向阀心是否偏离中位、刹车装置是否完全松开等。

3）油温

测量空载时主泵排油压力与测量空载电流，油温应大致相同（如40 ℃左右），因为测试时油压和电流均与油温有关。

例如某船在北方港试吊，油温较低，空载油压较高，导致在额定负荷时安全阀动作，无法吊起。而且该船液压吊的执行机构A6VM轴向柱塞式高速液压马达，卷筒内有两级行星齿轮减速机构、盘式刹车、棘块式防反转机构（起升不用松刹车，下降用液压松刹车）等，卷筒内的齿轮润滑油中容易产生和残存金属磨屑，会影响刹车片和密封件等的寿命，规定每使用1 200 h左右应换油。而该船接船多年来从未检查和换油，减速机构是否锈蚀磨损而使摩擦阻力过大值得怀疑，有必要拆检保养。

3 检查限位机构的效能

液压克令通常有以下限位保护，应定期检查，尽快查明失效原因和修复：

(1) 吊臂在最大仰角时限止仰起；

(2) 吊臂在允许的最低仰角时限止俯下(卸去吊钩上的载荷后，扳动解限开关，才能将吊臂放平)；

(3) 吊钩升至接近吊臂前端(有的是吊臂抬起而变幅绞车钢索松弛)，限止再升起吊钩或俯下吊臂；

(4) 吊钩放低至甲板以致起重绞车钢索松弛(有的还在起重卷筒钢索接近放空时)，限止再放吊钩；

(5) 若吊臂可能碰到驾驶台，则还有左/右转动限位。

4 刹车机构效能及安全阀检查调整

用液压马达作为执行机构的克令吊，都设有靠弹簧力刹车和(或)以液压松刹车的常闭式制动器。

低速马达用摩擦带式制动器，高速马达用多片摩擦盘式制动器。

刹车机构效能和调整安全阀的方法如下。

(1) 关闭刹车油缸控制油管的截止阀(没有截止阀的可脱开控制油管并设法将其封死)；

(2) 使控制手柄稍稍偏离中位(起重或变幅手柄应向升起方向)；

(3) 观察工作油压升至设定值时安全保护阀件应起作用(泵控式通常是使主泵变量机构回中，阀控式是使主油路旁通至低压侧)，限制工作油压继续升高。

刹车装置应能在安全阀开启前阻止液压马达转动，否则须更换或调整刹车带(片)。

若安全阀调定值不符合要求，则应重新调整。

YORK-CMO28 型船舶空调系统的液击和使用管理

赵文利

（中海集装箱运输股份有限公司）

0 引言

“液击”，是空调往复式制冷压缩机特有的故障。

大型集装箱船配置的 YORK-CMO28 型空调系统采用的往复式制冷压缩机，也易发生“液击”。

“液击”的机理，是部分冷剂没有蒸发，更没有过热，仍处于液相（近乎不可压缩），进入压缩机气缸内受压，压力骤增，轻则“假缸盖”跳动敲击，重则损坏机械部件。

要避免“液击”，必须保证进入压缩机的冷剂是完全蒸发并有一定过热度的过热蒸气。

过热度，指蒸气温度超过当时饱和压力对应的饱和温度的数值，是衡量蒸气过热程度的重要概念。

过热度不能直接测量，需要用冷剂当时的温度减去“冷剂当时压力对应的饱和温度”得出。而“冷剂当时压力对应的饱和温度”，只能从不同冷剂的饱和压力—饱和温度特性曲线，根据冷剂当时的压力查出。

例如，蒸发器出口冷剂的过热度，等于蒸发器出口冷剂温度减去当时当地冷剂压力对应的饱和温度。

1 船舶空调制冷系统温度控制简介

大型集装箱船的 YORK-CMO28 型空调系统，采用电子膨胀阀（AKV）和全电脑数码控制，控制元件包括 FX2N PLC 电脑板和 E200 LEDs 控制面板等。

这个系统的控制原理，包括：

（1）双控制回路。双控制回路，即压缩机的能量调节和电子膨胀阀 AKV 的“开度”调节（注：AKV，要么全开要么全关，其“开度”指其打开时间所占的百分比）。

当送风温度在温度设定值“Supply SP＋偏差值 Offset”上方时，压缩机能量调节的依据是送风温度；AKV 的“开度”调节的依据是蒸发器出口的过热度。

当送风温度在温度设定值“Supply SP＋偏差值 Offset”下方时，二者调节的依据又互换，即压缩机能量调节的依据是过热度；AKV 的“开度”调节的依据是蒸发器出口的送风温度。

双调节回路的 2 种调节模式，既相对独立又相互影响：压缩机的能量调节，既影响吸入压力、蒸发温度、送风温度、过热度，也影响 AKV 的“开度”；AKV 的“开度”调节，既影响吸入压力、蒸发温度、送风温度、过热度，也影响压缩机的能量调节。

(2) 夏季补偿调节，指根据室外温度的变化（厂商设定 20 ℃开，35 ℃关），对送风温度设定值 Supply SP 进行夏季补偿调节。

例如：厂商设定夏季补偿系数 Summer Fact 是 0.1，原送风温度设定值 Supply SP 是 18 ℃，室外温度 32 ℃，则夏季补偿调节后的送风温度设定值 Reg. SP＝（室外温度－Summer Start）×Summer Fact. ＋Supply SP，

即 Reg. SP＝(32 ℃－20 ℃)×0.1＋18 ℃＝19.2 ℃

(3) 调节特性采用比例积分(PI)模式。

可知，整个制冷系统的调节控制，是包括双调节回路、4 种调节模式、PI 调节特性等的较为复杂的控制调节统一体，可满足系统的全自动控制和“傻瓜”操作。

2 控制过热度，保护压缩机免于“液击”

YORK-CMO28 型空调系统，主要从控制系统、管系设计、压缩机组的机械保护等 3 方面采取措施控制过热度，保护压缩机免于“液击”。

1) 控制 AKV 开闭和开度以控制过热度

设置压缩机启动和运行期间的 MOP(Max Operation Pressure，一般设定为 0.75 MPa）功能——若压缩机启动和运行时进口压力大于此设定，则立即关闭 AKV。

低过热度限制 LT SuperH(Low Superheat Limit 在液晶显示屏上的缩写，厂商设置为 2 ℃）保护功能，若蒸发器出口的过热度小于设定值，则立即关闭 AKV。

冷剂供给量调节 FF Regulation(Feed Forward Regulation）功能——压缩机能量调节时，根据 FF Factor 的设定值，相应开大或关小 AKV“开度”，防止过热度较大波动。根据厂商设定值 20 计算，空调压缩机能量加、减一级（即能量调节 25%）时，AKV 相应开大或关小 5%。

AKV 的 Start Pos.（设定压缩机启动时 AKV 的“开度”，厂商设置为 20%）功能——限制压缩机启动时的 AKV 开度。

2) 冷剂管系布置提高过热度

设置高效的“过热器”——冷剂蒸气回气管穿过冷凝器被加热提高过热度（现场测定 6～12 ℃）以防止“液击”，同时提高冷凝器中冷剂过冷度从而提高制冷效率。

冷剂管系的特殊布置——冷剂回气管路较长（典型 4 250 TEU 集装箱船，空调

压缩机设置在右舷 2P 甲板，而风机蒸发器系统设置在左舷 UP 甲板)，从设置在左舷 UP 甲板的蒸发器出口，到设置在右舷 2P 甲板的压缩机进口，管系较长(直径 70 mm，长超过 30 m)且经过机舱，可提高过热度(经测量，1～3 ℃)。

3) 压缩机组的机械保护

空调压缩机采用传统的“假缸盖”设计。若压缩机“液击”而缸内压力剧增，则“假缸盖”会被顶起，立即释放压力，减少机械负荷，避免机械部件损坏。

有以上 3 方面，只要系统控制单元自动调节和保护功能正常，就不会发生“液击”。

3 空调压缩机“液击”原因

“液击”，可能有以下 4 方面原因。

(1) 检测和控制原件故障，例如：①温度、压力传感器故障失效或感测偏差大；②电子膨胀阀故障漏泄、常开等。

(2) 控制单元故障，例如：①2 个调节回路的 4 种调节模式失控；②PI 调节器出错；③MOP，Low Superheat Limit，FF Factor，Start Pos. 等功能失效。

(3) 错误修改参数的设定值。调节参数的设定值和(或)保护参数的设定值，被人为错误地修改，会改变系统调节特性，影响系统正常稳定工作，甚至引发故障。可能包括：①MOP，Start Pos. 等设定值太大；②FF Factor，LT SuperH 等设定值太小；③压缩机过热度调节参数 High super 设定不当；④Low super 设定不当；⑤AKV 过热度调节参数 Setpoint 设定不当；⑥AKV 送风温度调节参数 Gain 设定不当等。

(4) 操作使用管理不当。可能包括：①空调压缩机较长时间停用而没有将冷剂收回冷凝器(储液罐)和(或)AKV 漏泄，致使液态冷剂大量滞留在低压吸入管系；②长期手动控制运行，参数严重偏离工况点；③系统冷剂过量，且控制系统存在缺陷；④压缩机维修保养不良致使某些部件(能量调节机构、进排气阀等)有缺陷等。

4 使用管理建议

空调控制系统的控制菜单比伙食冰机控制菜单复杂，既有显示设定参数和工作参数的菜单，又有影响系统运行的操作菜单，而控制菜单没有明确区分这 2 种，极易误操作。

主管人员和轮机长要熟悉空调控制系统 E200 LEDs 控制面板上的基本控制项目和菜单操作。

目前，相当一部分轮机长和大管轮(尤其是新上岗和刚结束较长时间公休的)，不熟悉控制菜单，甚至不敢操作。据说，有的轮机长、大管轮因操作不熟甚至开不出空调。

建议：常用菜单、操作菜单、可调节的系统重要参数菜单和警告提示等，张贴在控制箱上，以指导相关人员正确操作和避免误操作。

4.1 工作模式和控制模式

1）一拖二模式

日常使用最好设置为一拖二工作模式(Cross connection)，即 1 台空调压缩机组带 2 台风机系统(Air Handling Unit，AHU)。实践证明，这种模式运行成本较低，安全因素较大，便于维修管理，节约能源和设备资源。

这种模式，目前已被大型集装箱船舶广泛采用。当然，若 1 台蒸发器或风机故障，则可用 1 台空调压缩机带 1 台风机系统 AHU 供全船使用(另 1 台风机出口风闸必须关闭，以免送风倒流)，虽风量小，但同样也能够维持全船的舱室温度。

2）避免长期手动控制运行

空调压缩机日常使用尽可能避免使用手动控制状态。因为手动控制状态，整个制冷温度调节只靠 AKV 1 个调节控制回路，压缩机组不能自动调节能量，热负荷较大变化时工作参数往往会偏离工况点，不利于系统工作稳定。

手动控制状态一般只在停机和系统维护时使用。

3）避免频繁启停

外界气温处于临界状态(即不太热，沿海南北航线船舶常遇到)，压缩机 25％负荷工况即可满足需要，常常在吸入压力过低即过热度过大时会低压停车，但短时间内低压升高后又自动启动，因而压缩机启停频繁(甚至进口管系结霜)，容易造成压缩机工况不稳定，运动部件磨损，非常不利。

这时，应该根据航线、航区季节温度等情况，停机或采取增加热负荷维持运转的措施，总之要避免压缩机启停频繁。

4.2 设定参数

空调控制系统 LEDs 面板中的设定参数很多，仅制冷温度控制单元的设定参数就有几十个。

这些设定参数大部分应按照厂商说明书要求定期校核，不得随意修改调整。个别常用操作参数可以根据具体使用要求调定，包括温度控制需要调定的 Supply SP，Start cool，Start heat，压缩机维护检修需调定的 LP Suct.，LP Delay(须输入密码后才能重新设定)，Warning h 等。

1 台空调压缩机带 2 台风机系统 AHU 的 Cross Connection 模式，换用压缩机时必须先停风机，调整管系相关阀件，输入密码后才能重新设定再投入使用。

设定参数的修改，分 2 个级别。

一般参数如 Supply SP，Start Cool，Start heat，Warning h 等，可直接修改。

重要的参数，如 LP Lub oil，HP Disc，LT Suct，LP Delay，MOP，LT SuperH，Cross Connection 等，修改要非常慎重，一般是主管人员有专业目的时调整，修改前必须输入密码，修改后再确认(YES / NO)，并监控其效果。

4.3 空调压缩机的启停操作

(1) 正常启动，只须将手动转为自动即可。

(2) 压缩机短时间停车，可转手动后降负荷直到停车，不必开关各阀。

(3) 空调压缩机意外断电停机后启动，慎重起见：①先关小压缩机吸入阀；②启动风机；③压缩机控制设定自动状态；④压缩机自动启动后，注意观察进口压力并逐渐打开吸入阀，直至运行参数稳定正常。

(4) 压缩机长时间停车：①关闭冷凝器(储液罐)出口阀；②压缩机控制设定手动状态；③逐步降负荷至 25%，直到冷剂基本全部收入冷凝器(储液罐)，低压动作停车；④必要时停风机；⑤关闭冷剂管系相关阀件；⑥关闭压缩机进出口阀。

(5) 压缩机长时间停机后的启动：①全面检查压缩机确认完好；②启动风机；③打开冷剂管系相关阀件；④打开压缩机出口阀，略开进口阀；⑤压缩机控制设定自动状态；⑥逐渐打开冷凝器(储液罐)出口阀；⑦待压缩机自动启动后，注意观察进口压力并逐渐打开进口阀；⑧压缩机启动完毕后，全面检查机旁和 LEDs 面板上压缩机各运行参数，直到运行工况稳定方可离开。这个过程大约需要 15 min。

4.4 运行监控

1) 压缩机组、冷凝器及相关管系

现场检查有关参数(有时还能观察到压缩机能量调节加载/卸载的动作)，确认在正常范围：

(1) 压力，包括压缩机组排出压力、吸入压力(绝不能大于 0.75 MPa)、润滑油压力、冷却水进出压力等；

(2) 温度，包括吸入管系温度(对应吸入压力)、冷却水进出等；

(3) 润滑油油质(颜色)；

(4) 负荷量(对照电流表确认)；

(5) 运转声响；

(6) 漏泄，包括机体、轴封及管系等；

(7) 液位，包括冷凝器(储液罐)及其出口示液镜冷剂流量、曲轴箱油位等。

2) 风机系统(AHU)

AHU，包括空气滤器、蒸发器、电子膨胀阀、加热器、加湿装置、除水装置、风机、各温度湿度探测器、风门等。

现场检查有关参数，确认在正常范围：

(1) 风机电流；

(2) 送风温度(风机出口)Supply air(符合设定温度 Supply SP)。

3) 对照压缩机参数与 AHU 参数

从 E200 LEDs 面板菜单，查看(必要时对照机旁参数)确认压缩机参数与 AHU 参数匹配。

4）冷剂要适量

若冷剂适量，则较易从运行工况偏离发现漏泄；若冷剂过多，则一旦从运行工况偏离发现漏泄，冷剂已经漏失很多。

4 250 TEU 集装箱船典型的 YORK-CMO28 型空调压缩机组，压缩机与 AHU 间距离较远，高、低压管系较长(大于 30 m)，冷凝器(储液罐)出口至 AKV 间的冷剂高压管系容量大，滞留的冷剂多。尤其采用一拖二工作模式，2 根直径 40 mm 的冷剂高压管系，滞留冷剂更多，以致系统运行时工作机组的冷凝器(储液罐)中往往看不到冷剂液面，甚至很难将冷剂全部收回到 1 个冷凝器(储液罐)中。一旦能够看到冷剂液面，已表明系统冷剂量过多。

因此，建议严格控制空调系统的冷剂量，高负荷时基本够用略有储备即可，以利于及时从运行工况偏离发现漏泄，及时查找原因和消除。

根据电磁阀开度、电磁阀本体温度、冷剂流动的声音及送风温度，基本能够判断冷剂是否充足，系统工作是否正常。使用电磁阀检查工具，检测电磁阀开/关状态。电磁阀处于开启状态，细听冷剂流动声音，探测冷剂流动时间的长短(AKV 开度)。

一拖二模式工作，热负荷较高时，比较 2 台风机系统送风温度和电子膨胀阀 AKV 的工况，可以及时发现系统冷剂不足。因为 2 台风机系统各项设定参数相同的情况下，若系统缺少冷剂，则一般先是其中 1 台 AHU 送风温度上升，AKV 开度明显增大甚至几乎常开，阀体发热，冷剂流动出现高频气流声。

5 空调压缩机组机械部分的维修保养

严格执行以定时保养为主，以 PMS 的定期保养为辅的有关程序。

这些程序在说明书 P47——Schedule service 有详细规定，不再赘述，但绝非不重要。

回转式液压舵机内部泄漏的原因、处理和预防

方　健

（上海远洋对外劳务有限公司）

回转式液压舵机，体积小、重量轻、安装方便，无需外部润滑，管理简便。随着加工工艺的提高，目前回转式液压舵机已经成功应用于10万总吨以上的大型船舶。然而，大功率舵机的输出扭矩大，工作油压高，也相应提高对系统的密封要求。

回转式液压舵机的系统中，哪些部件容易产生内部泄漏，平时应该注意哪些环节，怎样判断，如何处理，是轮机管理人员的基本知识。

下面分析某7.5万吨级散装货船的回转式液压舵机因内部泄漏导致的滞舵现象。

该船PROSGRUNN S-1210舵机，型号425-95/2；设计压力9.4 MPa；试验压力14.0 MPa；静态转矩（油压7.5 MPa时）925 kN·m。

转叶与液压缸本体之间的径向力，由上轴承和下轴承承受，整个舵柱、轮毂和转叶等的重力则由承磨环承受。

该舵机液压缸本体内（见图1）：

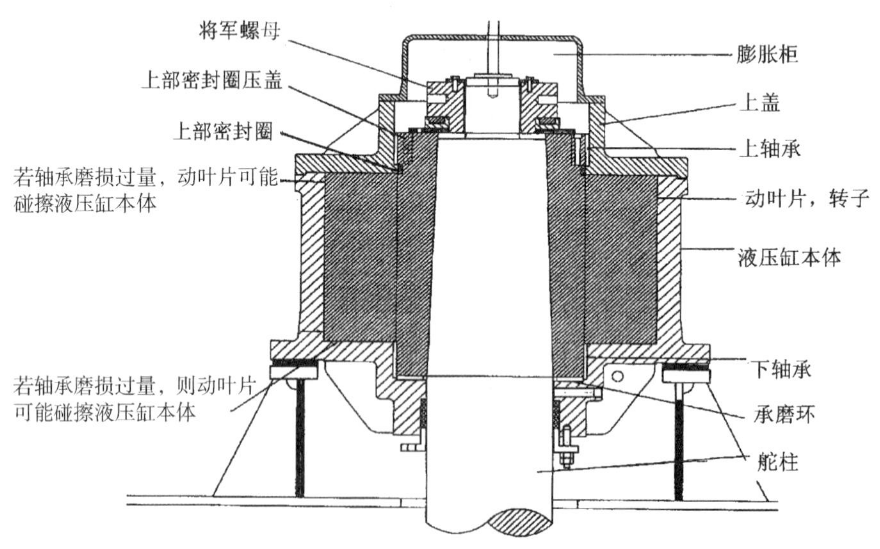

图1　液压缸剖面

(1) 2 个定叶对称地固定在液压缸本体上；

(2) 2 个转叶对称地由将军螺母锁紧在舵柱上；

(3) 定叶和转叶，将液压缸本体内分隔成为 4 个工作腔室(2 个高压腔和 2 个低压腔)，工作腔与膨胀柜之间由上部密封圈阻隔；

(4) 上部是端盖和膨胀柜。

该船时有舵效慢、滞舵、跑舵等现象，同时系统油温偏高，航行在热带区域或者恶劣天气时尤为突出，严重时甚至会没有舵效。

根据这些现象，可以判断出系统内部有泄漏，但是在什么部位发生泄漏需要做分析和判断。

从图中可以看到，系统内部可能有 2 处泄漏：

(1) 高压工作腔与膨胀柜之间的泄漏，原因是上部密封圈老化、磨损等；

(2) 高、低压工作腔之间的泄漏，原因是转叶与上部端盖间的间隙变大或转叶与液压缸本体间的径向间隙变大(转叶与液压缸本体之间的摩擦所致)。

判断内部泄漏具体部位，可使用以下方法：

(1) 关闭膨胀柜与泵油柜之间的阀；

(2) 将操舵系统置于“应急操纵”位置；

(3) 用手操方法慢慢操纵舵机“左满舵”和“右满舵”直到安全阀动作(做这一步骤时不能超过 5 s，并注意压力的变化)；

(4) 分别用 2 台油泵反复操作几次后观察膨胀柜的油位是否上升；

(5) 打开膨胀柜与泵浦油柜之间的阀，系统回复到正常驾控位置。

上述操作后，可能有下列 2 种情况。

(1) 膨胀柜的油位升高：说明工作腔与膨胀柜之间已串通，部分工作腔的压力油直接漏到了膨胀柜，致使舵效慢。

这是上部的密封圈老化或者磨损所致，须更换上部密封圈，消除系统泄漏。

(2) 膨胀柜的油位没有升高：说明转叶与液压缸本体之间的间隙变大，高低压油腔串通，致使舵效慢。

这时，需要泄放掉膨胀柜内的液压油，打开膨胀柜的盖子，进一步检查测量以下位置，确定漏泄部位。

测量端盖上平面与轮毂上平面间的距离(分别测量前、后、左、右 4 个位置)。若这些距离变大，则说明承磨环磨损，舵柱、轮毂和转叶位置下移，导致转叶与上部端盖间的间隙变大泄漏；若间隙超过允许值，则需要更换承磨环，否则会影响舵机正常运行。

测量上轴承与上部密封圈压盖之间的径向间隙(分别测量前、后、左、右 4 个位置)。该间隙增大会导致转叶与液压缸本体之间直接摩擦。若间隙超过说明书规定的极限，则需要进厂整修转叶。

以笔者的体会，回转式液压舵机系统内部泄漏，大多是上部的密封圈老化或者磨损引起的，及时更换上部密封圈后就能恢复正常运作。

大型船舶使用回转式液压舵机，一般来讲，只要日常维护管理到位，完全可以避免转叶与液压缸本体之间的直接摩擦，安全性和可靠性还是有保障的。

日常维护管理应包括：

（1）定期检查测量端盖上平面与轮毂上平面的距离，以及上轴承与上部密封圈压盖之间的间隙。间隙达到说明书规定的极限值之前就应换新承磨环或上轴承，确保转叶与液压缸本体之间间隙正常，避免直接摩擦。

（2）定期取油样送化验室分析系统液压油的品质，持续跟踪、监测系统油中金属含量的变化，稍有变化就应引起警觉，查找原因，消除隐患。

船舶电气常见故障实例

许明华

(福建船政交通职业学院)

0 引言

随着自动化程度不断提高,船舶电气设备越来越多,电气故障也越来越多,且往往不可预料。

排除船舶电气设备故障的步骤,一般来说是先弄清故障现象,再查看电气线路图和说明书分析故障原因,确定故障所在范围后拆检元器件(拆卸之前各接线头应做好标记)确定故障点,最后修理排除故障并重新安装调试。

下面介绍几例船舶电气设备故障及其处理过程,希望能体现分析故障的一些原则。

1 发电机重负载时电压下降、电流上升

某船 No.2 主发电机,空载或轻载时电压和频率正常;较重负载时频率正常但电压明显下降且电流急剧上升,导致主开关跳闸全船失电。

从理论分析故障现象,频率表没有波动,柴油机也没有不正常运转声音,当故障不在柴油机,而在同步发电机的调压器——发电机励磁电流太小时,导致发电机电压下降。

有刷发电机和无刷发电机,励磁电流都是由发电机自动电压调整器(AVR)控制。该船是无刷同步发电机,励磁系统工作原理见图 1。

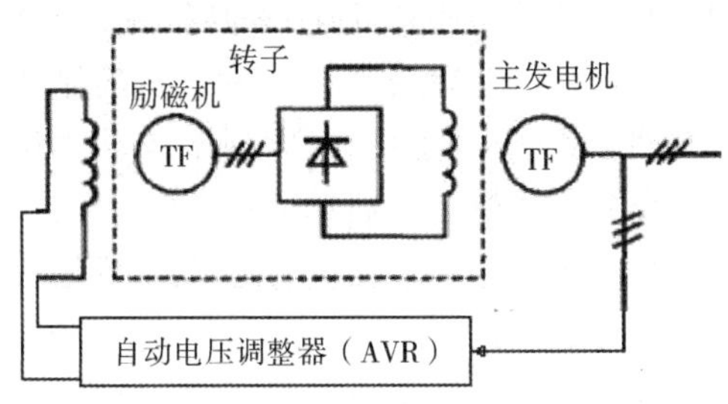

图 1 无刷同步发电机励磁系统

首先,检查发电机控制箱内部,发现电子元件或线圈无烧焦痕迹,自动电压调整

器控制板无异常，更换主发电机自动电压调整器控制板仍无法消除故障。

进一步检查交流励磁机和同步发电机的励磁绕组，均正常。

最后，只好解体发电机检查旋转整流器，才发现旋转整流器 1 只二极管烧坏(断路)。

更换该二极管后装复试车，发电机运转正常。

2 备用主发电机手动启动正常但无法自动启动并车

某船第一备用主发电机，手动启动正常，但配电板重载报警时不会自动启动并车。

显然，故障在其自动启动控制箱。

第一步，检查自动启动控制箱(见图 2)，发现无烧焦和接线脱落，但感觉电源(LED)指示灯亮度有点暗。用万用表检测控制箱电源电压只有 14.5 V，而正常值是 24 V，可见发电机无法自动启动，这是因为控制箱电源电压过低导致可编程序控制器(PLC)无法正常工作。

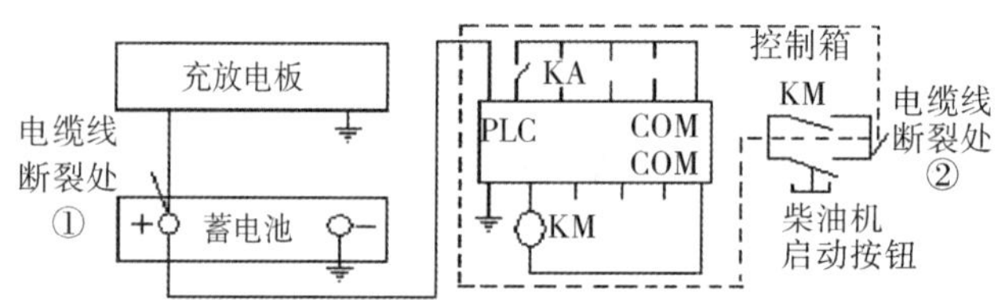

图 2 No.1 无刷同步发电机自动启动控制

第二步，检查控制箱电源蓄电池，2 个蓄电池串联两端电压也只有 14.5 V，原来蓄电池没有充电。为什么蓄电池不充电呢？检查蓄电池充放电板，正常；检查连接蓄电池充电电缆，发现电缆线断裂(见图 2“电缆线断裂处①”)；接通该电缆线，蓄电池充电到额定电压，发电机还是无法自动启动。

第三步，检查控制箱控制电路，可以听到、看到接触器 KM 动作，可判断可编程序控制器(PLC)能够发出自动启动信号；再检查发电机控制箱到启动按钮连接电缆线，发现图 2“电缆线断裂处②”处的接触器 KM 触头与柴油机启动按钮并联的电缆线断裂。接通该电缆线，柴油发电机自动启动恢复正常。

2 处电缆线断裂，都在电缆线与冷压头连接处，断裂的原因是冷压头压紧电缆线时损伤了电缆线，且此处受力最大，加上船舶振动，产生疲劳破坏断裂。

提醒一点，电缆线与冷压头连接处都有绝缘护套，外观检查很难发现断裂，常须使用万用表检测。

3 发电机并车时同步表指针不动

某船 No. 2 发电机并车时，同步表针不动无法并车。

并车同步表接线原理见图 3。

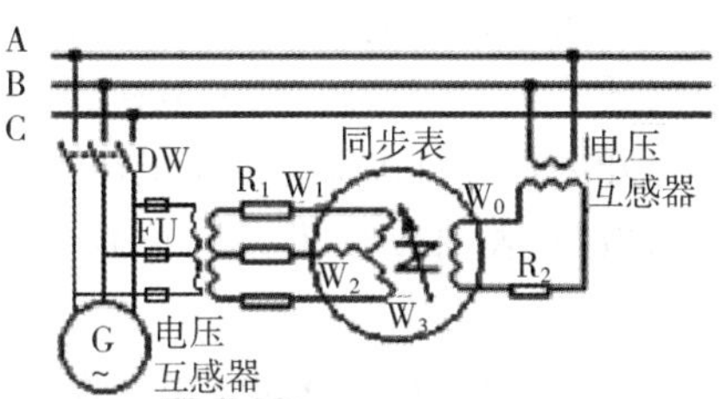

图 3 同步表接线原理

1) 排除同步表损坏

同步表是短时工作制，容易烧毁。检查同步表线圈未见异常；启动另一发电机并车，同步表工作正常。

2) 排除 No. 2 发电机电压和频率异常

通过配电板电压转换开关检查待并 No. 2 发电机电压和频率，发现其三相电压平衡，频率也正常。

再检查 No. 2 发电机连接同步表电压互感器的电压，发现三相电压不平衡，才发现其电压互感器中 1 个熔断器烧断，致同步表无法正常工作。

更换熔断器后，No. 2 发电机并车正常。

4 440 V 动力网正常而照明变压器主开关跳闸

当时使用的 1# 照明变压器主开关跳闸（2# 照明变压器备用）。

(1) 440 V 动力网正常，排除发电机组故障的可能。

(2) 尽快恢复全船照明：检查 220 V 照明负载屏见配电开关都没有跳闸，遂切断部分 220 V 照明负载，合上 2# 照明变压器主开关供电。

(3) 检查 1# 照明变压器尚有余温，表明其主开关跳闸前仍能正常工作，测量其绝缘正常，没有烧焦现象。由此推断，1# 照明变压器未损坏，其主开关跳闸很可能是负载过大。分析 220 V 电网用电设备情况，原来是天气太冷，为保证舵机和应急发电机正常工作，舵机房和应急发电机房临时使用 220 V 的加热器保温，220 V 电网用电量增加，引起 1# 照明变压器主开关过载跳闸。

分析变压器参数，重新整定保护变压器的热继电器动作值投入使用，照明电网正常。

过了几天，因天气比较恶劣开启 1 台备用雷达（使用 220 V 三相电源），发现其图像是反的，肯定是雷达反转。回想最近电气维修只切换过照明变压器，可能是相序不对。检查 1# 和 2# 照明变压器，发现副边相序不一致。2# 照明变压器副边 2 根电源线对调，该雷达恢复正常。

5 440 V 电网绝缘电阻低

某船某日，440 V 电网绝缘电阻低报警。

电网绝缘低一般发生在 440 V 电网，而且多是由室外照明引起的，也可能发生在室外甲板机械用电设备如起货机、锚机等。查找故障点的方法，是分批断电，顺序当然也是先甲板、后机舱、最后驾驶台的用电设备。

这次找到的是分油机绝缘低。断开分油机控制箱的闸刀开关，440 V 电网绝缘电阻低停止报警，表明从配电板到分油机控制箱的电缆线绝缘是好的；合上控制箱的闸刀开关且没有按下分油机的启动按钮（分油机电动机没有通电工作），电网绝缘又开始报警，表明分油机控制箱到电动机绝缘是好的，绝缘故障点就在分油机控制箱里。

观察控制箱，发现每个电气设备都是安装在绝缘板上的，不可能与船体相碰；拆下绝缘板的固定螺栓，让绝缘板处于悬空状态（消除其漏电的可能），可是再合上闸刀开关，440 V 电网绝缘电阻低又开始报警。再仔细观察，见控制板有 2 条细小导线连接到蜂鸣器。这是唯一还没检查的地方。从外观看不出蜂鸣器漏电，但打开蜂鸣器的接线盒，里面有水流出。原来，是集中空调管的凝结水刚好滴入蜂鸣器接线盒，使电网绝缘下降。

6　舵机只能操右舵不能操左舵

某船某日海上航行，使用 1 台舵机（控制系统是电液型式）以自动舵运行，突然偏航报警；切换为随动舵，操右舵时舵叶右转，回舵和操左舵时舵叶不动，也就是只能操右舵不能操左舵；试了几次，舵叶最终停留在右满舵上。为了尽快恢复舵机正常运行，直接切换到另 1 台舵机工作。

能操右舵而不能操左舵，应当是舵机控制线路故障。

检查该故障舵机控制线路，该舵机控制箱的各个电器表面没有明显的故障痕迹，可排除控制系统整体故障的可能。

检查随动舵工作状态，操左舵、右舵时发现：

(1) 检查左舵、右舵的控制继电器，都能正常动作，但左舵控制电磁阀没有动作。

(2) 检查左舵控制电磁阀，线圈正常，但用万用表电压档测量左舵电磁阀线圈两端无电压。

(3) 再返回检查左舵控制继电器触头，发现继电器触头接触不良。原来自动舵工作时，继电器触头闭合夹住了 1 只小蟑螂。

清洁左舵控制继电器触头后，舵机工作正常。

从这一例分析故障的过程可以看出，逐渐缩小故障范围便于找出故障点。

7　某主发电机组单独供电电压和频率不稳定

某船主发电柴油机组 3 台。某日船舶起锚离泊，突然听到单独供电的 No. 1 发电柴油机运行声音时强时弱，同时主配电板上电压表、频率表不断波动，无法稳定。

No. 1 柴油发电机组声音时强时弱和频率表波动，可推断是该发电柴油机调速器故障，立即启动 No. 2 发电机组投入运行，停止 No. 1 发电机组。

发电柴油机离心式调速器原理见图 4。拆解调速器发现调速器主弹簧断裂，飞重磨损严重。调速器换备后试车，No. 1 柴油发电机组电压、频率正常，故障排除。

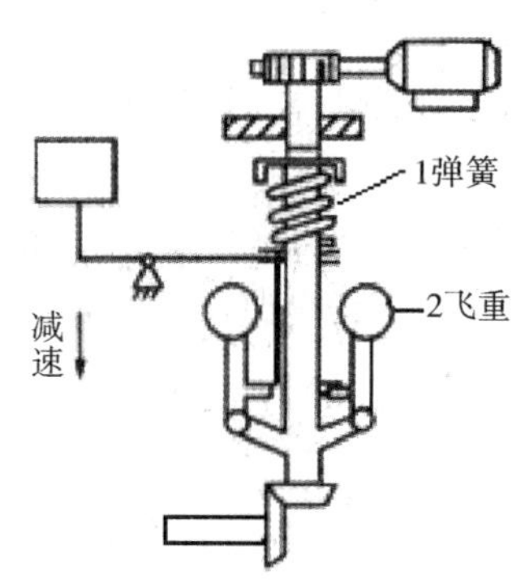

图 4　离心式调速器

分析近来电气设备使用情况发现，调速器弹簧断裂的原因是电动锚机起锚方法不对。当锚机拉紧锚链后，应刹住锚机，靠主机微进拔锚破土。而该船不动主机仅靠锚机拔锚破土，锚机堵转，发电机负载大；水手长怕锚机堵转烧坏马达而暂停绞锚，发电机负载减轻后再绞锚。发电机负载因而重载、轻载快速变化，已老化的调速器弹簧因快速压缩、松弛终致断裂。

船长正确、规范地用车和绞锚，就可以避免这样的故障。另外，设计锚机控制电路时，可在驾驶室设置锚链收紧信号显示，以便船长及时用车。

8　电路设计的改进

为减少操作失误引发的电气故障，更合理地设计或适当改进电路也很重要。上一节谈到，设计锚机控制电路时在驾驶室设置锚链收紧信号显示以便船长及时用车即为 1 例。还有比如船舶发电机手动准同步并车和手动解列。

发电机手动准同步并车和手动解列操作普遍。而操作者很可能因不熟练、疲劳、心理素质等因素而误操作。例如：并车时，还没有接通同步表或虽接通同步表却未达到准同步状态就按下待并机的合闸按钮，导致并车失败、全船失电，甚至损坏设备；解列时，不转移负载就按下停车按钮，对电网产生很大冲击，导致发电机逆功率跳闸等。

为避免这些误操作，可改造并车/解列控制电路（见图 5）。

发电机主开关的"DW_2 辅助触头"并联"同步表接通开关"，若同步表开关没有接通则按下待并发电机的并车合闸按钮无效，可确保并车时使用同步表。

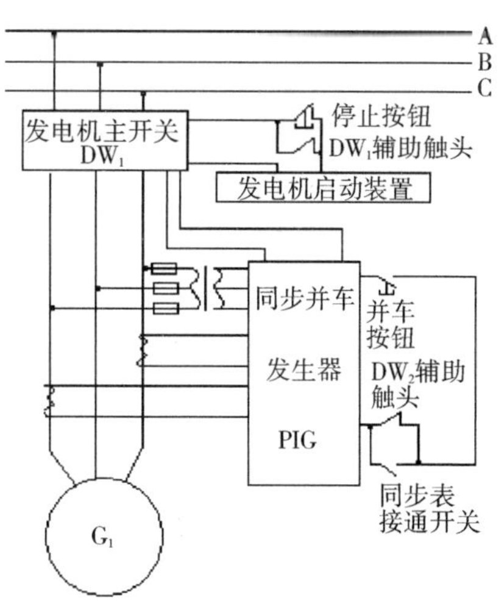

图 5　同步发电机并车、解列停止控制

发电机主开关的"DW_1 辅助触头"并联"停止按钮"，若发电机主开关没有断开则按下停止按钮无效，可保证先解列后停机。

9 结束语

船舶电路原理虽然简单，但电气故障往往是意想不到的，排除故障常常难以确定从何入手。这要求轮机管理人员加强学习，充分掌握电路工作原理，思路清晰，考虑故障的各种可能原因及其优先次序，逐一排查。希望以上故障实例分析能提示分析故障的一些原则。

VTH－30 型船用焚烧炉的技术改造

陈新恩

（广州航海学院）

0 引言

某航海院校有 1 台 VTH－30 型船用焚烧炉，为日本大阪 Volcano 公司于 1979 年建造。由于建造时间早，目前存在以下 3 个问题：该焚烧炉为继电器逻辑控制，继电器触头灰尘多、腐蚀严重、开关不灵活，严重影响系统的正常工作；抽风机功率较大，为直接启动和停止工作方式，对容量不大的电网冲击大；污油泵为恒量式，不能根据炉温自动调节喷入炉膛的污油量，节能效果不明显。为适应当前自动控制技术的发展和发挥更好的教学效果，拟对该船用焚烧炉进行技术改造。

1 改造措施

1.1 引入 PLC 控制技术

原继电器控制系统采用硬性机械触点，连线复杂、功率消耗大、工作寿命短；PLC 采用微电子技术，具有较强的灵活性和扩展性，体积小、能耗低、工作寿命长，平均无故障时间超过国际电工委员会规定的 100 000 h。考虑到输入、输出点数及成本，决定采用 S7－200 系列中 CPU226 型 PLC，PLC 接线图见图 1。

1.2 采用软启动软停车技术

抽风机电动机为鼠笼式三相异步电动机，启动电流为额定电流的 6～7 倍；而船舶电力系统是独立系统，突加或突减负荷会引起船舶电网频率和电压波动，严重时会引起船舶电站主开关跳闸，影响船舶安全。采用软启动技术后，电动机启动电流由 0 平滑增加，连续转换无峰值。3RW30 型软启动器的启动、停止时间调节范围为 0～20 s，启动电压调节范围为电动机额定电压的 30%～100%。另外，不须另接旁路接触器，在启动完成后用内部自带继电器触头将半导体元件进行旁路。3RW30 软启动器具有经济性，节电率为 14%～22%。实际上，船用焚烧炉抽风机电动机功率相对较小，对船舶电网冲击较小，但为配合软启动器教学，提供学生实物教学情景，焚烧炉抽风机采用软启动软停车技术。抽风机电动机电路加装 3RW30 型软启动器后，接线图见图 2。

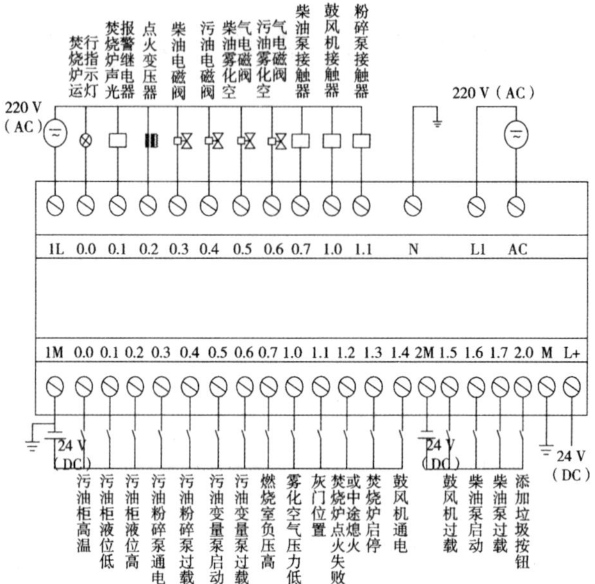

图 1 PLC 连接图

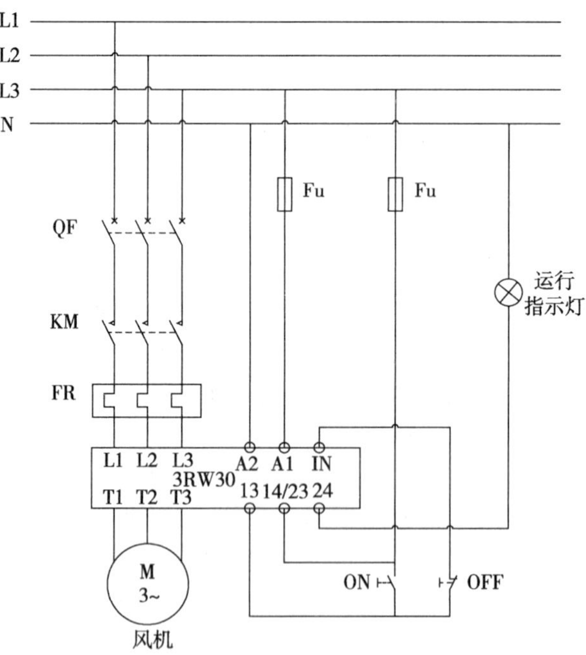

图 2 3RW30 型软启动器连接图

1.3 采用变频调速技术

船用焚烧炉的先进性指标之一体现在:在控制排放指标合格的前提下,消耗单位柴油时多焚烧垃圾和污油。原污油泵为恒量泵,在炉膛温度高或低时,喷入炉膛的污油量不可调;在采用变频调速技术后,即解决上述问题。选用 MM440 型变频器,当炉膛温度达到 650 ℃时,给变频器 1 个启动信号,污油泵开始泵油。将炉膛温度作为输入信号,变频器根据该信号与给定信号进行比较,并通过比例、积分、微分环节调节输出频率,控制污油泵转速和流量,自动使炉膛温度维持在 900～1 000 ℃。

1) MM440 型变频器接线

MM440 型变频器接线图见图 3。

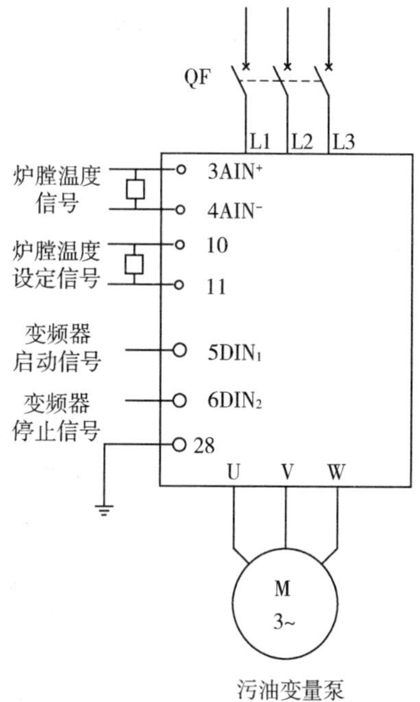

图 3 MM440 型变频器接线图

2) 变频器参数设置

(1) 恢复变频器工厂默认设置值。设定 P0010=30 和 P0970=1,按下 P 键开始复位。

(2) 设置电动机参数。设置电动机额定电压、额定电流、额定功率和额定转速等参数,让电动机与变频器相匹配。设定 P0010 = 0,准备运行。

(3) 设置模拟信号操作控制参数,模拟信号操作控制参数设置见表 1。

表 1 模拟信号操作控制参数

参数号	设置值	说明
P003	2	设用户访问等级为标准级
P0700	2	命令选择源为端子排
P0701	1	ON 接通正转,OFF 停止
P1000	2	频率设定值为模拟输入
P1080	0	电动机运行最低频率为 0
P1082	50	电动机运行最高频率为 50 Hz
P757	4	输入信号最小为 4 mA
P758	0	输入信号最小时,输出 0
P759	20	输入信号最大为 20 mA
P760	100	输入信号最大时,输出 100%
P761	4	死区宽度为 4 mA

2 工作流程设计

该船用焚烧炉有焚烧污油和焚烧固体 2 种工作模式。以焚烧污油模式为例讲述其工作流程,工作流程见图 4。

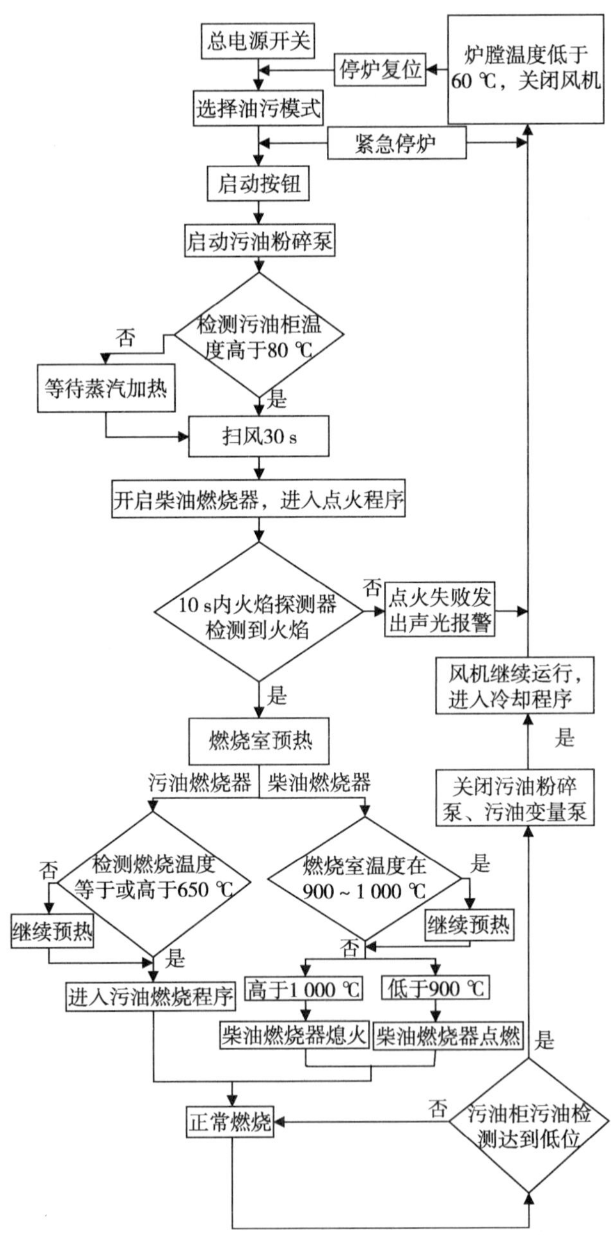

图 4 污油焚烧模式工作流程

3 结束语

该船用焚烧炉改造完成后，经过现场试验，该系统工作设备故障率大大降低，风机启停时电网电压波动小，焚烧单位污油所消耗的柴油量减少 5%，具有工作可靠性、经济性和先进性。船用焚烧炉属国际公约产品，经过改造后如在船上使用，必须满足相关国际公约和规范，并经船级社型式认可和产品检验。

现代船舶中压电力系统的涌浪电压

陈　新

（中海集装箱运输股份有限公司）

1　涌浪电压和涌浪电流

涌浪电压是指，中性点不接地（三相三线制）的交流电力系统中，由于电网固有的电感和电容，若操作失误或故障引发电流突变，则几毫秒到数十毫秒内电压骤升到额定电压的3～5倍并沿电网线路或电路传播。

现代船舶电网容量大，额定电压高达6 000 V，发电机、电动机（如艏侧推器）等电感性负载单机可达2 800～3 200 kW，涌浪电压可高达20 000 V以上。

涌浪电流，是指涌浪电压引起的大电流。

涌浪电压（及涌浪电流，下同）是客观存在的。但是，一方面它是“瞬态”、非工频的，持续时间极短（百分之几秒），电压表和电流表通常无法显示；另一方面，操作过程产生的涌浪电压，因其幅值、波形等与电网的运行方式、故障类型、操作对象有关，还有其他多种随机影响因素，须通过专门仪器实测、统计、定量分析和模拟研究，几乎无法目视观察到，目前航海专业教课书也鲜有提及，所以不少人因不了解而忽视它的存在。

本文讨论涌浪电压，希望有助于相关管理人员重视、理解涌浪电压的形成和危害以及涌浪电压吸收装置，敬请指正。

2　涌浪电压的产生

1）涌浪电压的产生

电网电流大幅度突变产生涌浪电压。

电网电流大幅突变的原因，有：

（1）电感性设备接通/断开，如电网断电后再合闸、空载大环路合闸/卸载、发电机/电动机/大变压器的合闸或卸载、间歇性电弧接地等。

（2）电阻性负荷突增/突降，如突加/突卸、断路/短路等。

不管电网容量和负载功率大小，负载都可能突变，所以涌浪电压只能设法控制而不可能完全避免。

2）涌浪电压高低

涌浪电压值，与电流变化量成正比，与时间变化量成反比。由于时间极短，涌浪电压很高。电网容量越大和(或)电网电感量越大,涌浪电压越高。

3 涌浪电压的危害和防范

涌浪电压峰值可高达额定电压的3～5倍,虽然持续时间极短,也足以损坏电机、变压器等电气设备,对不耐高压的电子元器件威胁更大,必须采取防范措施。

以往的船舶电网,额定电压低(380 V或440 V),单体负载容量小,产生的涌浪电压较低。据使用某型电网分析器分析某典型440 V三相三线系统得知,电网断电后合闸,涌浪电压是额定电压的3～4倍(低于2 000 V)。防范措施也很简单,只须电机、变压器等设备出厂时或大修后经受短时耐压试验(2 500 V,1 min)。

现在的船舶电网,涌浪电压的危害更大,因为:①电网容量大(12 000～18 000 kW)、额定电压高(越来越多采用6 600 V中压系统以适应电网大容量)、单体负载功率大(艏侧推可达2 700 kW),涌浪电压可高达20 000 V,即使采用涌浪吸收装置也只能将其降到约额定电压的2倍,仍超过13 000 V;②自动控制系统采用电子元器件多,却又不能做短时耐压试验(6 600 V中压系统耐压试验的电压为20 000 V),易被涌浪电压损坏。

现代中压船舶电网防范涌浪电压的措施,包括减少其产生次数和峰值、防护其可能损害的设备、抑制涌浪电压等。

1) 减少涌浪电压的产生次数和峰值

主要是操作时避免多负载同时加载或减载(避免同时闭合或断开多个开关),减少涌浪电压的产生次数和峰值。

2) 防护涌浪电压可能损害的设备

能做耐压试验的设备,新造和大修后,须按船检规范做耐压试验(6 600 V系统,20 000 V,1 min)。

控制系统(如操纵、燃油喷射、排气阀启闭等)的电子控制设备(程序控制器、电脑、电子网络等电子元器件等,不耐高压且无法做耐压试验,受涌浪电压损坏的风险极高),须配备高压保护装置(通常是装有不间断电源),涌浪电压的冲击最多损坏不间断电源而不会损坏电子元器件。例如《英国劳氏船级社船舶入级规范和规则》第8部分(8-1页)——第3章"中压系统中性不接地系统"的第3-1条规定,"中性点不接地系统会因突然接地故障引起瞬间过电压,必须为可能受损害的设备配备过电压保护装置"。

高压开关,断开时电弧强烈,须加装并联的防涌浪吸收器以提高其灭弧能力。

3) 抑制涌浪电压(涌浪电压吸收装置)

三相交流电网,有三线制和四线制2种制式。

三相三线制,中性点不接地(船壳),不利于涌浪电压消散;而三相四线制,中性点接地,涌浪电压可快速经船壳消散而降低。但是,三相四线制中性点线接地的安全性差,一旦某一相接地,会因设备(如舵机)保护开关跳闸导致险情。因此,SOLAS公约(1974 年)规定:“液货船以及 1 600 总吨及以上任何其他船舶,配电系统的任何动力、电热、照明等,都不得采用以船体作为回路的配电系统。”

集装箱船和客船越造越大,电网容量随之大幅提升,不得不采用中压电力系统。为了应对 2 万 V 的涌浪电压,SOLAS 公约(1994 年)的要求改为:液货船不得采用以船体作为回路的配电系统,但主管机关可例外地允许液货船线电压 3 000 V 及以上的交流电力系统采用中性点接地的配电系统,但由此可能产生的任何电流不应直接经过任何危险处所。

抑制涌浪电压,目前方法有 2 种:电网采用三相四线制,即中性点接地(船壳),但目前 IMO 规定 150 总吨以上船舶电网不得使用;电网采用三相三线制,安装涌浪电压吸收装置,一旦产生涌浪电压时吸收涌浪电压,减小其峰值,涌浪电流经中性点接地放电,当涌浪电压下降至工频电压时,恢复中性点不接地。

目前的涌浪电压吸收装置主要有 3 种:阻容型、电气间隙型和非线性压敏电阻型。

涌浪电压无法避免。目前船舶的涌浪电压吸收装置能够降低涌浪电压,但仅对操作(大功率发电机和电动机的合闸与分闸)产生的涌浪电压起作用,对电网突然断电产生的涌浪电压作用不大。

4 三相三线制电网的涌浪电压吸收装置

配备中压(6 600 V)电网船舶的船员和管理人员,普遍理解防范涌浪电压的 3 项措施的前 2 项(减少产生频次和降低峰值、防护其可能损害的设备),但对第 3 项涌浪电压吸收装置理解不足。

1) 基本原理

三相三线制电网涌浪电压吸收装置的基本原理是:

(1) 无涌浪电压时,中性点近乎不接地;

(2) 有涌浪电压时,中性点接地,涌浪电流通过涌浪电压吸收装置接地经船体释放,缓冲涌浪电压的突升,降低涌浪电压峰值。

2) 方法

涌浪电压吸收装置,普遍采用三相星形对称接法,有涌浪电压时中性点接地。

目前本公司船舶的交流中压电力系统(线电压 6 600 V)采用的涌浪电压吸收装置有阻容型和电气间隙型 2 种。

阻容型涌浪电压吸收装置(如 JRC 的中压配电板),由电阻 R 和电容 C(见图 1 和图 2)组成。电阻 R 是压敏电阻,电压高于临界值,电阻急剧大幅降低。

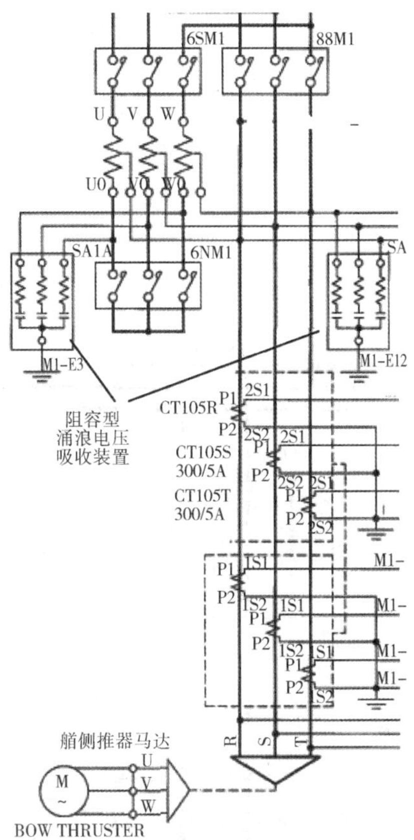

图 1　JRCS 6 600 V 艏侧推器控制屏装有 2 个阻容型涌浪电压吸收装置

图 2　JRC 阻容型涌浪电压吸收装置

工作原理,基于电容充放电和三相四线制(对称星型接法三相的中心点接地):①电压正常时,电阻 R 阻值高,电容两端随电压周期变化反复充放电,因三相电压平衡电位相等,电流很小,中性点近乎不接地。②有涌浪电压时,电阻 R 阻值极低,中性点接地电流大,电容随电压周期变化反复充放电,平抑涌浪电压。这样削峰填谷,降低涌浪电压峰值,但也会延长持续时间。③若三相涌浪电压不平衡,则不平衡的涌浪电流通过涌浪电压吸收装置接地释放到船体。

电气间隙型涌浪电压吸收装置(见图 3,三星船厂生产)。

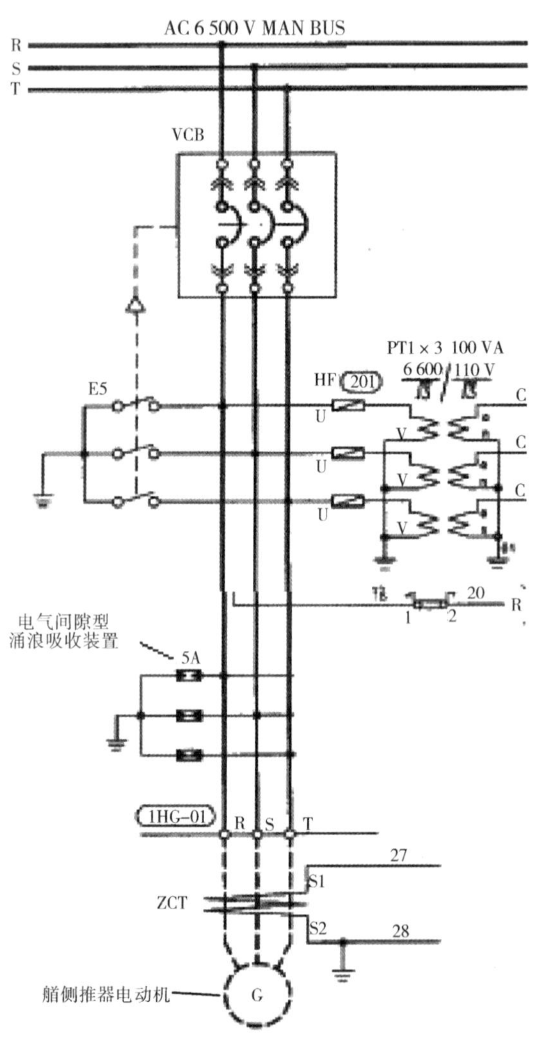

图 3 艏侧推器电气间隙型涌浪电压吸收装置

由 2 个电极(L 和 PE)以及 2 电极空气间隙周围的灭弧系统构成——电极 L 连接电网,电极 PE 连接船壳,灭弧系统包括灭弧室和分弧片。

原理相当于岸用避雷针,电极 L 与电极 PE 间的电气间隙:

(1) 间隙值决定设定电压值。

(2) 电网电压正常时 2 电极间没有电弧,阻值极高,漏流几乎为零,中性点不接地,保证电网正常供电。

(3) 电网电压超过设定值(涌浪电压),2 电极间间隙被击穿,产生电弧(即中性点接地)分流涌浪电流,平抑涌浪电压。

(4) 电网电压降至设定值,灭弧系统熄灭电弧,2 电极间恢复高阻状态(中性点不接地)。

3) 配置

大功率设备,分别配置涌浪电压吸收装置。例如 JRC 型电网,艏侧推器(可达 2 700 kW 以上,可能是船舶最大电感负载)控制屏配置 2 个,发电机控制屏、中压变压器控制屏、真空断路器等各配置 1 个(见图 1,选自 JSC 说明书)。涌浪电压或其他原因电压过高时,这些设备控制电路的保护继电器的真空开关自动切断(与电网隔离),可保证电网其他部分继续运行。

5 中压电网防范涌浪电压的操作和维护

1) 操作

避免同时启停大的负载,如艏侧推器、中压变压器、发电机等。防范全电网突然断电,尤其防止短时间内连续反复跳电。

2) 维护

发电机、大功率电动机、大功率变压器等,出厂时或大修后做短时耐压试验。

3) 重要电子元器件和设备防护

全船断电试验、应急配电板断电试验、换用岸电等,断电前关闭电子设备电源;供电恢复,须待电压稳定后再接通电源。

遇全船跳电后,检查重要电子设备(因为电子元器件必定逐渐老化,涌浪电压多次冲击也会加速其老化,易被涌浪电压损坏)。

4) 阻容型涌浪电压吸装置

为保证安全运行,制定必要的运行规程、观察监视制度、防火、防爆措施。

检查前断开电源并立即用接地开关为电容器组放电,然后戴好绝缘手套用便携放电棒分别单独为各电容器多次放电,直至无火花和放电声,确保检修人员无触电危险。

各电容器,每隔 6 个月清扫、检查外观,确认油箱壁无鼓肚和漏油痕迹;用兆欧表逐个检查全部电容器,确认端头与其箱身之间无短路,电极对外壳绝缘电阻不低于

0.5 MΩ(否则为绝缘不良,可能有短路)。

电容器组,每隔 6 个月检查确认三相的电容平衡(差值不超过一相总电容的 5%)。

5)电气间隙型涌浪电压吸收装置

系全封闭型,毋需操作和内部保养,与阻容型浪涌电压吸收装置一样,每隔 6 个月清扫、检查外观,用兆欧表逐个检查确认端头与其箱身之间无短路,电极对外壳绝缘电阻不低于 0.5 MΩ(否则为绝缘不良,或有短路)。

最重要的,必须重视人员培训,包括持续的继续教育。因为上述都有赖于相关人员充分理解涌浪电压的存在和产生的原因、种类及其可能导致的严重后果。

轮机资源管理

机舱油、水、气的管理

张海迎

（中海集装箱运输股份有限公司）

轮机基础管理，实际上是对“油、水、气”的管理。做好对“油、水、气”的管理，就为轮机设备安全运行打好基础。“油”在这里指的是燃油、润滑油。

1 燃油管理

以下按照加装—储存—驳运—沉淀—净化—过滤的过程进行叙述。

(1) 加装。从准备加装燃油开始，轮机长要提前安排好“空舱”及“并舱”。所谓“空舱”，指的是尽量将准备装油的舱用空。“并舱”指的是将暂时无法用空的油舱中的燃油转驳并入同一批次装的燃油舱中，以避免混油。到装油港前，按照公司体系文件规定安排好相关人员的职责，检查相应管系、阀门、仪表的情况；学习当地的有关规定；举行溢油演习等。装油前，按照比例加入燃油添加剂。对于装油时的注意事项，各公司体系文件都不同，不一一叙述。特别要提醒的是，位于加装燃油的另一舷侧的装油口闷板法兰在装油开始前必须仔细检查确保密封，这是因为由于该法兰处问题导致跑油的事故、险情屡有发生。

加油后，根据当时的温度、密度核对数量。若有短缺，则要与对方交涉。由于现在的燃油价格高，不少地方供油者想尽办法弄虚作假，奇招迭出，甚至有往燃油中鼓气增大体积的情况，但在几小时后测量，燃油数量就会明显下降。碰到这种情况，可向公司购油部门反映，将其记入黑名单。

(2) 储存。燃油入舱后不使用的油舱不要加温。在航行中，废气锅炉产生的蒸汽过多时，有些船舶轮机管理人员使用燃油舱的蒸汽加温阀调节蒸汽压力(将燃油舱作为大气冷凝器)，这种方式不可取。燃油在反复升温、降温过程中容易析出“晶蜡”，而再次加温时“晶蜡”不溶解，增加净化和过滤的困难。

(3) 驳运。燃油在驳运前须加温至 25 ℃左右。注意观察泵的吸入真空及排出压力。真空度太高，要及时清洗泵的吸入滤器或注意燃油吸入管系的蒸汽伴行加温是否正常；泵出口压力过高，要检查燃油输送管系的蒸汽伴行管是否加温正常。

(4) 沉淀。燃油驳入沉淀柜后要加温至 80～85 ℃，以利于水分及杂质的析出。不同批次的燃油要等沉淀柜内前一批次的燃油尽可能用完后再驳入，以减少混油风险。

(5) 净化。鉴于现在燃料油的黏度大，比重几乎与水接近，因此分离净化温度要加温至 98～99 ℃，流量控制在净油机额定分离量的 25%～35%。净化效果越好，下一步过滤的负荷越轻。同理，不同批次的燃油净化进入燃油日用柜时也要考虑混油影响。

(6) 过滤。这是燃油进机前的最后一环，也是最重要的一环；是发动机燃油系统的安全屏障，更是发动机安全运行的屏障。许多轮机管理人员尚未真正认识到这一点。现在，一般四冲程柴油副机的燃油自清滤器的过滤尺度（MECH SIZE）为 30 μm，机旁滤器的过滤尺度达到 5 μm，比柴油副机燃油系统中油头油泵偶件的配合间隙都要小。二冲程柴油主机的燃油自清滤器的过滤尺度是 35 μm。严苛的过滤要求保护发动机的燃油系统，进而也保护燃烧系统。（备注：滤网的过滤粗细度也可用目数表示，对应的是：5 μm＝3 000 目；10 μm＝1 600 目；30 μm＝460 目；38 μm＝400 目。）

笔者曾碰到多起因燃油过滤不合格造成的发动机损坏故障。

案例一：某船主机型号 MAN B&W 6L35，启动困难。轮机长认为是调速器故障。上船检查后发现调速器启动各参数都在范围内。换用轻柴油更是无法启动。扫气口检查发现活塞环、缸套普遍磨损严重，询问轮机长燃油滤器情况如何，回答说很干净，并说现在滤芯很容易清洗，稍加清洗透光度就很好。笔者立即感觉有问题，检查滤芯发现滤网的过滤尺度很大，起码有 150 μm（100 目）以上。原来，提供备件的公司认为滤芯没有什么技术含量，使用国产模仿的滤芯代替，导致含有大颗粒杂质的燃油进入发动机燃油系统，磨料磨损高压油泵的柱塞偶件和喷油器的针阀偶件，造成高压油泵柱塞偶件和喷油器针阀偶件的泄漏。由于泄漏，实际喷入缸内的燃油量远低于原启动油门时的油量，使启动困难；换用轻柴油时泄漏量更大，因此无法启动。由于喷油系统的工况不良，导致主机缸内燃烧工况不良，严重的后燃使缸壁气缸油膜变差甚至损坏，导致活塞环、缸套磨损加剧。在更换燃油滤芯，大范围更换燃油系统的油泵柱塞偶件、喷油器针阀偶件以及活塞环和缸套后，该主机工况恢复正常。

案例二：某年，几乎所有在南方某港口加装燃油的船舶都反映该地所装燃油质量有问题，表现为从燃油大舱驳运开始就有问题。驳运泵吸入滤器易堵，严重时几乎 10～20 min 要换洗 1 次滤网；净油机排渣间隔缩短至 10 min/次；燃油自清滤器几乎不停地冲洗。依靠船员不停地努力才使主、副机没有因为燃油供应不上而停车。我公司所有 2002 年后新造的船舶由于装有良好的燃油过滤设备，没有对发动机造成损害；而几艘 20 多年船龄的老船由于副机使用的燃油过滤设备不佳，导致副机高压油泵柱塞偶件磨损严重，仅仅 40%额定功率时高压油泵齿条开度已达最大位置，无法正常使用。在更换高压油泵柱塞套筒偶件及喷油器偶件后才恢复正常使用。

此外，有些轮机管理人员不良的燃油滤器保养方法也是导致发动机燃油喷射系统故障的原因之一。一是拆洗或更换滤芯前未将滤器壳体内的燃油放掉，造成部分未经过滤的燃油进入发动机。二是清洗滤芯时不注意对过滤网后的部位保持遮蔽，使颗粒进入。如一般烛状燃油滤芯，燃油从外部进入，过滤后的燃油从烛芯中间往一端开口处流出。清洗时要注意保护开口处不能有颗粒垃圾进入。要开口朝下放置，清洗容器底部要有网状搁板，滤芯不直接与清洗容器底部的垃圾接触；若滤芯必须要横向放置浸泡清洗（如放置在超声波清洗装置中），则开口端要塞住，避免颗粒垃圾进入。

2 润滑油管理

在润滑油管理中，净化、过滤和化验是重点。

(1) 净化。润滑油净化要特别注意温度、流量。现代柴油机由于单位质量（体积）功率比以前大很多。因此，使用的都是高载荷的合成润滑油，比以前润滑油的净化温度要高得多。以前教科书上写的润滑油净化温度为 60 ℃，净化温度过高容易造成润滑油氧化，若轮机管理人员还是按照习惯思维去定净化温度，则润滑油的净化效果就会很差。正确的做法是参阅说明书，若说明书上写得不够详细，则可以向润滑油供应商和发动机制造商询问。现在，一般二冲程柴油主机系统润滑油的净化温度为 85～90 ℃，四冲程柴油副机系统润滑油的净化温度为 90～95 ℃，净化流量取净油机额定分离量的25％～35％为宜。

(2) 过滤。与燃油过滤一样，发动机润滑油过滤的质量好坏直接关系到发动机各轴承的使用寿命。现代柴油机滑油自清滤器的过滤尺度为 30～50 μm，旁通滤器的过滤尺度为 80～100 μm，都小于发动机主轴承和连杆大、小端轴承等间隙。

(3) 化验。如果润滑油中混入水分、盐分、燃油和燃烧产物等，会使润滑油承载能力变差，甚至会造成轴和轴承的化学腐蚀、电火花腐蚀等。因此，定期取样化验很重要，能及时发现润滑油中其他有害成分的变化。光谱元素化验能发现轴承磨损趋势。润滑油取样点要固定且有代表性。

以下是笔者亲历的 2 个由于润滑油管理不善引起发动机故障的案例。

案例一：某船主机型号 MAN 40/54 四冲程柴油主机经常发生主轴承、连杆大端轴承异常磨损故障，多次磨轴配加厚瓦修理。笔者上船查找原因，检查发现发动机润滑油压力一直正常，底座、轴线等都很好，但是感觉曲拐箱四壁很脏。检查主机滑油净油机（DRY－15 型），发现其在运行，但是分离温度只有约 30 ℃。询问大管轮，答："净油机常开，没有什么油泥。1 周拆洗 1 次，分离筒壁只有薄薄 1 层油泥。"进一步检查滑油滤器，发现滤网上穿了几个孔。问其原因，答："滤网太密，运行 0.5 h 就堵，来不及清洗。只能用螺丝刀穿几个孔。"提高净油温度后，2 h 不到净油机跑油报警。拆检发现分离筒内已经被油泥塞满，分离盘片都很难拔出。很明显这是因为润滑油净化效果不好，造成润滑油中有过多的油泥，滑油滤器短时间内就脏堵。轮机主管人员为不影响主机运行，在润滑油滤网上穿几个孔，但没有意识到其危害性。滤网穿孔甚至拿掉可能不会立即造成轴承故障,甚至几个月都不会表现出来,这是因为轴承对颗粒有一定的容忍度,而这取决于颗粒大小和软硬程度。1 个略大于轴承间隙的硬性颗粒一次可能只是造成一道或数道伤痕后就离开轴承,但是在某道轴承上某个局部位置累积损伤达到一定程度时白合金就会脱落,脱落的白合金连带会破坏其他位置的润滑,造成连锁反应。最后的结果是该道轴承烧融并损伤轴颈。而更大的硬性颗粒,只要 1 颗进入轴承就会造成上述结果。由于损坏的轴承面目全非,操作者往往还不能意识到自己所犯的错误。

案例二:某船副机型号 MAK 8M25,7#缸连杆大端轴承烧损。检查发现润滑油压力在运行中一直正常。进一步检查滑油自清滤器,发现烛状滤芯后的圆柱状安全滤网保护孔板碰焊接缝上有电焊点焊并熔穿的痕迹。拆掉两端盖板发现内部滤网(过滤尺度为 35 μm)有 1 道用焊锡堆砌的锡焊缝很不平整,并有 2 处毫米级的穿孔。显然是焊锡颗粒在运行中掉落进入发动机轴承或者是穿透的锡焊孔处有大于轴承间隙的颗粒进入发动机的轴承,造成 7#连杆大端轴承及轴颈的损伤。

3 水管理

(1) 冷却淡水。现代柴油发动机单位体积热负荷高,燃用重质燃料油,排气阀、阀座和喷油器水套几乎都设计成水冷却。特别是大型二冲程柴油机,为有效降低热负荷,设计成钻孔冷却,以使冷却介质能通达高热负荷区域。因此,如果冷却水维护不善,易造成系统结垢及锈蚀,重则会使缸盖、缸套产生裂纹;轻则排气阀、喷油器故障,使用寿命缩短。笔者曾到发动机服务商车间去看所管船舶副机缸盖进厂保养情况。我们的缸盖由于冷却水处理得当,冷却水腔表面没有明显的锈蚀和结垢,排气阀、阀座、喷油器使用寿命正常。而边上放着的一些来自某油田的发动机缸盖,其水腔积满水垢,排气通道厚厚一层烟油垢。服务工程师告诉笔者,由于冷却水没有维护好,他们使用的发动机缸盖常发生因产生裂纹报废的情况,并且喷油器、排气阀使用寿命大大短于正常寿命,发动机拆检保养的周期也被迫缩短。

要做好冷却水管理,应注意:第一,尽量使用造水机的蒸馏水为膨胀水箱补水;第二,选择合适的冷却水处理剂,根据厂商要求添加冷却水处理剂,达到规定的浓度;第三,定期(每周)进行 1 次冷却水化验,以便及时发现问题,并根据化验结果调整冷却水处理剂的用量。

(2) 海水。要定期检查防海生物装置的运行情况,防止因该装置失效造成海水系统内海生物进入并生长,降低换热效果甚至堵塞热交换器。

(3) 炉水。由于炉水管理不当造成的锅炉故障很多,限于篇幅不再赘述。炉水管理有以下 6 个要点:①尽可能使用造水机的蒸馏水作为锅炉的补水。②定期(每天)进行炉水化验,保持炉水的碱度、磷酸根、盐分、联氨和导电率等在厂商要求的控制范围内。③锅炉排污,上排污持续时间可根据导电率的化验结果(及碱度偏高时)

进行，可为几分钟至十几分钟。上排污为连续排污，能有效排除锅炉内的各种有害导电离子(如氯离子等)和表面悬浮杂质。下排污主要排除各种溶解或悬浮的固体杂质及被软化的泥状沉积物，时间应控制在 5～10 s(闪排)。④锅炉处理剂须经过专用的计量泵连续添加至锅炉的给水管路中，使锅炉处于药剂连续添加保护状态，如添加在热水井中，则由于热水井温度较高，锅炉水处理剂容易挥发，造成浪费。⑤锅炉的大气冷凝水也要定期化验，使冷凝系统的 pH 值保持为 8.3～8.6，防止冷凝系统的碳酸腐蚀；同时化验冷凝水的盐分，如盐分过高，可能是海水侧发生泄漏，须及时修复处理。⑥尽量将热水井的温度保持在 90 ℃，不仅节能环保，而且可以有效减少锅炉补水中的含氧量，防止锅炉中氧腐蚀的发生。

4 空气管理

船舶机舱许多控制元器件使用压缩空气，其中包括主机遥控系统。为保持气动元器件的可靠性，必须首先保持气源的干净。因此，压缩空气的维护主要是去除空气中的水分和尘埃。在各个大、小空气瓶底部一般都有放残阀，要定期放水、放残。大多数船舶都装有空气干燥器，一定要持续使用，发生故障要及时修复。

船舶机舱火灾分析与扑救

黄宪勇

（中海集装箱运输股份有限公司）

0 引言

燃烧需要具备3个要素：可燃物、助燃物（通常为氧气）和达到可燃物着火点的温度。人们可以通过技术手段控制燃烧，为不同的目的服务，如内燃机将可燃物（燃油）转化为动能、家庭煤气灶将可燃气体转化为可用的热能加热或烧煮食物等。

船舶机舱内机器众多，设备运行存在多种可燃物，如燃油日用柜、油路管系，并且主副机运转后油气挥发形成日积月累的板壁油渍尘埃。还有人为带入机舱的可燃物体，如保养用的油漆、调漆水、润滑油脂或木质工具等，甚至有机舱内清洁擦洗用的油回丝、破布、零备件的包装纸、塑料纸等。

机舱经常处于主副机运转状态，产生大量热源。上述可燃物在与天然助燃物——氧气的混合下，通过传导、对流和辐射，达到着火温度，从而满足起火的3个要素，形成火灾。通常，这些燃烧是有害的，需要避免。

1 船舶机舱火灾的起因及分类

船舶机舱火灾的起因主要有以下3种。

1.1 电缆绝缘老化

随着船舶营运年限的增加，电缆绝缘层自然老化；部分电缆由于靠近热源而引起老化。绝缘老化过程是缓慢的，容易被忽视。

XSK轮机舱2010年6月17日发生火灾，从着火现场分析：过火部位上方天花板、电缆线过火面积明显大于地板的过火面积，燃烧的剧烈程度也大于下方，且中间副机缸头平面附近基本没有过火痕迹。因此，认为可能的火源来自于上方电缆。其原因是XSK轮已有28年船龄，电缆线存在自然老化现象，防火能力下降。机舱高温使得绝缘性变差，或者绝缘体剥落后裸露芯线造成短路，短路的大电流使得绝缘层无法负荷高温传导，当温度到达燃烧点后电缆线绝缘层着火。

1.2 油路起火

船舶机舱内油管众多，油类泄漏遇到高温起火是机舱火灾的另一起因。船舶机器用油都是被加热后再进入机器的。一些机器处所如船舶副机、锅炉等，温度都相当高，特别是机器排烟管附近的温度足以引燃本已被加热的油类。这些高温燃油在油管中流动时已经具备燃烧温度，独缺的就是助燃条件。若油管破裂或者渗漏，则当热油遇到空气后遭遇诸如电线绝缘层短路冒火或者工作场所各种明火源，便形成机舱火灾。

2012 年 8 月 10 日 XSK 轮机舱火灾就是由于副机高压润滑油喷溅到上方的排烟管引起的。

1.3 自燃

船舶机舱需要用到大量的破布、棉纱（油回丝）等进行日常的清洁工作。破布、棉纱沾上油后被遗留在一些高温处所引起自燃，从而产生火灾。

2 机舱火灾的特点

由于机舱的特殊性，不管是哪种原因造成起火，如果未能在起火初期将其扑灭，则发展阶段都以油火为主，特点表现为蔓延快、破坏强、难以控制。

2.1 蔓延快

笔者曾看过 1 个视频：墙角 1 棵半人高的圣诞树因挂在上面的彩灯短路起火，短短 41 s 后，房间内的监视器前一片漆黑。

XSK 轮机舱内部长约 25 m（艉轴弄除外），宽约 28 m，高约 18 m（烟囱空间除外），分为未隔断的 3 层，空间相当大。

从发生明火开始，机舱人员按应急程序现场灭火的时间不到 5 min。笔者听到火警赶到机舱门口现场约 2 min，但整个机舱已经浓烟滚滚，漆黑一片，人员无法入内，可见船舶机舱火灾的蔓延速度之快。

2.2 破坏强

机舱内的电缆密集，失火后火苗容易沿着电缆蔓延。由于船舶电缆过于集中的造船特性，只要一段受损，整个线排内的电缆就会全部过火报废。

火势蔓延，直接烧灼或者间接炙烤电缆，造成设备控制面板中的导线及非金属部件损坏，从而使各种设备的控制面板在突然短路下受损。另外，火源点附近的设备在猛烈的油火和辐射热下必然温度上升，继而严重损毁。

火灾失控后，机舱内分布的日用油柜、滑油柜以及各类油柜在高温下会逸出油气，油气一旦遭遇明火会发生爆炸、燃烧，造成的损失将不可估量。

2010 年 6 月 17 日，XSK 轮机舱发生火灾。事后，经过轮机长及轮机员的分析得知，电缆短路起火后，随着火势的蔓延造成更多的电缆线燃烧，烧熔的电缆线外部的橡胶和塑料滴到 No. 3 副机左侧前端的电器接线盒外部的电线上，引起该部位燃烧，大火烧熔 No. 3 副机左侧部分防爆门外罩，使得正在运转的 No. 3 副机内部油底壳润滑油及油气飞溅至 2 台副机之间的甲板及对面的 No. 2 副机机身上，引起甲板和 No. 2 副机机身燃烧。火灾造成机舱 No. 2 和 No. 3 副机表面严重烧损，发电机电缆线烧毁，锅炉控制面板烧毁，机舱部分马达电缆线烧毁，部分通风管烧毁。

2012 年 8 月 10 日，XSK 轮机舱发生火灾。事后对现场勘测，发现 No. 2 副机润滑油温度测温元件(热电偶)吹出落在 No. 2 副机旁甲板上，导致副机润滑油喷溅到副机排烟管上开始燃烧。由于滑油管路中的存油不断喷出，大火肆意蔓延，几乎烧毁机舱所有电缆线，No. 2 和 No. 3 副机严重损毁，高温将位于上层的集控室、配电间、锅炉控制屏等部位的非金属部件烤软坍塌，机舱全损。

2.3 难以控制

机舱值班人员发现火情后试图用机舱现场小型灭火器控制火灾扩散，但未成功。原因在于机舱内油柜、油管、油路遍布，不可预见的机舱火灾发生后在很短的时间内就会引发油性类物质燃烧而蔓延开来。虽然从集控室或机舱其他处所赶到起火点的时间不超过 1 min，但除非起火点人员即刻采取有效灭火措施把火扑灭在萌芽状态，否则火灾会马上疯狂扩散。

对于机舱现场灭火人员，火苗本身不可怕，可怕的是浓烟，短短 1～2 min，机舱内就浓烟滚滚，伸手不见五指，人员呼吸困难，无法灭火，只能撤离。

3 船舶机舱火灾的防控和扑救

每艘船都制订不同部位的灭火程序，下面摘录 XSK 轮 2 次机舱火灾的部分事故经过以作对比。

2010 年 6 月 16 日，XSK 轮正常航行。17 日 0051 时二副发现主机突然停车，全船跳电。0053 时船长上驾驶台，接到机舱值班机匠电话报警，二副随即全船广播机舱失火，全体船员执行机舱灭火应急预案。0120 时轮机长报告机舱烟雾过大，有明火且有扩大趋势，现场灭火已不可能，且现场观测着火部位(No. 3 副机)的右侧有燃油柜，后侧有滑油柜，请求船长释放大型 CO_2 灭火。船长立刻命令准备释放大型 CO_2 灭火；同时，向公司调度中心报告机舱失火情况，调度中心告之做好释放 CO_2 准备。船长命令检查关闭机舱所有水密门窗、通风及油舱速闭阀。0123 时第一次清点人数到齐，确定人员位置。0128 时检查机舱所有水密门窗已关闭，通风及速闭阀均已切断。船长再次确定人员到齐并命令人员撤离到生活区外，命令三副释放大型 CO_2 并报调度中心。0130 时一组(149 瓶)大型 CO_2 遥控释放成功。0156 时确认大型 CO_2 全部释放至机舱无泄漏。1452 时经过测温及探火，确认火灭。1550 时解除火警。

2012 年 8 月 10 日，XSK 轮起锚进港。0853 时失火报警屏显示机舱多处火警报警，驾驶台电话到机舱询问情况。0854 时轮机长报告驾驶台机舱失火，正组织人员灭火。0855 时船长发出火警警报并全船广播，全体船员执行机舱灭火应急预案。轮机长向驾驶台电话报告火灾无法现场扑灭，建议释放大型 CO_2 灭火。0856 时船长通知机舱全部人员撤离，同时命令轮机长组织人员关闭机舱所有通风及油路。0900 时向公司调度中心汇报情况，组织人员检查大型 CO_2 灭火系统，做好探火准备工作。

0910时检查确认机舱外部所有通风全部关闭，清点人员到齐。现场观测机舱外部温度较高，烟囱浓烟滚滚，探火作业风险太大，放弃探火作业，计划使用大型CO_2灭火系统灭火。再次组织人员对机舱外部所有通风口进行检查，确保全部关闭。命令三副检查大型CO_2灭火系统，做释放准备工作。0929时再次清点人数到齐。船长命令人员撤离到生活区外，命令三副释放机舱大型CO_2灭火。0932时大型CO_2灭火系统第一组共计149瓶遥控释放成功，组织人员进行外部观察。1039时观察发现温度没有明显变化，烟囱顶部浓烟仍然较大，命令三副检查第二组大型CO_2灭火系统并向公司汇报。1051时船长命令三副释放第二组大型CO_2灭火系统灭火。遥控释放失败，即开始进行手动释放操作。1530时第二组大型CO_2灭火系统全部手动释放完毕。观察外部温度逐渐降低，烟囱上部烟雾已经明显减弱。11日1755时进入机舱探火，确认火灭。1820时解除火警。

通过对比可见:第一次是在夜间，跳电后由于应急发电机未能立即启动，所有行动都由船员打着手电完成，凭着对船舶的熟悉，顺利完成灭火操作;第二次是在白天，灭火过程反而没有第一次顺利。作为消防设备主管人员和操作人员，笔者有以下几点总结。

(1) 扑救船舶机舱火灾，时间最宝贵。第一次火灾从报警到释放CO_2灭火的时间约为30 min，第二次约为40 min。二者只相差10 min，但是2次火灾的起因不同。第一次是电缆起火，火花滴落引起副机起火，火情只集中在副机附近，火势发展相对较慢;第二次是副机滑油喷溅飞出起火，火势要剧烈得多，过火面积也大得多，因此灭火相对困难，这也是造成释放第一组CO_2后，灭火效果不明显的原因之一。第二次火灾发生后，由于按照应急预案操作，准备进机舱探火而耽误几分钟。个人认为，机舱失火，一旦人员撤出再进入机舱探火已无可能，进入火场探火将造成人员不必要的伤亡，应尽快准备释放大型CO_2灭火系统。

(2) 消防设备必须保证随时可用。鉴于船舶机舱火灾的特点，大型CO_2灭火系统对扑救机舱火灾显得格外重要，因为人员撤出后再无进入机舱可能，因此大型CO_2灭火系统是扑救火灾的最后一道屏障。这就要求船舶消防主管人员必须保证消防设备随时可用，并且能够熟练操作。XSK轮第二次火灾发生后，第二组大型CO_2遥控释放失败。首先，遥控释放站离第二组大型CO_2气瓶站较远(约60 m)，启动气体管路长，未能冲开瓶头阀。然后，由于2组大型CO_2通机舱总管相通，释放第一组149瓶CO_2(位于船中)时，巨大的压力使船尾第二组CO_2通机舱的总管穿过艉带缆甲板的根部靠近船体墙壁的一面出现拇指大小的破口(艉带缆甲板经常被海水侵蚀，日常检查此管路外观完好，无“肿胀”、凹凸不平等锈蚀现象)，造成第一组大型CO_2释放后有一部分逸漏，这也是第一组大型CO_2灭火系统灭火效果不佳的另一个原因，同时也是第二组大型CO_2灭火系统未能遥控释放的原因。

(3) 船员要具备一定的应急反应能力。火灾事故的发生，90%以上是由于人为疏忽造成的。XSK 轮第二次火灾事发当时，电机员和实习电机员都在事发地点，假如 2 人之中有 1 人在润滑油刚喷出时，不管是用脚踩还是用随身工具包压住油管断口，都能阻止润滑油持续不断地喷射到上方的排烟管上，避免火灾。由此可见，船员具备一定应急反应能力对防控船舶火灾十分重要。

值得一提的是：考虑到在应急情况下人的心理活动对现场行动的干扰，很容易发生误操作灭火设备的情况。再则，作为应急使用的 CO_2 储藏间，在紧闭情况下可能缺乏氧气，为保障 CO_2 在紧急情况下准确施放和人员安全，船长除应该指派三副直接操作外，还必须安排随同人员一起到遥控施放控制室或者 CO_2 储藏间直接操作施放。

4　结束语

XSK 轮 2 次火灾，全船无一人伤亡；在火灾扑救过程中，全船船员执行应急预案有条不紊，没有一人慌乱，表明船舶的日常消防演习达到目的。

经历 2 次船舶火灾，笔者也更加深刻地理解到火灾并不可怕，重要的是要提高警惕，避免船舶火灾事故的发生。

船舶失电致船首触浅引发的思考

李　洪

(上海远洋运输有限公司)

0　事故经过

某船某日于窗口时间1300时抵目的港天津，抵港预算水尺为艏10.50 m，艉11.70 m。在天津港报告线东侧停车淌航待引航期间进行正倒车试验，正常。1412时引航员登船，1439时过大沽灯塔，1503时过36号灯浮，1519时过D1灯浮前通知人员前后分开。由于距前方进港船较近，停车淌航后速度在6 kn以下；过D3灯浮后须大幅右转进北港池，该船进车，先后右舵10°—右舵20°—右舵10°；为增加舵效，从微进到进一。

船刚过右侧D3灯浮时(约1521时)，在车进一，右舵10°，艏向304°，速度约7.6 kn状态下机舱突然失电。此时，前后分开的人员有3人(水头、木匠、一水)被困电梯。船舶以缓慢的角速度从282°向进港池的计划航向315°右转，协靠的2艘拖船还在途中(从D3灯浮到预靠泊位约1.7 n mile，以往习惯在右正横D5灯浮时带好拖船)。船长要求引航员急令协靠拖船加速靠右前右后带缆，同时急告大副准备抛双锚。1525时左锚抛1节入水，2节锚机刹牢，1526时右锚抛1节入水刹牢。前拖船在No.2舱右舷顶推，后拖船在右后带缆。随后引航员联系拖船调度，增派大功率拖船支援。

事后大副回忆，抛双锚吃力。1532时船舶在双锚作用下被拉停，船首近10 m等深线附近触浅；船距D5灯浮东侧约80 m，艏向349°，1533时供电，1535时机舱报告可用车。查看六面水尺：艏左9.8 m，艏右9.7 m，舯左11.0 m，舯右10.5 m，艉11.8 m(中部)。当日潮汐：1432时最低潮始涨水，木匠、三轨测量油舱、压载舱和大舱污水井。1553时经检查测量，大舱污水井、压载舱和油舱均无异常。增援的大功率拖船带妥左后右后，1555时艏吃水10.1 m，绞双锚，拖船起拖；引航员建议暂不用车，1602时艏吃水10.2 m，船微退；1607时左锚绞起，1609时右锚绞起，船退速1.3 kn；1615时D5灯浮位于艏前方，1616时微进车施舵。1620时经检查四机一炉、船壳水密等无异常，继续靠泊；在拖船协助下，1710时靠妥，解拖船，完车舵。靠泊水尺为艏10.5 m，艉11.75 m。1820时潜水员水下摸底，2015时潜水员报告摸底未见异常。

经现场拍照和事后海图标绘，触浅时船前部左正D5灯浮约80 m，距艏偏左抛锚的5艘泥驳船约80 m，距右正横的油驳码头小油船约170 m，距艉后水面的围栏铁浮筒较远。由于靠泊进北港池时已经开始涨水，主航道右岸水深递减幅度较小且底质为泥，双锚及时、适中地抛下，减缓余速；艏拖发挥顶推作用，减缓船首向浅水区偏转，阻止事故发生。经查，触浅过程未接触或损坏水面船舶、灯浮、建筑物、码头设施和水下设施等，未妨碍航道通行，未发生污染，船舶及船体水下部分无异常。

1 事故原因

经初步排查，副机自动冲洗滤器脏堵，加上用电高峰引起机舱失电。事后了解到，进港前电机员检查应急发电机电瓶，将应急发电机转换启动控制按钮置手动位置；在进港靠泊时火警误报警，电机员更换火警探头。失电后，轮机部人员按应急部署下机舱就位，在临时应急电源（由另一路蓄电池组直流电瓶组成）提供的应急照明下恢复供电操作。因无应急发电机提供交流电源无法启动主发电机原动机，未留意查看主配电板上电源指示灯是由应急发电机提供的交流电还是蓄电池组提供的直流电供电，在启动主发电机原动机未果后，检查应急发电机间、启动应急发电机；启动调试后将应急发电机启动控制按钮从手动位置置自动位置，回到机舱；但应急发电机仍未提供应急交流电源到配电板，主发电机原动机仍无法启动；再检查应急发电机间调试应急发电机电流、电压、相位、频率正常后，启动控制按钮置手动位置，手动并入应急配电板向主配电板配电，主发电机启动。此时，船舶在双锚作用下被拉停，船首于10 m等深线附近触浅。

2 经验教训

机舱失电，特别是在通航密度较高海区、狭水道航行、进出港、靠离泊时全船失电，若操作处理不当，则后果不堪设想。SOLAS公约和船舶建造规范对船舶失电采取后续保障措施，主要是对其设备设施配置要求进行规范并强制实施。

SOLAS公约第Ⅱ-1章构造—结构、机电设备D部分电气装置第43条货船应急电源1.1要求“应设有一独立的应急电源”。应急电源可以是发电机，或是蓄电池组。若是发电机，在主电源发生故障时自动启动，应急发电机启动，则自动与应急配电板接通，相关应急设备自动接通应急发电机，对规定的负载供电。

应急电源应能为每一集合、登乘地点及船舷侧提供3 h应急照明；为生活区走廊、梯道和出口、电梯及围井、机器处所、控制站、机器控制室、主配电板、应急配电板处、消防员装备存放处、操舵装置处、消防泵和应急舱底泵及货泵舱内等处所提供18 h应急照明；为航行灯和信号灯、中高频和甚高频无线电装置、船舶地面站、内部通信设备、火警系统、信号灯、号笛、手动报警按钮、船内信号和消防泵等设备供电18 h；为应急操舵装置供电。

公约还要求有1个由蓄电池组组成的临时应急电源，其能在主电源或应急电源发生故障时，45 s内自动为每一集合、登乘地点及舷侧、生活区走廊、梯道和出口、电梯及围井、机器处所、控制站、机器控制室、主配电板、应急配电板处、消防员装备存放处、操舵装置处、消防泵和应急舱底泵及货泵舱内等处所提供 30 min 照明；为航行灯和信号灯、内部通信设备、火警系统、号笛、手动报警按钮和船内信号等设备至少供电 30 min。

该船进出港时，若是应急发电机转换启动控制按钮置自动位置，则主发电机跳电后自动启动应急发电机，及时供应急交流电源：①应急舵可发挥作用，在余速 7 kn 左右，操左满舵产生舵效，阻止或减缓艏右转，船舶保向可控；②在较短时间内恢复供电、动力，控制船舶转危为安。应急发电机（交流电）、临时应急电源（直流电）是船舶跳电、失电后，船舶进行应急操作、恢复供电、恢复动力、保证航行、操纵、通导等相关设备的有限使用而配置的唯一保障和最后防线。在本次事故中，主管人员不熟悉岗位职责、公约规范要求、主管设备性能、操作规程和操作注意事项，对关键设备和应急设备的保养与检修不报告、不通报，在错误的时间、错误的地点进行错误的操作，后果十分严重。

3 防范措施

（1）加强培训。组织相关主管人员、新接班人员，现场查看应急发电机组与应急配电板等应急设备和设施的配置、位置地点、性能、使用操作程序及操作要点等，遇到跳电、失电等应急情况能熟悉岗位应变职责，迅速反应、正确处置、熟练操作，快速恢复船舶电力、动力。

（2）加强管理。平时按岗位职责，按时按章检查、保养、试验相关设备，尤其是关键设备、应急设备设施。在进出港、靠离码头前，按规详细检查、试验相关设备设施，发现问题须及时消除隐患，确保动力设备、操纵设备、通信设备、系泊设备，尤其是应急设备设施处于随时可用状态。

（3）关键设备强化报批制，尤其是应急设备设施的检查、维修、保养、试验、调试等工作，但必须满足相关条件。如应急发电机的检查、维修、保养、试验、调试等工作需码头靠泊、锚地锚泊、船厂修理、抵港前等条件，经报批后以通知、告示、挂牌、现场监控等方式才能进行相关动作。应急发电机转换启动控制按钮平时应置自动位置；在航行、进出港、靠离泊时要查核是否在自动位置。

（4）在进出港、靠离泊前，按章瞭望，备妥双锚，供应急使用。前后分开时，相关操作人员不要乘坐电梯，尤其艏艉主要操作人员不乘坐同一部电梯。

（5）应安排有资历、资质和经验的适任适岗船员，特别是独立工种的技术干部船员上大型现代化船舶工作，机海务监督应严格把关。

（6）业务技术主管人员要有扎实的理论功底、实际操作技能与动手能力，熟悉岗位职责、公约规范要求，了解主管设备设施的配置、位置、性能、使用操作程序及其操作要点，提高应急、应变反应能力。

应对船舶燃用低硫燃油风险的几项新技术

李　锐　王海燕　丁勇根

（上海海事大学）

0　引言

硫氧化物（SO_X）是主要的大气污染物之一。其中的 SO_2，刺激性强，直接危害人的眼鼻和喉黏膜，引起呼吸器官炎症；SO_2 进一步氧化生成的 SO_3，与大气中的水蒸气结合生成硫酸并形成酸雨，还会危害建筑、设备以及生态系统等。船舶主机、发电机、锅炉等燃烧所排放的废气含有大量 SO_X，引起世界航运界的高度重视。

为了减少船舶的 SO_X 排放，IMO 的 MARPOL 73/78 公约附则Ⅵ“防止船舶造成空气污染规则”已于 2005 年 5 月 19 日生效，其第 14 条规定当前船上使用的燃油含硫量：任何地点不能超过 3.5% m/m；排放控制区（ECA）内不能超过 1.5% m/m（或使用认可的废气滤清系统或其他技术将 SO_X 排放减少至 6 g/kW・h 或更少）。欧盟委员会也于 2005 年出台规定，2010 年 1 月 1 日起，欧盟港口停泊（包括锚泊、系浮筒、码头靠泊）超过 2 h 的船舶（除停掉所有机器而使用岸电者），均不得使用硫含量超过 0.1% m/m 的燃油；船舶靠泊后应尽早换用低硫燃油，开航前尽晚换用高硫燃油，燃油转换操作应记录在船舶日志上；2010 年 7 月 1 日起，达不到要求的将被处罚。

欧盟关于船用燃料油的限值规定以及各项规定的实施日期见表 1。

表 1　欧盟对船舶燃油硫含量的规定　　%

船舶位置	下列日期起，船用燃油含硫量限值			
	2010-1-1	2010-7-1	2012-1-1	2015-1-1
欧盟国家和执行 2005/33/EC 指令的非欧盟国家港口停泊	0.10	0.10	0.10	0.10
排放控制区内	1.50	1.0	1.0	0.10
排放控制区外	4.50	4.50	3.50	35.0

基于上述法令、法规，有关船舶硫化物排放的国际标准日益严格，船用低硫重油和船用低硫柴油的用量逐渐增加，使用低硫柴油的船舶越来越多。

本文介绍船舶使用低硫柴油的风险，以及应对这些风险的新技术，希望对船员和船舶所有人有所帮助。

1 应对燃油含硫量低

燃油含硫量低，燃烧产物中 SO_2 转化成 SO_3 大幅减少，SO_3 与水蒸气在缸壁温度（低于它们的露点时）生成硫酸量也随之减少。

此时，若仍使用高碱值气缸油，则过量碱性添加剂可能在缸内生成的灰白色沉淀物（通常为含钙盐类），破坏缸套润滑油膜，加剧缸套磨损，可能：①导致气缸密封性变差，增加燃油和备件消耗；②令缸套内壁形成镜面，降低气缸油的附着力，导致活塞头及活塞环间结炭严重，严重时会导致拉缸、咬缸、活塞环断裂等故障。

新型的 Alpha 电子注油器的 ACC（Adaptive Cylinder-oil Control）模式，根据气缸油耗量与柴油机负荷和燃油含硫量成正比的原理控制高碱值气缸油的注油率。精确控制注油率不仅降低气缸油耗量，而且减轻气缸套和活塞环的磨损。

TOTAL LUBMARINE 公司研发的 TALUSIA UNIVERSAL 船用气缸油（技术特征见表 2），能满足二冲程柴油机（如 MAN B&W 和 Wärtsilä and Sulzer 等）的要求，不仅润滑性能优越（缸套和活塞环清洁、磨损小，检修周期长，维修费用少），而且能中和燃料燃烧产生的酸性物质，充分满足含硫 0.5%～4.5% m/m 范围内燃油对主机气缸油的要求，即使船舶进入 SECA 区域也不需要改换气缸油，故无需船舶为使用、储存和驳运多种气缸油安装多个油柜和管道。

表 2 TALUSLA UNVERSAL 气缸油的技术特征

指标	单位	测试方法	数值
SAE 级别			50
密度（15 ℃）	g/cm^3	ASTM D 4052	0.930
黏度（100 ℃）	cSt	ASTM D 445	19
闪点（开杯）	℃	ASTM D 92	230
倾点	℃	ASTM D 97	−9
总碱值	mgKOH/g	ASTM D 2896	57

2 应对低硫燃油黏度低

低硫燃油黏度低，按 ISO 8217 燃油标准其黏度是 2～6 cSt（40 ℃）。而机舱内环境温度一般为 45 ℃，黏度更可能低于标准，很难保证燃油进机黏度符合设备要求（传统柴油主机、副机，推荐的燃油进机黏度为 10～15 cSt（40 ℃），最低不低于 2 cSt（40 ℃）；燃油供给泵或增压泵的最低进口黏度也是 2 cSt（40 ℃）。

燃油黏度过低会导致喷油嘴、燃油泵和锅炉燃烧器漏泄增加使原系统配置的泵流量不足，进而导致发动机功率不足。

目前，提高低硫燃油黏度的方法主要是冷却燃油。

丹麦约克公司与 MAN 公司合作开发出约克船用柴油（MDO/MGO）冷却系统，

由约克船用冷水机组、水泵、油冷却器、精馏燃油冷却器以及约克公司独有的 PLC 控制系统等组成：①单机组功率 50～285 kW，可将柴油温度降低 10～15 ℃，黏度增加到 3 cSt(40 ℃)；②控制精确，工况稳定，能够长期在低负荷工况下运行，满足现有各类船用柴油机和供油系统的要求；③可使用多种制冷剂，能方便地对接各类燃油系统，适合现场加装改造施工。

此外，目前船上燃油系统的齿轮式燃油供给泵，用于低黏度燃油可能漏泄严重导致引发故障，必要时须更换为螺杆泵。意大利 Settima Meccanica 公司研发的新型低硫油螺杆泵(见图 1)，允许介质最低黏度为 2 cSt(40 ℃)，最高可用于 1 000 cSt(40 ℃)，允许最大颗粒物 30 μm，流量 ＜ 2 000 L/min，最大限度地避免燃油泄漏。

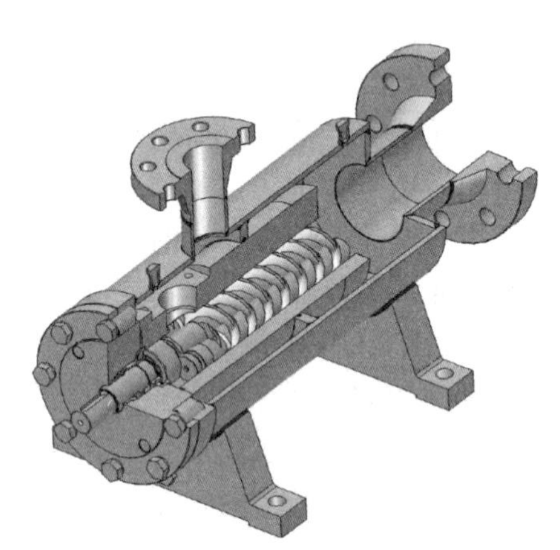

图 1　低硫油螺杆泵示意

3　应对低硫燃油润滑性低

燃油润滑性，是防止燃油喷射系统(FIE)磨损所必需的。

低硫柴油，生产过程中加氢精制减少其含硫量，同时也减少具有润滑能力很强的极性化合物和润滑能力较强的芳香族化合物的含量，大幅降低低硫柴油的润滑性，可能导致柴油机燃烧系统磨损、配合度下降，以及柴油雾化不良和发动机启动功率不足，影响柴油机的正常工作。

某些添加剂可以改善低硫柴油的润滑性，目前研制的主要是醇、醚、胺、酞胺、酸和酯类等物质，其中酯类化合物不仅有较好的润滑性能，而且具有优异的热稳定性和氧化稳定性，最有前途。北京朝阳高科应用技术研究所有限公司研发的 GK-539M 型低硫燃油润滑性改进剂技术特征见表 3。

表 3　GK-539M 型低硫燃油润滑性改进剂的技术特征

分析项目	单位	试验方法	指标
外观		目测	清澈液体
密度(20 ℃)	kg/m^3	GB/T 1884	890～930
倾点	℃	GB/T 3535	−10
运动黏度(20 ℃)	cSt	GB/T 265	20～50
闪点	℃	GB/T 261	70
酸值	mgKOH/g	GB/T 264	190～200

GK-539M 型润滑改进剂优点显著：

（1）能改善燃油润滑性，减少燃油喷射系统的磨损，提高主机使用寿命；

（2）喷嘴不因使用该添加剂而积炭；

（3）不腐蚀燃油柜和管道（存储和加剂设备可以使用碳钢、不锈钢、聚丙烯、聚乙烯和特氟伦等，但须避免使用天然或人工橡胶）。

（4）操作简单，可在线加剂，即在调和成成品柴油前加入 GK-539M 型润滑改进剂，但柴油温度应高于结蜡（凝点）温度 10 ℃以上以保证调和效果。

4 应对低硫燃油与重油切换

重油使用的温度较高（80～90 ℃），而低硫油使用温度较低（18 ℃左右）。若重油与低硫油切换操作不当，则会因温度急速变化且低硫燃油润滑性较差而造成高压油泵柱塞和进/回油阀以及喷油器针阀等卡滞/磨损，从而导致柴油机熄火威胁船舶安全，何况燃油切换往往在环境复杂、航行风险大的水域。

故重油、低硫油相互切换，柴油机制造商的说明书都要求：①切换前降低发动机负荷，密切注意温度（黏度）变化；②切换进程须缓慢（MAN 柴油机要求燃油切换时油温度变化小于 2 ℃/min）。

图 2　DIESEL switch 换油监控装置

为燃油切换安全和简化操作，德国 LEMAG 公司与 MAN 公司联合研制出 DIESEL switch 柴油机换油监控装置（见图 2），自动监测和控制柴油机换油过程：①传感器实时监测油温，最小化燃油温度急剧变化的危险，能实现柴油机满负荷换油；②一旦油温变化超出预设值，自动中止换油过程并警报，也可以手动中止换油过程，可靠性高；③操作简便，先设定换油时间，再选择换油方向（重油→轻油，或轻油→重油），即可启动换油过程；④便于新造船安装和营运船改装，且使用寿命长。

燃油研磨机用于船舶节能减排

陈明兴

（中海集装箱运输股份有限公司）

1 必要性

随着船舶的大型化，燃油日消耗从几十吨增加到成百吨，在船舶营运成本中占比超过50%。为降低燃油费用，船舶纷纷燃用重质燃料油。

原油的基本组成是碳（85%）、氢（12%）、硫和杂质（3%）等。炼油的基本技术是分馏，并采用催化、裂化等手段尽可能多地提取轻质的蒸馏油，残留油通常以高碳比的长链碳氢化合物（沥青等大分子）为主。随着炼油技术的进步，残留油占比由1975年的35%下降至现在的不足20%。

船舶重质燃油，就是以残留油为主，再以适量轻质油调配达到需要的黏度，所以不仅沥青等大分子多、比重大，而且杂质多——不仅有固体颗粒、灰分等不溶物，还有不少残留的催化剂（复杂的化学金属群）等。目前的380 cSt重质燃料油，一般含有沥青等大分子6%～8%，是油泥及烟灰的主要来源。

船舶燃用密度高、沥青多、油泥多的重质燃料油，面临着越来越多的棘手的问题。

1）净化困难

（1）密度高，离心分离净化困难。

（2）沥青多，可能堵塞滤网、分油机过载，造成离心分离净化困难。

（3）油渣多，在储油柜沉积形成油泥，还可能吸附在驳油管壁上使油管壁狭窄，驳运困难。

2）燃烧不良，损坏设备

理想情况，燃油喷射雾化后，油中的全部碳氢化合物在很短时间内汽化并迅速与氧气混合而完全烧掉；而燃油中的含碳量高的沥青粒子的直径通常20～70 μm不利于雾化，且因黏度不一使得雾化程度不一致，所喷射的燃油不能及时完全燃烧。

不完全燃烧导致主、副柴油机多方面不良后果：

（1）活塞环槽、气口等积炭增加，降低润滑油的碱度，缸套异常磨损，活塞环断裂增多；

（2）高压油泵柱塞偶件磨损加剧、卡死等现象增多，喷油嘴积炭；

（3）排烟中含大量碳氢粒子引发增压器积炭，既降低增压器效率，又因积炭不平衡产生振动伤害增压器，还黏附在废气锅炉烟道侧而降低废气锅炉效率。

更严重的是，这些现象会进一步加剧燃烧不良，形成恶性循环。

3）排放污染

全球经济的高速发展，人类消耗化石能源越来越多，大量排放的 CO_2 在高层空间犹如给地球罩上了一层厚厚的面纱，破坏地球原来的散热体系，温室效应明显。近几年极端气候频发，自然灾害频次增加，严重影响人们的生命及生活质量，影响地球的生态平衡。

而船舶重质燃料油、沥青等大分子油泥多，故燃烧不良，CO_2 排放量大；为改善燃烧而加大空气供给量，又增大氮氧化物排放。

4）浪费资源

不完全燃烧的热效率低，燃料消耗增加，营运成本上升；油渣中含能量的重碳氢化合物，被离心分离形成油渣排出，须退岸处理，既增加燃油消耗，又须支付处理费用。

此外，为避免不同燃油混合时的不相容，须使用燃油稳定剂处理，也浪费资源。

面对环境严重污染，各国政府纷纷制定节能减排措施以保护人类生存的地球。根据 MARPOL 73/78 公约附则Ⅵ防止船舶造成空气污染规则要求，船舶必须节能减排。

为了解决船舶燃用密度高、沥青多、油泥多的重质燃料油带来的以上种种问题，强力式燃油均质器——燃油研磨机应运而生。

2 燃油研磨机

简单讲，燃油研磨机就是在燃油处理系统中机械地研磨燃油颗粒的装置。

1）组成

定子-转子研磨型动力燃油研磨机，主要由轴、转子和定子、滑动轴承、磁性联轴器、陶瓷密闭罩、壳体、马达等组成（见图 1）。

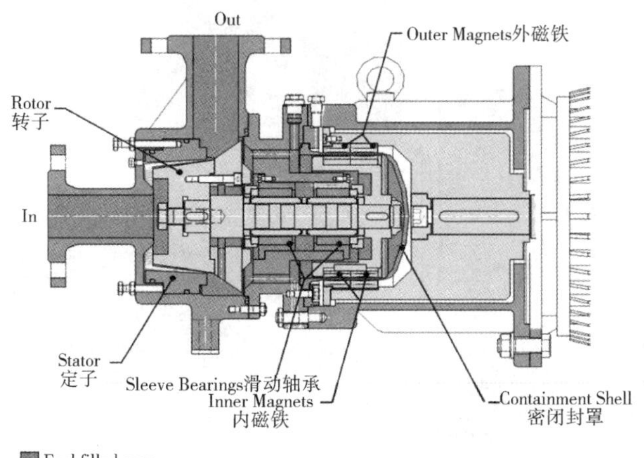

图 1　燃油研磨机结构示意

2）工作原理

马达带动装有磁性联轴器外环（30 对永磁铁）和装有永磁铁的磁性联轴器内环同步转动，并通过轴系驱动燃油均质器转子转动。

转子外缘和定子内缘均带有特殊齿槽（见图 2），且间隙渐变——近进口处间隙约 3.0 mm，近出口处间隙 0.15～0.3 mm。燃油进入高速旋转（1 750 r/min）的带有特殊齿槽的转子与定子间隙。

图 2　转子和定子的特殊齿槽示意

沥青质等大分子被转子和定子表面研磨、切割、搅拌、撞击。

燃油流动因间隙渐变而加速，形成约 18 kHz 的高频振荡波振荡，加剧燃油破碎，使出口燃油颗粒小于 5 μm，变成稳定、精细、均质的燃油，满足喷油器对燃油的要求。

若燃油中加入少量的水，则燃油研磨机能使油水均匀乳化，改善燃烧，并因水分降低燃烧温度而减少氮氧化物产生。

此外，磁性联轴器、陶瓷密闭罩等，安装时无严格对中要求，但可确保燃油均质器安全密闭无漏油，且不需外部润滑；滑动轴承，采用高硬度矽碳晶材质，钻石硬度 2 600 Vicker kg/mm^2，耐磨、耐腐蚀，由颗粒小于 5 μm 的燃油润滑、冷却。这些特点可确保燃油研磨机使用寿命超过 7 年。

台湾郑成功大学对该型燃油研磨机的试验报告显示（见图 3）：进口燃油颗粒大、不均匀；出口燃油颗粒小、匀质。

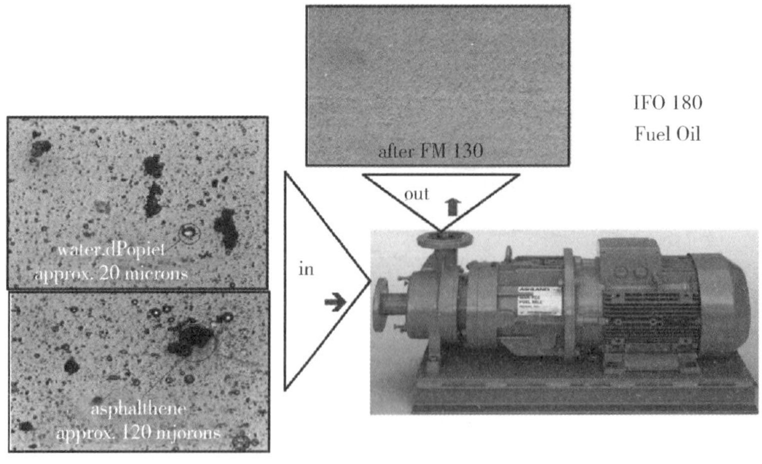

图 3　燃油研磨机处理效果

3）安装位置

经燃油研磨机处理的燃油中，被粉碎的沥青质等大分子，一段时间后可能重新凝聚，所以燃油研磨机最好安装在燃油系统的 2 个位置（见图 4）：进燃油分油机前，以利于离心分离净化；进柴油机（主机、副机）前，以粉碎重新凝聚的沥青质等大分子。

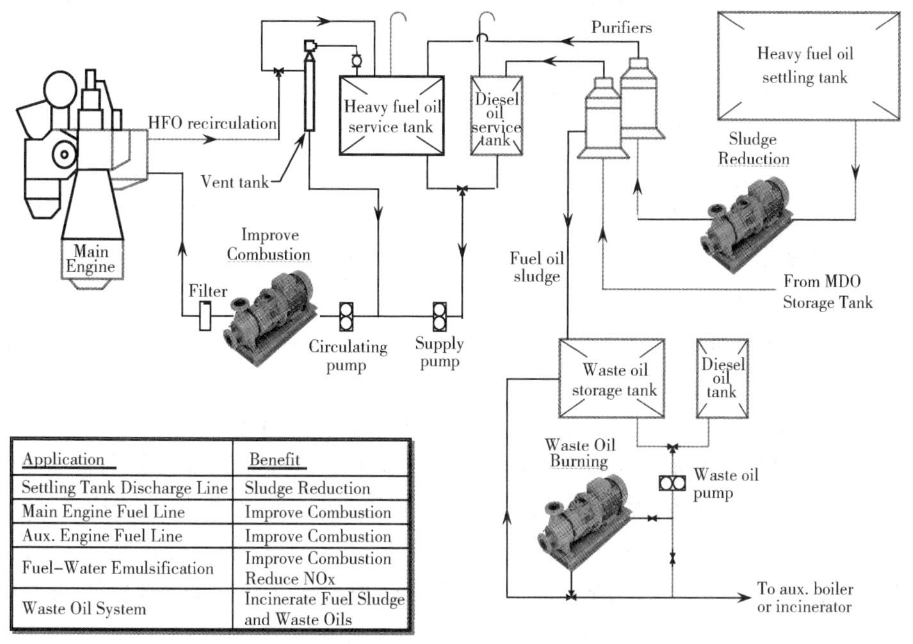

Application	Benefit
Settling Tank Discharge Line	Sludge Reduction
Main Engine Fuel Line	Improve Combustion
Aux. Engine Fuel Line	Improve Combustion
Fuel-Water Emulsification	Improve Combustion Reduce NOx
Waste Oil System	Incinerate Fuel Sludge and Waste Oils

图 4　燃油研磨机安装示意

若需要，则安装在燃油进锅炉前。

该型燃油研磨机有每小时 1.5～3 t，2.5～7 t，7～20 t 等 3 种规格。船舶可根据主机、副机、锅炉等的燃油消耗量选用。

3　效果

安装燃油研磨机后，从多个方面提高经济效益并减少对环境的污染。

1）细化燃油减少了油渣

油渣（380 cSt 燃油的油渣率通常在 1％～ 2％）大部分成分是碳氢化合物，是能够燃烧的，只因比重大而被分离出来作为油渣退回陆地。燃油研磨机将沥青质等大分子研磨至小于 5 μm 并均匀乳化，使得 50％～ 70％的油渣进入主机或副机烧掉，大大提高了燃油利用率。

2）改善燃烧

燃油颗粒度小，提高喷油雾化程度，改善燃烧：①提高了柴油机热效率，提高能效；②减少相关零件磨损，寿命延长，降低了船舶备件费用和维修费用；③减少 CO_2，NO_X 和固体颗粒物排放，减少污染。

某 4 250 TEU 集装箱船，内贸航线，2011 年 4 月 24 日安装了 2 台燃油研磨机，按图 4，FM130MC-SR 型 1 台，处理量 3～10 t/h(随燃油黏度变化)，安装在分油机前；FM220MC-CI 型 1 台，处理量 10～27 t/h(随燃油黏度变化)，安装在主机燃油循环泵后。

试运行证明，以下几方面得到改善。

(1) 主机燃油自动冲洗滤器，冲洗时间设定由 30 min 调至 1 h，冲洗次数减少，运行良好。

(2) 燃油分油机，排渣时间设定由 30 min 调整至 2 h，运行良好，分离片脏污状况未见明显变化；吸口滤器，人工清洗间隔由 2 天延长至半个月；油渣柜存量比以前每天约减少 0.3 m^3。

(3) 主机和副机运行状况改善，燃油黏度计运行正常无故障报警，副机高压油泵运行无卡阻。

(4) 更换燃油品种(不同油柜油品)，经主机试验未见异常。

该 4 250 TEU 集装箱船，按燃油日耗 120 t，年航行 280 天，所用 HFO-380 cSt 燃油 600 USD/t 等测算，因使用燃油研磨机，减渣率 50%(原燃油油渣率 1%)节能减排，年耗油减少(即相应减少的油渣排放量)可达 168 t(船舶日耗油量×年航行天数×燃油油渣率×研磨机减渣率)。这些油渣处理后用于燃烧，可减少燃油费用约 100 800 USD(168 t×600 USD/t)。

新 VGP 规则中关于换用环保润滑油要求的应对

阮国良

(上海远洋运输有限公司)

0 引言

2013 年 3 月,美国环保署(EPA)发布旨在保护美国水域不被商船排出污染物污染及减少外来生物入侵的 2013 年修订版“Final Vessel General Permit”(以下简称 VGP)规则。该规则已于 2013 年 12 月 19 日生效,替代 2008 年 VGP 规则。新 VGP 规则新增针对在美国水域航行及作业的船舶上有可能发生油泄漏入水情况的设备强制使用环保润滑油的内容,给航运企业的船舶管理带来不可预测的压力和风险。

1 新 VGP 规则概要

1.1 背景

目前,全球每年船舶停靠港口超过 170 万艘次,仅船舶艉轴管泄漏 1 项就有约 2 800万 L 的润滑油漏失入海。另外,在港作业期间,甲板机械和水线下设备如侧推器齿轮箱、减摇装置等可能造成操作性润滑油漏失,以及货物起重机和舱口盖液压管系破损等,导致润滑油、脂漏入海洋(非事故性溢油),对水生态系统造成严重危害。因此,2008 年 VGP 规则只是作为非强制性建议,要求船舶所有人和经营者使用环保润滑油,保护水环境;而到 2013 年新 VGP 规则制定时,曾是润滑油正常“操作性消耗”的部分被视作海洋重要油污染源而备受关注。新 VGP 规则第 2 部分 2.2.9 规定,所有进入美国水域(沿海 3 n mile)的船舶在油水界面上必须使用环保润滑油,除非“技术上不可行”(Technically Infeasible)。油水界面包括但不限于:可调距桨、推进器液压油及其他油水界面(明轮、艉轴管、螺旋桨轴承、减摇装置、舵承、全回转推进器、吊舱式推进器、浸没钢丝绳和甲板机械设备等)。

1.2 实施

新 VGP 规则对船舶环保润滑油换用给出一定的缓冲空间,其中“技术上不可行”就属于这一范畴。在遇到下列 4 种情况时,可允许在新 VGP 规则生效后暂不换用环保润滑油:

(1) 没有经认可的满足设备(如油封)制造商规格书要求的环保润滑油产品可供

使用；

（2）事先已作润滑的设备（如钢丝绳）没有可用于更换的环保润滑油替代产品；

（3）有环保润滑油产品满足设备制造商规格书的要求，但在该船舶航经港口内都无法供应；

（4）必须等到下次船舶进干坞时，才能换用环保润滑油产品的设备（如艉轴管及其密封）。

另外，新 VGP 规则规定船舶可以延迟到规则生效日后的第一个干船坞期，更换相关设备的环保润滑油。

2 环保润滑油

新 VGP 规则出台后，全球相关设备制造商和润滑油供应商投入大量人力、物力，以达到规定的要求。

2.1 特性与分类

环保润滑油指生物分解润滑油，要求具备生物可降解性（Biodegradable），最低限度的毒性（Minimally Toxic）和生物不可聚集性（Not Bioaccumulative）。美国环保署规定，环保润滑油须通过 VGP 3 个特性指标的认证。

（1）Biodegradable 指化学成分在大海中被自然降解速度的指标。

（2）Toxic 指化学杀伤海洋生物的潜在性。

（3）Bioaccumulative 指 1 种化学物质在生物脂肪组织内积累并进入食物链的潜在性。

绝大多数润滑油由基础油及添加剂组成，环保润滑油的基础油必须具备生物可降解性，按照其配方内的基础油类型分类。常用的生物可降解基础油有 3 类：

（1）植物油。植物油普遍采用油菜籽、大豆和葵花籽等压榨而成，由于热氧化稳定性和低温流动性较差，其常见的商业用途是液压油和钢丝牛油。

（2）合成酯。合成酯由生物原料（如改良的动物脂肪与植物油的混合物）酯化而成，是最早的生物润滑油，性能优于纯植物油，满足船舶润滑油的多种需求，包括液压油、艉轴管油、侧推器油、齿轮油和牛油等，是目前商业应用最广泛的基础油之一。

（3）聚乙二醇。聚乙二醇由乙烯或丙烯氧化物聚合而成，以石油基为原料加工，具有高度的生物可降解性，与水有良好的可溶性。

2.2 认证

环保润滑油须进行 2 方面的认证：第一，必须通过美国环保署认可的第三方实验室运用 OSPAR，Blue Angel，European Ecolabel，Nordic Swan 或 Swedish Standard SS 155470 等其中 1 种体系，对生物可降解性、毒性和生物不可聚集性等指标验证，才能获得相应的认可证书，投放市场；第二，设备制造商按照其设计的测试程序，将经认证的环保润滑油与其设备系统和密封件材料等进行相容性和适应性试验。与各品牌环保润滑油的测试完成后，设备制造商公布适用其设备系统的环保润滑油名单供用户选择。

2.3 研发和市场现状

新 VGP 规则迫使润滑油供应商加紧研制、生产符合不同船舶设备要求的环保润滑油，并寻求与船舶上可能发生油泄漏入水情况设备所安装的密封件有较好的相容性和较长的有效期。目前，通常的设计使用寿命为 2.5～3 年。

日本艉轴管密封件制造商 KEMEL 公司认可的环保润滑油有 4 种——BP-Castrol BioStat 68 & 100 和 Vickers Hydrox 68 & 100，并且已在约 100 艘船上使用。同时，其正在研发新型密封件材料，以适于上述 4 种环保润滑油及其他新入市的酯基环保润滑油，而无须改造目前运行的艉轴管润滑系统。

德国 SKF Blohm＋Voss 公司宣称，只有 Castrol Grade BioStat 100 被认可符合其要求，且工作温度须严格限制在 60 ℃以下，否则被视为“技术上不可行”而不能换用该型环保润滑油。同时，在任何生物分解润滑油与 Simplex 环形密封配合使用的情况下都要求采用 Viton Pod 作为密封环材料，其他材料(如 Perbunan\Viton Plain，Viton Superlip)属于“技术上不可行”。建议艉管系统进坞间隔期缩短至 2.5 年，密封环和环保润滑油需换新。

为保证艉管润滑腔内彻底冲洗干净，避免混油对密封件材料产生化学作用，设备制造商建议船舶浮态时的艉管换油操作可视为“技术上不可行”。

在全球范围内，应用于不同船舶设备的环保润滑油的需求量不断增加。除环保型的艉轴管和侧推器润滑油、液压油外，齿轮油和牛油等品种的需求也日趋明显，但在品种、数量和可供应港口等方面，真正能跟上需求节奏的环保润滑油供应商仍极少。

3 应对措施

3.1 准备工作

(1) 美国航线的船舶所有人和经营者应密切关注环保润滑油市场动态，与制造商保持沟通联系，获取设备制造商认证和相关信息，同时了解其环保润滑油的研制生产情况、特性及港口供应能力等。

(2) 统计、汇总船队各船舶水线下设备特别是艉轴管密封装置和侧推器的制造厂家、设备型号、密封件材料、目前使用的润滑油品名，以及船舶下次干坞计划、需换数量等信息。

(3) 与设备制造商联系，了解适于船队各船舶相关设备的环保润滑油要求，获取技术支持，安排好与之相容密封件的采购。

(4) 制订船队船舶水线下设备更换环保润滑油计划时间表，协调供应商安排供油品种、数量和港口。

(5) 在船舶进入美国水域前至少 7 天，在 VGP 官网提交 1 份完整、准确的意向通知书(NOI)。

3.2 合理规避

由于受环保润滑油产品不成熟、设备制造商认可进程以及价格(传统矿物润滑油的 2～3 倍)等因素影响，推广应用的进度不尽如人意。建议充分利用新 VGP 规则的"技术上不可行"规定，合理规避新 VGP 规则生效初期给企业带来的成本压力、换油操作不便和换油后设备潜在的危害，控制船舶风险和降低企业经营成本。

(1) 充分利用制造商的"技术上不可行"声明，等其获得成熟的测试和应用经验后再换油。

(2) 通过技术层面造成环保润滑油供应缺货，取得必要的"技术上不可行"证明，以获得下一次干坞更换的宽延期，特别是在规则生效日后不久进坞的船舶。

(3) 如侧推器液压装置，其设备管系和阀件复杂，整个液压系统更换环保润滑油技术要求高、周期长；同时可能会因换油造成系统故障，影响船舶正常营运。故建议与设备制造商进行协商，取得"技术上不可行"证明。

如果船舶适用"技术上不可行"的情形而不能如期换用环保润滑油，那么必须在留存船舶的记录文件上如实记录不能使用环保润滑油的原因，并附上设备制造商和(或)润滑油供应商提供的相关情况说明的支持性材料，且在 VGP 规则要求的年度报告中向美国环保署报告船舶非环保润滑油的使用情况。

3.3 换油程序

水线下设备的换油须在干坞内进行，排空油柜、设备、管路、执行器和滤筒内的润滑油，更换过滤器，置换成环保润滑油。只要系统残油总量在系统总量的 5%以下，一般很少冲洗，但个别润滑油供应商建议冲洗管路和设备；原则上尽量避免新旧油混用，以免降低环保润滑油性能。另外，封堵原先通往传统矿物润滑油储存柜的管系，建立合适的备用环保润滑油的储存空间。

需要注意，如果在干坞期间舵承不进行修理，那么可以不用更换环保润滑油脂；钢丝绳只要求表面加涂环保润滑油脂。

3.4 记录

不管换油与否，应在航海日志或轮机日志、油类记录簿、船上油污应急计划或其他法定记录文件中做好记录；保存"电子"换油记录(类似船舶维修保养计划软件管理中的工单执行记录)；换油后，船舶应保存供油商提供的环保润滑油证明和设备制造商官网链接地址，以便 USCG 检查官查询设备制造商认证情况。

4 管理措施

4.1 潜在风险

环保润滑油本身的技术特性和更换环保润滑油设备的规定，绝大多数涉及与密封件材料或水接触。因此,意识到换用环保润滑油可能带来的潜在风险。

(1) 很多常规密封橡胶材料与新的环保润滑油不相容。

(2) 与矿物油相比,环保润滑油能吸收更多水分,须控制环保润滑油的含水量以维持足够润滑度。

(3) 须保证腐蚀和生物生长的风险处于可控范围内。

(4) 润滑油与海水的频繁接触在一定程度上加剧被生物降解的程度,影响环保润滑油的使用寿命。

4.2 注意事项

(1) 环保润滑油有效期较短(目前环保润滑油供应商保证 3 年不变质),须合理制订船舶干坞计划或增加进坞次数。

(2) 考虑到环保润滑油对温度比较敏感以及其有效期较短的特性,应建立适宜的储存空间,保证油质。

(3) 不能与传统矿物润滑油混用。

(4) 船舶在热带区域航行时,应注意设备工作环境温度不宜高于 60 ℃。

(5) 如果可能,利用净油设备(分油机)去除水分和杂质,控制油品清洁度和水分含量。

(6) 做好设备的养护计划,提高密封件寿命和设备整体可靠性。

一旦对环保润滑油的油质产生怀疑,应取样化验,以确定其特性是否改变。需要注意,港口当局可能上船取样化验,船舶应时刻做好环保润滑油的迎检工作。

新 VGP 规则的生效,对于船舶管理人员是新的挑战、新的课题,应本着积极负责的态度,为企业把好技术关和成本关。

船舶坞修注意事项

陶良深

(华洋海事中心)

0 引言

船舶在每5年循环检验周期中，需要安排2个坞检，其中1个坞检需要与船舶特检一致。当船舶安排进坞时，大舱、货舱和压载舱通常要求清洁干净。因此，尽量将年检或中间检验安排在船舶坞检时，以便机务和验船师检查。在船舶坞修时，特别注意对船体水下部分任何高附着力油漆涂层的修补。验船师也会在其备忘录里记录油漆材料厂家的详细资料。

1 锚和锚链

锚和锚链的缺陷通常包括裂纹、过度磨损和变形等。机务应有意识地寻找是否有上述问题存在的迹象，令环或卸扣有无变形或损伤，更要注意卸扣销是否紧固。当需要打开这种由特殊高强度钢制成的卸扣时，需要注意不能长时间使用氧气、乙炔烘烤，避免损伤材料特性，引起卸扣强度降低甚至出现裂纹。在卸扣销上安装合适的锁紧销非常重要。

当某些无柄锚顶部的锚冠销松动时，会产生过度的侧向移动。在新的锚冠销到来前，作为短期的临时措施，在每个锚冠销的顶部安装1个衬套加固。需要有适当的间隙，确保锚冠能自由活动。因此，船舶进坞，锚和锚链展开在坞底时，需要特别关注锚冠销上的留挂螺栓。

如果发现锚链已过度磨损，其直径已小于极限，那么磨损的锚链必须要求换新。如果船上现存的锚链长度不够，影响船舶抛锚或船舶机动航行时要求备双锚的需要，那么在得到新的锚链前需要考虑船舶必须在拖船帮助下才能驶离码头。

通常，锚链令环的磨损状况决定需要更换锚链的长度。在整条锚链中有1个令环的横档松脱，这根锚链的强度会大大低于其标准尺寸的强度。如果锚链尺寸小于标准直径15%或以上，锚链就必须换新。

锚和锚链的丢失由令环断裂引起。如果船舶只有一边的锚和锚链丢失，那么在船上还有备用锚的情况下，作为临时措施可以将另一边的锚链一分为二，并将备用锚安装上去。

2 船首部分

船首部分的损坏检查包括前部船底板由于海浪冲击、冰块撞击、码头剐蹭及其他物体的撞击导致的船舶首部变形、球鼻艏的裂纹、艏尖舱内部结构的裂纹等。

3 船壳板

在船壳内部一些支撑船底外板的地方，需要检查船舶加强筋有无变形、船壳板相接桁板有无变形、其他一些主要支撑构件（双层地板、横梁、纵梁、隔舱壁）及相对应的连接处有无裂纹等。

船舶在航修时也要注意船舶外板的损坏情况，通常这种损坏由船舶靠泊码头时剐蹭引起。严重腐蚀一般发生在船舶的船壳板外面，低于船舶的各排出阀。特别要注意船舶外板的受风受浪处，以及纵向、横向的加强肋骨处（如隔舱壁），由于船舶经常靠离、接触码头，这些地方易严重腐蚀。

在单壳油柜处经常发生由于船壳板及相邻地方的内部结构过度腐蚀和裂纹，而引起的船舶污染事故。因此，须对上述部位定期进行全面检查和测厚，以了解损坏程度。

在船舶坞修时也要特别注意船舶的舭龙骨，在舭龙骨端部横向的内部加强筋处，其焊缝连接处有可能产生裂缝。机务要重点检查舭龙骨各过渡处是否圆滑，焊缝是否足够。

如果船检同意进行备忘，那么对于非技术原因的很小的损坏，建议不作修理。

4 螺旋桨和艉轴

螺旋桨通常遭受空泡腐蚀、变形和裂纹的损坏。在船舶坞修时，需要拆下仔细检查桨叶根部是否有裂纹。如果船舶安装变距桨，那么工作部件和控制传动装置需要打开检查，并且至少 1 片叶片需要解体，检查内部机械和密封装置。螺旋桨叶法兰根部和叶片到桨毂锁紧装置也要检查是否存在裂纹。

螺旋桨桨毂与末端之间的密封令安装尺寸不正确或不到位，海水就有可能漏入艉轴。通常这种情况发生在有键连接的螺旋桨末端，可以在键的前端焊上 1 个延伸装置，然后在艉轴管的后端与螺旋桨桨毂的前端之间注入牛油。

裂纹由疲劳累积产生，即使在艉轴上发现很小的裂纹，也需要格外注意。裂纹在键槽处最容易发生，腐蚀通常发生在艉轴管的前、后两端。腐蚀和磨损有时候在艉轴锥面处最明显，其原因可能是由于螺旋桨安装不正确，或是将军帽的淬火不够充分。艉轴上的腐蚀成环状，分布在艉轴锥部的大端。

5 舵和船尾结构

舵和船尾结构在多种应力下会产生损坏。在恶劣的海况下，舵叶受到风浪的拍击会引起舵柱和舵承变形，舵叶本身也会损坏；起伏不定的涌浪和螺旋桨的振动会使舵叶和船尾构架应力集中处产生裂纹；另外，漂浮的物体（包括冰块）也会引起舵叶和舵承的损坏。

在船舶坞修时，对舵和船尾结构需要特别注意。

(1) 在舵叶和舵承的截面变化处容易产生裂纹。

(2) 舵叶上的泄放闷头周围由于应力集中易产生裂纹，需要注意有无漏泄的迹象。

(3) 舵柱的支撑培林由于磨损而下沉。

(4) 舵杆螺栓的状况。

(5) 定期检查舵柱培林是否丢失、有无裂纹、位置是否移动或其锁紧装置是否损坏。

(6) 舵杆和舵栓的间隙。对于铲形舵过大的间隙特别危险，在舵杆上容易产生裂纹导致部分丢失甚至失去整个舵叶。

(7) 舵栓及其螺母的锁紧装置。

集装箱船更换部分货舱内底板的施工

黄春进

(上海远洋运输有限公司)

0 引言

近几年,我司多艘集装箱船的货舱内底板严重腐蚀,不得不停航进行修理,不仅增加修理成本,且挤占营运时间,还影响公司信誉。

集装箱船货舱内底板腐蚀的原因不外乎 2 种:一种是先天性原因,主要是涂层质量不良;另一种是后天性原因,主要是应力集中、振动、摩擦、撞击等机械破坏,以及水、腐蚀性物质(多来自货物漏泄)等的化学腐蚀和电化学腐蚀。

对于既有集装箱船,防范货舱内底板(以下简称底板)腐蚀主要有 2 方面:

(1) 采取针对性的防护措施,如保持货舱干燥、避免水和腐蚀性液体漏泄、保护涂层等。

(2) 加强监测,及时发现和修理板材和涂层损伤。

底板腐蚀超标,修理方法只有换板,且应保证修理质量(包括焊接和涂装质量,本文讨论焊接质量)。

鉴于目前修船施工人员素质良莠不齐,作为监修人员(公司机务管理人员或船员)必须加强监督。为此,本文介绍更换底板的工程流程、工艺要求和验收标准。

1 前期准备

1.1 确定割换范围

货舱内底板腐蚀比较严重时,必须测厚以确定割换范围。

测厚,必须委托船级社或其认可的测量公司,由它们安排持有船级社认可的资格证书的人员,按规范确定测厚区域,使用规范规定的方法(测厚前清洁,一般采用超声波测厚仪,须精确确认的关键部位采用钻孔法),事后出具测厚报告,并确定割换范围报船级社现场验船师确认。

割换范围,按船级社现场验船师确认的测量公司报告,结合现场勘察,可适当扩大但任何方位不可缩小。

1.2 准备材料

待使用的新板材的化学成分和机械性能与原板材相同,并具有船检认可的合格证书。所用板材材质与原板不同,须征得船级社认可。

1.3 防护

油舱及其他密闭舱室，施工前清舱、充分通风、测氧/测爆等，确保施工安全。

妨碍施工的电缆、管系和设备，拆下或采取其他防护措施。

2 切割要求

(1) 切割线(也是新焊缝)：尽量开在原板缝处，避免新焊缝与相邻旧板原有焊缝相交。

焊缝之间平行距离不小于 300 mm，与相邻构件角接缝的距离不小于 10 mm。

若切割线不在原板缝处，则新板的角隅处必须呈弧形，半径不小于 5 倍板厚且不小于 100 mm。

若切割线在原板缝处，则旧板缝应沿着板缝线延长割开，割开长度不小于 100 mm。

(2) 切割不得损伤相邻构件(如相邻的外板、肋骨、加强材等)。

(3) 旧板割除后，必须：相邻旧板板边，割去多余部分并修顺，板边开坡口，必要时火工矫正变形。骨材边缘，割去多余部分，碳弧气刨清理角焊缝焊疤(注意不得减薄骨材厚度)，必要时火工矫正变形使其符合原线型。

3 装配要求

1) 新板吊装

新板的轧制方向，必须与船体的纵向一致。

新板必须大致紧贴骨架，且四周余量匀称。

2) 新板装配

吊装安放妥，先调节装配间隙，然后从新板中央向四周呈放射形逐步定位。

对接板厚度方向错位("a")小于 0.2 倍板厚且不大于 3 mm(见图 1)。

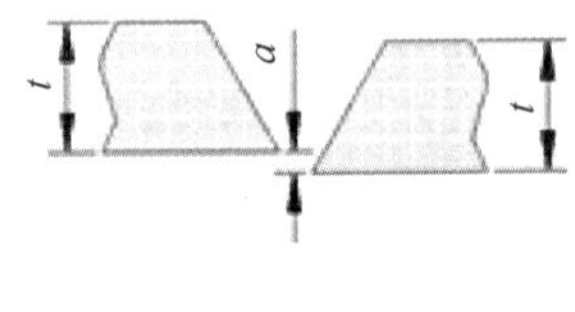

图 1

不同厚度板材对接，若厚度差大于 4 mm，则须削斜厚板边缘，削斜宽度不小于板厚差的 4 倍(见图 2)。

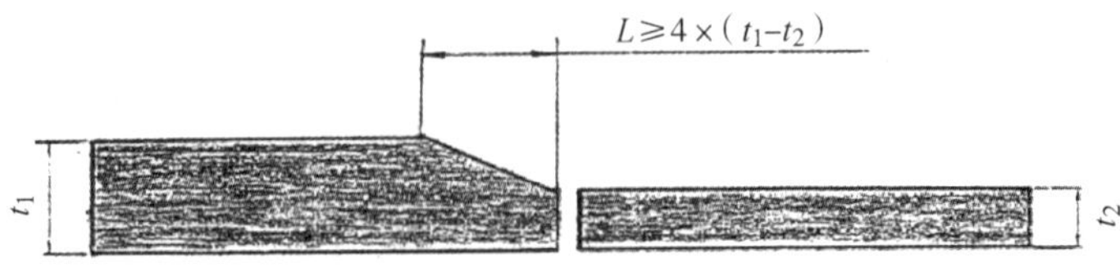

图 2

端缝间隙和纵缝间隙，一般小于 3 mm，局部可不超过 5 mm；CO_2 气体保护焊单面焊双面成型，对接间隙 3～9 mm，局部不超过 16 mm。

为防焊接时热变形改变装配间隙，接缝两侧板材用“梳状马”加固。常用梳状马，马板半圆孔 $R=30$ mm，相邻两梳状马间距一般 200～300 mm，见图 3a；校正马板和铁楔分别见图 3b 和 3c。

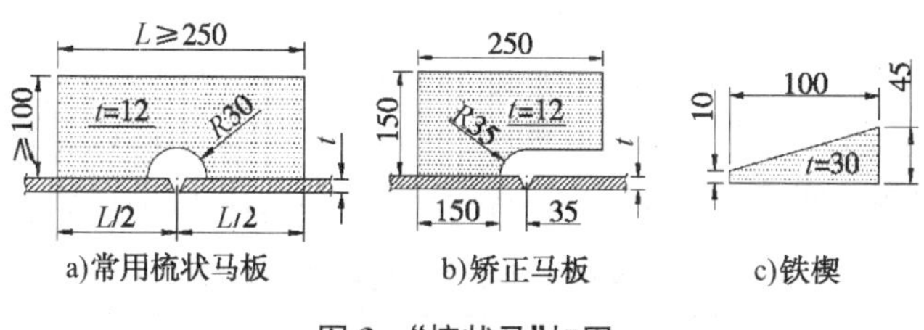

图 3 “梳状马”加固

4 焊接准备

4.1 焊接坡口

焊接坡口（骨架一面应开在靠骨架一侧），一般用碳刨开出，打磨光滑后方可施焊。

“U”形坡口见图 4a，一般用于手工焊。

“V”型坡口见图 4c，一般用于 CO_2 气体保护焊或手工电弧焊。

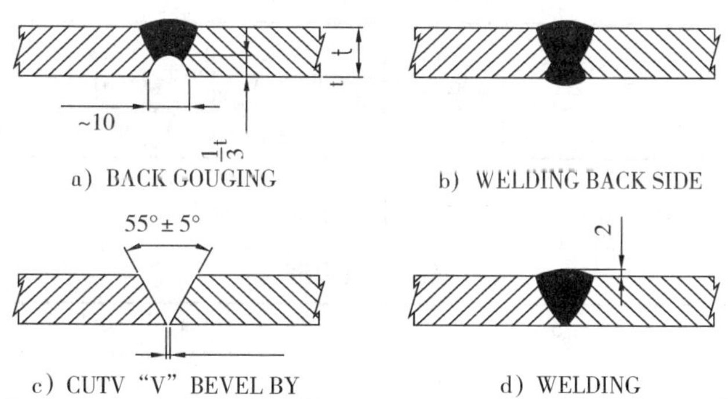

图 4 坡口形状尺寸

反面成型单面坡口见图 5，一般用于 CO_2 气体保护焊。

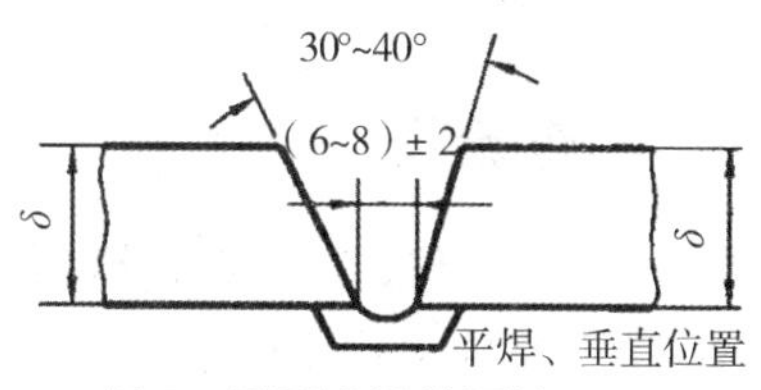

图 5 反面成型单面坡口

4.2 焊前清洁

拟焊接处打磨光滑，不得残留氧化铁，清除板材焊缝周围表面的油、污水等杂质。

5 施焊

(1) 一般焊缝。焊条使用前350～450 ℃烘焙2 h，置于保温桶中随用随取，一次取出不多于4根。

一般先焊板材的对接焊缝，后焊角焊缝。

油、水密舱壁，对接、角接焊缝须熔透焊接。

采用CO_2气体保护焊单面焊反面成型，须检查反面成型质量。

采用手工电弧焊时，先焊坡口一侧，反面须碳刨清理，出白后再焊接。

(2) 高强度板之间，以及高强度板与普通板之间，使用J507焊条，相关参数见表1。

表1 高强度板之间及高强度板与普通板焊接

焊接位置	焊条J507	焊接电流/A	焊接电源
横焊、平焊、立焊、仰焊	ϕ3.2	90～120	DC
	ϕ4.0	140～180	DC
	ϕ5.0	170～210	DC

(3) 埋弧半自动焊拼接，焊丝使用CHW-S3(ϕ4～4.8 mm)，焊剂使用SJ10。

(4) CO_2气体保护焊，使用CHT-711焊丝ϕ1.2 mm，保护气体使用99.5% CO_2，相关参数见表2。

表2 CO_2气体保护焊

焊接位置	焊条	焊接电流/A	焊接电压/V	焊接速度/(cm/min)	干伸长/mm	流量/(L/min)
横焊、平焊、立焊、仰焊	ϕ1.2	130～300	20～30	25～30	20	20～25

(5) 角焊缝。角焊缝焊脚长度不得小于表3的要求。

表3 角焊缝

较薄构件的板厚/mm	≤6	7～9	10～12	13～14	15～16	17～18	≥19
焊脚长度/mm	3.5	4	5.5～6	6.5～7	7.5～8	8.5～9	≥9

此外，定位内底板上箱脚，可根据20英尺和40英尺集装箱的4个箱脚尺寸，也可用划线法，但安装完毕都必须试箱，以免安装不当导致不能装箱。

6 检查验收

(1) 三级报验。底板换新的全部项目，材料、装配(包括车间内预置拼装)、焊接等工序，都要采取主管报验、质检报验、船舶所有人报验等三级报验制度。

(2) 检查方法(由船级社验船师定)，主要有：①直观检查，焊缝不得有夹渣、气孔、裂纹、咬边、未焊透等缺陷，CO_2 气体保护焊的坡口和焊缝（含反面）都要出白检查。②焊缝无损探伤。③焊缝压力试验，包括外板真空试验（真空压力－0.020～－0.015 MPa）、油舱气压试验、水舱水压试验等。

（3）检查标准。按国际船级社协会联合会（IACS）的船舶建造与修理的质量要求（主要内容如上述，由船级社验船师定）。

船用内燃机润滑油及其选用

叶荣喜

（宁波海事局）

0 引言

润滑油，关乎内燃机工作的可靠性、动力性、经济性以及寿命，若选用不当，则轻者油耗上升成本增加，重者故障增多甚至损坏发动机。

发动机说明书中都有制造商推荐的润滑油牌号。没有充足的理由和绝对把握，不可改变润滑油品种、牌号和规格。

选择润滑油，各种指标都不得低于柴油机生产厂商推荐范围，绝不可选用低于发动机制造商推荐的质量等级的润滑油。

笔者认为，选择润滑油，不仅需要充分了解机械摩擦、润滑机理，深刻理解和全面考虑发动机的结构、工作环境、功率、燃油品质等因素并经过认真论证，而且需要具备足够丰富的润滑油知识，了解润滑油生产工艺流程、添加剂种类和作用，熟知润滑油理化性能指标、分类方法、油品牌号及其中各符号的意义。

本文介绍润滑油的生产过程、理化性能指标、分类方法、油品牌号等，为读者以柴油机生产厂商推荐为主要依据选择润滑油时提供参考。

1 船用（矿物）润滑油的生产

成品润滑油是由基础油和添加剂调和而成的。基础油又分为矿物基础油和合成基础油两类。

合成基础油，用化学方法合成，性能比矿物基础油好，能满足矿物油所不能满足的某些使用要求，但成本昂贵，目前使用范围十分有限。

矿物基础油，由石油原油炼制而成，应用广泛，占基础油的95%以上。船用润滑油几乎百分之百是矿物基础油调制而成的。

1.1 原油分馏产生（矿物）基础油

原油先后在常压分馏塔和减压分馏塔内分馏。原理和过程示意如图1所示。

1）常压分馏（在常压分馏塔内完成）

常压分馏塔，压力同大气，自下而上温度渐低。

经加热的原油进入常压分馏塔后，各种烃类气化上升——沸点高的重馏分，在温度较高的下部就凝结分流；沸点越低的轻馏分，越能上升到温度较低的分馏塔上部分流。因此,由塔顶到塔底得到的馏分由轻到重:塔顶是汽油馏分,往下依次是煤油、轻柴油、重柴油馏分,沸点大于 350 ℃的馏分称为重油,原油中未气化的部分称为残渣油,从常压分馏塔底部排出。

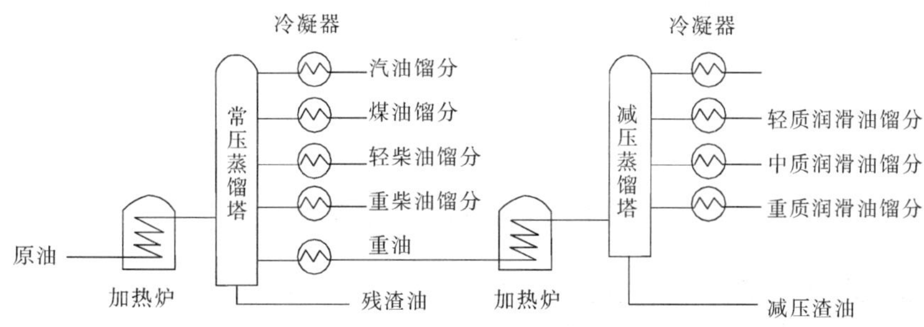

图 1　原油分馏原理和过程示意

常压分馏所得的重油,是炼制基础油的主要原料。

2) 减压分馏

为了得到不同性质的基础油,须进一步分馏重油将其分割成窄馏分。但是重油沸点高达 300～700 ℃,若仍用常压分馏,则某些烃类会裂化分解,无法得到所需的润滑油馏分。因此,将重油加热后进一步减压分馏(或称低压分馏)。

减压分馏在减压分馏塔内完成。减压分馏塔,用抽真空方法将塔内绝对压力降低到 1～8 kPa,温度也是由下而上逐渐降低,将重油分馏出所需的各种轻质基础油、中质基础油、重质基础油和渣油基础油。

轻质基础油,主要用作高速轻载机械的润滑油和绝缘油(如透平油、变压器油)的原料。

中质基础油,主要用作中等载荷的发动机(如小汽车等)和相当要求的工业机械润滑油的原料。

重质基础油,主要用作重载发动机(如船用柴油机等)润滑油的原料。

渣油基础油,是制造高黏度润滑油(如气缸油、齿轮油等)润滑油的原料。

1.2　润滑基础油的精制(工艺流程见图 2)

减压分馏所得的各种馏分,仍含有许多不良成分和有害成分,如多环烃、固体烃(蜡)、胶质、沥青以及影响色度的物质等,还不能直接用作润滑油,必须进一步精制提纯,以保留润滑油中的理想成分和去除非理想组分,使基础油具有较好的低温性能、黏温性能、抗氧化安定性能和良好的色度等。

基础油精制,主要包括丙烷脱沥青、溶剂精制、溶剂脱蜡、白土或加氢补充精制等。

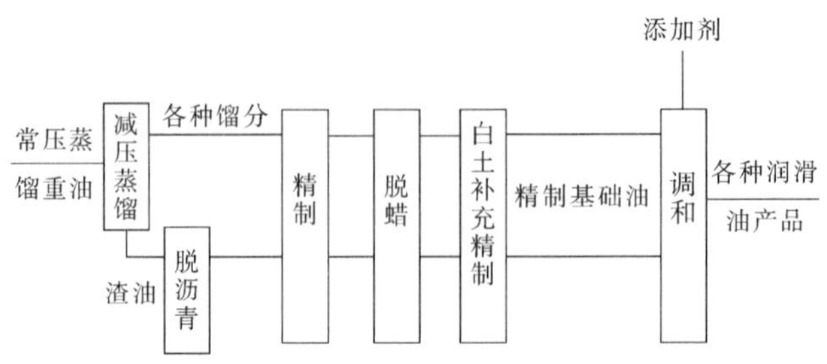

图 2　基础油精制工艺流程

1.3　润滑油产品的调合——润滑油添加剂

经过精制的不同基础油，还要根据对润滑油性能的不同要求添加相应的添加剂调和，才成为润滑油产品上市场销售。

添加剂，是一类油溶性化合物，只须在润滑油中加入百分之几甚至百万分之几，就能显著改善润滑油的1种或几种品质(使用性能)。

润滑油添加剂种类繁多。发动机管理使用者不必详知每种添加剂，但应了解主要添加剂的作用。

1）清净剂和分散剂

清净剂，基本结构主要包括亲油基、极性基和连接部分，多数具有碱性或高碱性。根据“分子结构相似相溶”的原理，清净剂能够溶解润滑油中胶质、漆膜、积炭等，持续中和润滑油使用过程中氧化生成的酸性物质和含硫燃油燃烧后产生的强酸物质并防止其沉积，从而保护发动机金属部件不受酸性物质腐蚀。

分散剂，基本结构与清净剂类似，能溶解黏附在活塞上的漆膜和积炭，并分散到润滑油中在润滑油循环过程中过滤掉，从而保持金属机件的清洁；同时防止润滑油中氧化胶质沉积，减少曲轴箱中的油泥，延长润滑油使用寿命。

柴油机，特别是烧渣油的大型船用柴油机，系统油和气缸油都对清净剂的要求较高。

2）黏度指数改进剂

润滑油的黏度随温度升高而降低。

为使润滑油黏度随温度升高而降低不致过大，即改进其黏温性能，须加入黏度指数改进剂。

效果较好的黏度指数改进剂是一种高分子聚合物。润滑油加入这种高分子聚合物后，低温时长链缩成一团，润滑油黏度增加较小；随着温度升高，长链逐渐伸展开来，增大润滑油分子间的运动阻力，减少润滑油黏度下降的程度，满足高温时的黏度要求。

目前，可满足四季通用的多级润滑油，既具有良好的低温启动性能，又具有高温润滑性能，主要是黏度指数改进剂在起作用。

3）抗氧抗腐蚀添加剂

添加抗氧抗腐蚀添加剂后，虽不能完全防止润滑油氧化，但能大幅改善抗氧化性能，有效防止酸性物质腐蚀金属，减少漆状物生成。据有关资料介绍，添加了抗氧抗腐蚀添加剂，润滑油的寿命可延长 4 倍以上。

4）极压抗磨剂

润滑油添加极压抗磨剂，能提高润滑油工作载荷，减少摩擦磨损，防止烧结。

发动机体积越来越小而功率越来越大，极压抗磨剂起到至关重要的作用。

5）油性剂和摩擦改进剂

油性剂和摩擦改进剂，极性基团对金属有很强的亲和力，油性基团吸附在摩擦表面，形成分子定向吸附膜，阻隔金属间接触，从而减少摩擦和磨损。

6）降凝剂

降凝剂能显著降低润滑油凝点，改善润滑油低温流动性能，降低润滑油使用的温度下限，拓展润滑油使用范围，还可减少对优质原油的依赖。

2 润滑油的主要理化指标

润滑油有 1 套理化指标评价体系，反映润滑品质优劣，指标达数 10 个，每个指标都有规定的测定方法和数值标准。

船用润滑油的指标，主要有黏度、黏温性能、凝点、闪点、碱值、黏度指数、倾点、油性和极压性、水溶性酸及碱、抗乳化性、抗泡性、腐蚀性、抗氧化安定性、杂质、水分等。选用船用润滑油，主要考虑黏度、黏温性能、凝点、闪点和碱值等 5 个指标。

1）黏度

黏度，即润滑油黏稠程度，是润滑油最重要的指标之一，常用运动黏度表示，常用单位是 mm^2/s。

黏度对润滑性能影响很大，对于 2 个摩擦面间楔形油膜的形成起决定性作用。黏度得当，不仅能保护发动机，而且提高其动力性能和经济性。因此，黏度既是润滑油分级的依据，又是选用润滑油的主要依据。

2）黏温性能

反映润滑油黏度随温度变化而变化的程度。黏度随温度变化小，称为黏温性能好。

3）凝点

凝点是润滑油失去流动能力的最高温度，对润滑油的使用、管理和运输都有很大影响。

4）闪点

润滑油可燃，闪点是评定润滑油着火危险性的指标，对润滑油的使用、储存和运输有重要的安全意义。

船用要求,新油闪点高于 65 ℃,使用中不得低于 45 ℃,否则必须换油。

5) 碱值(TBN)

碱值是润滑油中碱性物质含量,单位为 mgKOH/g,是选用船用润滑油的主要指标之一。

润滑油中的碱性物质,用来中和润滑油中的酸性物质,对使用含硫燃油的发动机尤其重要。

3 内燃机润滑油性能的标准

目前,内燃机润滑油性能还没有世界统一的标准,不同标准的命名方法和牌号标识也不同。

国际上比较通行的标准有:

(1) 黏度等级标准,是美国汽车工程师协会的 SAE。

(2) 质量等级标准,是美国石油协会的 API 和国际润滑剂标准化及认证委员会(ILSAC)的 GF-X 规格。

ILSAC 的 GF-X 规格,是鉴于磷引起转化尾气的催化剂中毒,在 API 相应指标基础上更严格地限定油品含磷量,同时相应提高油品的氧化安定性、高温抗磨性、高温沉积物控制、泵送性能等指标,规格有 GF-1, GF-2, GF-3, GF-4 等。

3.1 润滑油黏度的等级和牌号

美国汽车工程师协会的 SAE 黏度等级标准,依据边界泵送温度、低温动力黏度、运动黏度、高温高剪切黏度(SE 和 SF 级汽油机润滑油无此指标)、黏度指数、倾点等指标,将润滑油黏度分为 11 个等级,含“W”的是冬季润滑油,不含“W”的是夏季润滑油。

按黏温性能,又分为单级润滑油和多级润滑油。

我国基本按照以上标准分类,1994 年颁布了内燃机润滑油黏度分级国家标准 GB/T 14906—1994,与美国汽车工程师协会的黏度等级标准(SAE J 300FEB92)基本相同,表 1 是我国内燃机润滑油黏度基本等级分级情况。须注意,等级号只是规定温度下测得的润滑油黏度范围代码,而不是具体黏度值。

表 1 我国内燃机润滑油黏度等级(GB/T 14906—1994)

黏度等级	低温黏度不大于/(mPa·s)	边界泵送温度不高于/℃	运动黏度(100 ℃)/(mm^2/s)
0W	3 250(−30 ℃)	−35	≥3.8
5W	3 500(−25 ℃)	−30	≥3.8
10W	3 500(−20 ℃)	−25	≥4.1
15W	3 500(−15 ℃)	−20	≥5.6
20W	4 000(−10 ℃)	−15	≥5.6
25W	6 000(−5 ℃)	−10	≥9.3
20	—	—	5.6~9.3

（续 表）

黏度等级	低温黏度不大于/(mPa·s)	边界泵送温度不高于/℃	运动黏度(100 ℃)/(mm^2/s)
30	—		—9.3～12.5
40	—	—	12.5～16.3
50	—	—	16.3～21.9
60	—	—	21.9～16.1

1）单级润滑油

单级润滑油，只能在满足既定的低温或高温条件下使用，明显地受地区范围和季节范围限制。

冬季润滑油，以最大低温黏度、最高边界泵送温度、100 ℃时最小运动黏度等 3 个指标分为 0W，5W，10W，15W，20W，25W 等 6 个级号，突出润滑油低温性能，以保证低温环境下润滑油的流动性和发动机低温启动性能。从表 1 所列 100 ℃运动黏度标准看，冬季润滑油不能保证高温环境下发动机对黏度的要求，因此冬季润滑油几乎没有实际使用价值，市场上也没有供应。

夏季润滑油，以 100 ℃时最小运动黏度分为 20，30，40，50，60 等 5 个级号，突出高温性能，对低温性能不作要求。低温环境下，夏季润滑油黏度变得很大甚至失去流动性，可能造成发动机启动困难甚至损坏。

船舶一般都使用单级(夏季)润滑油，如 SAE 30，SAE 40 和 SAE 50 等，因为船舶保温设施完善，夏季润滑油已经能够满足船用柴油机的环境温度条件。

2）多级润滑油

多级润滑油，能同时满足 2 个黏度级，即其黏度既满足含“W”的低温黏度使用条件，又能满足不含“W”的高温黏度使用条件，可冬夏通用。有资料介绍，多级润滑油能降低发动机磨损和节省燃料，比同黏度级别单级润滑油节省燃料 2%～3%。

多级润滑油广泛应用于陆用，尤其是汽车、列车机车、保温措施较差的小型船用柴油机，如救生艇发动机、应急发电机等。

多级润滑油的 SAE 标识，使用三段表示如下。

SAE　较低黏度等级——较高黏度等级

例如 SAE 10W-40，表明按 SAE 黏度等级标准，同时符合 10W 和 40 两个黏度等级指标。

3.2　润滑油的质量等级

我国的质量等级分类标准采用美国石油学会(API)的质量等级标准和国际润滑剂标准化及认证委员会(ILSAC)的 GF-X 规格。按发动机种类，S 代表汽油机用润滑油，C 代表柴油机用润滑油。2 种发动机的润滑油质量等级均以英文字母 A，B，C，…为序，序号靠后的质量更高。其中 A，B 级这 2 个质量等级润滑油质量过低，不能满足当代发动机使用要求，已经废止并停止生产。

汽油机润滑油产品，分为SE，SF，SG，SH，SJ，SL，GF-1，GF-2，GF-3等9个质量等级；而行业标准已发展到SM，GF-4高质量等级规格，其中GF-1，GF-2，GF-3和GF-4是节能和环保型润滑油规格。

柴油机润滑油产品，分为CC，CD，CE，CF，CF-4，CH-4，CI-4等6个质量等级。后一等级比前一等级具有更优越的性能，包括适应的使用条件更苛刻，保护发动机的效果更好。

CF及其后的等级是节能环保型润滑油，越往后减排性能也更高。CF-4，CH-4，CI-4规格的“4”，代表适用于高速四冲程柴油机。

3.3 成品润滑油的规范牌号

成品润滑油在市场上销售，必须有1个代表其质量和黏度的标识，以供用户选用。这个标识就是润滑油的牌号。

3.3.1 国际润滑油牌号

润滑油的完整牌号，一般有4部分标识。例如“API CF SAE 10W-30”，其中，第一部分为润滑油质量标准。“API”表示采用美国石油学会润滑油质量等级标准，有些润滑油产品牌号省略这一标识。第二部分为润滑油质量等级，“CF”表示该油品质量符合API的CF级。第三部分为润滑油黏度标准，“SAE”表示采用美国汽车工程师学会润滑油黏度等级标准，有些润滑油产品省略这一标识。第四部分是润滑油黏度等级。“10W-30”表示该润滑油是多级润滑油，黏度符合10W级和30级指标。

3.3.2 国产润滑油牌号标识

1）通用润滑油

我国通用润滑油牌号，与国际常用标准一样，直接标注为“质量等级＋黏度等级”。例如，CD 15W-40，其代号意义与国际常用标准同；SJ/CF-4 15W-40或CF-4/SJ 15W-40，表示汽油机和柴油机通用润滑油，其代号意义同上。

2）船用柴油机润滑油

鉴于船舶柴油机广泛燃用高硫燃油，润滑油碱值是选择润滑油的主要指标。与美国石油学会（API）的质量等级和国际润滑剂标准化及认证委员会（ILSAC）标准的标注的方法不同，我国船用柴油机润滑油牌号使用文字加连续的4位数字。

文字，直接标明“油品名称”，即适用于高速船用柴油机、中速柴油机、低速柴油机系统油以及低速柴油机气缸油的哪一种。

连续的4位数字，前2位标明黏度等级，后2位标明碱值。

例如，长城润滑油产品“船用气缸油4070”：

（1）“船用气缸油”表示该油品适用于气缸与曲轴箱之间有横隔板的船用二冲程柴油机的气缸润滑；

（2）“40”（省略SAE），表示符合SAE标准的40黏度等级指标；

(3)“70”,表示总碱值 70 mgKOH/g。

其他如“系统油 3012”“船用中速筒状活塞柴油机润滑油 3040”等,也是如此。

4 润滑油的选择

选择润滑油,一般说来,先根据用于哪类发动机确定润滑油品种,然后选定黏度,最后确定质量等级。

4.1 选择润滑油品种

内燃机种类众多,按用途,可分为汽油机、燃气轮机和柴油机,柴油机又分为陆用和船用,船用柴油机又分为低速(十字头式)、中速(筒形活塞)和高速,各种内燃机对润滑油的要求各不相同,低速船用柴油机润滑油还分系统油和气缸油。

因此,选择润滑油首先要根据用途正确选定品种。否则后续选择不仅毫无意义,而且可能产生严重后果。

(1) 汽油机与柴油机,使用的燃料、油气混合方式、点火方式、压缩比、负荷强度等都不同,所以应选择不同的润滑油。

(2) 船用柴油机润滑油,要求更高的碱值、更优异的清净分散能力和抗氧化抗磨损性能、更好的耐水性能,绝不能以陆用柴油机润滑油代替,因为船用柴油机比陆用柴油机工作条件更苛刻:

① 燃料含硫量一般较高。为中和燃料燃烧产生的强酸物质,船用柴油机润滑油的碱值比陆用润滑油高。

② 易受水侵蚀,引起总碱值下降、添加剂降解而降低性能,要求既能抵抗水的侵蚀(遇水稳定),又能快速将水分离掉。

(3) 船用低速(二冲程十字头式)柴油机的气缸油,有别于系统油。

4.2 选择滑油黏度等级

选择润滑油黏度等级,须考虑发动机工作环境温度、负荷、转速、成色(磨损程度)等因素。因为环境温度低,润滑油黏度大,流动性差,可能出现短时干摩擦或半干摩擦,运动副磨损严重,要以工作环境温度为主。

按下列经验公式选择润滑油黏度是安全的。

最低泵送温度+7 ℃≤环境温度

1) 二冲程低速柴油机和四冲程中速柴油机

大中型船舶保温设施较完善,即便航行到南北极圈或者热带地区,仍然有能力控制柴油机启动时润滑油温度在理想范围,多使用单级(夏季)润滑油,通常采用 SAE30, SAE40 两个等级。长期航行于环境气温偏高区域,黏度等级在发动机生产厂商推荐的范围内偏高些为宜;反之,应偏低些。

中小型船舶,通常设施简陋,保温措施较差,多使用多级润滑油。长期航行于环境气温偏高区域,黏度等级应接近发动机生产厂商推荐范围的上限;反之,接近下限。

2）四冲程高速柴油机和汽油机

船上的特殊用途发动机(如应急发电原动机、救生艇机、应急消防泵发动机等)，以及某些船舶的主发电机，采用四冲程高速柴油机或汽油机。

无限航区船舶，最好选用多级润滑油如 0W-40，5W-30 等，以适应较大的航区温差变化。

长期航行于环境气温偏高区域，黏度等级应接近发动机生产厂推荐范围的上限；反之接近下限。

长城船用高速柴油机润滑油，分 300 和 500 两大系列，每个系列再根据不同黏度分为若干产品，见表 2。

表 2　长城船用高速柴油机润滑油分类情况

牌号	API 质量等级	SAE 黏度等级
航星 540	CF-4	40
航星 580		15W-40
航星 590		20W-50
航星 330	CD	30
航星 340		40
航星 350		50
航星 380		15W-40
航星 390		20W-50

4.3　选择滑油质量等级

1）汽油机

某些船上的特殊用途发动机，如应急发电原动机、救生艇机、应急消防泵发动机等，是汽油机。

反映汽油机热负荷和机械负荷的主要是压缩比。压缩比越大，热负荷和机械负荷越大，对润滑油的清净分散性、抗磨极压性和抗氧化防腐性要求越高，即对润滑油的质量等级要求越高。此外，汽油机的附设装置也影响润滑油的质量等级选择。

汽油机压缩比和附设装置与润滑油质量等级对应关系见表 3(仅供参考)。

表 3　汽油机压缩比和附设装置与润滑油质量等级对应关系

压缩比	附设装置	最低质量等级
＜7.5	EGR 装置(废气循环)	SE
7.5～8.5	EGR 装置	SF
8.5～9.5	EGR 装置、废气催化转化器	SG，SH
＞9.5	ECR 装置、废气催化转化器	SJ
＞9.5	涡轮增压装置、废气催化转化器	SL，SM

2）柴油机

首先，考虑柴油机工作强度。

柴油机工作强度越大即热负荷和机械负荷越大，工作温度越高，对润滑油质量的要求也越高。

柴油机工作强度，可用强化系数 K_ϕ 表示。

强化系数计算公式：

$$K_\phi = P_e \cdot C_m \cdot Z$$

式中：P_e 为气缸平均有效压力，MPa；C_m 为活塞平均线速度，m/s；Z，四冲程 $Z=0.5$，二冲程 $Z=1$。

按强化系数选择润滑油质量等级，参见表 4。

表 4 柴油机强化系数与润滑油质量等级对应关系

强化系数(K_ϕ)	<50	50～80	80～120	>120
质量等级	CC	CD	CF，CF-4	CH-4，CI-4
注：表中推荐的质量等级，适应于燃油含硫量 0.4％以下，柴油含硫量超过 1％时应提高一档。				

其次，考虑柴油机增压度。增压度越高，需要润滑油等级越高。非增压或低增压 CD，CE 级即可；高增压须用 CF，CH 级润滑油。

最后，考虑润滑油消耗量。润滑油消耗（补加）量少，即润滑油更换周期长，应选用 CF，CH 等高等级润滑油。

4.4 选择润滑油碱值

选择润滑油碱值，根据柴油机型式和燃油含硫量。

1）燃油含硫量

燃油含硫量高，中和燃油燃烧产生的酸性物质所需的碱性物质多，要求润滑油碱值高，同时也需要润滑油的清净性和氧化安定性好。

2）柴油机型式

船用高速、中速柴油机，都是四冲程筒形活塞，须选用较高碱值润滑油，因为：

（1）系统油兼有气缸油的作用。

（2）燃烧产生的酸性物质如硫化物等，会从缸壁漏入曲轴箱。

若柴油发电机组的发电机也使用柴油机系统油，则还应考虑发电机的要求，选用更高质量等级的润滑油。

船用低速柴油机：

（1）转速低，对润滑油质量等级要求较低。

（2）二冲程十字头式，绝大部分燃烧产物如硫化合物等被活塞杆密封挡在曲轴箱之外，系统油基本不接触燃气，所需碱值较小。

(3) 活塞的冷却方式有油冷式和水冷式。油冷式,系统油要冷却活塞,受热循环次数多,润滑油碱值应偏高;水冷式,则润滑油碱值应偏低。

长城润滑油推荐燃油含硫量与碱值关系见表 5。

表 5 长城润滑油推荐的燃油含硫量与碱值关系

含硫量/%	0.5	1.5	2~2.5	2.5~3.5	>3.5
总碱值/(mgKOH/g)	12	20	25	30	40
滑油牌号	3012 4012	3020 4020	4025	3030 4030	3040 4040

3) 低速柴油机气缸油

选择气缸油碱值,应根据燃料油含硫量和发动机的实际工况。

综合各大发动机厂商/润滑油提供商推荐、有关文献介绍和实际使用经验,气缸油碱值与燃油含硫量的对应关系大致如下:

(1) 燃油含硫量低于 2.5%,选用 TBN40 的气缸油;

(2) 燃油硫含量 3%~3.5%,选用 TBN70 的气缸油;

(3) 燃油硫含量超过 4%,选用 TBN100 的气缸油。

气缸油黏度等级多采用 SAE50。

最后重复强调,选择柴油机润滑油质量等级,要以柴油机生产厂商推荐为主要依据。润滑油质量等级越高越有利于保护发动机,但绝不可选用低于发动机制造商推荐的最低质量等级的润滑油。

船舶固定式 CO_2 灭火系统的缺陷与对策

张永兴

（上海中燃公司）

0 引言

船舶固定式 CO_2 灭火系统的缺陷，影响灭火时间和效果，甚至威胁船员生命和船舶安全，一直是港口国控制的重点。据统计，船舶固定式 CO_2 灭火系统的缺陷多且严重，使船舶被滞留的比例也高于其他方面的缺陷，应引起高度重视。

现介绍船舶固定式 CO_2 灭火系统（以下简称 CO_2 系统）常见缺陷，分析原因，提出对策，以利船舶消防安全。

1 检查依据

港口国检查（PSC），依据 SOLAS 公约第 II－2 章相关条款（以下简称公约）、《国际消防安全系统规则》（以下简称规则）、《港口国检查程序》（IMO 的 A. 787[19]决议，95 年 11 月 23 日通过）及该决议附件 1《滞留船舶指南》等。

我国船旗国检查（FSC），依据《中华人民共和国船舶安全检查规则》《船舶与海上设施法定检验规则》《钢质海船入级与建造规范》等。

检查涉及整个 CO_2 系统，包括控制站、钢瓶和瓶头阀、灭火剂存量、系统操纵装置、声光报警装置、灭火管系（管路/阀件/喷嘴）、文书等。

2 CO_2 系统常见缺陷及后果

2.1 控制站室

公约、规则等规定，CO_2 灭火系统控制站室：

（1）有与驾驶台或控制站自接联系的通信设施。

（2）门的钥匙，置于有玻璃面罩的盒子内。该盒子应设在门锁附近明显而易于接近地点。

（3）内有清楚而永久的示意图，以表明与灭火剂的施放及分配直接有关的容器、总管和附件的布置，并简要说明系统的操作方法。

（4）有足够的照明和应急照明。

（5）有至少可每小时换气 6 次的机械通风装置等。

CO_2 灭火系统控制站室的常见缺陷，可分为 3 类。

1）不能迅速进入控制站操作

（1）控制站或遥控释放箱旁无钥匙盒或缺钥匙；

（2）控制站及遥控释放箱的门把手、铰链等锈蚀不能迅速打开；

（3）控制站及遥控释放箱，门锁锈烂不能即刻开启。

这些缺陷延误火灾扑救，可导致船舶滞留或开航前纠正。

2）不利于操作

（1）未张贴操作说明，或操作说明与实际设备不一致，或张贴的操作说明看不清；

（2）未设置与固定气体灭火系统施放及分配直接有关的容器、总管和附件的布置示意图；

（3）照明（包括正常照明和应急照明）灯失效；

（4）通信设备失效或效果不佳（音量轻，杂音大，听不清楚）；

（5）缺应急手动开启扳手；

（6）室内堆放杂物或积水未清除；

（7）站室内缺温度计。

这些缺陷延误灭火操作，可导致船舶滞留或开航前纠正。

3）可能聚集 CO_2 等有害气体，危及人员安全

（1）通风筒帽、通风口盖板等打不开；

（2）通风机故障；

（3）通风管道锈烂洞穿，不能有效通风；

（4）泄漏报警装置失效，不能及时发现 CO_2 漏泄；

（5）控制站舱壁有孔洞且未封堵，可能进入有害气体或 CO_2 气体，危及其他舱室。

这些缺陷使得灭火操作员或其他人员处于不安全环境，若发生 CO_2 气体泄漏等意外情况将威胁船员生命安全，可导致船舶滞留或开航前纠正。

2.2 钢瓶和瓶头阀

公约、规则等规定：

（1）CO_2 容器，应为无缝钢瓶，水压试验 24.5 MPa，本体油成红色且写有黄色二氧化碳（或 CO_2）字样，瓶肩处的钢号印记处白色，以便检查；

（2）瓶头阀，由青铜或不锈钢制成，有安全膜片或认可的安全装置；

（3）安全膜片，达到 18.6 ± 1 MPa 时应自行破裂；

（4）每个钢瓶瓶头阀至集合管，装有止回阀；

（5）瓶头阀至分配箱管段，试验压力 ≥ 11.8 MPa。

钢瓶和瓶头阀的常见缺陷，可分为 2 类。这些缺陷影响 CO_2 系统自身安全，或影响施救效果，甚至危及操作人员生命，可导致船舶滞留或开航前纠正。

1）影响 CO_2 系统自身安全

（1）钢瓶严重锈蚀或受损；

（2）钢瓶液压试验逾期；

（3）瓶头阀至分配阀箱管段，液压试验逾期；

（4）瓶体上无醒目的二氧化碳（或 CO_2）标识；

（5）钢瓶固定夹箍，松动或缺失；

（6）瓶头阀，锈蚀或未拔除保险销；

（7）备件（瓶头阀、安全膜片、释放管）不足。

2）灭火剂不能全部进入灭火管系，降低灭火效果

（1）橡胶施放管，严重缠绕阻塞，甚至导致瓶头阀不能开启；铜质施放管，弯曲部位严重变形（不通）。

（2）施放管与瓶头阀至集合总管间的连通管，接口螺母松动，施放 CO_2 时泄漏。

（3）施放管或瓶头阀至集合总管间的连通管，严重变形。

2.3 灭火剂存量

公约、规则等规定：CO_2 灭火系统所配备的灭火剂，至少应为各保护舱室灭火需要的最大值。

灭火剂是灭火的物质保证，存量低于配置量可能导致灭火失败，可导致船舶滞留或开航前纠正。

灭火剂存量以称重记录为准。称重记录的常见缺陷有：

（1）遗失，不能提供；

（2）未及时称重（超过有效期）；

（3）称重结果低于配置量；

（4）灭火剂不足量的钢瓶或空瓶未及时充装。

2.4 操纵装置

操纵装置包括启动瓶组（或 2 只遥控启动钢瓶）、钢丝拉索、瓶头阀操纵连杆、各钢瓶的闸刀手柄等以及它们之间的连接等。

公约、规则等规定：1994 年 10 月 1 日以后安装的 CO_2 系统应设置 2 套独立的控制装置，以便将 CO_2 施放至被保护处所。

常见的如下缺陷，将严重影响灭火操作，甚至不能将灭火剂全部输送到火灾处所，可导致船舶滞留或开航前纠正。

（1）未设置独立控制装置或缺少 1 套控制装置；

（2）瓶头阀气动开启装置的活塞杆锈蚀，气缸内密封圈老化，气缸内壁锈蚀，接口松动；

（3）瓶头阀气动开启装置的活塞杆与瓶头阀操纵连杆之间的钢丝拉索过松（甚至有的长度超过 5 cm），不能保证打开全部须施放钢瓶的瓶头阀；

(4) 施放灭火剂的钢丝拉索,严重锈蚀甚至接近烂断,不能保证施放灭火剂;

(5) 钢丝拉索与各组钢瓶施放手柄的连接松紧不一,不能保证打开全部须施放的钢瓶的瓶头阀;

(6) 机械式闸刀手柄,各钢瓶安装角度不同,不能保证各钢瓶都施放灭火剂;

(7) 遥控施放钢瓶内气体压力不足。

2.5　CO_2 施放声光报警装置

公约与规则规定:

(1) 对经常有人员在内部工作的处所,应设有施放灭火剂的自动声光报警装置;

(2) 报警所需的时间长短应为撤离该处所所需的时间,但是无论如何应不少于灭火剂释放前 20 s;

(3) 油船货泵舱的报警装置应为气动。

CO_2 施放声光报警的作用是催促施放区域内人员迅速撤离,事关人员生命。

常见缺陷是全部失效或局部失效,包括有声无光、有光无声、无光无声等,可导致船舶滞留或开航前纠正。

2.6　灭火管系(管路、阀件及喷嘴)

公约与规则等规定:

(1) 输送 CO_2 至被保护处所的管子,应清楚地标明这些管子通往的处所,并设有控制阀;

(2) CO_2 总管应为无缝钢管,总管或分配箱上装有量程 0～24.5 MPa 的压力表和压缩空气吹通管接头;

(3) 喷嘴的布置,应能获得均匀的灭火剂分布;

(4) 机器处所的固定管系,应能使 85%的气体在 2 min 内注入该处所;

(5) 每 2 年 1 次灭火管路吹通试验,每 4～5 年进行 1 次灭火管路密性试验。

下述常见缺陷,有的不能施放 CO_2,有的不能保证施放的 CO_2 全部在规定时间内注入保护处所而降低灭火效果,有的严重威胁操作人员的生命安全,可导致船舶滞留或开航前纠正。

(1) 未进行每 2 年 1 次的灭火管路吹通和(或)每 4～5 年 1 次的管路密性试验;

(2) 无吹通管接头或无吹通用的连接管线;

(3) 总阀和分路阀门,未标识名称及开关方向,不利及时、正确操作;

(4) 集合总管不耐压(有的用有缝钢管或自来水管替代)或漏泄;

(5) 集合总管上的止回阀失灵;

(6) 灭火管路,通径不符规范要求,或锈烂洞穿;

(7) 灭火总阀和各分路阀门,锈蚀打不开;

(8) 固定灭火管系的马脚,缺损或锈烂;

(9) 压力表,损坏或量程不符要求;

(10) 灭火喷嘴,损坏或缺失,不能保证灭火剂均匀分布火灾区域,降低灭火效果。

2.7 相关人员的操作能力

港口国检查发现相关人员操作能力的缺陷,占 CO_2 系统全部缺陷的比例较高。

相关人员不熟悉 CO_2 灭火系统,不知道灭火系统操作程序和方法,或不能熟练操作,直接影响灭火效果,可导致船舶滞留或开航前纠正。

2.8 文书

未妥善管理文书,或文书内容错误,均不利船舶 CO_2 系统的管理,可导致船舶滞留或开航前纠正。

文书缺陷,包括:

(1) 灭火剂称重报告,没有或逾期;

(2) 无相关的检验报告(如钢瓶、瓶头阀至分配阀箱间管路的压力检验);

(3) 报告中未注明试验压力、时间等;

(4) 报告中缺少被 CO_2 系统保护舱室(如油漆间、油船货泵间等处所)的管路畅通试验;

(5) 证书中缺燃油速闭阀、风机系统等的试验内容;

(6) 不能提供 CO_2 钢瓶、管路等的船用产品证书;

(7) 无船舶出厂时的 CO_2 系统试验报告/图纸。

除以上 7 方面外, CO_2 系统站(室)的整洁状况,是给检查官的第一印象。例如控制站内堆放杂物与卫生状况差、门和门把手锈蚀、门胶条老化开裂等,均能给检查官留下管理水平不高的印象,由此可能影响检查的最终结果。

3 缺陷的主要原因

1) 缺乏有效管理和保养

船公司,未能及时安排 CO_2 系统的定期检测和修理,缺乏对船舶的检查指导和有效帮助。

船舶,未能认真有效地维护保养。例如发现照明灯不亮未及时调换,控制室内有积水不及时清理等。

此外,个别相关船员对 CO_2 系统结构、性能、工作原理等基本知识了解不够,不具备维护与使用能力。

2) 先天不足

船舶建造或改建中,个别单位不按设计要求施工,选用材料不符要求,完工后未能严格进行各项试验(如施放报警器线路接到火灾报警)等。

船舶出厂后,未能有效管理 CO_2 系统的相关船用产品证书、CO_2 系统试验报告与图纸等。

3）检测不到位

检测单位良莠不齐，有的缺乏专业技术人员，未能落实船级社《船用灭火系统维修、保养指南》要求，有的仅满足于称重、贴标签、只做畅通试验而不做压力试验等，甚至出具的报告也经常出错。

4 对策

4.1 船舶加强维护保养

船舶应按照公约、规则和SMS体系等有关要求和标准，认真检查保养固定气体灭火系统，并做好维护保养记录；发现问题应及时解决，自己不能整改的缺陷应报公司安排抢修，确保灭火设备始终处于完好和可即刻使用的良好状态。

4.2 船公司加强管理力度

船公司应掌握各船舶 CO_2 系统的具体情况，及时安排修理、检测；加强对船舶的指导和帮助，采取各种途径培训相关船员。例如利用修理和检测 CO_2 系统的机会培训相关船员，提高其消防安全管理能力，掌握其维护保养知识和使用方法。

4.3 提高船厂施工质量和检测机构检测质量

船舶修造中转包现象严重，施工单位和人员的专业技术素质良莠不一，难以有效保证施工质量。笔者经常发现，遥控释放箱安装的报警、风/油切断装置的功能等与灭火总阀上设置的不一致等，这都是施工质量问题。

因此，加强施工人员船舶消防工程专业培训，才能提高施工质量。严格消防工程的质量考核，才能确保消防工程质量。另外，检测单位应加强检测维修人员的管理，提高业务水平和服务质量。

4.4 主管机关加强监管

主管机关应加强对 CO_2 系统施工单位和检测单位的监管。加强 CO_2 系统施工与检测单位资质审核，把好准入关。制定 CO_2 系统施工验收标准。严格监督制度，加强现场监管，公布举报电话。严肃处理施工和检测机构的质量问题，甚至吊销其资质证书或责任人员的上岗证。

总之，加强 CO_2 系统的管理，消除缺陷，确保其处于即刻可用状态，才能保障船员与船舶的安全。

主管机关对机舱油污水分离装置的检查

史甬昌　刘维新

（宁波海事局）

1　对强制性规定的理解

1.1　设备装置

按照 MARPOL 73/78 公约和《国内船舶法定检验技术规则》有关机舱含油污水分离器装置的强制性规定（除主管机关另有免除规定外）。

（1）10 000 总吨及以上的任何船舶均应配备：

① 含油污水分离设备或过滤系统；

② 15 ppm 排油监控系统和报警/自动停止装置。

（2）400 总吨及以上但小于 10 000 总吨的任何船舶，无论船龄大小，均只须配备含油污水分离设备或过滤系统。

（3）400 总吨以下国内航行海船，可使用"组合油水分离布置与舱底水沉淀柜"装置作为含油污水分离设备或过滤系统（船舶检验规则 2008 年修改通报）。

（4）非机动的国内航行海船，凡能产生任何含油污水的，均应按照船舶总吨位设置含油污水分离设备或过滤系统（据船舶检验规则 2006 年修改通报）。

1.2　油水分离器和排油监控系统认可标准

含油污水分离器或过滤系统，以及 15 ppm 排油监控系统和报警/自动停止装置，根据装设年份不同，应符合以下认可标准。

（1）2007 年 3 月 1 日以前安装的含油污水分离器及排油监控系统，应符合 IMO A. 393(X)决议通过的"关于油水分离设备和油分计国际性能标准和试验技术条件建议案"或 MEPC. 60(33)决议批准的"船舶机器处所防污染设备的导则和技术标准"的要求。

（2）2007 年 3 月 1 日及以后安装的排油监控系统，还应符合 2005 年 1 月 1 日生效的 MEPC. 107(49)"船舶机器处所防污染设备导则和技术条件"第 6 条的要求，在关停装置舷外出口后面及附近装有再循环设备，使包括 15 ppm 舱底水报警装置和自动关停装置在内的 15 ppm 舱底水分离系统能在停止舷外排放的情况下进行试验。

（3）据 IMO 决议 A. 393(X)，分离器专用配套泵，应使用转速慢、行程小、口径大、能减小油水乳化的往复泵或柱塞泵（不能用其他泵替代），其排量必须不大于分离器额定处理能力的 1.5 倍。

(4) 据海船检〔2008〕210 号通知,经“铅封”的船舶,可免除配备排油监控系统和滤油设备而继续签发船舶防油污证书,但证书的排污设备一栏留空,并在证书记事栏中加免除备注。

2 检查

2.1 检查证书、文书

检查确认船上有这些证书、文书,且完整有效,可能包括:

(1) IOPP 或 OPP 证书及其附件,包括证书签证栏签注表明已按照要求进行了定期检验和(或)年度检验,以及证书有效期展(延)期的签注;

(2) 油污水分离器(包括控制箱)、粗滤化器(滤芯)、油分计等船用产品证书,是主管机关认可的型式;

(3) 厂商提供的操作和保养说明书,与船上实际设备一致,用负责操作的船员可以理解的工作语言书写;

(4) 日常维护保养记录,记载每次维护保养的日期、内容、设备状况、更换的滤板和滤芯(粗滤化器)等备品、施工人员等,且符合 SMS 的要求;

(5)《油类记录簿》的记载连续、如实、规范,可证明设备使用正常。

2.2 检查排油监控系统报警装置

通过试验检查排油监控系统的报警功能。

(1) 测试方法(选一):

① 按下报警器控制面板上的试验按钮;

② 打开报警器测量室上的取样室孔盖,用测试纸或毛刷插入取样室。

(2) 观察 15 ppm 报警器,应能:

① 浓度显示快速增大;

② 延时后发出报警信号;

③ 自动停止污水泵,或控制排放三通阀动作将污油水回流至舱底。

(3) 用清水试验:

① 浓度显示0 ppm,证明测量室正常;

② 浓度显示不是 0 ppm,用清水充分冲洗测量室后,调整零位(至浓度显示 0 ppm)。

(4) 改用日用的测试水样(一般取自于日用热水)试验:

① 小于 15 ppm,不报警;

② 显示大于 15 ppm,持续报警,证明报警装置的测量部分异常(报警功能正常);关闭测试水样阀改用淡水冲洗 15 ppm 报警器检测室一段时间后,再用测试水样进行试验,若继续报警,则可能是由于 15 ppm 报警器内的油分计测量室被污染,须清洗处理;清洗处理后,仍未排除报警的,基本可确定报警装置本身存在故障。

若在上述试验后再进行实际油污水分离操作仍有 15 ppm 超标报警，则可直接确定超标排放，应责令船上拆开分离筒进一步检查筒体内部、滤板、滤芯等状况。

2.3 检查分离器

1）检查分离器布置

（1）含油污水分离器铭牌，所标注的型号、额定处理量等技术数据，符合 IOPP（或 OPP）证书的记载，且与相关的船用产品证书一致。

（2）设备、管路布置，与标识的管路图一致，没有非法旁通油水分离器的管路，管路走向及阀门等标牌或颜色标识正确、清楚。

（3）设备操作说明使用工作语言书写，程序正确，悬挂或张贴在设备附近，照明足以令人看清。

（4）舷外排放阀，在港期间关闭、加锁，阀上挂有禁止排油的警告牌。

（5）分离器安装位置，在任何空载或重载情况下，都不应因虹吸作用而使分离器内水位下降或排空。分离器安装位置正确与否，可按下列方法确定：

① 若分离器安装在轻载水线以下，则分离器顶部低于船舶轻载水线至少 1 m，或分离器舷外排出口高于分离器顶部 1 m 以上；

② 若分离器安装在轻载水线以上，则排水管必须高于分离器顶部 1 m 以上，且排水管最高点设有透气阀和透气管。

2）检查外观

（1）管路表面无明显锈蚀；筒体上各阀门和取样口的考克（旋塞）手动开关自如；安全阀外观良好，手动打开后可自行关闭。

（2）筒体，无过度锈蚀、锈穿或渗漏。

（3）分离筒体内应充满清水。打开分离筒各考克，若有含油浓度较高的污油水流出或无水流出，则必须检查原因并要求消除。可能的原因有：

① 油水分离器长期搁置不用；

② 滤芯腐蚀穿孔或者因装配不当而致内部泄漏；

③ 分离器安装位置不当，发生虹吸现象（导致筒体内粗滤化器失效）。

此外，还可从排油观察镜（若有）观察是否有污油流过来判断含有污水分离器功能是否正常。

3）检查功能

（1）初步判断分离器分离效果。方法是询问船方最近一次拆开分离器清洗和最近一次更换滤芯的日期，并查看记录核实。

（2）分离器试运转。请船方启动分离器，用适当的方法（如切断三通阀的控制空气、电源或其他），使分离器清水返回污水井或舱底，分离舷外水。

（3）查明分离器上各压力表本身是否正常。若各压力表指针不随泵的活（柱）塞往复运动而变化或变化很小，则证明压力表失效。

(4) 查明分离器内部滤板、滤芯是否正常。分离器试运转，检查各级分离之间压差，过大或过小均证明分离器可能失效，因为：

① 各级分离之间压差过大，证明筒体内的滤板、滤芯被油泥污染，或级间孔道被油渣等杂物堵塞；

② 各级分离之间压差过小，则可能是滤板、滤芯已被拆除、破损，或滤芯上下端口盖板安装不密封，或滤芯老化变软失效。

(5) 若各级分离之间压差过大或过小，则应要求船员拆开分离筒进一步检查：

① 筒体内壁油污积垢过重、各级分离腔室底部油泥沉积过多、滤板小孔被堵、滤芯油污过多等，应要求船方清除和清洗。

② 滤芯超过说明书规定的更换时间或老化变软或油污严重，滤板(金属)锈穿，应要求船方更换。滤芯(粗滤化器)是油水分离设备的关键部件，一般正常使用寿命1年(真空式分离器正常使用寿命一般是2年，具体须查阅说明书)，应按时换新并结合日常维护保养和滤芯油污情况以及经清洗后压差确定。

(6) 上述清洗或更换须经检查官复查认可。最好提醒船方经复查认可后再关闭分离筒盖板，或要求船上接受复查时提供上述清洗和更换的照片。若船方用化学清洗滤芯方式替代换新，则应要求清洗后化验水样，确认符合《海船法定检验技术规则》的要求，才能认可。

(7) 对于真空式含油污水分离器，真空度不足会严重降低排量。若试运行真空度低于－0.06～－0.01 MPa(正常真空度)，则可判断分离器失效。

2.4 检查电气控制装置

检查包括控制箱和油分浓度报警器。

1) 控制箱检查

(1) 接通电源，电源指示灯亮，证明电源正常；

(2) 试验各功能按钮，应能控制相关功能且相应功能指示灯显示准确。

2) 油分浓度报警器

(1) 开启油分浓度报警器，应能显示 ppm 检测值；

(2) 试用打印机，应能正常打印。

2.5 检查专用配套泵

分离器专用配套泵，通常设置在分离器附近，检查步骤、方法和标准如下。

(1) 查看专用配套泵铭牌，应是转速慢、行程小、口径大、能减小油水乳化的往复泵或柱塞泵(不应是其他泵)，排量不大于分离器额定处理能力的1.5倍。

(2) 启动运行油水分离器，检查确认专用配套泵可正常启动和运转，查看活(柱)塞杆漏水量是否在正常范围。

(3) 查看分离器运转时配套专用泵是否持续运转且压力符合分离器正常的工作

压力。因为专用配套泵失效，船上为应付检查而用其他大排量舱底水泵替代，而此时分离器压力必然超过正常值。

2.6 检查自动排油功能

1）检查排油电磁阀或气动阀

大多数自动排油装置是利用油、水介质导电率相差悬殊的特性，通过上下检测电极之间对油、水介质的电阻值去触发控制电路，从而控制电磁阀或气动阀的开合，实现自动排油功能。控制箱上设有“手动/自动”排油转换开关或按钮。

检查方法是，将排油控制开关拨至“手动”位置，手动启闭排油电磁阀或气动阀，排油指示灯点亮，且：

（1）可听到电磁阀启闭的“得得”声，用手触碰阀驱动部分有振动感；

（2）气动阀正常动作可以看到阀杆明显移动，气动电磁组合还会听到“啪吱”动作声；气动或气动电磁组合三通阀，还须检查驱动气体是否达到设定的工作气压要求，三通阀本身是否漏气。

2）检查排油指示灯

排油控制电路通常处于非排油状态，只有上下检测电极同时被污油淹没时才触发排油控制电磁阀动作。若分离器腔体内充满清水，则控制箱面板上的排油指示灯应不点亮。

若排油指示灯长亮，则可能是排油控制电路故障，或检测电极被油污覆盖，即分离器腔体内充满污油。

可打开分离筒上有关考克看是否有含油浓度较高的污油水流出验证。若然，则必须检查原因并要求消除。

2.7 油水分离器的工作温度检查

油水分离器中油水温度高，水黏度低，分子运动加快，水中的微小油滴碰撞积聚成直径较大油滴的机会增多，有利于分离上浮。但当泵内污油水温度过高时，则易乳化，反而会降低分离效果。

很多油水分离器筒体内装有电加热器或蒸气加热器，可从温度变化来判断加热器和温度表的技术状况，具体检查方法如下。

（1）关闭出水管路上的出水阀，再关进水管路上的进水阀，把一定量的舱底水封闭在分离器的筒体内。

（2）启用加热器，约 30 min 后，查看温度计显示变化并用手探摸分离器筒体，或取样水测温：

① 温度没有升高，可判定加热器故障；

② 温度升高但温度计显示没变化，温度计有故障。

2.8 检查船员实操

港内检查，一般用舷外水模拟实操，除非分离器有循环功能。

1）选定实操人员

按照SMS文件标识，选择负责设备操作的人员。

2）询问操作人员

操作性检查前询问选定的操作人，对照公司的SMS，评估其操作能力和正确性：

（1）责任、权力和与相关人员的关系；

（2）法律、法规允许排放的水域，船上如何控制；

（3）设备管系布置的详细情况；

（4）设备基本数据，如处理排量、专用泵排量、压力、温度、加温方法等；

（5）维护保养操作，如拆洗、更换滤器等；

（6）操作程序或须知。

3）观察选定的操作人操作

（1）泵启动前，是否正确开、关相关阀门（含打开筒体顶部放气考克至出水再关闭），是否打开引水阀避免专用配套泵无介质空转；

（2）是否熟悉控制箱各开关和指示灯的功能；

（3）是否能熟练地测试15 ppm油分计报警装置，是否熟悉预定值的设置，是否熟悉各功能键和各开关的功能并正确使用；

（4）停止模拟排放后，是否将分离器充满清水；是否正确开、关相关阀门。

3 检查缺陷的处理

油污水分离装置是船舶重要的防污设施，原则上应要求船舶开航前纠正缺陷。

对于短时间未能修复使用的油污水分离装置，或纠正缺陷必须订购备件而本港无法提供的，可同意船舶向船检申请附加检验并提供临时解决舱底油污水措施后，适当放宽纠正时限。

经测试由于滤板、滤芯及分离筒内部长期未经维护保养、滤芯失效而导致超标排放的重大缺陷，涉嫌违反《中华人民共和国海洋环境保护法》第六十二条之规定，应按照事故处理程序详细调查并追究船方责任。

模拟实操操作人员的缺陷，应要求开航前纠正，并处以违法记分。

人为因素导致的设备缺陷，应追溯到SMS。

油污水分离器有非法旁通管系或舷侧出海阀内壁有油污有违法排污嫌疑，应启动违法排污调查。

船舶横倾状态矩形截面燃油舱准确测定存油的方法

赵国典

（中远航运股份有限公司）

0 前言

燃油费用是海运成本的重要部分。船舶补加燃油时，供油方与受油方常因供油数量差异导致争议甚至诉讼，而传统的计算方法又不够准确，常导致不愉快和经济损失，亟需探索科学地计算油舱内燃油量的方法，减少双方争议和经济损失。

计算船舶燃油舱柜燃油数量，按理应考虑温度、船舶吃水差（前后）、船舶横倾（左右）等3方面修正，但传统计算方法一般只考虑温度修正和船舶吃水差（前后）修正，而忽略船舶横倾修正。船舶燃油舱容表也只有船舶吃水差（前后）修正，没有横倾修正。

例如，某船 No. 3. F. O. T. (c)，测量孔在油舱右边（见图1），船舶横倾时燃油测量计算，不得不对比不同时间和地点实际测量计算估算出船舶横倾修正值，可见横倾对燃油存量计算影响甚大：横倾1°时，实际值比测量计算值少30 t；横倾0.5°时，实际值比测量计算值少15 t。

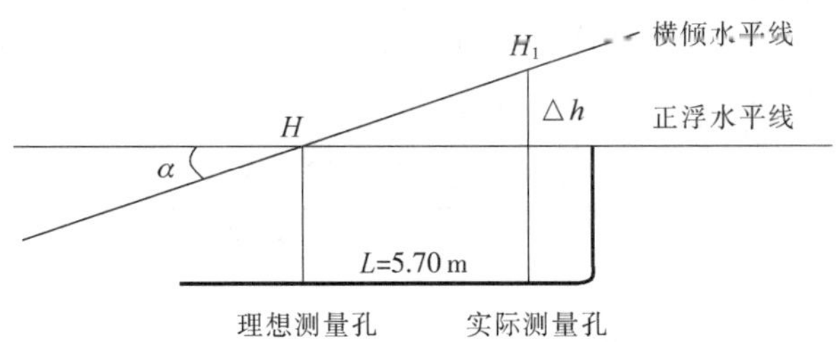

图1　燃油舱测量孔位置和相对倾斜示意

当然，这样的横倾修正只能作为本船测量计算油舱燃油数量时参考，不可能得到供油方认同，仍难避免供油方与受油方因供油数量差异导致的争议。

近年来，燃油补给监控系统的研制取得了一些进展，但对于常见的测量孔位置距油舱（左右）中心点位置较远的油舱，依然不能准确地测量和计算燃油数量，尚未广泛应用。鉴于此，提出对于横截面（船艏艉向，下同）基本为矩形的油舱，船舶横倾状态下测定舱内燃油体积的方法，准确且方便，供参考。请注意，本方法不适用于横截面不是矩形的油舱。

1 基本原理——按船舶横倾角计算

横截面为矩形的油舱，若测量孔在油舱的（左右）中心线上，则横倾状态与舱内燃油深度无关；若测量孔位置偏离油舱（左右）中心线，则只要知道偏离距离和船舶横倾角，再将横倾状态下的实际油深测量值换算成无横倾时的数值，就可大幅提高计算的准确性，且很方便。假设：

(1) 船舶横倾角（即油舱横倾角）为 α；

(2) 理想的油舱测量孔位于油舱的（左右）中心，测得舱内燃油深度为 H；

(3) 实际的油舱测量孔，位于理想的油舱测量孔右侧，距离 L，测得舱内燃油深度 H_1，则实测燃油深度与理想的舱内燃油深度的差值 $\Delta h=H_1-H$，则无横倾时等体积燃油深度

$$H=H_1-\Delta h$$

参照图 1 不难看出

$$\Delta h=L\cdot\sin\alpha \tag{1}$$

欲求 Δh，只需知道 L 和 $\sin\alpha$，而横倾角 α，一般可以从船舶倾斜仪上直接读出；L，可从船舶配备的油舱/水舱布置图上查到，或者从油舱/水舱布置图或船舶总布置图上测量得到。

例如，前述某船的 No. 3. F. O. T(C)燃油舱，船舶总布置图显示该舱几何中心线与船舶几何中心线重合；燃油舱测量孔位置抄录如表 1 所示，其中“右侧”栏所示“5. 700”，指实际测量孔在船舶纵向几何中心线右侧距离 5. 700 m 处，即距假定的理想测量孔位置的距离 L 为 5. 700 m；又已知横倾角 α（如 1°），则：

表 1 燃油舱测量孔位置

序号	油舱名称	测量孔位置					
		所在处所	肋骨号	与相关肋骨距离/m		与船舶纵向中心线距离/m	
				前方	后方	左侧	右侧
1	No. 2. F. O. T. (C)	上甲板	No. 111	0. 090		1. 190	
2	No. 3. F. O. T. (C)	上甲板	No. 75		0. 130		5. 700

(1) 利用电脑 Excel 中的“= sin(radians(1))”三角函数公式，计算得出 sin1°=0. 017 452；

(2) 按公式 $\Delta h=L\times\sin\alpha$，求得

$\Delta h = 5.700\ \text{m} \times 0.017\ 452 = 0.099\ 476\ 4\ \text{m} \approx 0.10\ \text{cm}$

(3) 按公式 $H = H_1 - \Delta h$，求得 H。

查舱容表，舱内燃油深度相差 0.10 m 时体积竟然相差 30 m^3，可见船舶横倾对舱内燃油体积影响很大。

2 利用两舷侧吃水差而不用横倾角的计算方法

船舶倾斜仪的读数精度一般为 0.5°。当实际横倾小于 0.5°(例如 0.2°)时，很难得到准确的横倾角，势必影响舱内燃油测量计算准确度。

那么，可否不用横倾角 α 求 Δh 值呢？

笔者认为，可以用船中两舷吃水代替横倾角 α。

如图 2 所示，设船中右舷 B_1 处吃水 b_1，船中左舷 B_2 处吃水 b_2，则船舯两舷吃水差

$$\Delta b = b_1 - b_2$$

B_1 与 B_2 两点间距离等于船宽 D，即 $B_1B_2 = D$，则有

$$\Delta b / B_1B_2 = \Delta b / D = \sin\alpha \qquad (2)$$

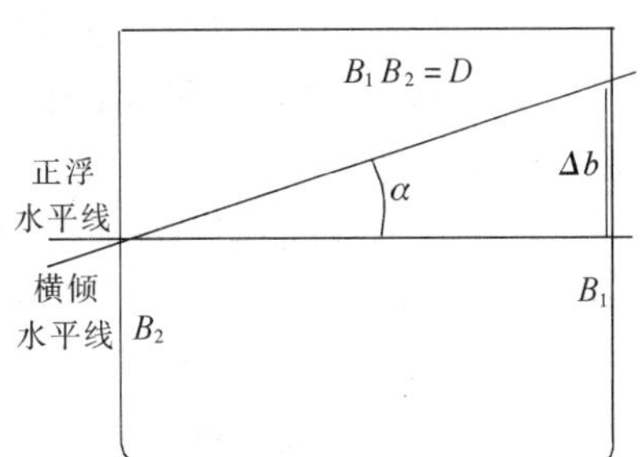

图 2 船舶整体相对倾斜示意

比较式(1)和式(2)可知

$$\sin\alpha = \Delta h / L = \Delta b / D$$

比较图 1 和图 2，锐角同为 α 的 2 个直角三角形是相似直角三角形。根据相似三角形的特点，它们相应边的比值相同，也有 $\Delta h / L = \Delta b / D$ 。

由此可以得出，$\Delta h = (L/D) \cdot \Delta b$。其中：

(1) L/D，对于既定船舶的既定油舱，是 1 个不变的常数，因为：

① 对于既定船舶，船宽 D 是 1 个定值，很容易从船舶技术资料查得；

② 对于既定油舱，实际测量孔与油舱(左右)中心线的距离 L 也是定值，可从船舶配备的油舱/水舱布置图查到或船舶总布置图上测量得到。

这样，实测燃油深度与理想燃油深度差值 Δh 只随横倾角亦即两舷吃水差 Δb 变化。

(2) $\Delta b = b_1 - b_2$，b_1 和 b_2 很容易从船中两舷吃水标示线读出。

(3) Δh 取正值还是负值，根据船舶左横倾还是右横倾，以及船舶油舱测量孔实际位置在燃油舱纵向中心线的左侧或右侧而定。

以前述某船为例，由船舶技术资料查得船宽 D 值 22.70 m，No. 3. F. O. T. (C)舱 L 值 5.700 m，则

$$\Delta h = (L/D) \cdot \Delta b = (5.70/22.70) \cdot \Delta d = 0.2511 \cdot \Delta d$$

即 $\Delta h \approx (1/4) \cdot \Delta b$。

当船舶横倾角 α 为 1°时

$$\Delta b = 22.7\ \text{m} \times \sin 1^\circ = 22.7\ \text{m} \times 0.0175 = 0.396 \approx 0.40\ \text{m}。$$

实地勘察船中两舷水尺，船舶横倾角 1°时，确实相差 0.40 m，与上列计算 Δb 数值完全吻合，证实此计算方法正确。

3 结论

准确测量计算油舱内燃油数量，避免供油方与受油方关于舱内燃油数量的争议，根本方法是在船舶燃油舱容表中包括横倾修正。然而这在短期(例如几年)内是不可能完成的，因为：

(1) 需要修改船舶燃油舱容表的编制方法，涉及航运和供油行业，协调难度大；需国家的计量主管机关认可，涉及很多国家，耗时长。

(2) 需要在船舶燃油舱容表中增加横倾状态修正的有关数据，涉及截面是各种几何形状的油舱，技术难度大。

而本文的测量计算方法，在船舶燃油舱容表中不包括横倾修正的情况下，能够方便地为横截面基本为矩形的油舱提供比传统方法准确得多的测量计算结果，虽不具有法律效力，但方法科学易被供油方认可，但不适用于横截面不是矩形的油舱。

机舱设备和操作的改进建议

张云龙

（上海远洋运输公司）

1　燃油自冲洗滤器保温

燃油自冲洗滤器保温不良可能导致停机。

先介绍某船副机多次跳电造成全船失电的紧张局面的实例。该船副机燃油系统原理见图1。

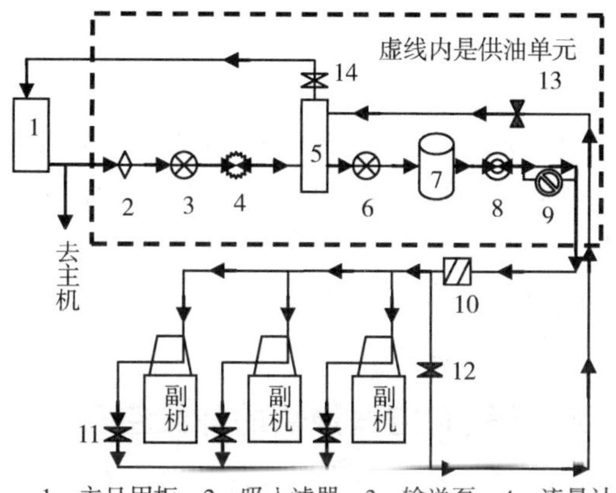

图1　副机燃油系统示意

故障现象和分析：

（1）副机跳电，有时在正常航行途中，有时在码头停泊，有时是白天，有时是夜间。可判定是副机系统本身故障，与外界负荷无关。

（2）跳电前，没有开、关各泵任何阀门和其他操作。可排除操作不当引发故障的可能。

（3）跳电前增压泵进、排压力没有明显变化。可知增压泵之前的油路正常，排除燃油系统内空气聚集导致断油的可能。

（4）跳电后3台副机均不能正常启动，可判定是燃油进机管路突然堵塞断油，并且故障点在总油路，而不在3台副机分路。

(5) 跳电前副机供油系统燃油黏度高报警，但：

① 燃油温度，无论是供油单元还是进机，都在正常值，没有明显变化；

② 燃油黏度，几秒钟之内从正常值迅速升高至黏度计所能显示的最大值，而不是逐渐升高。

检查增压泵之后油路的燃油进机总滤器和黏度计均未见异常，接连2天守候观察并多次手动冲洗自冲洗滤器才发现，自冲洗滤器冲洗完毕十几秒后增压泵输出压力明显上升(有时达到0.2 MPa)且黏度计读数升高，几分钟后恢复正常，而这期间副机燃油进机压力没有明显变化。

可见，增压泵输出压力明显上升不是因为流量增加，而是因为输出阻力加大。

增压泵之后是自冲洗滤器。自冲洗滤器，或达到一定压差时冲洗，或按设定的时间间隔(如4 h)冲洗，每次冲洗都转换使用1个待用滤芯。待用滤芯，在待用位置时间长，滤芯内的油可能逐步变冷，一旦投入使用，滤芯内的冷油流至黏度计使其显示黏度高，流入管路增加阻力(增压泵输出压力升高)。若待用滤芯冷油温度较低，则副机就可能因缺油而停机跳电。

待用滤芯内的油变冷的原因，是该船副机燃油管路的蒸汽伴行加温管已不能使用。排除这个故障的方法，就是恢复燃油管系的蒸汽伴行加温管。

目前，不少柴油机燃用重质燃油，尤其是原燃用柴油改为燃用重质燃油。建议，充分重视燃油系统的蒸汽伴行加温管路：没有安装的，尽早安装；自冲洗滤器保温不足的，尽快改装；失效的，及时修复。

2 主机完车不要切断排气阀空气弹簧的补给空气

MAN B&W主机都采用液压驱动的排气阀，完车信号与主机控制空气压力信号连锁。传统的完车操作，要关闭主机控制空气、主启动阀、空气分配器阀等，完车指示灯才正常。若驾驶台按下主机完车按钮后，机舱不关闭主机控制空气，驾驶台和机舱的操纵控制板上红、黄指示灯会不停闪烁则表明主机未正常完车。

然而，该系列主机完车关闭主机控制空气，停止了排气阀空气弹簧的空气补给，同时也切断了排气阀杆气封空气，排气阀启阀油缸内的润滑油将沿着排气阀杆进入排气阀导套，最终进入排烟管。这不仅浪费润滑油，而且当主机再次运行时，积存在排气阀导套内的部分漏油受热积炭，可能影响排气阀正常动作。

因此，建议主机完车只关闭主启动阀及空气分配器阀，而不关闭控制空气(除非检修需要)，保持排气阀空气弹簧的空气补给，避免排气阀启阀油缸内的润滑油沿排气阀杆进入排气阀导套。

至于驾驶台和机舱的操纵控制板上指示灯会不停闪烁，可关闭相关电源或电路。

3 焚烧炉油柜增加蒸发除水功能

油渣，一般是驳至焚烧炉油柜加温、沉淀分离后放出残水；所余含水量少的油渣，或焚烧炉焚烧，或收集到污油储藏柜准备退岸。

焚烧炉油柜，单一使用加温沉淀分离法除水，而且放残水时一不小心就会把污油带入污水柜，严重影响油水分离器的正常使用，还可能导致 PSC 检查出麻烦，而且需大量人力、物力定期清洗污水柜。

为解决这个问题，可以在原来单一使用加温沉淀分离法除水的基础上，增加加温蒸发分离除水，方法很简单，只须改进焚烧炉油柜的透气管。

改进焚烧炉油柜的透气管的具体做法：

(1) 在焚烧炉油柜的透气管上加装一段稍微向下倾斜的横管作为冷却管，其后通至原通大气管道。

(2) 该横管，最底部打一小孔安装一截止阀和细管，连接至通往污油水柜的泄水管。

(3) 调整焚烧炉舱内的通风口对准该横管，风冷。

这样，进入焚烧炉油柜的油渣，含有较多水分时，先使用加温沉淀分离，放残除去部分沉积的水。加温沉淀难以分离的所余油水混合物，再使用加温蒸发分离，即提高加热温度，使油水混合物所含水分汽化，部分经透气横管冷却成水流至污油水柜，部分排至大气。

加热温度达到 98 ℃，油中水分差不多完全蒸发而不必泄放，可以有效避免油渣回到污油水柜，从而减少污水柜的清洗次数。

4 补水系统加装流量计

膨胀水箱和热水井，补水量反映淡水系统的技术状况（如设备、管路、阀门等的水密）。及时发现补水量不正常可及时排除设备隐患，也是控制成本精细化的需要。建议安装自动补水装置，并计量补水量。

1) 自动补水装置

自动补水装置，无需值班人员操作，安装很简单，所需费用不多。

手动补水，船员工作量大；一旦疏忽或处理其他事情而忘记关补水阀，不仅浪费淡水，而且水满溢出增加机舱污水导致不正常报警，还可能损害其他设备。

2) 计量补水量

为了有效监控系统的淡水消耗量，只须：

(1) 补水管路加装 1 只普通水表；

(2) 值班人员定时抄表。

担任机务监督的体会——关于责任与能力

杨忠良

(上海远洋运输公司)

0 引言

各船舶管理公司都很重视机务监督,虽然不同公司管理的船队不同,体制不同,赋予的责任也不同,但都可以概括为:运用自己的知识和技能(能力),按照公司安全质量管理体系中的机务管理要求(依据),指导和监督所管船舶船体和机电设备管理(工作),以最小投入保持船体和设备技术状态良好(标准),保证船舶安全准班营运(目标)。

当前,船舶管理公司的机务监督人员,一般都是出自船舶一线的轮机长。他们往往理论基础扎实,实践经验丰富,业绩良好,但与机务监督的责任相比,还需要提高业务能力尤其是管理能力。

为进一步认清机务监督的工作性质,扮演好机务监督这个角色,以笔者所服务公司为背景,就机务监督的责任和能力,谈谈个人一些体会和想法,谨供同行参考。不当之处,敬请指正。

1 机务监督的责任及其应具备的知识能力概要

机务监督是船舶管理公司基层的技术管理人员,也是技术管理核心群体的一部分。

ISM 规则第 6.3, 6.4, 6.5, 6.6, 6.7, 7, 8.3, 9.1, 9.2, 10.1, 10.2, 10.3 等条款规定的管理人员相应法定责任中,包括机务监督的责任,也决定了机务监督的主要工作内容。

(1) 平时:

① 负责船体和机电设备的技术管理,检查和评估其技术状况;

② 考核船舶主要技术人员业绩;

③ 收集、提炼、传递船舶管理信息。

(2) 修船时,按期完成,控制工程费用,包括:

① 确定修理项目和修理工艺,确定修理厂;

② 妥善安排进出厂、进出坞;

③ 协调厂、船、检验等各有关方面;

④ 监督厂修质量和厂修期间的安全和防止污染。

(3) 船舶出现重大机电故障时:

① 作出技术决策;

② 组织实施;

③ 跟踪落实情况。

根据机务监督承担的责任和工作内容,机务监督应该具备以下知识(基础理论、专业知识、实践经验)和技能。

1) 专业知识

熟悉国际公约及其修正案、法定和入级检验规范、PSC检查程序、世界各国港口的特殊规定和要求等强制性规定,具备船体结构(含涂层)、船舶机电设备等专业知识和实践经验,熟悉公司安全质量管理体系及其规定的机务管理的操作,以及相关信息收集、提炼、传递和报告流程。

掌握船体和机电设备的检查和修理的工艺和标准、修船账单的审核和船舶修理成本预算管理等知识,熟悉现场监修工作要求和技巧以及谈判艺术;熟知船舶风险,熟悉应急预案。

2) 专业技能

监督和评估所管船舶船体和机电设备技术状况,控制船舶备件、物料等,机务费用年度预算;收集、提炼、传递相关信息;控制船舶航修/厂修/坞修项目的安排,工程进度,费用核算;管理船舶证书和安排检验;处理重大机电故障。

3) 管理能力

学习、运用和传播知识的能力;沟通协调能力;自身时间管理能力。

2 个人的体会

能力是知识和技能的运用。古人云,“皮之不存,毛将焉附”。不具备基础知识和专业知识,不可能有相关技能;而不具备管理学知识、好的管理手段和方法,也无法发挥知识和技能,同样收不到好的管理效果。

以上述及的基础知识、专业知识、管理学知识、相关技能等,内容广泛,本文难以涵盖,在此仅简要介绍个人体会最深的几点。

2.1 熟悉、掌握和正确运用强制性规定

为保证海上人命安全和防止海洋污染,国际海事组织、各国主管机关和船舶检验机构,都制定许多强制性规定。这是机务监督指导船舶安全工作的依据,机务监督必须熟悉、掌握和正确运用。

此外,还要保持知识更新,因为强制性规定不断修改,安全管理体系也因而需要不断完善。

2.2 熟悉所管船舶船体和机电设备及其技术状况

机务监督工作的基础,需要充分了解所管船体和机电设备,以及它们的技术状况。

为了上船实地检查时心中有数,平时要勤研读图纸和说明书,收集和分析提炼信

息，记录数据，积累必要的资料。这也为了应对相关人员关于技术问题的询问，因为机务监督处于岸基船舶管理各环节最下层。

遇有不熟悉的设备或数据，切忌随意直接问询船员，或要求他们帮你去查设备型号和图纸。这样做，不仅浪费通信费用，而且直接损害机务监督的管理者形象，不论对上还是对下。

2.3 处理突发事件的能力

遇到一些紧急棘手的事情，机务监督要具备危机处理能力——处变不惊，从容不迫，沉着冷静，越是复杂的事情越见功夫。

这种能力与经验有关，也需要具备一定的思维技能，也就是说此时“做对的事情”甚于“把事情做对”。

平时，坚持积累专业知识，制订、反复研读、及时补充和修正应急预案，绝对有助于正确处理船舶应急事件和机电设备重大故障。

指挥处理船舶应急事件和船舶机电设备重大故障，安全第一。

(1) 基本原则是，在安全、成本和船期之间，找1个安全系数相对较高的平衡点。

(2) 应急过程保持与船舶沟通，掌握必要的信息。

(3) 决策时思维要有所变化。正常营运时，经常是我们指示船舶怎么做；而应急时，只有船舶最清楚所处的气象和海况等，是船舶“指示”你作出正确的决定。要勇于承担责任，充分考虑船员意见和业务水平，根据船舶建议作出正确决定，甚至允许船舶相机而动。

(4) 处理过程中，要充分考虑船舶在海上航行有一定的基本风险(气象和(或)海况)；要充分沟通掌握信息；要周密思考，处理措施偏于保守一些，例如：缩短故障和带病航行时间、充分考虑损坏的后果、多订购一些备件、尽量创造条件安排及时修理等，争取一次性修复；给予船舶必要的安全提示。

例如，某船在国外航行途中突发增压器转子损坏，船舶停车漂航在危险区域，机务监督接到报告后，根据专业知识：①指示船舶立即使用专用工具锁住增压器转子，主机以安全转速(机务监督告知)维持运行，驶出危险区域；②船舶到达安全区域后，及时指示船舶停车拆检增压器，确定损坏部件，为下一步修理安排和订购备件提供依据；③船舶确定损坏范围后，与增压器专业厂家讨论确定修理方案，确认订购的备件；同时告知船舶将增压器转子抽去，限制负荷保持主机运行到修理港(告知船舶具体安全运行要求)，以保证船舶安全，避免主机超负荷运转损坏其他部件；④落实备件的订购和送达以及现场修理人员，协调拟修理港口代理安排足够的修理时间，同时跟踪船舶航行和气象情况，并开始做事故调查前的准备；⑤到港后，备件和人员按事先安排到位，在预估的时间内完成修理，试车正常，根据现场检修情况写就事故报告。处理完毕。

2.4 学习、运用和传播知识的能力

船舶管理信息的收集、提炼和传递，是机务监督平时的主要工作。因此，在一定

程度上，机务监督是船舶管理知识的重要载体。

机务监督要有高度的敏感性，善于在事故和船舶日常报告中发现素材，提炼经验，通报提醒所管船舶改进或避免发生类似事件。

机务监督还应充分发挥岸基管理信息面广量大的优势，及时向船舶传播知识，同时扩展影响力。例如，某船在S港接受PSC检查，检查官要求全封闭绝热包扎副机增压器空气出口至空冷器管段(原为半封闭包扎)。机务监督接到报告后及时将有关公约修正案内容告知船员，指导他们据理力争，证明该管段表面温度不会超过220 ℃，半封闭绝热包扎已符合防烫伤的有关规则要求。最后，PSC官员接受船舶抗辩，放弃了原先的要求。

2.5 管理能力

机务监督承担管理责任，要领导和组织所管船舶的主要技术人员，做好船舶的日常运行操作、设备维护、备件/物料管理及厂/航修的监修等工作，因此需要具备一定的领导和管理能力。

面对船舶，机务监督已自然地处于公司赋予的领导地位，如何维护你的地位和发挥你的作用，就要看个人领导能力了。

1) 领导能力的基础

领导能力的基础，是个人的人格，可能包括：

(1) 自身业务修为；

(2) 工作态度，严谨，精益求精；

(3) 工作作风，踏踏实实。

2) 心态

“上善若水，水善利万物而不争，处众人之所恶，故几于道。”真正的管理应该就像流水一样，无处不在，但又不争锋芒和利益。

机务监督应该：

(1) 以指导者和组织者的身份，为船员的工作创造条件和营造气氛，成为船舶强有力的岸基支持；

(2) 既要抓住关键，又不忽视管理和技术细节；

(3) 胸怀坦荡，以平和的心态接受各种挑战，彻底摒弃挑战(一比高低)的原始欲望，善于听取别人不同的意见，外圆内方，减少对立面。

3) 适当的领导风格

适当调整性格，让船员切身感受到被重视和关心，形成天然的信任感。

平时与船员的工作交往中，从人的本性出发。因为每个人都渴望把工作做好，都希望得到肯定，表扬应该是经常性的激励手段，表扬后再以适当的方式指出其不足。切忌优柔寡断、粗暴批评甚至从等级观念出发愚弄对方。

须学会分辨所管船舶主要技术人员的特性和现状，并进而逐步提高自己的情绪认知能力、控制与调节能力、潜力激励能力。

2.6 协调能力

机务监督，很多实际工作都需要协调若干方面才能完成。例如，日常管理，需要协调公司与船舶、船舶部门之间，船员之间，公司相关部门之间等的关系，涉及供应还要协调船舶、港口、代理、供应商等之间的关系；船舶厂修、航修、坞修，需要协调公司、船舶、船厂、设备厂家、检验机构等之间的关系；紧急情况，需要协调船舶、海事主管机关、港口、代理、供应商、公司内部相关部门等之间的关系。

这需要机务监督具备良好的协调能力。

协调，主要是建立人脉和沟通。

对于所管船舶的船员，坚持“以人为本”的精神，平时多交流工作的心得体会，甚至“嘘寒问暖”和“家长里短”，主动提供工作范围以外的帮助。

对于公司以外人员，平时加强交流，积极沟通，积累人脉。维护好这笔无形财富，需要协调时会带来意想不到的便利，获得事半功倍的效果。

而清晰、精准及有效的沟通表达能力（包括英语能力），是协调能力的基础。

2.7 自身时间管理

机务监督的工作忙，压力大，很多的时候忙碌了一天，还没做完紧急和重要的事情，也不知道今天为什么这么忙，成就感很差。

要摆脱这种状况，关键是加强自身的时间管理，即学会区分事情的重要性和紧急性。

通常，可以把需要做的事分成 4 类。

第一类，重要和紧急的事，如突发事和已经到期的事；第二类，重要而不紧急的事，如船舶设备技术状态的评估、日常管理信息分析和传递、计划工作的准备和安排、业务培训等；第三类，紧急但不重要的事，如物料的送船跟踪、资料查询要求、不速电话等；第四类，不重要也不紧急的事，如聊天等。

机务监督应该将事后处理提前为事前管理和事中管理——逐步减少第一类的事，多做第二类的事，控制第三类的事，坚决删除第四类的事。

笔者习惯，每天开始工作前，将需要当天完成的工作，按紧急和重要性排列在工作日志上，先做第一类和第二类紧急和重要的事，第三类的事不能完成还可以推迟到第 2 天做，没什么心理负担。其实从管理角度看，完成了紧急和重要的工作，等于完成了手头工作的至少 80％。

3 结束语

履行机务监督的责任，适任适岗，笔者以为，至少需要：

（1）忠勤，敬业，务实；

（2）以人为本、与人为善，坚持团结、和谐；

（3）不断更新基础知识、专业经验，不断提高业务技能、管理能力和协调能力。

海上救助应急处置探讨

阮国良

(中国远洋运输(集团)总公司)

0 背景

韩国“世越”号客滚船沉船事故再次为航运安全管理敲响警钟。在海上危机发生时,如何及时有效地组织应急响应与救助,是迫切需要探讨的课题。

为进一步加强应急管理水平,提升应急处置能力,2014 年 5 月 15—16 日,中国远洋运输(集团)总公司邀请欧洲某知名海上救助公司的 3 位专家,在北京举办海上救助应急处置培训。培训以讲课方式进行,采取互动、模拟等模式,提升应急处置人员的思维模式和处置能力。

1 海上救助的现状与挑战

1.1 2013 年全球海难介绍

根据 SVITZER Salvage 救助公司的有关信息,2013 年全球海难情况如下(排名从高到低)。

(1) 按发生次数地区排名:欧洲/中东、亚洲、非洲、拉丁美洲/南美洲、澳洲/太平洋、北美洲。

(2) 按发生海难的船型排名:杂货船、散货船、集装箱船、化学品船、滚装船、成品油船、渔船、原油船、驳船、客船/邮船、其他船舶。

(3) 按海难类型排名:漂泊/失去动力、搁浅、沉没、火灾/爆炸、碰撞、倾覆、货损、其他情况。

1.2 主要国际海难救助组织和公司

(1) 救助组织:国际海难救助联合会(International Salvage Union)和美国海难救助协会(American Salvage Association)。

(2) 救助公司:MAMMOET Salvage Americas Inc.,SMIT Salvage Americas Inc.,SVITZER Salvage,Resolve Marine Group,T&T Salvage,LLC 和 TITAN Salvage。

1.3 海上救助的发展趋势

(1) 各大救助公司投入拖船数量不断增加,而平均每年海上救助的业务量基本保持平稳,使每艘拖船参与救助的机会呈下降趋势,势必造成拖船船员救助经验的降低和缺乏。

(2) 拖船的维护费用比较昂贵,需要保持一定数量的专业救助队伍和人员。

(3) 理念的转变:随着现代信息技术的日新月异,救助公司的通信技术也在不断进步和完善;需要律师和验船师越来越多地介入海上救助事务。

1.4 海难救助的挑战

(1) 依据海上救助的本质属性,需要船舶或拖船船长所不具备的额外经验,以处理和完成海上救助任务。

(2) 海上救助越来越广泛地涉及商务、运营和法务等各方面事务,且存在持续演变的情况。

(3) 大型船舶(如双壳油船、巨型集装箱船等)和复杂船型(如化学品船、LNG 船等)的创新设计,使得在实施海上救助时需要相应的专门知识和新技术。

2 海上救助应急处置

2.1 海上救助概念

(1) 海上救助定义:A voluntary response to a maritime peril by other than the ship's own crew and from which the ship or property could have not been saved without the effort of the salvor(如果没有救助者的努力,依靠船员不能挽救船舶及其财产,是除船舶船员自身之外的救助者对海难的志愿响应)。强调救助者的自愿原则。

(2) 海上救助目标:依靠救助者的救助知识、技术和经验,拯救生命、减少环境影响、降低船舶及货物损失,尽可能减少经济损失。

2.2 最初危机响应

如何在危机发生之初及时有效地组织应急响应和危机管控是危机响应的重点。除按照 ISM 规则规定启动应急响应程序,坚持依照程序处理危机外,最初危机响应要做到以下几点:

(1) 启动应急响应团队;

(2) 建立通信联系和信息渠道;

(3) 识别问题;

(4) 评估所有可选解决方案;

(5) 选择最有效的方法;

(6) 调动一切资源;

(7) 发布危机使命声明;

(8) 制订最初应急响应计划;

(9) 应急响应计划的实施与监控;

(10) 如有需要,对应急响应计划进行修改。

2.3 危机使命声明

危机使命声明是船公司在船舶发生危机时，实施应急响应和救助目标、宗旨的声明。在危机发生时，为在第一时间内统一口径，以统一公司内部及外部相关方的思想，确定救助行动方向，体现公司的价值观和人文关怀，要拟定危机使命声明(必要时发布)。声明包含船舶海难发生的简要信息，公司的应急响应措施及安排，内部联系人的联系方式，对外媒体接待人及其联系方式等，力求简明扼要。强调对人、环境和灾难的控制，以消减社会、媒体、相关方对事故发生所带来的负面影响。危机使命声明范例：

Our vessel M/V 'ABC' has collided with a tanker off the coast of West Africa at 0800 CET on March 10th 2013. The company's crisis team is to attend to the vessel. The safety of MV'ABC's crew, safeguarding the environment, ship and cargo are of highest priority. We will give our full cooperation both with local and international authorities. Media coverage is taken care of with clear, factual and regular updates. The crisis chairman will report to the board daily at 09:30, and has immediate access to the managing director at any time. Further updates will follow every 12 hrs, starting from 1200 hrs CET.

For internal questions please contact: telephone/email

Media will be handled by: person/telephone/email

2.4 最初应急响应计划

制订切实可行的计划，对实现目标极其重要。计划的基本要素是目标明确、指标可行、全面兼顾、重点突出、分工落实。事故发生的第一时间，综合得到的信息以及内、外部条件，组织专家和相关人员进行研究，全面考虑，及时制订科学可行的计划，分工下达，把握最佳的救助时间，以获得更优的救助结果。最初应急响应计划是在紧急情况下采取初步应急响应措施而制订的计划概要，如列出须与相关方联系的流程图，建立通信，获取信息，集合各方资源，确定事故范围(程度)，评估所有可能的解决方案，选择最有效的方法等。

计划必须满足：清晰不含糊；设定实际可行(可达到)的目标；符合公司的文化和价值观；为达到目标设定时间限制；随着形势变化对计划作出调整；在某些情况下，设计流程图可以帮助纵览全局。

2.5 海上救助

(1) 海上遇险信息的传递是救助成功的基础，要重视对事故情况的搜集分析。面临海难，绝大多数船长(船员)都是人生的第一次，缺乏相关经验；船长的综合业务能力和心理素质决定其在遭遇灾难时对第一时间掌握情况的判断和反馈，有可能出现与事实存有偏差的情形。岸基应急响应团队须对船长提供的情况进行细致的分析和验证，结合船舶技术资料、结构图纸、设备说明书等，作出计算、分析和判断。

(2) 当船舶发生海难时,第一时间的应急响应、灾难的控制、船员适当的自救至关重要。以"世越"号事故为例,当船舶发生倾斜时,船方完全没有按照紧急情况发生时的规定预案引导乘客逃生。船长以及其他船员竟广播让乘客在原地保持不动,自己却使用只有船员才知晓的内部通道首先出逃,这是造成大量乘客遇难的主要原因。该事故的教训非常深刻。

(3) 在船舶海上应急响应和救助过程中,应急响应小组不仅要发扬团队合作精神,整合内部资源,而且要调动一切外部力量,整合各相关方资源,群策群力,同时协调处理好与各相关方的关系,掌控信息并适当分享。

(4) 在船舶需要外力救助时,根据船舶海难情况选择合适的救助方式、救助合同和救助公司,可以极大地控制船舶救助完成后救助报酬的支出,维护船舶所有人的利益。这需要相关法务专家参与评估,给出合理的建议供决策选择。

2.6 海上救助风险

在海上人命、环境、财产救助过程中时刻存在风险。"没有危险,就没有救助,因为危险,才有救助。"在实施救助过程中,由于海况恶劣、海区环境复杂、船舶遇险信息不明、救助决策受相关方影响、救助危险货船等原因,使得救助船与遇险船同时处于危险境地,或者在救助过程中受第三方影响、采取措施不当等,均可能给救助双方造成严重后果。

某次救助集装箱船火灾时,遭遇巨大风险。当时船舶 No. 4 货舱着火,3 艘救助拖船抵达现场准备实施救助。在离失火船舶的安全距离内观察火情时,发现遇险船舶的 No. 2 货舱也开始起火,随之发生剧烈爆炸。事后调查得知,No. 2 货舱内部分集装箱装的是烟花,货单信息有误,庆幸当时没有贸然采取救助行动。因此,鉴于对集装箱内货物性质缺乏了解,可能在涉及集装箱船货舱进水、火灾等救助行动时,存在不同的安全隐患。

3 海上救助法律事务概述

3.1 海上救助合同

为明确救助人和被救方在具体案件中的权利和义务,通常订立救助合同。救助合同的 1 个重要作用是使救助人的志愿行为变为有一定约束力的合同义务。船长有权代表船舶所有人和货物所有人与救助人订立救助合同,但在现代化的通信条件下,船长在订立合同前会尽可能征得船舶所有人和货物所有人的同意。海上救助法律采用的是"无效果、无报酬(No cure,No pay)"原则的救助合同和无合同的救助。大多数救助合同不约定报酬数额,而是留待救助完成后协商或仲裁解决。

1) "无效果、无报酬"救助合同

此类救助合同内容繁简不一,主要包括:

(1) 救助的标的(如某船和船上货物)和救助完成后移交获救财产的地点。

(2) 遇险船有配合救助的义务，并应允许救助人合理使用船上的机器、锚、链等设备和物料。

(3) 救助完成后，获救财产的所有人应及时提供适当的担保，在此之前不得移走获救财产。

(4) 不能就救助报酬的数额达成协议时，进行仲裁的地点、仲裁机构和仲裁程序。

国际上使用最广泛的救助合同标准格式是英国劳埃德保险社制定的。随着时代的变迁，劳埃德救助合同(LOF)经历漫长的发展过程及一系列版本，最新版本是LOF 2011(LLOYD'S STANDARD FORM OF SALVAGE AGREEMENT 2011)。

2) 保赔协会特别补偿条款

保赔协会特别补偿条款(Special Compensation P & I Club Clause，SCOPIC)指根据固定的拖船、设备和人力使用的比率，计算向救助人员支付特别补偿的机制。SCOPIC 条款规定向救助人员支付的补偿不考虑救助相关财产的努力是否获得成功，因此是"无效果、无报酬"基本原则的例外。

3) 达成救助合同的方式

遇险船舶请求外力救助时，由于当时海上环境、条件限制，可以下列任一方式达成救助合同：①口头(1 种简单的援助请求)；②无线电交谈；③签订纸质协议形成合同；④签订合同，如劳氏救助格式合同 LOF。

在达成救助合同时，要注意留取充分的证据，以便在出现争议时出示。

3.2 海上救助评估与报酬

1) 海上救助合理报酬评估

在实施海上救助时，"救人是第一位的"，生命被救的人没有支付报酬的义务，但可以作为评估合理救助报酬的重要特点之一。海上救助合理报酬评估所依据的主要因素：

(1) 获救财产的价值；

(2) 在防止或最大程度减少对环境的危害上，救助者的技能和付出的努力；

(3) 救助者采取的获得救助成功的方法；

(4) 所遇危险的性质和程度；

(5) 救助者所付出努力的代价，包括消耗的时间、支付的费用和受到的损失；

(6) 承担风险的责任和救助者及其设备运行风险；

(7) 救助工作的及时性；

(8) 在救助过程中，准备参与救助船舶和其他设备的可获得性以及使用情况；

(9) 救助设备的准备状态、价值和救助效果。

2) 救助报酬的计算

救助报酬的数额并无固定的计算公式。救助报酬以被救获的船舶、货物、油料、设备和运费的价值总和减去船舶修理费后为基数,依据海上救助评估因素考量,目前的经验平均数约为基数的12%,大型集装箱船约在1%。但在任何情况下,救助报酬的数额不可超过救助工作完成时获救财产的价值。对于救助报酬数额,如果救助人与获救财产的所有人不能达成协议,那么通过仲裁解决或由法院判定。

4 信誉维护

随着现代传播渠道和传播方式的不断扩展,信息技术飞速发展,传播信息渠道多元化使得信息传播的速度、广度大幅提高,媒体挖掘各类新闻的能力急剧增强。同时,人们对生命安全及环保意识的日益增强,航运界的突发事件越来越受到国际媒体的关注,其影响力甚至可以引发相关上市公司股价的波动。

船舶所有人和船舶经营者为保护公司的信誉和商业利益,需要更专业地处理危机时的媒体应对和信息管控。在遭遇突发事件时,“快讲事实,慎讲原因”,主动发布信息引导舆论,及时控制不利信息的传播,避免媒体受到“误导”。

掌握与媒体沟通的技巧,面对媒体时须注意不要随意猜测事故的原因。

集中大检查中船员作息时间的 PSC 检查

王 齐

（上海浦海航运有限公司）

0 引言

2010 年 4 月，某船在大堡礁附近偏离正常航线触礁搁浅并造成燃油泄漏。澳大利亚海事局（AMSA）调查结果显示，疲劳驾驶是事故发生的主要原因。疲劳会引发海上交通事故，而工作时间较长或休息不足则是导致疲劳、影响船员身体健康的因素之一。为此，AMSA 在港口国监督（PSC）检查中加大对船员休息时间的检查力度，截至 2013 年 8 月，已有数十艘船舶因船员休息时间问题被滞留。欧美国家也高度重视对船员休息时间的检查，依据 STCW 公约、ILO 公约等对多艘船舶实施滞留。

2010 年 6 月，在菲律宾马尼拉召开的 STCW 公约缔约国外交大会通过 STCW 公约马尼拉修正案。该修正案于 2012 年 1 月 1 日生效，其中第Ⅷ章关于船员值班条件的规定与 STCW 78/95 公约相比变化很大，与《2006 年海事劳工公约》（MLC 公约）的要求趋于一致。2013 年 8 月 20 日 MLC 公约正式生效，更加重视针对船员休息时间的 PSC 检查。2013 年 11 月 1 日东京备忘录秘书处发布《东京备忘录庆祝成立 20 周年的新闻稿》，其中提及东京备忘录委员会审议并通过对集中大检查（CIC）政策的修改。委员会批准于 2014 年 9 月 1 日—11 月 30 日与巴黎备忘录联合开展关于 STCW 公约休息时间的集中大检查。发现严重违反疲劳规定或休息工作时间记录作假将直接导致检查不通过，严重的将引起对该公司所属船舶管理的连锁反应。

自 MLC 公约及 STCW 公约马尼拉修正案生效以来，船舶在各项检查中存在较多关于船员作息时间记录方面的缺陷，同时公司主管上船检查以及部分船长、大副、轮机长、大管轮也发现类似问题。原因是船员不熟悉 STCW 公约和 MLC 公约关于作息时间的规定。本文参照 MLC 公约和 STCW 公约马尼拉修正案等相关要求，以及关于 STCW 公约休息时间集中大检查的规定，对船员作息时间进行具体分析并提出船舶在应对方面具体操作的建议。

1 国际公约对于工作或休息时间的要求

STCW 公约马尼拉修正案明确为防止负有安全、防污染及保安职责值班人员的疲劳，主管机关应制定和实施休息时间制度，主要内容如下。

(1) 主管机关应考虑海员（特别是涉及船舶安全和保安工作职责的海员）由于疲

劳所引发的危险。

（2）为所有负责值班的高级船员或参与值班的普通船员以及涉及指定的安全、防污染和保安职责的人员提供的休息时间为任何 24 h 内最少 10 h，任何 7 天内最少 77 h。

（3）休息时间可以分为不超过 2 个时间段，其中一个时间段要求至少有 6 h，连续休息时间段之间的间隔不应超过 14 h。

（4）主管机关应要求将值班安排表张贴在显而易见处，且制表应按照标准格式（可使用《IMO/ILO 制定的海员船上工作安排表和船员工作时间或休息时间记录格式指南》）。

（5）涉及例外情况，具体参看 STCW 公约马尼拉修正案第 A—Ⅷ章第 1 节适于值班的要求，以及第 B—Ⅷ章第 1 节关于防止疲劳的指导。

MLC 公约明确所有海员的疲劳情况，并提出工作时间和休息时间的 2 个标准，主要内容如下。

（1）主管机关应考虑到疲劳带来的危险，特别是涉及航行安全、船舶安全和保安操作的海员。

（2）海员在一段特定时间内不得超过的最长工作时间或应提供的最短休息时间。

（3）最长工作时间指在任何 24 h 内不得超过 14 h，且在任何 7 天内不得超过72 h。

（4）最短休息时间指在任何 24 h 内不得少于 10 h，且在任何 7 天内不得少于77 h。

（5）主管机关应要求将值班安排表张贴在显而易见处。该值班安排表制表应按照标准格式（可使用《IMO/ILO 制定的海员船上工作安排表和船员工作时间或休息时间记录格式指南》），并要求保持记录海员的日工作时间或日休息时间。海员应得到 1 份由船长或船长授权人员以及海员本人签字认可的有关其本人记录的副本。

（6）例外情况及其他细节，查看 MLC 公约 A2.3 有关工作时间和休息时间的规定。

2 STCW 公约马尼拉修正案与 MLC 公约中规定的比照

STCW 公约马尼拉修正案与 MLC 公约中规定的比照见表 1。MLC 公约中增加对未成年海员的规定，虽然导则部分只是建议，但船舶在实际操作中仍需注意，具体参照 MLC 公约导则 B2.3.1 的规定。

3 PSC 对作息时间检查的要求

针对以上公约及各主管机关的要求，各 PSC 备忘录的具体检查要求如下。

表 1　STCW 公约马尼拉修正案与 MLC 公约中规定的比照

公约	任何 24 h 内的工作/休息时间	任何 7 天内的工作/休息时间	休息时段数和休息时长	工作/休息计划表	记录和例外
STCW 公约马尼拉修正案	休息时间不少于 10 h	休息时间不少于 77 h	不超过 2 个休息时间段，任何一段不少于 6 h，休息时间间隔不得超过 14 h	记录标准格式适用于值班人员和具有安全、防污染、保安责任的人员	每天时间记录必须保留在船，各缔约国可以允许例外规定
MLC 公约	最长工作时间不超过 14 h 或休息时间不少于 10 h	最长工作时间不超过 72 h 或休息时间不少于 77 h	不超过 2 个休息时间段，任何一段不少于 6 h，休息时间间隔不得超过 14 h	记录标准格式适用于所有在船海员。记录在海上和港内的实际时间	每天时间记录必须保留在船，主管当局可以允许集体协议中的例外规定

(1) 正常工作时间满足每天工作 8 h，每周休息 1 天和公共假日休息，在任何 24 h内不超过 14 h 且 7 天内不超过 72 h 的工作时间。

(2) 最少休息时间满足任何 24 h 内不少于 10 天且 7 天内不少于 77 h 的要求。

(3) 休息时间满足不能分成超过 2 段，每段至少 6 h，并且连续休息间隔不超过 14 h 的要求。

(4) 集合、消防和救生演习能够以影响最少的休息时间并不会造成疲劳的方式进行。

(5) 在正常休息时被招去工作得到补休。

(6) 在船上容易接近的位置张贴用英文和船上工作语言制成的针对每个职务并包括下列信息的表格：①海上和港口工作的时间表；②最长的工作时间或最少的休息时间。

(7) 船上保存主管当局(或劳工组织)用英文和船上工作语言制定的反映海员每天工作或休息时间以及 A2.3.5-A2.3.11 规定的其他信息的标准格式记录，海员收到由船长及其本人签字的记录副本。

(8) 船旗国免除对上述规定工作时间和休息时间的限制(见 DMLC I)。

(9) 18 岁以下年轻海员的工作和休息时间满足最低要求：每天 8 h，每周 40 h；日间正餐有至少 1 h 休息；连续工作 2 h 有 5 min 休息。

(10) 例外情况和经船长签名的例外情况有相应记录。

4　IMO/ILO 关于船舶工作/休息时间记录的标准格式

船舶工作计划安排表(IMO/ILO 格式)见图 1。

船舶工作/休息时间记录表(IMO/ILO 格式)见图 2。

Model format for a table of shipboard working arrangements[1]

Name of ship:________ Flag of ship:________ IMO number (if any):________ Latest update of table:________ ( ) of ( ) pages

The maximum hours of work or minimum hours of rest are applicable in accordance with:________ (national law or regulation) issued in conformity with ILO's Seafarers' Hours of Work and the Manning of Ships Convention, 1996 (No.180), and with any applicable collective agreement registered or authorized in accordance with that Convention and with the International Convention on Standards of Training, Certification and Watchkeeping for Seafarers, 1978, as amended (STCW Convention).[2]

Maximum hours of work or minimum hours of rest:[3] ________

Other requirements:________

Position/Rank[4]	Scheduled daily work hours at sea		Scheduled daily work hours in port		Comments	Total daily work/rest[3] hours	
	Watchkeeping (from – to)	Non-watchkeeping duties (from – to)[5]	Watchkeeping (from – to)	Non-watchkeeping duties (from – to)[5]		At sea	In port

Signature of master ________

1 The terms used in this model table are to appear in the working language or languages of the ship and in English.

2 Sce overleaf for selected extracts from ILO Convention 180 and the STCW Convention.

3 Delete as applicable.

4 For those positions/ranks that are also listed in the ship's safe manning document, the terminology used should be the same as in that document.

5 For watchkeeping personnel, the comments section may be used to indicate the anticipated number of hours to be devoted to unscheduled work and any such hours should be included in the appropriate total daily work hours column.

图 1　船舶工作计划安排表(IMO/ILO 格式)

Model format for record of hours of work or hours of rest of seafarers[1]

Name of ship: ______ IMO number (if any): ______ Flag of ship: ______

Seafarer (full name): ______ Position/rank: ______

Month and year: ______ Watchkeeper[2]: yes ☐ no ☐

Record of hours of work/rest[3]

Please mark periods of work or rest, as applicable, with an X or using a continuous line or arrow.

COMPLETE THE TABLE ON THE REVERSE SIDE

The following national laws, regulations and/or collective agreements governing limitations on working hours or minimum rest periods apply to this ship:

______

I agree that this record is an accurate reflection of the hours of work or rest of the seafarer concerned.

Name of master or person authorized by master to sign this record ______

Signature of master or authorized person ______ Signature of seafarer ______

A copy of this record is to be given to the seafarer. This form is subject to examination and endorsement under procedures established by ______ (name of competent authority)

[1] The terms used in this model table are to appear in the working language or languages of the ship and in English.

[2] Check √ as appropriate.

[3] Delete as appropriate.

a)

图 2 船舶工作/休息时间记录表(IMO/ILO 格式)

Please mark periods of work of rest. as applicabie, with on "X", or using a continuous line or arrow																											NOT TO BE COMPLETED BY THE SEAFARER[1]	
Hours	00	01	02	03	04	05	06	07	08	09	10	11	12	13	14	15	16	17	18	19	20	21	22	23	Hours of rest in 24–hour period	Comments	Hours of work or rest as applicable, in any 24–hour period[2]	Hours of work or rest as applicable, in any 7–day period[2]
Date																												
Hours	00	01	02	03	04	05	06	07	08	09	10	11	12	13	14	15	16	17	18	19	20	21	22	23				

[1] For completion and use in accordance with procedures established by the competent authority in compliance with the relevant requirements of the Seafarers' Hours of Work and the Manning of Ships Convention, 1996 (Convention No.180).

[2] Additional calculations or verifications may be necessary to ensure compliance with the relevant requirements of the Seafarers' Hours of Work and the Manning of Ships Convention, 1996 (Convention No.180) and the International Convention on Standards of Training. Certification and Watchkeeping, 1978, as amended (STCW Convention).

b)

图 2　船舶工作/休息时间记录表(IMO/ILO 格式)

5 检查的缺陷举例

PSC 检查以及 CCS 对船舶进行检查和审核的结果对照公约的要求，发现船舶不符的情况，具体如下。

5.1 检查中发现较多的缺陷

(1) 海员的工作日程不符合适用标准。

(2) 未张贴工作安排表或未包括要求的信息。

(3) 工作安排表未使用英文和船上的工作语言。

(4) 未保持工作或休息记录。

(5) 在航行日志或其他文件中注意到有超过工作时限的证据，但未按照标准终止实行日程安排的记录。

5.2 检查中可能发现的缺陷

(1) 船舶维持工作或休息时间记录，但部分要求的信息缺失。

(2) 与最长工作时间或最短休息时间相关的法律、条例或集体协议的副本未保持在船或船员无法看到。

(3) 小于 18 岁的海员经常在夜间工作(不包括参加培训计划)。

(4) 未张贴所有海员的船上工作安排表。

(5) 已张贴船上工作安排表，但部分要求的信息缺失。

(6) 海员无法看到工作安排表。

(7) 未保持记录所有海员的工作时间或休息时间。

(8) 发现海员工作时间过长或未得到足够休息。

(9) 有年龄小于 16 岁的海员在船上工作。

(10) 船上工作安排表、海员工作或休息时间记录表格式既不是船上工作语言，又不是英语。

5.3 可能导致船舶滞留的缺陷

(1) 船舶未履行第 4 部分后续行动要求，即船舶未在离开上一港口时纠正缺陷。

(2) 海员名单与最低安全配员证书不符。

(3) 最低安全配员证书不符合 STCW 公约规则Ⅷ/1。

(4) 海员未得到充分休息以确保其适于航次开始时值的第一个班及随后的接班。

(5) 关键海员(如船长和轮机长)有过度疲劳迹象，可能会对船舶、海员安全及环境产生直接危险，PSC 检查官应予以考虑。

(6) 伪造海员工作或休息记录，以隐藏海员过度工作或休息不足的事实。

5.4 检查中产生缺陷案例的解释说明

针对船上实际检查中发现的问题，对作息时间记录产生的常见缺陷作以下说明。

(1) 船舶记录的工作时间与工作实际不符,如:①船舶在新加坡加燃油,但记录簿上却记录为轮机员在休息。根据燃油补给计划,在补燃油时轮机长的替代是大管轮,但记录的却是二管轮。②三副的工作时间记录为0800—1200时、2000—2400时,根据ISM要求,三副须进行每周、每月的消防救生设备检查,但时间记录表内没有记录。③未能反映船舶进出港或靠离码头的作业时间等。

(2) 日常工作时间记录成3个时间段,如:①三副的工作时间记录为0800—1200时、1400—1600时、2000—2400时,其中1400—1600时为加班时间,检查消防救生设备。②二管轮工作时间记录为0000—0400时、0500—1100时、1200—1600时,其中0500—1100时为加装燃油时间。违反工作时间不得超过2段的规定。

6 船舶执行STCW公约马尼拉修正案和MLC公约中工作/休息时间要求的建议

船舶按照STCW公约马尼拉修正案及MLC公约的具体要求执行,主要影响因素有船舶航区、靠离码头频次、特殊情况发生频次(如能见度不良)等。对于跨洋航行的船舶,记录比较容易;对于短航线、靠离泊频繁的船舶,存在一定的难度。针对以上情况,建议如下。

(1) 根据公约适用对象的要求,对于值班船员可使用STCW公约马尼拉修正案的规定记录和解释作息时间,非值班船员可使用MLC公约的规定记录和解释作息时间。值班船员应理解为持有主管机关签发的适任证书的值班船员;非值班人员应理解为不须持有主管机关签发的适任证书的船员,如厨工、服务员、水手长、机工长、水手和机工等。

(2) 在正常情况下,船长工作时间可记录为0800—1200时、1300—1700时,工作时间为8 h。若遇短时间雾航,则需对白天工作时间进行适当拆分;若遇长时间雾航,则船长需在驾驶台,但不能理解为船长长时间在驾驶台工作,可标注记录在驾驶台的休息时间。

(3) 在正常情况下,轮机长工作时间可记录为0800—1200时、1300—1700时,工作时间为8 h。若机舱实施"无人机舱"值班模式,则可加记夜间1 h的巡回检查时间。

(4) 对于值航行班的船员,如驾驶员、轮机员等,按SMS职责规定须在航行班外执行设备检查职责的,其加班时间可上并下靠,即接班前、后各4 h拆分。

(5) 靠离泊作业期间等加班时间较长的时间记录:①船长、轮机长在0800—1200时和1300—1700时时间段作业,可按前6(2)和6(3)方式记录。②若是晚上作业,则将白天工作时间进行适当拆分,以满足上述时间限制的要求。③其他船员可对加班时间上并下靠进行记录。如二副工作时间为0000—0400时、1200—1600时,若夜间2130—2300时靠离泊作业,则可记录为2130—0400时、1200—1600时,不违反上述时间限制的规定。

(6) 燃油补给作业等加班时间较长的时间记录:①轮机长在0800—1200时和1300—1700时时间段作业,可按6(3)方式记录。②夜间作业,可将白天工作时间进行适当拆分,以满足上述时间限制的要求。③轮机员、机工等可按6(5)中第③款的方式进行记录。较长时间的加装燃油作业,不能记录为只有二管轮1人值班的模式,须由值班轮机员按停泊值班时间安排值班。

(7) 在应急或其他重要操作情况下,上述关于休息时间的规定可不遵守。集合、消防演习、救生演习或根据国内/国际法律法规要求的演习应尽可能减少对休息时间的影响,减少船员疲劳。

(8) 额外值班的迹象可从航行日志、货物记录簿、油类记录簿、货物/压载驳运记录簿、设备维护保养、封闭场所进入或热工作业许可证以及洗舱作业时间记录中体现。

需要注意:①"作息时间记录"中的"额外值班"应能与其他"工作记录"相对应,即不能让作息时间记录与其他记录不相符,否则极易导致PSC检查官员认为船舶有作假的嫌疑;②以上建议并不是鼓励船员记录作假,而是指导船员如何将实际完成的工作用正确的记录反映出来;③船舶跨时区航行在记录作息时间的时候,还会涉及变更船舶拨钟问题,时间上的吻合需要切实核对。

7 结束语

各船公司和船舶都必须切实做好航行和到港装卸作业的值班安排,准确如实记录船员的值班和休息时间,保证船员得到良好休息,确保航行安全。在超常工作情况下,如移泊、理货、装卸作业、PSC检查和演习等,船员可能无法保持STCW公约第Ⅷ章中第1和2节关于休息时间的规定。此时船长可以对驾驶员的值班作出调整,并在作息时间表备注栏中注明原因(紧急情况、移泊、演习等),关键是按照实际情况如实记录作息时间。

PSC检查官上船还会检查公司SMS体系关于休息时间方面的规定和要求,并核对各项记录的格式和样式是否与SMS规定一致。若不一致,则可能会带来进一步的详细检查,甚至导致船舶滞留。

船长应清楚每个当班驾驶员、轮机员的工作时间和休息状态,确保当班驾驶员、轮机员没有过度疲劳。当紧急情况需要船员超时工作时,事后应安排补休,并满足STCW公约、MLC公约关于作息时间的最低要求。